FFINIAU

FFINIAU

Myfyrdod Athronyddol ar Lenyddiaeth

DEWI Z. PHILLIPS

Dymuna'r cyhoeddwyr gydnabod cymorth ariannol
Cyngor Llyfrau Cymru

Llun Gwyn Thomas gan Owain Llŷr, trwy garedigrwydd
yr Academi Gymreig

Cynllun y clawr: Y Lolfa

Rhif Llyfr Rhyngwladol: 9781847710536

Cyhoeddwyd, rhwymwyd ac argraffwyd yng Nghymru
gan Y Lolfa Cyf., Talybont, Ceredigion SY24 5AP
gwefan www.ylolfa.com
e-bost ylolfa@ylolfa.com
ffôn 01970 832 304
ffacs 832 782

I

GYN-AELODAU AC AELODAU

ADRAN ATHRONIAETH URDD Y GRADDEDIGION

PRIFYSGOL CYMRU

(1931 – 2006)

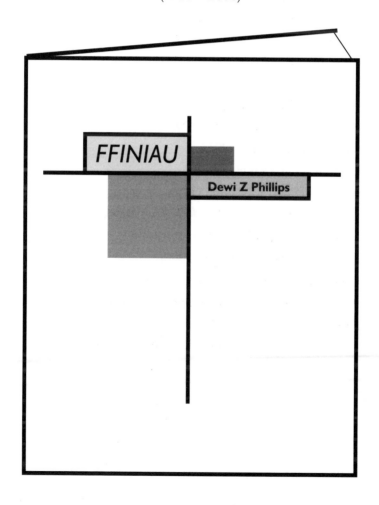

FFINIAU

Dewi Z Phillips

Hefyd gan Dewi Z. Phillips:

The Concept of Prayer (1965 a 1981)

Moral Practices (gyda H.O. Mounce) (1969)

Faith and Philosophical Enquiry (1970)

Death and Immortality (1970)

Sense and Delusion (gyda Ilham Dilman) (1971)

Athronyddu am Grefydd (1974)

Religion Without Explanation (1976)

Dramâu Gwenlyn Parry (1982 a 1995)

Through a Darkening Glass (1982)

Belief, Change and Forms of Life (1986)

R. S. Thomas: Poet of the Hidden God (1986)

Faith After Foundationalism (1988)

From Fantasy to Faith (1991 a 2005)

Interventions in Ethics (1992)

Wittgenstein and Religion (1993)

Writers of Wales: J. R. Jones (1995)

Introducing Philosophy: The Challenge of Scepticism (1998)

Philosophy's Cool Place (1999)

Recovering Religious Concepts (2000)

Religion and the Hermeneutics of Contemplation (2002)

The Problem of Evil and the Problem of God (2004)

Religion and Friendly Fire (2004)

Wittgensteinian Fideism? (gyda Kai Nielsen) (2005)

Cynnwys

RHAGAIR 11

Rhan Un: RHWYSTRAU 15

I. Y Ffin Gyntaf: Drwgdybiaeth Wrth-athronyddol 16

1. Athroniaeth a Chymru 16
2. Drwgdybiaeth, Athroniaeth a Llenyddiaeth 18
3. Llenyddiaeth a Diddordeb Athronyddol 28

II. A oes rhaid bod yn Causaboniaid Cymraeg? 35

1. Rhesymeg y Cwynion 35
2. Gwirioneddau a'r awydd am wirionedd 46

III. Iaith heb Ddamcaniaeth 52

1. Yr Awydd am Ddamcaniaeth 53
2. Testun a Chyd-destun 55
3. Beirniadu'r Damcaniaethau 57

IV. Athroniaeth a Beirniadaeth Lenyddol Ddiduedd 81

1. Athroniaeth Galfinaidd? 83
2. Rhagdybiaethau 88
3. Cristnogaeth a Phatrymau Amryliw Llenyddiaeth 95
4. Gwneud Cyfiawnder: Amrywiaeth
   Safbwynt ac Anghytundeb 103
5. Chwe Chais Calfinaidd i Esbonio Anghrediniaeth 107
6. Gras Heb Esboniad 116

Rhan Dau:
MYFYRDODAU SYNIADOL AR LENYDDIAETH 123

V. Y Ffin Rhwng y Naturiol a'r Goruwchnaturiol 124
1. Yr Awydd am Wyddor y Goruwchnaturiol 125
2. Profiad a'r Byd 131
3. 'Y Gri' 134

VI. Ffarwelio â Pharadocs 138
1. Crediniwr Neu Anghrediniwr? 138
2. Yr Apêl at Baradocs 143

VII. Ofergoeledd, Ffantasi a'r Ffin 148
1. Ofergoeledd 149
2. Ffantasi a'r Beirdd 153

VIII. Ffawd a'r Ffin 166
1. *Traed Mewn Cyffion* ac ôl y Duwiau 166
2. Yn Nwylo'r Duwiau 186

IX. Marwolaeth a'r Ffin 205
1. Yr Awydd Am Ddaear Dragwyddol 206
2. Adweithiau Cadarnhaol i Feidroldeb 208
3. Gwrthryfel yn erbyn marwolaeth 215
4. Hiraeth Am Fywyd Ac Ofn Angau 217

X. Darluniau 227
1. Dau fath o ddarlun 227
2. Darluniau Creadigol 230
3. Ymestyn i'r Tragwyddol 236

XI. Darluniau Datguddiol ac Iaith 241
1. Terfyn heb Dduw? 242
2. Carchar Geiriau? 246
3. Iaith a Ffiniau Syniadol 252
4. 'Gweddi'r Terfyn' 255

XII. 'Wrth Lunio Diagnosis o Symtomau dy Glefyd' 264

1. Cyffes ac Esboniad 265
2. Daliadau Absoliwt 271
3. Sŵn yr utgorn a'r bib fechan 272
4. Beirniadaeth a'r Ysfa am Gyffredinolrwydd 276
5. Tair Cerdd 280
6. Damcaniaeth A'r Hyn Na Ddywedwyd 293
7. Pwy Biau'r Hunan? 305

XIII. A Oes Bendith? 313

1. Tu hwnt i esboniad 313
2. Absenoldeb 317
3. Natur Fel Rhodd 320
4. Bodau Meidrol Fel Rhodd 322
5. Eiriolaeth 324

XIV. Taw, Socrates? 335

1. Athroniaeth ac Agwedd y Cyhoedd 335
2. Deall ac ystyr 339

MYNEGAI ENWAU 346

RHAGAIR

Ym mis Medi 2004 ailgydiais mewn gwaith a ddechreuais ddwy flynedd cyn hynny sef, traethawd ar T. H. Parry-Williams. Roeddwn am gyfrannu at y dadleuon am ei anghrediniaeth drwy gytuno â'r bardd nad oedd na chredadun nac anghredadun. Roeddwn am ddangos, hefyd, mor bwysig ydyw i wrthsefyll y demtasiwn i ddarlunio'i dystiolaeth er mwyn peri iddi gyfateb i ryw ddamcaniaeth gyffredinol. Wrth ysgrifennu, cefais fod mwy o gwestiynau'n codi ynglŷn â'i syniadau. Dechreuais gymharu ei waith â gwaith beirdd eraill. Yr hyn a apeliodd ataf oedd ymdriniaeth y beirdd â ffiniau – y ffin rhwng bywyd a marwolaeth, corff ac ysbryd, amser a'r tragwyddol, dyn a Duw, a chrediniaeth ac anghrediniaeth. Ond wrth drafod y rhain, dechreuais ddarllen gwaith beirniaid llenyddol a darganfod cymaint o athroniaeth gudd oedd yn eu hysgrifau. O ganlyniad, daeth ffiniau eraill i'r amlwg: y ffin rhwng athroniaeth, beirniadaeth lenyddol ar farddoniaeth, ac ysgrifau creadigol. Sylweddolais ar yr un pryd fod cysylltiadau clòs rhwng yr holl bethau hyn ac ysgrifau a gyhoeddais eisoes sy'n ymwneud â'r berthynas rhwng athroniaeth a llenyddiaeth. Ond nid mater o ailgyhoeddi gwaith a welodd olau dydd o'r blaen sydd yma – ac eithrio'r ysgrif ar Kate Roberts. Rhaid oedd aildrefnu, ac ailfeddwl ar brydiau, wrth osod rhannau o'r ysgrifau mewn gwahanol benodau yn y traethawd. Serch hynny, rwy'n ddiolchgar am gael caniatâd i wneud defnydd o'r ysgrifau canlynol: 'Rhagluniaeth yn Dy Law: Darlun Sy'n Darfod', *Y Tyst*, Chwefror a Mai 1972; 'Iaith a Chrefydd', I–III, *Y Tyst,* Mai 1974; 'Beth yw Pwrpas Llenydda?', *Y Traethodydd,* 1975; 'Ai Bod yn Naïf yw Ceisio Bod yn Ddiduedd?', *Y Traethodydd*, 1982; 'Pan

Edrychwyf ar y Nefoedd', *Y Traethodydd*, 1996; 'Ôl y Duwiau: Jane Gruffydd a *Traed Mewn Cyffion*', *Efrydiau Athronyddol* LXI, 1998; 'Ysbryd y Gair: R. S. Thomas Fel Bardd Crefyddol', *Y Traethodydd*, 2001.

Yr wyf yn ddyledus i ffrindiau a pherthnasau am amrywiol fathau o gymorth dros y blynyddoedd: i'm diweddar frawd, y Parchg. E. Cadfan Phillips, ac i'm merch yng nghyfraith, Elin Phillips, am eu parodrwydd i edrych dros iaith rhai o'r ysgrifau cynnar. Yn y cyd-destun yma, rwy'n ddiolchgar i'm ffrindiau, y Parchg. Cynwil Williams a Walford Gealy, am fod mor barod bob amser i edrych dros iaith fy ysgrifau ac am sawl trafodaeth ar bynciau'r traethawd. Rwy'n ddiolchgar hefyd i'm mab, Steffan Phillips, am drafodaeth ar gerddi Dylan Thomas.

Roeddwn yn ysgrifennu'r traethawd ar adeg drist yn fy hanes i'n bersonol a'r un mor drist, mi gredaf, yn hanes Prifysgol Cymru (yn sobor o drist i'r rhai hynny heb ymwybod â'r tristwch), sef adeg penderfynu cau'r Adran Athroniaeth ym Mhrifysgol Cymru, Abertawe. Rwy'n ffodus fod gweithio bob dydd, hyd oriau mân y bore, yn ddihangfa yn ystod treialon o bob math ac yn ffynhonnell llonyddwch a boddhad i mi. Serch hynny, roedd cefnogaeth yn bwysig iawn a chefais hynny ynghyd â'r haelioni mwyaf gan Meredydd Evans a Hywel Teifi Edwards. Cefais sawl trafodaeth gyda hwy a heb barodrwydd Hywel Teifi Edwards yn y gorffennol, ac eto gyda'r traethawd hwn, i awgrymu a chynnig rhai cyfeiriadau llenyddol at hyn a'r llall, ni fyddai wedi bod yn bosibl i mi ysgrifennu'r traethawd. Rwy'n dal i ysgrifennu popeth ag ysgrifbin yn fy llaw a diolchaf i Catrin Price-Jones am y gwaith teipio, ac am gymorth ychwanegol gan Aled, Bethan a Steffan Phillips. Yr wyf yn dra diolchgar i Walford Gealy am edrych dros iaith yr ysgrif. Y mae fy nyled fwyaf i Hywel Teifi Edwards am ei barodrwydd i edrych dros y traethawed yn ei gyfanrwydd ac am awgrymu gwelliannau ynglŷn ag arddull y gwaith. Rwy'n ddiolchgar i Helen Baldwin, ysgrifenyddes yr Adran Athroniaeth yn Abertawe, am y gwaith teipio ychwanegol.

Rhaid i mi gyfaddef un peth ar ddiwedd hyn o Ragair. Fe ddywedai Monica, fy ngwraig, nad dim ond pan mae bywyd yn faich y byddaf yn ysgrifennu'n feunyddiol. Dyna fy arfer bob amser. Golyga hynny fy mod yn aml yn bresennol yn y cnawd ond yn absennol yn yr ysbryd. Rhaid i mi bledio'n euog, ond diolchaf iddi am greu cartref sy'n rhoi cyfle i'r obsesiwn a alwaf yn 'athroniaeth'.

Dewi Z. Phillips

Rhan Un

RHWYSTRAU

Y Ffin Gyntaf: Drwgdybiaeth Wrth-athronyddol

1. Athroniaeth a Chymru

Nid yw Cymru wedi cynhyrchu athronydd mawr. Mae John Locke gan Loegr, George Berkeley gan Iwerddon, a David Hume gan yr Alban. Richard Price yw'r athronydd mwyaf a gododd Cymru, ond ni ellir ei gymharu â'r lleill. I raddau helaeth iawn, mae rhesymau hanesyddol amlwg sy'n esbonio hyn. Crefydd, a diwinyddiaeth fel disgyblaeth ddiwylliannol, sydd wedi bod yn ganolog i'r Cymry. Mae'r Cymry, meddai Walford Gealy,[1] yn cymharu eu hunain â Hebreaid yr Hen Destament o ran eu ffawd a'u diwylliant. Gwlad y proffwyd a'r bardd fu Cymru, yn hytrach na gwlad yr athronydd. A siarad yn gymharol, bu'r Groegiaid yn ddieithriaid iddynt. Fel y mae Gealy yn dangos, yn yr oesoedd canol roedd yna ddiwinyddion yng Nghymru o fri Ewropeaidd. Ond ar ôl y Diwygiad Protestannaidd, a chyfieithu'r Beibl i'r Gymraeg yn 1588, daeth Anghydffurfiaeth Feiblaidd yn rym canolog yng Nghymru ac ni ddangoswyd fawr o ddiddordeb mewn hybu gweithgareddau athronyddol. Yn ystod cyfnodau tra phwysig yn hanes athroniaeth, sef Rhesymoliaeth ar y Cyfandir ac Empeiriaeth yn Lloegr, yr oedd Cymru'n dynn yng ngafael

Piwritaniaeth a'i safbwynt ffwndamentalaidd. Rhaid oedd aros tan ddyfodiad diwinyddiaeth ryddfrydol a beirniadaeth Feiblaidd y bedwaredd ganrif ar bymtheg, cyn gweld athroniaeth yn cynyddu fel diddordeb ymhlith deallusion. A hyd yn oed wedyn, oherwydd pwysigrwydd yr iaith Saesneg, yn yr iaith honno y gwelwyd cyhoeddi gweithiau athronyddol gan y Cymry. Synnais at honiad Gealy mai rhyw hanner cant yn unig o erthyglau athronyddol a gyhoeddwyd yn y Gymraeg drwy gydol y bedwaredd ganrif ar bymtheg. Wrth gwrs, elfen arall dra phwysig yn y sefyllfa oedd y rhwystrau addysgol a gwleidyddol i godi statws yr iaith Gymraeg. Ni chafwyd y coleg cyntaf yn y Brifysgol tan 1872, ac ni sefydlwyd Adran Athroniaeth Urdd y Graddedigion tan 1931. Sefydlodd yr athronwyr gynhadledd a chylchgrawn blynyddol, *Efrydiau Athronyddol*, ac mae'r ddau yn dal i fynd er gwaetha'r sefyllfa gyfoes. Erbyn 2005 byddant wedi cwblhau, am y tro cyntaf, Hanes Athroniaeth cyflawn yn y Gymraeg. Ond rhaid cyfaddef mai o'r tu allan i Gymru y daeth y dylanwadau athronyddol. Ymateb y mae'r Cymry i ysgolion athronyddol y dydd. Mae'n wir i ysgol athronyddol fyd-enwog ddatblygu yn Abertawe o 1950 ymlaen ond, eto, Ysgol Wittgensteinaidd oedd honno. Felly, yn wahanol i'r Alban a Lloegr, nid oes modd siarad am draddodiad athronyddol Cymreig.

Wrth edrych ar yr anfanteision hanesyddol, mae'n glir paham nad yw athroniaeth wedi bod yn ganolog ym mywyd diwylliannol Cymru. Ac eto teimlaf, heb allu profi'r peth, fod rhesymau eraill dros ffawd y ddisgyblaeth. Wrth i mi ysgrifennu'r geiriau hyn, y mae'r adrannau athroniaeth yn Aberystwyth a Bangor wedi cau, yr adran yn Abertawe ar fin cau, yr adran yn Llanbedr yn cael ei chynnal gan athrawon sydd wedi ymddeol, ac athroniaeth yng Nghaerdydd yn cael ei dysgu o fewn i Ysgol sy'n cynnwys hefyd 'Saesneg a Newyddiaduraeth' – a hynny bellach mewn prifysgol annibynnol nad yw'n rhan o Brifysgol Cymru. Carwn allu dweud mai rhyw bwerau estron sy'n gyfrifol am gau'r adrannau yn Aberystwyth, Bangor ac Abertawe – ond nid gwir fyddai hynny. Gyda rhai eithriadau prin, ond anrhydeddus, pleidleisiodd aelodau staff y celfyddydau a'r gwyddorau, gan gynnwys Cymry Cymraeg a di-Gymraeg, dros gau'r adrannau. Pleidleisiodd pob un ohonynt ar dir hunan-les yn unig. Rhoesant resymau academaidd dros eu safbwynt, ond heb gredu ynddynt eu hunain. Rhesymau ffug oeddynt, fel y maent yn barod i gyfaddef y tu hwnt i glyw'r pwyllgorau. O ganlyniad, rhyw fyw gyda meddwl dauddyblyg y mae ein colegau ar hyn o bryd. Disgrifiad Socrates o'r cyflwr hwn yw 'byw â chelwydd yn yr enaid'. Rhaid dal yn y darlithiau, wrth gwrs, i sôn am ddilyn rhesymeg y ddadl, ac am onestrwydd meddyliol, ond y mae'r awyrgylch gweithredol yn bradychu'r gwerthoedd hyn. Er amled y gwelaf y ffenomenon hon, mae'n dal yn ddirgelwch imi. Cyflwr trist ofnadwy ydyw. Mae tuedd yng Nghymru, fel mewn mannau eraill, i sôn am dŵr ifori athroniaeth. I'r gwrthwyneb, peth ymarferol beryglus yw gadael i Socrates gerdded yn ein plith.

Gyda chefndir hanesyddol a chyfoes o'r fath, rhaid maddau i mi am holi faint o groeso sydd i athronydd yng Nghymru wrth droi yn fy ymchwiliadau at lenyddiaeth. Cefais y profiad eisoes, wrth ysgrifennu *Dramâu Gwenlyn Parry* (1982) ac *R. S. Thomas: Poet of the Hidden God* (1986), o rai'n meddwl i mi groesi ffin heb ganiatâd. Nid yw cwestiwn Socrates, 'Ydych chi'n deall yr hyn yr ydych yn ei ddweud?', yn gwestiwn diddan, hyd yn oed i athronwyr. Rhaid bod yn ddewr i fod yn agored iddo. Ond, yn anffodus, gwelaf ddrwgdybiaeth amddiffynnol o athroniaeth yn elfen gref yn ein diwylliant. Rhaid talu pris uchel amdani.

2. Drwgdybiaeth, Athroniaeth a Llenyddiaeth

Dengys Walford Gealy fod diddordebau athronwyr cynnar tridegau'r ugeinfed ganrif, yn ehangach nag athroniaeth gyfoes eu dydd. Roedd diddordeb ganddynt yn llenyddiaeth Cymru.

Roeddent am wybod i ba raddau yr oedd hi o dan ddylanwad athroniaeth Ewrop; darganfod yr athroniaeth o dan wyneb y gwaith llenyddol, fel petai. Cred Gealy fod gwaith pwysig yn dal heb ei wneud yn y maes hwn. Mae'n galw am allu amlochrog. Er bod digon o haneswyr a beirniaid llenyddol gennym, lleiafrif ohonynt sy'n ymddiddori mewn athroniaeth. Ar y llaw arall, ymhlith yr athronwyr, prin yw'r wybodaeth am lenyddiaeth Cymru.

Fy unig reswm dros sylwi ar y materion hyn yw fy mod am egluro nad dyma'r math o ddiddordeb sydd gennyf, fel athronydd, mewn llenyddiaeth. Addefaf nad arbenigwr mewn estheteg sy'n cyfyngu ei hun i gwestiynau arbennig y maes hwnnw ydwyf chwaith. Cas gennyf rannu athroniaeth, fel y gwna llawer, i isadrannau fel rhesymeg, metaffiseg, epistemeg, athroniaeth y meddwl, ac yn y blaen. Gwell gennyf ddweud fod cwestiynau canolog mewn athroniaeth, ond bod agweddau gwahanol iddynt.[2]

Un o'r cwestiynau athronyddol sylfaenol hyn yw hwnnw ynghylch natur realiti, a'n gallu i ymgysylltu â'r realiti hwnnw. Fe welir ar unwaith fod cysylltiad agos iawn rhwng y cwestiynau hynny a natur iaith. Sut y gwyddom ein bod yn *dweud* rhywbeth? A yw'n geiriau yn fwy arwyddocaol na sŵn yn y gwynt? A oes ffin broblematig rhwng iaith a'r byd? Gwahanol agweddau ar y cwestiwn yw natur ffiniau eraill; er enghraifft, y ffin rhwng corff ac ysbryd, bywyd a marwolaeth, amser a'r tragwyddol, dyn a Duw, crediniaeth ac anghrediniaeth. Nid yr un ystyr, serch hynny, sydd i'r syniad o ffin ym mhob cyd-destun.

Mae llenyddiaeth wedi bod yn ganolog yn fy ngwaith o'r dechrau wrth imi geisio trafod y cwestiynau hyn. Fy argyhoeddiad oedd fod pŵer llenyddiaeth yn bwrw golau dihafal arnynt. Er enghraifft, gwelais gyfochredd rhwng dramâu Gwenlyn Parry a barddoniaeth R. S. Thomas ar y naill law, a chwestiynau athroniaeth grefyddol gyfoes ar y llaw arall. Dyma oedd y tu ôl i ysgrifennu *Dramâu Gwenlyn Parry* a *R. S. Thomas: Poet of the Hidden God*. Yr oedd cwestiwn natur iaith grefyddol yn ganolog yn *From Fantasy to Faith* (1991) wrth imi edrych ar waith ugain o feirdd a llenorion yr ugeinfed ganrif. Ar y cyd ag Ilham Dilman yn *Sense and Delusion* (1971), dadleuasom am y modd y mae Tolstoy yn *Marwolaeth Ivan Ilych* yn bwrw golau ar hunan-dwyll pan ymholwn am ystyr ein bywydau. Fel y dywedais, cefais fy nenu gan gyfoeth a chymhlethdod llenyddiaeth, ac yn *Through A Darkening Glass* (1982), gwrthgyferbynnais y cymhlethdod hwnnw â damcaniaethau gor-syml moeseg gyfoes.

Efallai y bydd fy nghefndir addysgol yn help hefyd i esbonio fy niddordeb mewn llenyddiaeth. Fy mwriad, wrth fynd i'r brifysgol, oedd astudio Saesneg, ond er i mi gael fy nerbyn i'r dosbarth anrhydedd ni fedrais ollwng fy ngafael ar athroniaeth. Felly, er i mi ddilyn cwrs gradd yn Saesneg, fy mhwnc anrhydedd oedd athroniaeth. Ond er y cefndir addysgol hwn a'r ffaith fod cymaint o'm gwaith yn ymbriodi â llenyddiaeth, ni chredaf fod hynny'n lleihau'r ddrwgdybiaeth ynghylch athroniaeth. I'r gwrthwyneb, mae modd i'r ddrwgdybiaeth gynyddu drwy fy nghyhuddo o drin llenyddiaeth fel llawforwyn i athroniaeth. Gwelwn y ddrwgdybiaeth hon yn fwy cyffredinol ymysg beirdd, llenorion, a beirniaid llenyddol yr ugeinfed ganrif.

Mae yna ddwy wedd i'r ddrwgdybiaeth o'r berthynas rhwng athroniaeth a llenyddiaeth. Yn gyntaf, cawn *rybudd yn erbyn uniaethu'r ddau*, a throi llenyddiaeth yn araith athronyddol. Yn ôl esboniad Syr John Morris-Jones, y gwyrdroad hwnnw oedd i gyfrif i raddau helaeth am gyflwr truenus barddoniaeth Gymraeg tua 1884-5. Gosododd y bai ar y neo-glasurwyr, sef Eben Fardd a'i debyg, a'r Bardd Newydd a'u dilynodd. Meddai Gwynn ap Gwilym am hwnnw:

> Am y Bardd Newydd – Islwyn a'i debyg – bardd-bregethwr-broffwyd ydoedd ef, a swyddogaeth ei farddoniaeth oedd traethu rhyw genadwri fawr athronyddlyd mewn iaith niwlog a thrystfawr.[3]

Gwell i mi egluro, cyn mynd ymhellach, mai rhoi enghreifftiau yn unig a wnaf o ddrwgdybio athroniaeth yn ei pherthynas â llenyddiaeth. Nid yw hyn yn golygu fy mod yn cytuno â phob barn lenyddol a fynegir. Er enghraifft, cytunaf â Pennar Davies wrth iddo anghytuno â'r rhai a gâr fychanu llenyddiaeth y bedwaredd ganrif ar bymtheg. Ni all cyffredinoli o'r fath ddal dŵr. Mae Pennar Davies o'r farn fod gwaith Ceiriog, Gwilym Hiraethog, Ieuan Glan Geirionydd a'r Islwyn cynnar yn haeddu mwy o sylw, er ei fod yn deall, yr un pryd, paham fod Saunders Lewis yn sôn am Gymru'r ganrif honno fel Philistia lle bu 'crachathronyddu duwiol yn null y Bardd Newydd, dull Rhys J. Huws ac Iolo Caernarfon'.[4]

Beth bynnag am yr anghytundeb, cytunwyd nad math o araith athronyddol yw llenyddiaeth. Ni ddylai'r gerdd neu'r ysgrif fod yn gyfrwng israddol i neges haniaethol sy'n annibynnol arnynt. Meddai Syr John, 'Nid â syniadau haniaethol y mae a wnelo barddoniaeth ond â syniadau diriaethol.'[5] Rhoddwyd arweiniad ganddo wrth iddo 'ailafael yn nhreftadaeth hen glasuriaeth y Cymry, disgyblaeth cerdd dafod, parch at reol a thraddodiad, yr ymdeimlad â swyddogaeth gymdeithasol llenyddiaeth, blas ar burdeb iaith.'[6] Ar yr un pryd, cafodd rhamantiaeth Ewrop ddylanwad ar ddiwylliant Cymru. 'Cyn hir', meddai Pennar Davies, 'daeth y gwrthryfel yn erbyn y Bardd Newydd a'r holl foesoli dilewyrch a'r holl ddoethinebu di-faeth i aflonyddu hyd yn oed ar y beirdd-bregethwyr; ac yn fuan dyma ramantiaeth yn ei chyflawnder yn disgyn ar Gymru o'r diwedd.'[7] Y mae tuedd gan rai, meddai Pennar Davies, 'i siarad yn nawddoglyd am y cyfnod hwn'. Mae'n cytuno nad 'yw'r mudiad ... heb ei agweddau digrif', ond serch hynny mae o'r farn fod 'cynhyrchion gorau'r mudiad yn drysorau di-dranc yn ein llên, yn enwedig gorchestion T.Gwynn Jones ac awdl *Yr Haf* Williams Parry – ie, ac ambell gerdd gan W J Gruffydd.'[8] Beth fu effaith y mudiadau hyn, clasuriaeth a rhamantiaeth, ar y duedd i uniaethu llenyddiaeth ag athroniaeth? Meddai Gwynn ap Gwilym:

> Esgymunwyd yn llwyr o'r cerddi bob arlliw o athroniaeth;
> yn wir, yn ôl Syr Thomas Parry, yn y cyfieithiad o benillion
> Omar Khayyam (gan Syr John) y mae'r peth tebycaf i
> athroniaeth nid yn unig yng nghanu John Morris-Jones ond
> yn holl gynnyrch yr ysgol o feirdd Cymraeg a'i dilynodd, a
> rhyw ymwrthod teimladol â realiti yw'r athroniaeth honno,
> gan ddianc rhagddo i fyd breuddwyd a llesmair a ffantasi.[9]

Ac meddai Pennar Davies:

> Dyma gyfnod 'Y Nos a'r Niwl a'r Ynys' ... cyfnod
> gogoneddu'r Celt a mawrygu Arthur, cyfnod ymhyfrydu
> mewn macwy a rhiain a marchog canoloesol ... cyfnod
> dyrchafu llawenydd y foment ar draul y disgwyliad am
> lawenydd y nef, cyfnod o flasu ambell waith y ffrwyth
> gwaharddedig.[10]

Fel y gwyddom, daeth tro ar fyd yn gynnar yn yr ugeinfed
ganrif, a newidiodd ein diwylliant am byth. O ran barddoniaeth,
y farn gyffredin yw mai T. H. Parry-Williams yn ei bryddest
fuddugol yn Eisteddfod Genedlaethol Bangor ym 1915, ar y
testun 'Y Ddinas', a gyhoeddodd yn glir fod yr hen ddyddiau ar
ben. Ond hyd yn oed wrth i Parry-Williams gyfeirio at yr hen
ddyddiau, eto, wrth drafod Thomas Hardy mor hwyr â 1939 yr
oedd W J Gruffydd, a fu'n rhamantydd hyd y diwedd, yn dal i
bwysleisio'r gwahaniaeth rhwng golwg athronyddol, haniaethol
ar fywyd a bywyd ymarferol dynion yn eu pentrefi. Dywed am
Hardy:

> Yn ei holl weithiau, un trychineb a geir, un golled. Y
> trychineb hwnnw yw Angau, am fod Angau yn rhoddi pen
> ar yr hyn sy'n ddiddorol, yn gredadwy, yn ddealladwy, sef
> Bywyd. Ac nid Bywyd gyda B fawr, bywyd yr athronwyr a'r
> gwyddonwyr mohono, ond y bywyd hwnnw sy'n ddealladwy

ac yn ddisgrifiadwy i'r awenydd, bywyd dynion y pentref a'r dref fechan, cymundeb pobl gyffredin y gellid plymio i'w meddyliau am fod eu meddyliau'n rhan o sylwedd y byd gwybyddus ...[11]

Ond faint o'r 'sylwedd' hwnnw oedd ar ôl wedi'r Rhyfel Byd Cyntaf, ac i ba raddau yr oedd diffyg cynhenid y Bardd Newydd, erbyn diwedd y ganrif flaenorol, yn esbonio paham 'pan dorrodd cenlli'r Rhyfel Mawr am ein pennau, nad oedd gennym yr hydeimledd na'r dyfnder ysbryd ar ôl i lunio creadigaethau newydd allan o'i enbydrwydd epig'?[12] O ganlyniad, yn ôl D. Tecwyn Lloyd yn ei erthygl rymus, 'corff bychan iawn sydd gennym o "lenyddiaeth rhyfel" fel y cyfryw'.[13] Cafwyd gan Hedd Wyn un gerdd ddigamsyniol bwerus, sef 'Rhyfel', a oedd i Tecwyn Lloyd yn 'un o ganeuon mawr ein canrif ni a'r fwyaf o holl ganu rhyfel ein cyfnod ... Epitaff i'r cwbl a fu cyn 1914 ydyw; cân sy'n cloi diwedd un bennod hir yn ein hanes':[14]

> Mae'r hen delynau genid gynt
> Yng nghrog ar gangau'r helyg draw,
> A gwaedd y bechgyn lond y gwynt,
> A'u gwaed yn gymysg efo'r glaw.

Hyd yn hyn, soniais yn unig am y wedd gyntaf i'r ddrwgdybiaeth wrth-athronyddol wrth ystyried y berthynas rhwng athroniaeth a llenyddiaeth, sef condemniad o'r duedd i uniaethu athroniaeth â llenyddiaeth. Ar ôl y Rhyfel Byd Cyntaf byddai awen athronyddlyd y Bardd Newydd hithau ynghrog gyda'r 'hen delynau genid gynt'. Ond y mae'r ail wedd i'r ddrwgdybiaeth wrth-athronyddol yn fwy perthnasol, ac yn fwy o her i'r traethawd hwn, gan nad yw'n ddim llai na rhybudd yn erbyn hyd yn oed drafod a dadansoddi llenyddiaeth yn athronyddol. Pan gyhoeddais ysgrif ar ddrama Gwenlyn Parry, *Saer Doliau*, ei his-deitl oedd 'Dadansoddiad Syniadol'.[15] A oedd rhywbeth o le yn hynny?

Yn ei Ragair i *Caniadau* (1934), dywed T. Gwynn Jones 'mai

ofer ceisio ynddynt na dysgeidiaeth nac athroniaeth'. Gwêl ei gerddi fel 'cais i fynegi profiadau, digon croes i'w gilydd yn aml, heb un cais i'w cysoni wrth ofynion un broffes'. Ac y mae R. Gerallt Jones wedi ein hatgoffa fod Parry-Williams 'mewn sawl man, yn ein rhybuddio rhag chwilio am gysondeb rhwng cerdd a cherdd wrth edrych ar waith bardd: ymateb i un profiad yw cerdd, meddai, nid darn o athroniaeth.'[16] A dyma frawddegau agoriadol Parry-Williams yn ei ysgrif, 'Darfod':

> 'Malu Awyr'. Y mae'n ymadrodd ffigurol da odiaeth, i'm tyb i. Ac y mae proffwydi a beirdd, athronwyr a diwinyddion, a phob math o boblach, wedi bod, ac yn bod, wrth y gwaith hwn yn gyson.[17]

A phan mae'n dal ei hun yn syrthio i'r demtasiwn i athronyddu, mae'n ceryddu ei hun yn llym, 'Ond ymaith, wag athronyddu!'[18]

Ond a yw pethau mor glir a syml â hynny, hyd yn oed ymysg y beirniaid llenyddol a'r beirdd eu hunain? Er enghraifft, mewn erthygl ar farddoniaeth Gymraeg yn y cyfnod cyn yr Ail Ryfel Byd, dadleuodd Syr Thomas Parry fod y tebygrwydd rhwng beirdd y cyfnod a'r Bardd Newydd mor drawiadol, fel y gellid disgrifio cynnyrch yr oes fel gwaith y Bardd Newydd Newydd:

> Bu'r Bardd Newydd yn broffwyd ac yn ddehonglwr. Bu dilynwyr Morris-Jones yn creu prydferthwch. Ond gwrandawer ar un o feirdd ifainc ein hoes ni: 'Y mae gwir farddoniaeth bob amser yn agos at galon bywyd, am mai'r bardd ydyw'r pwynt cyffwrdd mwyaf angerddol sydd rhwng bywyd a phrofiadau dynion, ac am mai trwy farddoniaeth (a chrefydd) y caiff dyn yr ymdeimlad dyfnaf o werth bywyd, a eill roddi mynegiant i'w broblemau mawrion'. (*Y Ddau Lais*, td.xii). Dyna'r Bardd Newydd Newydd. Ef yw'r pwynt cyffwrdd rhwng bywyd a phrofiadau dynion. Trwyddo ef y daw bywyd i mewn i brofiadau dynion. Ef yw'r gweledydd a'r dehonglwr, yn union fel y Bardd Newydd gynt.[19]

Nid yw Syr Thomas Parry am wadu, serch hynny, fod rhai gwahaniaethau rhyngddynt:

Ond nid yw'r Bardd Newydd Newydd mor hy ar y cyfanfyd ... yn aml fe ffeiriodd ef y macrocosmos am y microcosmos:

Tybed fy mod i, O Fi fy Hun,
Yn myned yn iau wrth fyned yn hŷn,
A gwanwyn a gwenau a gwibiog hynt
Yn gwahodd fel y gwahoddent gynt?

Neu'n debycach i'r Bardd Newydd:

Mae ynof byth a hefyd gyngor terfysg
Myfïau anghytûn yn pennu deddf;
Pob un yn lleisio'i ble'n aflafar gymysg,
Angof a chof, pob greddf a'i gelyn reddf.

Yn rhyfedd, y mae'r dyfyniad olaf yn dwyn ar gof inni union eiriau Tafolog mor bell yn ôl â 1897: 'Y mae môr mawr barddoniaeth yn ymchwyddo rhwng y "Myfi" dieithr o'n mewn a'r "Nid Myfi" dieithrach o'r tu allan i ni.'[20]

Os nad yw'r beirniaid llenyddol yn cytuno ynghylch y berthynas rhwng y Bardd Newydd a'r Bardd Newydd Newydd, beth am y bardd y mae Syr Thomas Parry yn ei gymryd fel esiampl? Hyd yn hyn byddai'n hawdd casglu nad oedd lle gan T. H. Parry-Williams yn ei gerddi na'i ysgrifau i ddadansoddi athronyddol. A byddai brawddegau agoriadol ei ysgrif, 'Y Drefn', yn ategu'r argraff:

Nid oes neb o bwys meddyliol yn barod i ddal i ddadlau â chwi y dyddiau hyn heb ofyn i chwi cyn bo hir ddiffinio'ch termau. Ond nid yw diffinio termau yn ddim ond defnyddio termau neu eiriau eraill i egluro'r termau hyn. A gwaeth na hynny, nid yr un ystyr a roddir gan bawb i'r termau sy'n

egluro'r termau; felly dyna hi'n draed-moch. Ni cheir byth
ddadl glir a therfynol ar ddim oherwydd hynny, a gwastraff
amser yw dadlau – moeth academig … 'Gochelwch resymeg',
meddai rhyw ddoethyn; a gwych o gyngor ydoedd …[21]

Ond ai hwn yw'r un person a ganodd fel hyn yn ei gerdd,
'Geiriau'?:

> Ni wn, yn wir, pa hawl a roed i mi
> I chwarae campau â'ch hanfodau chwi,
>
> A'ch trin a'ch trafod fel y deuai'r chwiw,
> A throi a throsi'ch gogoniannau gwiw;
>
> Ond wrth ymyrraeth â chwi oll ac un
> Mi gefais gip ar f'anian i fy hun.[22]

Gwelsom eisoes mai anian ydyw sy'n cynnwys myfiau mewn
tyndra â'i gilydd. A'r ymchwil i'r fyfiaeth hon a arweiniodd Syr
Thomas Parry i weld tebygrwydd i'r Bardd Newydd; tebygrwydd
a'i harweiniodd i sôn am y Bardd Newydd Newydd. Ar y llaw
arall, i feirniad llenyddol fel Gwyn ap Gwilym:

> … fe arbedwyd y beirdd rhag teithio'r llwybr myfiol hwn …
> i'r pen draw; ac unwaith yn rhagor y traddodiad cenedlaethol
> Cristionogol a ddaeth i'r adwy.[23]

Beirdd fel Gwenallt a Saunders Lewis sydd gan Gwynn ap
Gwilym mewn golwg. Mae'n cyfaddef nad ydynt yn adlewyrchu
barn eu cymdeithas, ond ni fyddai'n dymuno iddynt wneud hynny
oherwydd fod y gymdeithas honno, yn ei farn ef, 'at ei gilydd yn
Brydeinllyd ac yn baganaidd'. Fe gofiwn ddisgrifiad Syr Thomas
Parry o'r Bardd Newydd Newydd fel 'y pwynt cyffwrdd rhwng
bywyd a phrofiadau dynion … Ef yw'r gweledydd a'r dehonglwr,
yn union fel y Bardd Newydd gynt.' Fe gofiwn, hefyd, am gŵyn
Gwynn ap Gwilym ei hun yn erbyn y Bardd Newydd, sef iddo

'draethu rhyw genadwri fawr athronyddlyd'. Ond gwrandawer ar yr hyn a ddywed ef ei hun am y beirdd Cristionogol:

> Ond arweinwyr yw'r beirdd – rhai sy'n gwarchod ac yn rhybuddio ac yn cynnig ymwared, nid annhebyg, yn wir, i broffwydi Israel gynt. Gwyddant yn well na neb fod dyfodol eu celfyddyd yn annatod glwm wrth ddyfodol y Gymraeg ei hun, ond os pery hi fe bery'r farddoniaeth hefyd.[24]

Tybed a yw'n bryd i ni gydnabod presenoldeb Bardd Newydd Newydd Newydd?

Yr unig beth sy'n sicr wrth edrych ar sylwadau'r beirdd a'r beirniaid llenyddol hyd yn hyn, yw'r ffaith amlwg na wyddant sut i egluro'r berthynas rhwng athroniaeth a llenyddiaeth. Ac nid oes modd osgoi'r broblem drwy ddefnyddio'r gair 'syniadaeth' rhag eu llygru gan iaith athroniaeth. Y gwir amdani yw bod i syniadau le mor amlwg ym meirniadaeth beirniaid ag sydd iddynt yn y gweithiau llenyddol eu hunain. Mae hyn yn wir hyd yn oed am osodiad Syr John Morris-Jones nad â syniadau haniaethol y mae a wnelo barddoniaeth, ond â *syniadau* diriaethol. Felly, beth bynnag a olygir gan syniadaeth, naill ai mewn llenyddiaeth neu yn sylwadau'r beirniaid arni, fe ddeil y cwestiwn ynghylch y gwahaniaeth rhwng diddordeb athronyddol mewn syniadaeth o'r fath, a diddordebau eraill ynddi, a phaham y mae rhai yn dal i fod mor ddrwgdybus o'r diddordeb athronyddol.

3. Llenyddiaeth a Diddordeb Athronyddol

Wrth ymateb i gerdd T. H. Parry- Williams, 'Geiriau', dywedodd John Gwilym Jones am y bardd:

> Nid yw'n fetaffisegol o gwbl yn yr ystyr o amcanu esbonio ei anian na gofyn pam y mae fel hyn neu fel arall. Ei unig amcan yw dweud, 'Fel hyn yr ydw i'. Ei arfau yw geiriau ...[25]

Cytunaf â'r sylwadau hyn, ond, wrth gwrs, nid Parry-Williams yw'r unig un i ddweud 'Un fel hyn wyf fi'. Nid yr un yw lleisiau R. Williams Parry, T. H. Parry-Williams, Gwenallt a Waldo Williams, ac mae John Gwilym Jones yn cydnabod hynny'n glir. Fe ddywed mai unig ddyletswydd y bardd yw bod yn ffyddlon i'w weledigaeth. Ond y mae sawl bardd, a sawl gweledigaeth, y gellir dweud am bob un ohonynt, 'Ei arfau yw geiriau'. Beth yw perthynas yr athronydd â lluosogrwydd y lleisiau a'r gweledigaethau? Dyma'r cwestiwn canolog. Fel y dywedais, y mae rhai yn drwgdybio diddordeb yr athronydd. Er enghraifft, dywedodd Gwyn Erfyl mewn sgwrs rhyngddo ef a M. Wynn Thomas a minnau:

> Ond y broblem sydd gen i, yn syml, yw hyn: pan mae athronydd, gyda'i ddisgyblaeth arbennig o, yn dod i'r afael â barddoniaeth, a disgyblaeth arbennig y bardd, onid oes perygl i farddoniaeth fod yn ddim byd ond nifer o osodiadau, 'statements', sy'n naill ai'n dderbyniol neu'n annerbyniol o safbwynt y myfyrdod athronyddol, gan anghofio bod barddoniaeth yn dod â deimensiwn newydd a gwahanol sydd y tu allan, mewn ffordd, i'r math o aperatws arferol sydd gan yr athronydd?[26]

Y peth cyntaf i'w gydnabod yw y byddai'r perygl sy'n poeni Gwyn Erfyl yn bresennol mewn traddodiadau athronyddol arbennig. Ond wrth sôn am 'aperatws arferol yr athronydd' mae'n anwybyddu'r ffaith fod anghytundebau ac amrywiol farnau ymhlith athronwyr. Ac yn chwyldro athronyddol yr ugeinfed ganrif yr oedd un o'r anghytundebau mwyaf yn ymwneud â natur iaith. Nid yw'n ormod dweud fod Wittgenstein, athronydd mwyaf y ganrif, wedi troi traddodiad athronyddol â'i ben i waered, traddodiad a oedd wedi parhau am dri chant o flynyddoedd. Un o brif elfennau'r traddodiad hwnnw oedd ei syniad pensaernïol am iaith. Adeilad oedd iaith ac iddo sylfeini. Gosodiadau oedd y sylfeini hynny. O ganlyniad, y peth pwysig oedd darganfod natur y sylfeini. Yr oedd sylfeini sicr yn dibynnu ar osodiadau sicr. Ond un o'r gwirioneddau rhesymegol a bwysleisiwyd yn y chwyldro athronyddol oedd dryswch y syniad pensaernïol am iaith. Ni wyddom ystyr gosodiadau mewn gwagle. Y cyd-destun sy'n dangos yr ystyr i ni. Ac, wrth gwrs, cyn i ni wybod ystyr y gosodiad, ni wyddom sut i drin gwirionedd neu anwiredd y gosodiad. Felly, gwelir ystyr y gosodiad yn y lle sydd iddo yn llif bywyd. Yn ogystal â hynny, dim ond un math o iaith yw 'gosodiad' ymhlith amrywiol fathau o iaith. Ond os am siarad am osodiadau fel y gwna Gwyn Erfyl, mae'n bwysig sylweddoli nad sylfeini iaith yw gosodiadau, ond mai iaith yn hytrach sy'n dangos ystyr y gosodiadau. Ymhlith amrywiaethau ieithyddol ein bywydau ceir ein llenyddiaeth. Dyletswydd yr athronydd yw gwneud *cyfiawnder syniadol* â'r byd yn ei holl amrywiaeth. Dyma'r hyn a alwaf y *syniad o athroniaeth fel myfyrdod*,[27] syniad sydd mor hen â Socrates, o leiaf. Ac wrth ymdrechu i fod yn deg yn syniadol, gwêl yr athronydd nad un ystyr yn unig sydd i'r gwahaniaeth rhwng y real a'r afreal, ond bod y gwahaniaeth yn wahanol mewn gwahanol gyd-destunau, er eu bod yn dwyn perthynas â'i gilydd. Ond mae i'r berthynas ei hun ffurfiau gwahanol.

Beth am iaith llenyddiaeth fel y cyfryw? Mewn llyfr na chafodd y sylw yr oedd yn ei haeddu, dangosodd R. W. Beardsmore ei natur arbennig.[28] Yn rhan gyntaf ei lyfr, mae'n trafod barn Oscar Wilde mai *addurn* ar fywyd yn unig yw llenyddiaeth. Gwendid y safbwynt hwn yw ei fod yn methu â gwneud cyfiawnder â'r ffaith fod llenyddiaeth yn ein galluogi i weld pethau na fyddem yn medru eu gweld hebddi. Yn ail ran ei lyfr, mae Beardsmore yn trafod yr adwaith yn erbyn synio am lenyddiaeth fel addurn, sef syniad *didactig* Syr Philip Sydney a'i debyg amdani. Gwendid y safbwynt hwn yw gwneud llenyddiaeth yn llawforwyn i'r neges, fel petai'n bosibl dod o hyd i'r *un* neges trwy ryw gyfrwng arall. Yn nhrydedd ran ei lyfr dengys Beardsmore fod llenyddiaeth yn dangos pethau i ni, ond bod ei ffordd o wneud hynny ynghlwm wrth y ffurf a'r arddull lenyddol. *Nid cyfrwng i'r hyn a welir yw llenyddiaeth, ond sylwedd yr hyn a welir.* Unwaith eto, nid un weledigaeth a welir eithr amrywiaeth enfawr ohonynt. Y mae'r awydd athronyddol i wneud cyfiawnder syniadol â'r amrywiaeth hwn yn rhan o'r rhyfeddu at y byd sydd wrth wraidd athroniaeth.

Mae M. Wynn Thomas yn ei chael hi'n anodd ymaflyd yn y cysyniad o athroniaeth fel myfyrdod syniadol ar y byd. Dywed:

> Yn achos R. S. Thomas mae'r cerddi'n mynegi'r tyndra, y gwamalu a'r ymbalfalu sy'n rhan annatod o natur ac ystyr ac arwyddocâd yr hyn sy'n cael ei ddweud. Ac mae'r agwedd honno'n mynd ar goll wrth i chi drafod barddoniaeth yn eich ffordd chi.[29]

Ni welaf fod rhaid dod i gasgliad o'r fath, oherwydd byddai gwneud cyfiawnder syniadol â'r tyndra, y gwamalu, a'r ymbalfalu yn rhan o fyfyrdod yr athronydd. Nid ei waith ef fyddai ceisio tacluso y pethau hyn. Mewn llythyr ataf dywedodd R. S. Thomas:

> All is ambivalence, multivalence even. The same natural background, which, from one standpoint has facilitated my belief in God, has from another caused enormous problems.

Ac wrth gwrs, ceir enghreifftiau lle mae'r cynnyrch llenyddol yn dibynnu'n union ar y math o dyndra ac ymbalfalu y mae M.

Wynn Thomas yn cyfeirio atynt. Y mae holl storïau Isaac Babel yn dibynnu ar y tyndra digymod yn ei fywyd rhwng ei gredoau Iddewig a moeseg y Cossacks Coch. Ni wyddom am ei ffawd yn un o wersyll-garcharau Stalin. Fel y dywedodd Lionel Trilling: 'The opposition of these two images made his art – but it was not a dialectic that his Russia could permit.'[30]

Ond, fel y dywedais, rhaid i athroniaeth gydnabod y ddialecteg. Ac onid yw'r un peth yn wir am feirniadaeth lenyddol? Athroniaeth a beirniadaeth lenyddol wael yw'r rhai sy'n unllygeidiog. Wedi'r cyfan, mewn dramâu, nofelau a cherddi yr hyn a welwn yw tyndra rhwng cymeriadau a gwahanol werthoedd. Ni fyddai'n llenyddiaeth heb hynny. Rhaid i'r athronydd a'r beirniad wneud cyfiawnder â'r amrywiaeth hwn. Ond fel y gwelwn yn y penodau sy'n dilyn mae sawl rhwystr ar ffordd athroniaeth a beirniadaeth lenyddol fyfyriol. Gyda llaw, nid yw hyn yn golygu fod agwedd y beirniaid yn oddefol. I'r gwrthwyneb, mewn athroniaeth ac mewn beirniadaeth lenyddol y mae'n ddyletswydd i ddadlennu'r ystrydebol, yr arwynebol a'r cymysglyd, eithr nid yn nhermau safonau sy'n tarddu o'r disgyblaethau hynny ond yn nhermau'r gweithiau llenyddol eu hunain. Y maent, ar brydiau, yn ceisio dweud yr hyn na ellir ei ddweud yn y cyd-destun dan sylw. Un cwestiwn diddorol a ddaw i'r golwg i'w ystyried nes ymlaen, yw i ba raddau y gall cerdd fod yn llwyddiannus pan yw'n gymysglyd ei syniadaeth er nad yw'r bardd yn ymwybodol o hynny. Ceir cyflead da o natur ymroddiad llenyddol yn y geiriau canlynol am farddoniaeth Gymraeg rhwng 1939 a 1970:

> If the sociopolitical context accounts for the *angst,* it does not account fully for the excellence of much of the poetry, because ... [as Saunders Lewis says in a 1944 book review] 'poetry of the highest quality is not made with ideas or expositions. Words! Explosive words, revelatory words, creative words, words with rhythms which shake, that is the stuff of excellent poetry' ... if the words of poetry are to

retain these qualities, they must be engaged in a constant battle against convention and *cliché* … the poets were the ones…who insisted on discovering their own idiom, their own poetic voice in which to evoke their personal and communal feelings and visions.[31]

Mewn man arall mae Gwyn Erfyl yn mynegi ei amheuon am y ddyletswydd athronyddol i wneud cyfiawnder syniadol ag amrywiaeth y lleisiau a'u gwerthoedd, ac â safbwyntiau gwahanol a'r tyndra sydd rhyngddynt a gwerthoedd yr unigolyn. Meddai:

> Wrth ddweud, 'Mae Dewi Z. Phillips y person yn y fan yma; mae Dewi Z. Phillips yr athronydd fan acw', 'rwy'n amau fedrwch chi fod yn sgitsoffrenig fel yna o gwbl wyneb yn wyneb â'r cwestiynau yma.[32]

Wel, amau neu beidio, dyma'r alwad at fyfyrdod athronyddol. Nid sgitsoffrenia yw hyn, ond galwedigaeth ddychrynllyd o anodd. Ar y naill law, mae'n rhaid i'r athronydd wneud cyfiawnder syniadol â'r safbwyntiau a'r gwerthoedd amrywiol, gan gynnwys eu galwad arnom i ymlynu wrthynt. Ar y llaw arall, fel unigolyn, mae gan athronydd ei safbwynt a'i werthoedd personol fel pawb arall. Ymhlith y rhain bydd rhai o bwysigrwydd mawr iddo, a bydd safbwyntiau arbennig eraill yn wrthun iddo. Mae'n hawdd gweld sut y gall ei safbwynt personol fod yn rhwystr iddo werthfawrogi a deall safonau a gwerthoedd gwahanol. Ond oni all weld ymhellach na'r hyn a gâr yn bersonol, ni bydd modd iddo wneud cyfiawnder syniadol ag amrywiaeth y byd. Nid wyf am wadu am foment nad yw myfyrdod athronyddol yn anodd. Ar y llaw arall, natur myfyrdod o'r fath a ddengys bwysigrwydd athroniaeth i'n diwylliant.

1   Walford Gealy, 'A Brief History of Philosophy in Wales and Phillips's Contribution to Philosophy in the Welsh Language' yn John Whittaker (gol.), *Possibilities of Sense* (Basingstoke: Palgrave, 2002), 269-289.

2   Ceisiais ddangos hyn yn *Introducing Philosophy: The Challenge of Scepticism* (Oxford: Blackwell, 1998).

3   Gwynn ap Gwilym, 'Rhagymadrodd' yn Gwynn ap Gwilym ac Alan Llwyd (goln.), *Blodeugerdd o Farddoniaeth Gymraeg yr Ugeinfed Ganrif* (Llandysul: Gwasg Gomer, Cyhoeddiadau Barddas, 1987), xxix.

4   Pennar Davies, 'Y Ganrif Hon Yn Ein Barddoniaeth' yn J. E. Caerwyn Williams (gol.), *Ysgrifau Beirniadol IV* (Dinbych: Gwasg Gee, 1969), 191.

5   John Morris-Jones, *Cerdd Dafod* (Rhydychen, 1925), 20.

6   Pennar Davies, op. cit., 190.

7   ibid., 191.

8   ibid.

9   Gwynn ap Gwilym, op. cit., xxxi.

10 Pennar Davies, op. cit., 191.

11 W J Gruffydd, *Y Tro Olaf* (Y Clwb Llyfrau Cymraeg, 1939), 197-9.

12 D. Tecwyn Lloyd, 'Llenyddiaeth Cyni a Rhyfel 1914-1939', *Ysgrifau Beirniadol IV*, 184.

13 ibid., 181-2.

14 ibid., 180-1.

15 Gweler 'Byd y Saer Doliau', *Ysgrifau Beirniadol IV*, 306-36.

16 R. Gerallt Jones, *Dawn Dweud: T. H. Parry-Williams* (Llandysul: Gwasg Gomer, 1999), 103.

17 *Casgliad o Ysgrifau T. H. Parry-Williams* (Llandysul: Gwasg Gomer, 1999), 402. (= *Casgliad o Ysgrifau* o hyn ymlaen.)

18 ibid., 404.

[19] Thomas Parry, 'Y bardd newydd newydd; rhai sylwadau pryfoclyd', *Y Traethodydd*, Cyf. 8, Gorffennaf 1939, 175.

[20] ibid., 178.

[21] *Casgliad o Ysgrifau*, 174.

[22] T. H. *Parry-Williams: Detholiad o Gerddi* (Llandysul: Gwasg Gomer, 1972), 50. (= *Detholiad o Gerddi* o hyn ymlaen.)

[23] op. cit., xlii.

[24] ibid., xlvii – xlviii.

[25] John Gwilym Jones, 'Barddoniaeth T. H. Parry-Williams' yn J. E. Caerwyn Williams (gol.), *Ysgrifau Beirniadol X* (Dinbych: Gwasg Gee, 1977), 316.

[26] '"Y Duw Cudd"'. Sgwrs rhwng M. Wynn Thomas, Dewi Z. Phillips a Gwyn Erfyl' yn M. Wynn Thomas (gol.), *R. S. Thomas: Y Cawr Awenydd* (Llandysul: Gwasg Gomer, 1990), 79.

[27] Am drafodaeth ar y syniad o athroniaeth fel myfyrdod syniadol ar y byd, gweler D. Z. Phillips, *Philosophy's Cool Place* (Ithaca: Cornell University Press, 1999).

[28] Gweler R. W. Beardsmore, *Art and Morality* (London: Macmillan, 1971).

[29] op. cit., 80.

[30] Lionel Trilling, 'Introduction' i Isaac Babel, *Collected Short Stories* (London: Penguin, 1961). Am drafodaeth, gweler 'Kill or be Killed' yn D. Z. Phillips, *From Fantasy to Faith* (Basingstoke: Macmillan, 1991).

[31] Robert Rhys, 'Poetry 1939-1970' yn Dafydd Johnston (gol.), *A guide to Welsh Literature c. 1900-1996* (Cardiff: University of Wales Press, 1998), 114-5.

[32] Gwyn Erfyl (gol.), *Credaf* (Caerdydd: Hughes a'i Fab, 1985), 88.

A OES RHAID BOD YN CAUSABONIAID CYMRAEG?

Tuag un mlynedd ar bymtheg yn ôl bu cwyno yng Nghymru am ein diffyg deall 'ynglŷn â swyddogaeth llenyddiaeth yn y gymdeithas.'[1] Er enghraifft, dywedwyd nad oedd perthynas iach rhwng ein cewri llenyddol a'u cynulleidfa. Pe bai'r cwynion yn gywir, ac y maent yn dal yn y tir, ni fyddai myfyrdod syniadol yn bosibl. Felly, cyn mynd ymhellach, rhaid edrych ar resymeg y cwynion. Gwelir rhai ohonynt yn rhai o sylwadau John Rowlands a M. Wynn Thomas.

1. Rhesymeg y Cwynion

Mae cwyn gyntaf John Rowlands yn ymwneud â'r berthynas a wêl rhwng beirdd a llenorion Cymru a'u cynulleidfa:

> Ein tuedd yn rhy aml fu plygu glin o flaen ein cewri llenyddol (fel yr awgryma teitlau 'Cyfres y Meistri' a 'Cyfres y Cewri'), fel petai llenorion yn frîd anghyffwrdd o broffwydi anffaeledig.[2]

Mewn perthynas o'r fath, nid cynnwys y testun yw testun y sylw ond statws yr awdur. Dywed Tony Bianchi i'r un perwyl:

> Pan ddaw'r darllenydd anghyfarwydd at waith Waldo Williams trwy gyfrwng ei ddehonglwyr a'i edmygwyr fe'i

trewir nid gan rym y farddoniaeth ond yn hytrach gan ddawn hynod ffrwythlon y gymdeithas Gymraeg gyfoes i greu myth.[3]

Pebai eisiau cymeriad llenyddol arnom i gloriannu'r agwedd at lenyddiaeth a feirniedir yn y sylwadau hyn, ni ellid cael gwell na Mr. Causabon yn nofel George Eliot, *Middlemarch*. Os oes rhyw rinwedd yn y cwynion yng Nghymru, cwyno yn erbyn Causaboniaid Cymru y maent. Ysgolhaig sychlyd, canol-oed yw Causabon. Mae ganddo wraig ifanc, idealistig, Dorothea. Mae Causabon am i Dorothea weld trysorau artistig Rhufain. Ond beth yw diddordeb Causabon yn y trysorau? Dywed George Eliot wrthym:

'...her husband's way of commenting on the strangely impressive objects around them had begun to affect her with a sort of mental shiver: he had perhaps the best intention of acquitting himself worthily, but only of acquitting himself. What was fresh to her mind was worn out to his, and such capacity of thought and feeling as had ever been stimulated in him by the general life of mankind had long shrunk to a sort of dried preparation, a lifeless embalment of knowledge.

When he said 'Does this interest you Dorothea? Shall we stay a little longer? I am ready to stay if you wish it', it seemed to her as if going or staying were alike dreary. Or, 'Should you like to go to the Farnesinia, Dorothea? It contains celebrated frescoes designed or painted by Raphael, which most persons think worth while to visit.'

'But do you care about them?' was always Dorothea's question.

'They are, I believe, highly esteemed. Some of them represent the fable of Cupid and Psyche, which is probably the romantic invention of a literary period, and cannot I think be reckoned as a genuine mythical product. But if you like these wall-paintings, we can easily drive thither; and you will then, I think, have seen the chief work of Raphael, any of which it were a pity to omit in a visit to Rome. He is the painter who has been held to combine the most complete grace of form with sublimity of expression. Such at least I have gathered to be the opinion of cognoscenti.'

Dengys portread George Eliot yn glir fod creu cymeriad fel Causabon yn dibynnu'n, rhesymegol, ar y gwahaniaeth rhyngddo a rhywbeth sydd yn real ac yn ddilys. Er enghraifft, mae agwedd wasaidd Causabon at safonau arlunio, er mwyn iddo fod yn ystyrlon, yn gwrthgyferbynnu â pharch go iawn at safonau. Oni bai am barch o'r fath, ni allem ddeall gwaseidd-dra Causabon.

Onid yw'r un pwynt rhesymegol yn berthnasol i sylwadau beirniadol John Rowlands? Pan ddywed fod tuedd yn ein mysg i blygu glin o flaen ein cewri llenyddol, agwedd sy'n deilwng o Causabon a nodir, agwedd wasaidd at y cewri. Ond mae'n rhaid i John Rowlands ateb y cwestiwn canlynol. A oes gwahaniaeth rhwng dweud fod rhai yn plygu glin i'r cewri oherwydd mai cewri ydynt, a dweud eu bod yn gewri oherwydd bod rhai yn plygu glin iddynt? Mewn geiriau eraill, a oes ystyr dilys i'r disgrifiad 'cewri llenyddol'? Os yw John Rowlands yn sôn am blygu glin fel agwedd wasaidd, Causabonaidd at y cewri, i fod yn ystyrlon rhaid fod dyfarniad llenyddol dilys yn bosibl. Ni all cyhuddiad John Rowlands fod yn ystyrlon heb wrthgyferbyniad. Nid gofyn yr wyf i John Rowlands gytuno fod hwn-a-hwn yn gawr llenyddol. Y cwestiwn iddo, yn hytrach, yw: a oes rhywbeth, yn ei farn ef, i gytuno neu anghytuno yn ei gylch? Gofynnaf y cwestiwn oherwydd, ar brydiau, mae John Rowlands yn siarad fel petai'r syniad o gawr llenyddol yn ddiystyr.

Eto, wrth i Tony Bianchi dynnu'n sylw at y ffaith fod rhai o edmygwyr Waldo Williams yn creu myth amdano yn hytrach nag edrych ar rym ei farddoniaeth, mae'n pwysleisio fod gwahaniaeth real rhwng gwneud y naill beth yn hytrach na'r llall. Nid oes yma unrhyw wadu'r posibilrwydd o bwysleisio grym barddoniaeth.

Gwelir ail gŵyn John Rowlands yn ei esboniad o'r hyn sydd wedi digwydd i ni fel cynulleidfa'r cewri llenyddol yng Nghymru:

> Yr ydym yn dal i besgi ar faeth y gorffennol, yn dal i ymhyfrydu ym mawredd ein llenyddiaeth, ac yn para i gael swcwr o shibolethau treuliedig ddoe, fel pe baem am anghofio mai ar drothwy'r unfed ganrif ar hugain yr ydym yn byw, a bod ein Cymru Gymraeg ni yn wahanol iawn i'r Gymru Gymraeg a wnâi i ystrydebau o'r fath fod yn fynegiant grymus o'r hyn y tybid ei fod yn wir.[4]

Os ymhyfrydwn ym mawredd ein llenyddiaeth, ai pesgi ar faeth y gorffennol a wnawn? Beth yw statws yr awgrym? A oes modd ymhyfrydu ym mawredd ein llenyddiaeth heb wneud hynny? Mae'n rhaid fod hynny'n bosibl. Os felly, ni fedrwn wneud 'ymhyfrydu ym mawredd ein llenyddiaeth' yn gyfystyr â 'pesgi ar faeth y gorffennol'. Eto, onid oes modd ymhyfrydu ym mawredd ein llenyddiaeth heb anghofio ein bod yn yr unfed ganrif ar hugain, neu fod gwahaniaeth aruthrol rhwng y Cymry Cymraeg cyfoes a Chymry Cymraeg y diwylliant a roddodd T. H. Parry-Williams, R. Williams Parry a Gwenallt i ni? Onid yw hyn yn bosibl? Ni wn i am unrhyw ddadl a all brofi'r gwrthwyneb. Onid yw hi'n bosibl, yn debygol hyd yn oed, i rywun heddiw farnu nad oes bardd cyfoes i'w gymharu â'r tri bardd a enwyd? Unwaith eto, nid gofyn yr wyf am gytundeb John Rowlands â'r dyfarniad hwn, ond gofyn iddo, yn hytrach, gydnabod bod dyfarniad o'r fath yn bosibl heb unrhyw fath o ddryswch.

Yn ei drydedd gŵyn mae John Rowlands yn cyfeirio, yn y modd mwyaf echblyg, at ymagwedd Causabonaidd y Cymry. Mae'n disgrifio'r hyn sy'n digwydd i ni, yn ei farn ef, unwaith y dechreuwn siarad am lenyddiaeth fel 'pinacl mynegiant dyn mewn iaith':

Ond y funud y dechreuir ymagweddu yn y ffordd yna at lenyddiaeth, fe ddaw rhyw dinc defosiynol i'r llais, ac osgo o barchedig ofn i'r wyneb, sy'n nacáu unrhyw wyntyllu beirniadol go-iawn. Yn yr oriel arlunio gogwyddwn ein pennau ar un ochr fel ieir, ac yn y dwys ddistawrwydd ceisiwn gymuno ag enaid mawr yr ymerawdwr diddillad gan ddilyn esiampl y dyrfa o rai sydd i fod i wybod yn well na ni. Ac yn yr ystafell arholiad mae dyfyniadau ehedog o weithiau'r ysgolheigion a'r beirniaid yn gymorth hawdd ei gael mewn cyfyngder. Pa ots os nad yw'r rheini'n asio'n rhy lyfn â'r sgwrs uwchben peint yn y dafarn fin nos?[5]

Dyna ddisgrifiad o ymagweddu Causabon yn yr oriel i'r dim.

Ond, fel y dangosais eisoes, mae gwaseidd-dra o'r fath yn barasitig ar werthfawrogiad go-iawn o ddarluniau yn yr oriel. Nid dewis sydd gennym rhwng 'dilyn y rhai sy'n gwybod' yn wasaidd, neu alw beth bynnag a fynnwn yn artistig. Fel y dywedais mewn man arall:

Nid mater o ddewisiad yw arwain myfyriwr · tuag at draddodiadau celfyddyd fawr, nid strategaeth mewn dysgu y gallwn ei defnyddio neu ei hanwybyddu yn ôl ein hewyllys. Oni ddangosir inni ddigonedd o ddarluniau neu ddyfod ohonom i adnabod llawer o weithiau llên, ni ddown byth i ganfod y gwahaniaeth rhwng dyfnder a baster yn y celfyddydau. Hawdd tybio na raid inni ond sefyll o flaen gwaith mawr o gelfyddyd i'w fawredd gydio ynom er ein gwaethaf, a'n gorfodi i'w amgyffred. Rhy hwylus yw'r syniad mai perthynas rhwng dau sydd rhwng yr edrychydd a'r hyn a ganfyddir ganddo. Er bod hunaniaeth gwaith o gelfyddyd yn dibynnu ar y cymeriad sydd iddo, y mae'n rhan hefyd o draddodiad ehangach mewn celfyddyd sy'n rhoi arwyddocâd i'r hunaniaeth a'r cymeriad ... bygythir hunaniaeth y gwaith celfyddyd a phosibilrwydd arwyddocâd artistig pan dorrir ar y cyswllt rhwng y gwaith ei hun a'r traddodiadau ehangach mewn celfyddyd.[6]

Ond beth am y newidiadau yn hanes y celfyddydau gweledol?
Dywedais:

> ... daw'r holl ddatblygiadau newydd i fod oherwydd wynebu'r
> artistiaid a oedd ynglŷn â hwy gan broblemau penodol yr
> oeddent yn ymdrechu i'w datrys...Heb y problemau ceir yr
> argraff mai'r unig beth a ysgogai'r artistiaid oedd dymuniadau
> hunanol a mympwyol i wrthwynebu confensiwn er ei fwyn
> ei hun.[7]

Ar ôl ystyried esiamplau hanesyddol, gofynnais beth sy'n
digwydd os torrir y cysylltiad rhwng datblygiad a thraddodiad?:

> ... yr oedd rhai mathau o gelfyddyd *avant-garde* yn ymfalchïo
> wrth ymwrthod ag unrhyw gysylltiadau artistig ... Eisoes yn
> y mudiad 'Dada' ceir rhagarwyddion o'r awydd bwriadol i
> ddileu ein cof am y gorffennol fel y daeth yn amlwg yn y
> chwedegau. Gwrthdystiadau oedd llawer o'r digwyddiadau
> hyn yn erbyn masnacholi celfyddyd neu fonopoli'r dosbarth
> canol ar orielau celfyddyd. Gŵyr pawb am Marcel Duchamp
> yn rhoi mwstas i'r Mona Lisa, gweithred o amarch
> diwylliannol mewn cyd-destun lle'r oedd delwedd Mona
> Lisa wedi ei defnyddio i hysbysebu llu o nwyddau, o liwiau
> gwallt yr Eidal i jam yr Ariannin ... ystum ysgytiol, sarhaus
> a wnaed gan Duchamp. Nid yw'n ateb cwestiwn gwerth
> artistig y gwaith ei hun. Rhaid sefydlu'r gwerth drwy
> gyfrwng ... cysylltiadau artistig ...

Beth sy'n cyfrif am y bylchau yn y cysylltiadau artistig hyn?
Nodir un ohonynt ... sef y ffaith am yr amwysedd sy'n tyfu
rhwng yr esthetig a'r artistig. Gellir canfod rhyw werth
esthetig ym mhopeth bron – disgleirdeb lliw, llyfnder wyneb,
cydbwysedd ffurf. Os mai drwy nodi unrhyw ansawdd
esthetig y mae adnabod gwaith celfyddyd, yna fe ellid galw
unrhyw wrthrych bron yn gelfyddydwaith. Mae hyn yn wir

am Duchamp a'i *Ffynnon,* cafn piso o borslen. Mae hefyd yn wir am ei 'barodweithiau', pethau cyffredin fel rhaw eira, olwyn beic, rhesel i sychu poteli ... Ni ellir celfyddyd drwy ddyfarniad. Cyn bod rhywbeth yn deilwng i'w alw'n gelfyddyd, y mae'n dibynnu ar ei berthynas â chyd-destun cymhleth o ystyriaethau artistig ... Os dywedir na ddylai'r artist wneud rhagor o waith, mae hynny cystal ag ymwrthod â byd celfyddyd. Casgliad teg ... yw mai trychineb yw'r ysgariad rhwng yr esthetig a'r artistig o safbwynt hyrwyddo unrhyw ddealltwriaeth ar gelfyddyd.[8]

Yn ei bedwaredd gŵyn, dywed John Rowlands fod y boneddigrwydd a feithrinwyd ynom fel Cymry yn ein cymell i fod yn Causaboniaid:

Mae'r atgofion annwyl y bydd pobl yn eu hadrodd am eu hen athrawon – Syr Ifor, Parry Bach neu Griffith John, dyweder – yn llawn o'r piétas boneddigaidd a feithrinwyd ynom ni fel Cymry.[9]

Drachefn:

... mae'r to presennol o athrawon Cymraeg y Brifysgol yn prysur fagu'r un *aura* tadol â'u rhagflaenwyr.[10]

Ond unwaith eto, paham y sinigiaeth gyffredinol? Onid oes gwahaniaeth pwysig rhwng parchu rhywun sy'n haeddu'r parch, a pharch ffug? A chan roi'r cyfeiriadau personol anffodus naill ochr, unwaith eto mae gwahaniaeth rhwng ennill parch myfyrwyr a bod yn ddiolchgar amdano, a 'magu *aura* tadol' er mwyn cael eich parchu. Wrth gwrs, pe baem yn sylweddoli fod rhywun yn 'magu *aura*' o'r fath, ni fyddem yn ei barchu. Ac o'i ochr ef, nid oes modd iddo ennill parch yn y fath fodd heb hunan-dwyll. Nid oes y fath beth â bod yn berchennog ar 'nwyddau moesol' sydd wedi eu dwyn.

Yn ei bumed cwyn mae John Rowlands yn dweud fod

bychander ein gwlad yn ein cymell i fod yn Causaboniaid Cymraeg, ac i gytuno â phawb:

Dwysawyd y perygl yna gan fychander teuluol bron y Gymru Gymraeg. Mae'n anodd iawn mynegi barn ar egwyddor heb sathru ar gyrn rhywun neu'i gilydd o hyd.[11]

Er nad yw sylw John Rowlands yn dangos, wrth gwrs, fod annibyniaeth barn yn amhosibl, y mae, serch hynny, yn tynnu sylw at ffenomenon o bwys. Rhoddaf enghraifft bersonol hanner-digri i esbonio'r ffaith.

Wrth fynd i gyfarfod blynyddol Adran Athroniaeth Urdd y Graddedigion, Prifysgol Cymru, am y tro cyntaf fel myfyriwr ymchwil ifanc, roeddwn wedi profi eisoes awyrgylch Cymdeithas Athronyddol yn Abertawe. Yn y Gymdeithas honno yr oedd pwyslais ar drafodaeth agored. Yr un oedd yr ymateb beirniadol pe bai athro, darlithydd, neu fyfyriwr yn dweud rhywbeth dryslyd. O gefndir felly, euthum i Aberystwyth yn hollol anwybodus o gonfensiynau Adran Urdd y Graddedigion; er enghraifft, mai'r arferiad oedd i'r Llywydd siarad am ryw chwarter awr ar ôl traddodi'r ddarlith wadd, heb neb yn torri ar ei draws. Ond yn fy anwybodaeth, dywedais ar ôl munud neu ddwy o sylwadau'r Llywydd rywbeth i'r perwyl, 'Dwy i ddim yn deall pam rych chi'n dweud ...' Sylweddolais ar unwaith, wrth edrych ar wynebau'r athronwyr, fy mod wedi gwneud rhywbeth anffodus iawn! Ni wyddwn, chwaith, nad oedd neb yn gwrthod cais gan y Llywydd i ddarllen papur yn y Gynhadledd gan mai ef, fwy neu lai, oedd yn trefnu'r rhaglen. Cofiaf hyd heddiw y cais a gefais i ddarllen papur ar 'Dylanwad Kant ar Feddwl Cymru'. Wrth wrthod, dywedais nad oedd syniad gennyf am ddylanwad Kant, nac, yn waeth fyth, beth a olygid gan 'feddwl Cymru'! Syndod ar wynebau pawb!

Cofiaf, hefyd, ar fwy nag un achlysur yn y blynyddoedd dilynol am dueddd un o leygwyr enwog Cymru a oedd yn ffyddlon i'r Adran i dorri ar fy nhraws wrth i mi ddadlau, gan ddweud, 'Yr

Athro---, a garech chi daflu golau ar y cwestiwn i ni!' Rwy'n
chwerthin am y peth yn awr, ond nid oeddwn yn chwerthin ar y
pryd! Erbyn hyn, mae pethau wedi newid yn syfrdanol. Nid oes
unrhyw fath o hierarchiaeth yn y trafodaethau erbyn hyn. Ond
wrth i mi groesawu'r newid hwn ymysg yr athronwyr, mewn
cyd-destun ehangach mae rheswm dros bryderu'n fawr. Gwelir
dirywiad trafodaeth agored yn ein Prifysgol, ac yn Abertawe, o
bobman, gwelir cyfadrannau a hyd yn oed y Senedd yn gollwng
gafael ar eu hawliau traddodiadol yn wasaidd. Gwelir pŵer yn
syrthio i ddwylo nifer fach o 'reolwyr'. Y mae rhedeg Prifysgol fel
petai'n ddiwydiant yn ddatblygiad trychinebus i ddyfodol addysg
uwch yng Nghymru. Yr oedd yr hen hierarchiaeth yn ddiniwed
i'w chymharu â'r hyn sy'n digwydd nawr. Felly, wrth dynnu
sylw at ein hamharodrwydd i fynegi barn mae John Rowlands yn
canolbwyntio ar wendid sylfaenol ynom a fydd, yn y pen draw,
yn erydu'r posibilrwydd o drafodaeth agored.

Yn y chweched cwyn, cawn esboniad cymdeithasol mwy
soffistigedig ar ein cyflwr gan M. Wynn Thomas:

A siarad yn fras iawn, prif nodwedd beirniadaeth lenyddol
yn y Gymraeg, yn arbennig o'i gwrthgyferbynnu ag arfer y
Cyfandir ac Unol Daleithiau'r America yn hyn o faes, yw ei
hoffter o ddefnyddio ieithwedd ac arddull y dyn llythrennog
cyffredin wrth drafod llenyddiaeth. Mae'r un peth yn wir, i
raddau, am y Saeson hefyd, ond yr ydym ni'r Cymry yn fwy
caeth i'r arfer na hwy, ac yn fwy cyfyngedig o lawer yn ein
dulliau o ysgrifennu. Hawdd deall bod esboniad cymdeithasol
ar y sefyllfa hon. Pan fo'r diwylliant dan fygythiad, a phan
sylweddolir mai llên Cymru yw craidd y diwylliant hwnnw,
yna, yn naturiol ddigon, mae awduron a beirniaid llenyddol
fel ei gilydd yn debygol o ochel chwalu'r consensws meddyliol
sydd ar un olwg yn asgwrn cefn y diwylliant. Ond y perygl
wedyn, wrth gwrs, yw y gall y diwylliant llenyddol ddioddef
o ddiffyg bywiogrwydd, a'i fod yn methu ymadnewyddu

nac ymateb i her syniadau beiddgar newydd – syniadau sy'n rhwym o fygwth y statws quo.[12]

Mae'r sylwadau hyn yn fy mlino. Gwelir amwysedd yn nefnydd M. Wynn Thomas o'r syniad o 'ddiogelu diwylliant'. Ystyriwn y gymhariaeth ganlynol. Os rwy'n caru fy rhieni, y mae'r ffaith syml honno, o ganlyniad, yn diogelu'r berthynas rhyngom. Ond nid wyf yn eu caru *er mwyn* diogelu'r berthynas. Unwaith y dechreuwn sôn am 'ddiogelu teulu' neu am 'ddiogelu priodas', mae'r sefyllfa eisoes o dan fygythiad. Ond onid dyma yw pwynt M. Wynn Thomas? Y *mae* ein diwylliant o dan fygythiad ac felly y mae'n rhaid ei ddiogelu. Ac eto, pan fo priodas yn parhau er mwyn y plant, neu am ryw reswm tebyg, nid parhad *naturiol* sydd gennym ond rhyw fath o wneud *y gorau y medrwn* o dan yr amgylchiadau.

Sylwch, siarad am *hanes* ein llen y mae M. Wynn Thomas, nid am argyfwng presennol yn unig. Felly, y cwestiwn sylfaenol yw hwn: a yw M. Wynn Thomas am wadu'r posibilrwydd o gonsenswss meddyliol Cymraeg am T. H. Parry-Williams ac R. Williams Parry fel beirdd, dyweder, sy'n *gonsensws naturiol* heb gymhelliad diwylliannol y tu ôl iddo? Wrth gwrs, y mae'r consensws yn cryfhau traddodiad arbennig, ond nid dyna yw cymhelliad y consensws. Yn hytrach, edmygedd o rinweddau'r beirdd sy'n creu'r consensws ymhlith beirniaid. A phe bai rhywun, wrth osod testunau i'w hastudio mewn prifysgol, yn anwybyddu beirdd mwyaf Cymru er mwyn astudio beirdd nad ydynt yn yr un cae â hwynt, a rhywun arall yn ceisio'i argyhoeddi na ddylid gwneud hynny, er mwyn diogelu'r diwylliant, byddai'r apêl at ddiogelu diwylliant *yn fynegiant o'r ymwybyddiaeth ddiwylliannol*, nid yn ymdrech allanol i'w ddiogelu. Nid ymdrech allanol i ddiogelu'r diwylliant, chwaith, yw'r consensws ynghylch T. H. Parry-Williams ac R. Williams Parry, *ond mynegiant o farn gytûn yn y diwylliant*. A phan wneir ymdrechion allanol i 'ddiogelu diwylliant', mae'r diwylliant eisoes yn ysglyfaeth i bwerau dinistriol. Mae hyn yn wahanol i ymateb diwylliant i syniadau newydd. Ond rhaid edrych ar bob sefyllfa arbennig er penderfynu ai cyfle newydd neu fygythiad dinistriol sy'n wynebu diwylliant. Dyna'r rheswm dros ailadrodd fy sylwadau am hanes y celfyddydau gweledol.

Beth, felly, am y syniadau beiddgar sydd gan M. Wynn Thomas dan sylw; syniadau y mae'r Cymry ar y cyfan, yn ei dyb ef, yn rhy geidwadol i'w hystyried? Tybed nad oes i'w hymagwedd esboniad arall? Cyfeiriodd M. Wynn Thomas at y duedd yn ein plith, ac ymhlith y Saeson hefyd, i ddefnyddio ieithwedd ac arddull y dyn llythrennog cyffredin wrth drafod llenyddiaeth. Byddai'n anodd dadlau mai iaith a diwylliant o dan fygythiad yw diwylliant y Saeson! Efallai mai'r hyn a geir ymhlith y Cymry a'r Saeson fel ei gilydd yw sgeptigaeth ynghylch y syniadau beiddgar damcaniaethol sydd o ddiddordeb i M. Wynn Thomas ac eraill. Efallai eu bod yn teimlo'n reddfol, ac yn iawn yn fy nhyb i, nad mater damcaniaethol yw iaith, ac nad mater i'w drafod yn ddamcaniaethol ychwaith yw'r berthynas rhwng llenyddiaeth a'r diwylliant ehangach, neu'r berthynas rhwng cewri llenyddol a'u cynulleidfa. Ond, wrth gwrs, nid mater o reddf yw dangos mai syniadau dryslyd, yn hytrach na syniadau beiddgar, a gawn yn y damcaniaethau o'r Cyfandir a'r Unol Daleithiau a gynigir i ni fel Cymry. Rhaid dangos hynny yn ddadansoddiadol. Dyna fydd fy mwriad yn y bennod nesaf.

Yr unig beth a ddangosais hyd yn hyn, gobeithio, yng nghyd-destun beirniadaeth lenyddol yng Nghymru, yw nad oes rheswm yn y byd dros sgeptigaeth gyffredinol ynghylch addasrwydd ac ystyrlondeb termau fel ' cewri llenyddol', 'grym barddoniaeth', 'mawredd ein llenyddiaeth', 'parch at awduron' a 'diogelu diwylliant'. Nid oes rhaid gweld agwedd Causabonaidd at lenyddiaeth y tu ôl i'r cyfan. Gall sinigiaeth o'r fath apelio at fyfyrwyr yn ysbryd herio awdurdod. Ond nid amddiffyn awdurdod a wnaf wrth amddiffyn iaith y dyn llythrennog wrth drafod llenyddiaeth. Yn hytrach, y tu ôl i hyn o ymdrech y mae'r argyhoeddiad mai'r etifeddiaeth orau a fedrwn gynnig i fyfyrwyr y dyfodol yw traddodiad o eglurder meddwl wrth drafod syniadaeth mewn perthynas â'n llenyddiaeth.

2. Gwirioneddau a'r awydd am wirionedd

Yn ôl rhai beirniaid y mae beirniadaeth lenyddol yng Nghymru mewn argyfwng gwacter ystyr. Ac yn eu barn hwy un o'r prif resymau dros yr argyfwng yw'r duedd yn ein mysg i gredu y dylai llenyddiaeth fod yn ffynhonnell gwirionedd i ni. Dangos gwirionedd i ni yw pwrpas llenyddiaeth. Ac wrth wraidd y gred ddryslyd hon, fe ddywedir, y mae camddealltwriaeth o'r berthynas rhwng iaith a'r byd. Gwelir enghraifft o gamddealltwriaeth o'r fath yn honiad W. J. Gruffydd fod sail drosgynnol i wirioneddau barddoniaeth:

> ... yr wyf yn sicr mai'r bardd, yr artist, sydd yn iawn, oherwydd od yw fardd ac od yw'n proffwydo yn ôl ei oleu a'i ysbrydoliaeth, y mae'n tynnu ei wybodaeth (neu ei deimlad) o fyd tragwyddol sicr a diysgog, y byd y tu hwnt i'r llen y rhoddwyd iddo'r ddawn i fyned iddo weithiau.[13]

Ni fuaswn yn derbyn syniadau Platonaidd W J Gruffydd am sail gwirioneddau'r bardd. I raddau, adweithio y mae, fel y gwnaeth y rhamantwyr, yn erbyn y syniad fod pob gwirionedd yn wirionedd gwyddonol. A phan fo'r Groegiaid, ac eraill, yn sôn am 'wallgofrwydd dwyfol' y bardd, nid damcaniaeth sydd ganddynt, ond awydd i bwysleisio nad mater o dechneg yw barddoniaeth. Dyma paham y mae'r bardd cyfoes, Dic Jones, yn mynnu fod gwahaniaeth rhwng prydyddion a beirdd:

> ... achos rydym ni am 99.9% o'r amser yn brydyddion, yn

grefftwyr geiriau a sain; ond am y pwynt un arall 'rydym ni'n ymddyrchafu i fod yn feirdd. 'Rydym ni'n llwyddo weithiau – mae Williams Parrys y byd yma wedi llwyddo yn amlach na'r lleill ohonom ni – ond rydyn ni i gyd yn amcanu … Mi alla i gofio sawl llinell fel petawn i wedi'u cael nhw yn yr awyr – mae Waldo yn dweud yr un fath – mae hwnna'n rhyw fath o wyrth.[14]

Peth ffôl fyddai ceisio gosod profiad Dic Jones a Waldo Williams yn nhermau unrhyw ddamcaniaeth. Yr hyn a wna W. J. Gruffydd yw ceisio esbonio'r profiadau yn nhermau math o ddamcaniaeth ddiwinyddol neu drosgynnol. Ond wrth wrthod ei ddamcaniaeth nid oes rhaid mynd i'r pegwn eithaf arall, a gwadu'r posibilrwydd y gall cerdd ddangos i ni wirioneddau am y byd. Yn hytrach, dylem ymchwilio ymhellach i'r hyn sydd y tu ôl i'r amharodrwydd i gydnabod y gall cerdd ddangos gwirioneddau i ni.

Mae'n bwysig gwahaniaethu rhwng y gyffes bersonol, 'Mae hynny'n wir', a'r dyfarniad fod cerdd, drama, neu nofel yn dangos gwirioneddau i ni. Wrth wneud fy nghyffes, rwy'n dangos lle rwy'n sefyll; hynny yw, rwy'n dangos fy mod yn *cytuno* â'r hyn a ddywedir. Yn yr ystyr hwn, os *nad* wyf yn cytuno â'r safbwynt a fynegir mewn cerdd, ni allaf ddweud fod y safbwynt yn wir. Barn foesol, grefyddol, neu wleidyddol fyddai honno. Ond y mae ystyr arall i'r gosodiad fod cerdd yn dangos gwirioneddau i ni, sef fod y gerdd yn rhoi mynegiant *gwirioneddol* dda o safbwynt arbennig, *beth bynnag yw fy marn bersonol am y safbwynt*.

Fodd bynnag, efallai nad un safbwynt yn unig a geir mewn cerdd, ac yn sicr eithriad fyddai hynny ym myd y nofel a'r ddrama. Yn hytrach, gwelir yr awdur yn ymdrechu i wneud cyfiawnder â safbwyntiau gwahanol ei gymeriadau gan gynnwys yr her a welir ynddynt. Yn wir, daw'r diddordeb yn y nofelau a'r dramâu, gan amlaf, o'r tyndra a'r gwrthdaro rhwng y safbwyntiau. Dangosant i ni y ffyrdd y gall y byd fod yn wahanol iawn i bobl.

Gwerthfawrogwn y gwaith creadigol wrth weld hynny. Peth arall yw gofyn a ydym ni, yn bersonol, yn dilyn y ffordd o fyw a ddangosir i ni. Efallai ei bod yn anodd cofio'r gwahaniaethau hyn wrth i ni edrych ar brofiadau'r ffin yn y gyfrol hon, oherwydd gyda llawer o'r beirdd yr hyn a gawn yw *mynegiant o agwedd bersonol y bardd*. Ond, ceir amrywiaeth barn *rhwng* y beirdd; rhwng anghrediniaeth R. Williams Parry a chrediniaeth Waldo Williams, y tyndra rhwng crediniaeth ac anghrediniaeth yn T. H. Parry-Williams, y frwydr i gredu yn R. S. Thomas ac yn y blaen. Gall bardd werthfawrogi, a hyd yn oed ddyheu, am ffordd o edrych ar y byd nad yw ganddo mwyach. Cawn enghraifft ardderchog o hyn, mi gredaf, yng ngherdd Dic Jones:

> Anghredadun yw fy enw,
>> Wedi dwlu'n swn y ffair,
> Nid yw nef ond enw mwyach
> Nid yw uffern ddim ond gair.
> Ond pan glywaf hen ganiadau'r
>> Saint yn crynu yn y gwynt,
> 'Rwyf yn cofio'r etifeddiaeth
> Ges i gan fy nhadau gynt.
>
> 'Rwy'n bodloni ar fy mhorthi
>> Ar fwynderau hyn o fyd,
> Ac yn siarad am ragoriaeth
>> Maeth amgenach yr un pryd.
> Ond mae'r tân sy'n llosgi'n farw
>> Eto 'nghyn yn llwch y llawr,
> Ac yn disgwyl am yr awel
>> Ddaw i'w chwythu'n goelcerth fawr.[15]

Oni bai fod gwahaniaeth rhwng y gwirioneddau yr ydym yn eu derbyn yn bersonol, a'r gwirioneddau y gall cerddi eu dangos i ni, ni fyddai modd deall yr hyn sydd gan y cewri i'w ddweud. Fel y dywed Hywel Teifi Edwards am T. H. Parry-Williams:

Gwaith hawdd i Gristion uniongred, mae'n siŵr, yw ymwrthod â 'negyddiaeth' Parry-Williams, ond yn bersonol ni welaf sut y gall darllen llenyddiaeth gŵr a fynegodd â'r fath angerdd disglair ei anneall wyneb yn wyneb â phwrpas ei fod a'i fyw, lai na bod yn brofiad cyfoethogol i neb pwy bynnag sy'n cymryd bywyd o ddifrif.[16]

Ac onid peidio â chymryd bywyd o ddifrif fyddai gwrthod gweld gwerth yng ngherddi T. H. Parry-Williams oherwydd ei negyddiaeth, neu ymwrthod â cherddi Gwenallt yn yr un modd oherwydd ei Gristnogaeth? Ar y llaw arall, wynebwn yma'r amhenodolrwydd sydd yn y syniad o *ddeall*. Er enghraifft, beth yw'r berthynas rhwng *deall* cerdd ac *ymateb yn briodol* iddi? Os nad ydym yn ymateb yn briodol, a ydym wedi deall y gerdd?

Fel y dengys Peter Winch, o un cyfeiriad gellid dweud fod ymateb amhriodol a diffyg deall yn cydgerdded law yn llaw, oherwydd y mae terfynau amlwg i'r math o ymateb sy'n briodol:

Suppose, for example, that someone were to say he found Bach's *St Matthew Passion* funny and laughed at it in the same way as he laughs at Rossini's *Barber of Seville*. Would that be intelligible? Does it even make sense to speak of 'laughing at' the *Matthew Passion*? (Laughing *at* something is not just a matter of uttering a sound like laughter in its presence.)[17]

Yn sicr, nid yw cerdd yn ein *gorfodi* i ymateb iddi mewn ffordd arbennig. Ond wrth gofio cyfeiriad Hywel Teifi Edwards at 'gymryd bywyd o ddifrif', onid oes esiamplau lle mae ymateb arbennig yn faen prawf o ddiffyg deall? Er enghraifft, oni fyddai *difaterwch* yn wyneb anawsterau T. H. Parry-Williams ynghylch marwolaeth yn dangos diffyg deall o'i gerddi? Dengys Peter Winch fod esiamplau tebyg ym myd moeseg:

When I'm horrified at the way somebody is behaving, at his
cruelty to another person, say, I may sometimes say to him
'You can't behave like that' (which seems to assume that
he does understand what he's doing). But in some cases I
may address him differently and ask 'Don't you understand
what you're doing?' That is, I may take his indifference to
what he is doing as itself a criterion for his not understanding
the nature of *what* he is doing. Remember Christ's moving
words on the cross (*Luke* 23): 'Father, forgive them for they
know not what they do.'

It may perhaps sound strange that we should take something
like that as a criterion for *not understanding*. But all I can say
is that in many cases we *do* do this.[18]

Ym myd barddoniaeth, hefyd, mae esiamplau lle y gall ymateb
gan un unigolyn beri i un arall ddweud, 'Nid ydych yn deall'.
Gall hyn ddigwydd y naill ffordd neu'r llall rhwng crediniaeth
ac anghrediniaeth. Mae hyn yn creu pellterau rhyngom, ac nid
ynghylch y cerddi yn unig. Ar y llaw arall, fel y ceisiais ddangos,
mae'n bosibl deall a gwerthfawrogi gwerthoedd a safbwyntiau
ehangach na'r rhai sydd, fel mater o ffaith, yn rheoli fy mywyd.

Yn y bennod yn gyffredinol, edrychais ar y gŵyn yng Nghymru
am le llenyddiaeth yn ein cymdeithas. Edrychais ar wedd fwyaf
ymarferol y cwynion. Ond byddai John Rowlands a M. Wynn
Thomas am f'atgoffa fod sail ddamcaniaethol i'r cwynion hefyd.
Nid wyf wedi anghofio hynny. Dyna paham y byddaf yn edrych
ar ddamcaniaethau o'r fath yn y bennod nesaf.

---

[1]   John Rowlands, *Cnoi Cil Ar Lenyddiaeth* (Llandysul: Gwasg
       Gomer, 1989), 6.

[2]   ibid.

[3]   Tony Bianchi, 'Waldo ac Apocalyps' yn Robert Rhys (gol.),

Waldo Williams. Cyfres y Meistri 2 (Llandybïe: Christopher Davies, 1981), 296.

[4] op. cit., 12.

[5] ibid., 16.

[6] Dewi Z. Phillips, *Celfyddyd: A Oes Rhagoriaeth? / Art and the Possibility of Excellence*. Darlith Ben Bowen Thomas, 1984, Cymdeithas Celfyddydau Gogledd Cymru, 1985, 5-6 (nid oes rhif ar y tudalennau).

[7] ibid., 7.

[8] ibid., 9-10.

[9] op. cit., 19.

[10] ibid., 19-20.

[11] John Rowlands (gol.), *Sglefrio ar Eiriau* (Llandysul: Gwasg Gomer, 1992), ix.

[12] M. Wynn Thomas, 'Meddwl Cymru: Hanes Ein Llên', *Efrydiau Athronyddol, Cyf. LII, 1989,* 45-6.

[13] W. J. Gruffydd, *Ynys yr Hud a Chaneuon Eraill* (Wrecsam: Hughes a'i Fab, 1927), xi.

[14] Dic Jones yn Gwyn Erfyl (gol.), *Credaf*, 34.

[15] Dic Jones, 'Cyffes' yn *Caneuon Cynhaeaf* (Abertawe: Gwasg John Penry, 1969), 60.

[16] Hywel Teifi Edwards, *Pantycelyn a Parry-Williams: Y Pererin a'r Tramp*. Darlith Goffa Syr Thomas Parry-Williams 1995. (Aberystwyth, 1996), 24-5.

[17] Peter Winch, 'Text and Context', *Trying To Make Sense* (Oxford: Blackwell, 1987), 31. Yr wyf yn ddyledus i ymdriniaeth Winch ar y berthynas rhwng testun a chyddestun.

[18] ibid., 32.

IAITH HEB DDAMCANIAETH

Fel y gwelsom, yn ôl rhai beirniaid mae beirniadaeth lenyddol yng Nghymru mewn argyfwng gwacter ystyr. Un rheswm am yr argyfwng, fe ddywedir, yw awydd y Cymry i ddarganfod gwirionedd mewn llenyddiaeth. Ond, meddir, nid oes gwirionedd o'r fath i'w gael, oherwydd nid oes cysylltiad sicr rhwng iaith a'r byd. Mae sawl damcaniaeth ar y cyfandir ac yn yr Unol Daleithiau wedi dangos hyn yn glir, yn ôl y beirniaid, ond yn anffodus y mae mwyafrif y Cymry Cymraeg heb wybod amdanynt. Ac fel y gwelsom cynigir esboniad cymdeithasol i ni sy'n egluro'r sefyllfa. Diwylliant o dan fygythiad yw ein diwylliant ni. Er mwyn diogelu ei barhad tueddwn, fel awduron a beirniaid, i glosio at ein gilydd mewn consensws diwylliannol sy'n rheoli ein meddyliau. Ni allwn fforddio gadael i ddamcaniaethau beiddgar fygwth y consenws. O ganlyniad, diwylliant amddiffynnol, ceidwadol, cyfyng sydd gennym. Ond yr eironi, meddai'r beirniaid wrthym, yw mai'r hyn sydd ei angen arnom *yw'r* damcaniaethau blaengar a geir ar y cyfandir ac yn yr Unol Daleithiau. Ni allwn ddeall ein hargyfwng hebddynt. Felly, yn ôl y beirniaid, bydd yn rhaid i ni yn hwyr neu'n hwyrach fod yn agored iddynt. Wrth edrych ar Gymru fach, dywed y beirniaid nad yw hi'n fawr nac yn ddigon effro i ddirnad ei chyflwr ym myd llenyddiaeth heb help damcaniaethau modern. Ond, wrth gwrs, y cwestiwn hollbwysig yw hwn: A oes rhaid i ni dderbyn, ac a ddylem ni dderbyn, darlun y beirniaid o gyflwr ein diwylliant?

1. Yr Awydd am Ddamcaniaeth

Wrth i'r beirniaid gynnig darlun trist o gyflwr ein diwylliant llenyddol, mae'r awydd ynddynt am ddamcaniaeth i esbonio'r darlun yn gryf iawn. Cyn edrych ar fanylion y damcaniaethau a gynigir i ni, mae'n werth sylwi ar dair gwedd i'r awydd hwn. Yn gyntaf, a chaniatáu mai damcaniaeth sydd arnom ei heisiau nid yw'r beirniaid yn oedi llawer gyda'r anhebygolrwydd y gallai *un* ddamcaniaeth esbonio'r ffin rhwng testun a chyd-destun. Wedi'r cyfan, ceir llu o ddamcaniaethau sy'n *cynnig yr unig esboniad iawn* i ni, damcaniaethau economaidd, gwleidyddol, hanesyddol, cymdeithasol, seicolegol, strwythurol ac yn y blaen. Mae'r awydd am *un* esboniad hollgynhwysfawr yn ddwfn ynom, yn enwedig ymhlith ysgolheigion. Enw Wittgenstein arno oedd *yr ysfa am gyffredinolrwydd*.

Cawn enghraifft dda o'r ysfa yn agwedd Freud at freuddwydion. Yn ei farn ef yr oedd pob breuddwyd yn fynegiant, nid yn unig o ddyhead heb ei fodloni, ond o ddyhead rhywiol heb ei fodloni. Beth fyddai ymateb Freud, gofynnodd Wittgenstein, pe bai'n cael ei argyhoeddi nad yw hyn yn wir am bob breuddwyd. Adwaith Freud fyddai, 'O'r gorau, os nad oes natur rywiol i bob breuddwyd, *beth yw natur pob breuddwyd?*' Ni fyddai'n fodlon gollwng ei ragdybiaeth fod yn *rhaid* i bob breuddwyd fod o'r un natur gyffredinol. Dyma'r ysfa am gyffredinolrwydd. I ddeall ein llenyddiaeth a'n diwylliant mae'n bwysig i ni ryddhau ein hunain o afael ysfa o'r fath.

Yn ail, ceir agwedd llawer rhy anfeirniadol at y damcaniaethau gan y beirniaid, bron fel petai'n fater syml o ddewis rhyngddynt yn unig neu addasu un neu fwy ohonynt. Ni thrafodir y damcaniaethau'n feirniadol. Meddai John Rowlands am *Cnoi Cil Ar Lenyddiaeth*, 'Nid llawlyfr trefnus mohono, na chwaith drafodaeth theoretig';[1] ond, gyda phob parch, ni wnaiff hyn y tro. Wedi'r cyfan, dyma'r beirniad sydd o'r farn fod y damcaniaethau'n noethlymuno ein hanealltwriaeth o'r ffin rhwng testun a chyd-destun. Os felly, oni ddylem roi mwy o sylw beirniadol iddynt, yn hytrach na'u derbyn fel rhoddion iachusol?

Fe welir y rheswm dros fethu beirniadu'r damcaniaethau yn y drydedd wedd i ymateb y beirniaid iddynt. Nid yw'n croesi eu meddyliau, hyd yn oed fel posibilrwydd, mai ffrwyth dryswch syniadol yw'r damcaniaethau. Ond pe bai hynny'n wir, nid gwell damcaniaeth neu addasiad o ddamcaniaethau sydd eisoes yn bod fyddai'n gwir angen, yn gymaint â *rhyddid oddi wrth ddamcaniaeth* o unrhyw fath drwy sylweddoli nad fframwaith damcaniaethol yw iaith ac nad mater damcaniaethol yw'r berthynas rhwng testun a chyd-destun.

Mae yna wedd eironig i'r sefyllfa. Fel y gwelsom, yn ôl John Rowlands mae tuedd ynom fel Cymry i blygu glin o flaen ein cewri llenyddol. Ond fel y gwireddwyd dro ar ôl tro, gan Hywel Teifi Edwards yn ei ddarlithiau eisteddfodol, mae tuedd ynom fel Cymry i ddiraddio ein safonau ni'n hunain a cheisio gwarant iddynt o'r tu hwnt i ffiniau'n gwlad. Nid mater o guddio'n gwendidau a'n ffaeleddau yw sylwi ar hyn. Ni allai neb gredu hynny o wrando ar Hywel Teifi Edwards! Yn hytrach, amlygu a wneir mewn cyd-destun gwahanol y duedd sydd ynom i blygu glin pan na ddylem wneud hynny. Ac onid oes tuedd gan feirniaid ein diwylliant llenyddol i blygu glin i ddamcaniaethau o'r cyfandir a'r Unol Daleithiau fel petai ynddynt feddyginiaeth i'n hargyfwng gwacter ystyr honedig?

Os yw hyn yn wir, ni fyddem o dan anfantais pe byddem yn gwrthod trin ein llenyddiaeth yn nhermau damcaniaethau. I'r gwrthwyneb, dylem deimlo'n falch na ddaeth dryswch y damcaniaethau i'n rhan. Wrth gwrs, dim ond os yw'r hyn a ddywedaf yn gywir y mae hyn i gyd yn ddilys. Dyna pam y bydd yn rhaid i ni edrych ar fanylion y damcaniaethau.

2. Testun a Chyd-destun

Wrth drafod y ffin rhwng testun a chyd-destun mae'r pendil yn symud o un pwynt eithafol i bwynt eithafol arall gwrthgyferbyniol. Ar y naill law, er mwyn cywiro'r gorbwyslais ar ffactorau bywgraffiadol wrth drin llenyddiaeth, mynnodd y 'feirniadaeth newydd' mai ffurf a chynnwys gwaith creadigol oedd y pethau pwysig. Yr oedd Hugh Bevan a John Gwilym Jones yn esiamplau o'r 'feirniadaeth newydd' yng Nghymru. Mae John Rowlands yn cydnabod eu cyfraniad ond ei bryder yw fod hyn yn arwain yn y diwedd at 'estheteiddio llenyddiaeth, a'i gwneud yn degan i'w fwytho neu'n gêm wyddbwyll i'w chwarae.'[2] O ganlyniad, anwybyddwyd lle llenyddiaeth yn ei chyd-destun cymdeithasol ehangach. Fel y dywed Peter Winch, mewn un ystyr cwbl ofer yw ceisio datgysylltu unrhyw destun oddi wrth ei gyd-destun:

It would be an illusion to suppose that there *could* be a reader (viewer, listener, etc), and a text (or picture, building, piece of music, etc) without any presumptions at all. Unless the reader brings with him a great deal of knowledge and skill to the text, in an important sense there is no text for him to consider.[3]

Ond mae Winch yn mynd ymlaen i bwysleisio bod y *modd* y daw'r cefndir i berthynas â'r gerdd, dyweder, yn hollbwysig. Fel y gwelsom, y mae'r modd y daw Causabon a'i gefndir i berthynas â'r darluniau yn Rhufain yn farwaidd hollol. Nid yw'n gweld yr hyn sydd ynddynt o gwbl. Mae'n fy atgoffa o ddywediad gan Wittgenstein yn 1941:

People who are constantly asking 'why' are like tourists who stand in front of a building reading Baedeker and are so busy reading the history of its construction, etc, that they are prevented from *seeing* the building.[4]

Y nod yw defnyddio'r cefndir mewn perthynas greadigol â'r gerdd neu unrhyw destun arall:

> We need to be able to apply our knowledge and skill to a text in such a way that it does not come between us and the text, but brings the text to life.[5]

Mae'r pwyslais hollbwysig hwn yn fy atgoffa o ddisgrifiad John Rowlands o John Gwilym Jones yn darlithio:

> I rywun fel John Gwilym Jones...dyletswydd athro llenyddiaeth yw helpu pobl eraill i fwynhau llenyddiaeth. Mae 'na elfen greadigol yn y peth. Oni chofiai'i fyfyrwyr am ei berfformiadau eneiniedig ef wrth ddatgelu mawredd Williams Parry, er enghraifft? Fe fyddai'n bendant iawn yn tynnu gwahaniaeth rhwng cerdd fawr a cherdd arwynebol, ac yn ceisio cael ei gynulleidfa i deimlo'r wefr yr oedd llenyddiaeth fawr yn ei rhoi.[6]

Yn fy mhrofiad fy hun, rwy'n cofio darlithiau Hugh Bevan a thrafodaethau gyda David Sims yn yr Adran Saesneg. Ni wn i sut y gall unrhyw un sy'n cymryd llenyddiaeth o ddifrif wadu'r diddordeb sydd yn y gwahaniaeth rhwng cerdd fawr a cherdd arwynebol. Felly, syndod i mi oedd clywed John Rowlands yn dweud fod rhai yn dadlau na ddylem, wrth feirniadu, 'ymgolli yn y farddoniaeth ei hun'.[7] Os felly, beth yw pwynt beirniadaeth lenyddol os nad i wneud y gerdd yn fyw?

Ond mae llawer o sylwadau John Rowlands ynglŷn â chyd-destun hanesyddol a chymdeithasol yn rhoi'r argraff fod y gerdd ei hun yn mynd o'r golwg. Meddai:

> Un ffordd o ddefnyddio iaith yw llenydda, a hunan-dyb o'r mwyaf yw honni ei bod yn amgenach ffordd na'r un arall ... A yw'r llenor yn fwy uwchraddol na'r gwyddonydd a'r hanesydd a'r athronydd?[8]

Nac ydyw, ond mae'n *wahanol*. Ond nid yw'r cyflead canlynol o'r gwahaniaeth yn foddhaol:

> Y wybodaeth a gyflwynir trwy iaith sy'n bwysig i'r hanesydd … cysyniadau sy'n diddori'r athronydd, ac yn sicr teclyn hwylus a dim arall yw iaith i'r gwyddonydd i gofnodi ei ddealltwriaeth o'r byd. Harddwch iaith sy'n atynnu'r llenor, ar y llaw arall.[9]

Fel y gwelsom yn y bennod gyntaf ni wnaiff hyn y tro. Nid yw synio am lenyddiaeth fel addurn yn ddigonol. Nid yw'n gwneud cyfiawnder â'r hyn y mae llenyddiaeth yn ein galluogi i'w weld. Oni bai am lenyddiaeth byddai syniadau yn ein bywydau beunyddiol, am gariad er enghraifft, yn wahanol iawn.[10]

3. Beirniadu'r Damcaniaethau

Beth fyddai ateb y beirniaid i gasgliadau fy nhraethawd hyd yn hyn? Mae'n debyg y dywedent fy mod yn anwybyddu un ffaith amlwg, sef nad ydym mwyach yn dod at lenyddiaeth yn ddiniwed. Dywed John Rowlands:

> Fe ddisodlwyd moderniaeth gan ôl-foderniaeth, a strwythuraeth gan ôl-strwythuraeth. Daeth termau fel dadadeiladu a rhyngdestunoldeb a hanesyddiaeth newydd i'n hanesmwytho. Blagurodd gofynodau ym mhobman. Dryswyd yr arwyddion ffyrdd. Sgeptigaeth yw'r agwedd lywodraethol.[11]

Ond i mi, brwydr yn erbyn sgeptigaeth yw athroniaeth, brwydr a welir yn ymdrechion Platon yn erbyn y Soffyddion.[12] O ran ein prifysgolion mae'n bwysig cofio mai'r adrannau Saesneg ac ieithoedd modern, ar y cyfan, a groesawodd y damcaniaethau y mae John Rowlands yn cyfeirio atynt. Roedd adrannau dadansoddiadol ym myd athroniaeth naill ai'n eu hanwybyddu neu'n gwneud ymdrech i ddangos natur y sgeptigaeth sydd ynddynt. Yng ngweddill y bennod ceisiaf ddangos pa fath o sgeptigaeth ydyw. Un anhawster wrth geisio gwneud hynny yw fod sylwadau'r beirniaid ar y damcaniaethau yn neidio o un i'r llall, fel pe baent yn adrodd ar y casgliadau diweddaraf o ryw faes ymchwil gwyddonol. I gywiro'r argraff a roddwyd byddai'n rhaid ymdrin yn fanwl â phob un o'r damcaniaethau. Nid yw hyn yn bosibl yn y cyswllt hwn. Felly, yr hyn rwyf am wneud yw nodi rhai *anawsterau rhesymegol* sylfaenol sy'n rhoi achos digonol i ni wrthod y ddamcaniaeth dan sylw, heb honni nad oes sylwadau ychwanegol y gellid eu gwneud amdanynt.

Iaith a Chyflyru

Dywed John Rowlands, ar brydiau, mai mater o gyflyru cymdeithasol yw iaith:

> Oherwydd y mae gan bob cymdeithas rwydwaith cymhleth o gonfensiynau cyfathrebol y mae pob aelod o'r gymdeithas yn cael ei ddal ynddo.[13]

Sut y mae John Rowlands yn *gwybod* hyn? Yr anhawster yw hwn: pe bai ei honiad cyffredinol yn wir, yna ar ei delerau ef effaith cyflyru, o ryw fath, fyddai ei osodiad ef ei hun. Dyma'r sgeptigaeth gyffredinol sydd mewn safbwynt o'r fath. Ond y mae anawsterau rhesymegol yn y ddamcaniaeth.

Os dywedwn fod rhywun wedi'i gyflyru, dywedwn rywbeth drwg am ei gyflwr. Mae amrywiol esiamplau o gyflyru i'w cael. Ceir cyflyru o'r math mwyaf achosol a thechnegol yn yr esiampl a welir yn y ffilm, *The Manchurian Candidate*. Ar ôl cyfnod hir o gyflyru technegol gan y gelyn, daw'r dyn anffodus yn ôl i'r Unol Daleithiau. Y bwriad ydyw ei gael ef i lofruddio'r Arlywydd. Nid yw'n llwyddo i wneud hynny, ond o dan effaith y cyflyru mae'n lladd ei gariad a'i thad. Ond yr ydym yn sôn am gyflyru, hefyd, mewn ystyr mwy llac, wrth sôn am effaith torf ar unigolyn, neu hyd yn oed effaith y farn gyhoeddus arno. Ond ym mha gyd-destun bynnag y defnyddiwn y gair, y peth pwysig i'w nodi yw'r ffaith mai *cyfeirio at gyflwr arbennig a wnawn*. Ac i wneud hynny'n ystyrlon, rhaid bod *gwahaniaeth* rhwng cyflwr o'r fath ac amgylchiadau eraill nad ydynt i'w deall yn nhermau cyflyru o gwbl. Ond os dywedwn fod pob defnydd o iaith yn effaith cyflyru, rydym yn dileu'r gwahaniaeth ac yn dileu ystyr y gair 'cyflyru' ar yr un pryd.[14]

Ffordd arall o ddangos pa mor ddiystyr yw'r honiad cyffredinol am gyflyru, yw holi ynghylch cyflwr yr unigolyn pe bai heb ei gyflyru o gwbl. Yn ôl y ddadl, byddai'n unigolyn heb iaith o gwbl! Nid rhwystr yw iaith sy'n ein cyflyru, ond amod bod ystyron amrywiol yn ein bywydau. Heb iaith ni fyddai'r hyn a elwir yn fywyd dynol gennym o gwbl. Mae'n anodd gwybod a yw John Rowlands o ddifrif wrth honni mai mater o gyflyru cymdeithasol yw iaith, oherwydd yn ei frawddeg nesaf ceir ef yn mynegi safbwynt o *wirfoddoliaeth eithafol*. Nid ysglyfaeth i gyflyru ydym yn awr, ond bodau sy'n dysgu chwarae rhannau er mwyn llwyddo yn y gymdeithas. Meddai John Rowlands am yr unigolyn:

> Os nad yw'r unigolyn yn mynd i fod yn dwmffat cymdeithasol, rhaid iddo ddysgu iaith y gwahanol rolau y disgwylir iddo'u chwarae.[15]

Mae'r un pwynt rhesymegol a wnaethpwyd eisoes yn berthnasol yma hefyd. Mae John Rowlands am roi gwybodaeth i ni wrth ddweud wrthym mai chwarae rhan y mae unigolyn. Ond, os felly, gellid gwahaniaethu rhwng unigolyn sy'n chwarae rhannau ar hyd ei fywyd a dyn sy'n peidio gwneud hynny. Os dywedir bod pob gweithredu yn fater o chwarae rhannau yna, unwaith eto, â'r syniad yn hollol ddiystyr. Gwacawyd y syniad drwy wadu unrhyw wahaniaeth rhwng 'chwarae rhannau' a 'pheidio chwarae rhannau'. Ac nid oes unrhyw ffordd allan ohoni wrth ddweud mai dysgu'r rhannau yn anymwybodol a wnawn gan amlaf oherwydd, cyn y medrwn ddweud fod unigolyn yn chwarae rhan heb sylweddoli hynny, rhaid bod rhywbeth yn ei ymarweddiad sy'n rhoi hawl i ni wneud hynny. Ond y mae'r gosodiad cyffredinol yn gwacáu'r sylw o unrhyw ystyr. Nid oes ffordd allan ohoni i John Rowlands, chwaith, drwy ddweud fod rhai yn ymroi i 'ysbryd y gêm', oherwydd os dyna a wnânt nid chwarae rhannau y maent mwyach. Mae 'ysbryd y gêm' wedi trawsnewid eu hymddygiad. Gall rhywbeth ddechrau fel 'gêm' a datblygu'n rhywbeth difrifol wedyn. Ond os yw popeth yn 'gêm', nid oes modd rhoi unrhyw ystyr i'r trawsnewid.

Canlyniad y dryswch gwreiddiol yw'r tyndra yn safbwynt John Rowlands rhwng cyflyru cymdeithasol, a gwirfoddoliaeth yr unigolyn, sydd i'w weld hyd yn oed oddi mewn i'r un frawddeg:

> Hynny yw, mae'n rhaid derbyn mai defnyddio iaith yr ydym i chwarae rhyw '*rôle*' arbennig, ac mae'r '*rôle*' honno wedi'i phenderfynu gan ddiwylliant y gymdeithas y perthynwn iddi.[16]

Ystyr a Geiriau

Ceir anawsterau rhesymegol, hefyd, mewn damcaniaethau am ystyr a geiriau sy'n ymddangos yn fwy soffistigedig. Er enghraifft, dywed M. Wynn Thomas wrthym:

> Fe ddeil yr ôl-strwythurwyr ... nad yw ystyr gair yn ddim ond cynnyrch y berthynas rhwng sŵn a sŵn oddi fewn i rwydwaith dyrys o synau.[17]

Pe bai hyn yn wir, byddai'n hawdd gweld y modd y daw sgeptigaeth i'r golwg. Os yw ystyr yn berthynas fewnol rhwng sŵn a sŵn y tu mewn i rwydwaith o synau, beth am y berthynas rhwng y rhwydwaith a'r byd neu realiti? Mae'r darlun damcaniaethol yn creu bwlch rhwng y rhwydwaith a'r byd na ellir, yn rhesymegol, ei bontio. Sut y gwyddom fod byd o gwbl y tu draw i'r rhwydwaith?

Mae damcaniaeth strwythurol, hyd yn oed mewn ôl-strwythuraeth, yn anwybyddu'r ffaith mai mater o *wneud* rhywbeth yw siarad; cyfeirio, beirniadu, gorchymyn, clodfori, dymuno, ymateb i liwiau, ymateb i weithgareddau eraill, ac yn y blaen, ac yn y blaen. Yn ein siarad am liwiau, er enghraifft, gwelwn bwysigrwydd y cytundeb yn ein hymatebion i liwiau. Oni bai am gytundeb o'r fath, ni fyddai syniad o liwiau gennym. Pan ddywedaf fod y gadair yn goch, nid ymateb i sŵn yr wyf ond i liw y gadair. Ac nid cyfeirio at sŵn a wnaf chwaith, ond at liw y gadair. Fe all plentyn ymateb i 'coch' fel sŵn heb ddeall y syniad. Gwelir yr ystyr nid mewn geiriau neu synau atomig, ond yn nefnydd syniadau yn llif ein bywydau. Ac nid wyf wedi deall y gair 'coch' oni bai fod fy marn am gochni gwrthrychau, y rhan fwyaf o'r amser, yn gywir. Ac er fod gwahaniaethau pwysig dros ben rhwng lliwiau a gwerthoedd, rwy'n cyfeirio at weithred bendant os dywedaf fod y weithred yn greulon neu'n gyfeillgar.

Mae John Rowlands yn iawn pan ddywed nad drych neu sbectol yw iaith. Nid adlewyrchu'r byd a wna, ac nid cyfrwng ydyw i edrych ar y byd. Gweithredu rhyngom a'n gilydd a wnawn *yn* ein hiaith. Ymgnawdoliad o'n bywyd ydyw. Dyna pam y dywedodd Wittgenstein ein bod, wrth ddychmygu iaith, yn dychmygu ffordd o fyw ar yr un pryd. Tuedd damcaniaethau ieithyddol yw gweld iaith fel petai'n wrthwyneb i'r byd, tuedd sydd wedyn yn creu'r dasg fetaffisegol o bontio'r bwlch rhyngddynt. Wrth wadu ei bod yn bosibl codi pont o'r fath, mae damcaniaethau'r ôl-strwythurwyr yn arwain at sgeptigaeth. Gwelir hyn yn eu sylwadau pellach am ystyr:

Felly mae 'ystyr' pob gair y mae dyn yn ei ddefnyddio y tu hwnt i'w reolaeth ef … Mae'n amhosibl i unrhyw awdur (neu unrhyw berson) bennu ffiniau'r hyn y mae ef neu hi

yn ei ddweud, oherwydd fod pob gair a yngenir yn arddel
ei berthynas yn anorfod â geiriau aneirif eraill, ac yn magu
'ystyron' di-ben-draw wrth wneud hynny.[18]

Mae'n wir, wrth gwrs, ein bod yn camddeall ein gilydd yn aml.
Yn y berthynas agosaf gall geiriau un person gael eu cysylltu gan
y gwrandawr â phethau eraill, gan greu patrwm tra annisgwyl i'r
siaradwr. Yn y modd hwn, gall pellter dyfu yn y berthynas – pellter
sy'n bellter ieithyddol ac yn bellter personol ar yr un pryd. Cawn
enghraifft yng ngherdd fach drist Philip Larkin, 'Talking in Bed':

> It becomes still more difficult to find
> Words at once true and kind,
> Or not untrue and not unkind.

Ond nid sefyllfaoedd arbennig o'r fath sydd gan y ddamcaniaeth
ôl-strwythurol mewn golwg. (Er ei bod yn dibynnu ar sefyllfaoedd
o'r fath i greu argraff o rywbeth cyfarwydd.) Damcaniaeth
gyffredinol ydyw. Y mae'n bwysig gwrthsefyll yr ysfa am
gyffredinolrwydd am fwy nag un rheswm. Yn gyntaf, ni ellir
uniaethu ystyr yr hyn a ddywedir â chysylltiadau personol geiriau.
Os rhof 'Annwyl Syr' ar ddechrau llythyr ac y mae'n digwydd mai
'Annwyl' yw enw merch y derbynnydd sydd, heb i mi wybod,
wedi marw mewn damwain yn ddiweddar, efallai y daw ei ferch
i'w feddwl wrth iddo ddarllen fy llythyr. Ond nid dyna ystyr
'Annwyl Syr'. Dylai hynny fod yn glir.

Yn ail, ac yn bwysicach; yn rhesymegol, wrth ddysgu ystyr
unrhyw beth, dysgwn ar yr un pryd *yr hyn na ddylem ddweud yn ei
gylch*. Felly, mae'r honiad y gellir dweud *unrhyw beth* am ei ystyr,
mewn cysylltiadau di-rif, yn nonsens. Pe bai 'ystyr' yn rhywbeth
diderfyn, ni fyddai ystyr gennym o gwbl. Mae'r anhawster mor
hen â Heraclitus pan ddywedodd fod popeth yn newid drwy'r
amser. Y broblem, wedyn, yw sut mae modd sôn am hunaniaeth
unrhyw 'beth'. Mae'r un anhawster ynglŷn â'r syniad o ystyr os
dywedaf, 'Rydych wedi fy nghamddeall.' Oni bai fod terfynau i

ystyr, ni fyddai cynnwys i'r camddeall, na gwahaniaeth rhyngddo a'r hyn yr oeddwn yn ei ddweud. Sgeptigaeth yw'r canlyniad.

Gwerthoedd

Gwelwyd sgeptigaeth ddryslyd hefyd ym myd gwerthoedd. Dywed M. Wynn Thomas wrthym:

> Bellach mae damcaniaethwyr mewn sawl maes am ddangos nad yw dyn byth yn gallu cyrraedd y lan – sef sadrwydd cyfundrefn wrthrychol, ddibynadwy o werthoedd ac ystyron – a'i fod yn hytrach yn gorfod byw a bod hyd byth bythoedd ynghanol y gwahanol brosesau aflonydd sy'n rhoi 'ystyr' (neu'n hytrach 'ystyron') i'r byd dynol.[19]

Ni fyddai M. Wynn Thomas yn fodlon pe bawn yn barod i gyfaddef y gall *unigolyn* fod yn y fath gyflwr aflonydd. Unwaith eto, damcaniaeth hollgynhwysfawr a roddwyd ger ein bron, nid sylwadau am unigolyn. A phe bai'r ddamcaniaeth yn wir, yna, beth bynnag a ddywedai unigolyn am sicrwydd ei werthoedd, ni fyddai'n iawn, yn ôl y ddamcaniaeth. Mae'r damcaniaethwyr yn gwybod yn well na'r unigolyn beth yw ei sefyllfa, neu, o leiaf, dyna farn y beirniaid. Felly, beth sydd i'w ddweud yn ôl y ddamcaniaeth am fardd fel Dic Jones sydd, yn un o'i gerddi, yn rhoi mynegiant sicr o'i werthoedd?:

> Ym môn yr egin mae hen rywogaeth
> Yn nhwf y gweryd mae hen fagwraeth,
> I'r oen a'r ebol mae hen fabolaeth
> Ac yn eu hesgyrn mae hen gynhysgaeth,
> I minnau'n eu hwsmonaeth – mae'n y rhos
> Ryw swyn yn aros sy'n hŷn na hiraeth.[20]

A ddylid ei gyhuddo o ramanteiddio bywyd y wlad? Pan awgrymwyd hynny gan Gwyn Erfyl, atebodd Dic Jones ar unwaith:

Nage ddim ... dim ffiars! ... Edrychwch yma, pan fyddwch
chi'n mynd mas yn y gwanwyn ac yn gwybod fod dafad yn
disgwyl ŵyn, a chithau'n gweld dau gorff yn y llwydrew,
dim rhamantu ydych chi y pryd hynny ... pan fyddwch
chi'n chwilio am gyfrol goffa ar fy ôl i, ac yn crynhoi'r oll
at ei gilydd, y byddwch chi'n medru dweud amdanaf i,
'Na, 'roedd yr ochr arall gydag ef hefyd; 'roedd o wedi trio
cyflwyno'r cyfan yn weddol gytbwys.[21]

Mae'n debyg y buasai Dic Jones am ein hatgoffa o linellau fel:

> Ym môn y clais gwelais gyrff
> Ŵyn barugog eu breugyrff.
> Toll lawdrwm dant y llwydrew,
> Teganau trist gwynt y rhew.
>
> Dau hyll geudwll llygadwag
> I wyll nos yn syllu'n wag.
> A haid gythreuliaid y rhos
> Am eu hawr yn ymaros.[22]

Fe'n gwahoddir i gymharu hir a thoddaid Dic Jones â llinellau
enwog Gerallt Lloyd Owen yn ei gyfrol *Cerddi'r Cywilydd*:

> Wylit, wylit, Lywelyn,
> Wylit waed pe gwelit hyn.
> Ein calon gan estron ŵr,
> Ein coron gan goncwerwr ...

Mae M. Wynn Thomas am gytuno â sylwadau Dafydd Johnston
ar y ddwy gerdd. Meddai Johnston:

> Fe welsom ... fod Dic Jones yn pwysleisio parhad oesol
> natur, a'r syniad o gylch geni a marwolaeth yn ailadrodd ei
> hun yn ddiddiwedd. Iddo ef y mae trefn sylfaenol bywyd
> yn ddigyfnewid, a rhaid i'r ddynoliaeth gydymffurfio â hi.
> Ei waith ef fel bardd yw cyflwyno a dathlu'r drefn honno.

Mae agwedd Gerallt Lloyd Owen at draddodiad yn llawer mwy hanesyddol, yn yr ystyr ei fod e'n gosod pwyslais ar ddigwyddiadau penodol mewn hanes, a'u harwyddocâd i ni heddiw.[23]

Ymhellach, wrth iddo ddatblygu'r gymhariaeth, dywed Dafydd Johnston am Gerallt Lloyd Owen:

> Nid yw traddodiad iddo ef yn drefn ddigyfnewid sy'n parhau ohoni'i hun, ond yn hytrach rhywbeth bregus sy'n dibynnu ar ewyllys, ymdrech hyd yn oed aberth i'w sicrhau. Mae'r cof yn hollbwysig er mwyn cadw cysylltiad rhwng y presennol a'r gorffennol, a'i waith ef fel bardd yw cryfhau'r cof ac ysbrydoli gweithredu i gadarnhau traddodiad. Dyna pam y mae angen arddull gref, rethregol arno, arddull na ellir osgoi ei heffaith deimladol.[24]

Wrth ddarllen sylwadau Dafydd Johnston mae'n anodd osgoi'r argraff ei fod o'r farn fod gwell gafael gan Gerallt Lloyd Owen ar natur traddodiad nag sydd gan Dic Jones, er iddo ddweud ar y dechrau 'mai mater o agweddau gwahanol at draddodiad yw hyn yn y bôn'. Pe bai ei adwaith cyntaf yn gywir, ei ddyletswydd fel beirniad llenyddol fyddai gwneud cyfiawnder syniadol â'r ddwy agwedd. Ond wrth iddo ddatblygu ei esboniad, cawn yr argraff fod y naill syniad am draddodiad yn gymysglyd, tra bo'r llall yn fwy realistig ynghylch y berthynas rhwng traddodiad a hanes.

Wrth i M. Wynn Thomas gario'r ddadl ymhellach, cawn yr argraff ychwanegol fod y gwahaniaeth sylfaenol rhwng agwedd geidwadol ac ysbryd ymchwilgar, penagored. Dywed:

> Ond hwyrach bod lle hefyd i sôn am sut y gall y gynghanedd gael ei defnyddio i ddibenion annigonol, negyddol a pheryglus ar brydiau. Oherwydd ei bod yn denu'r bardd i lunio epigramau ac i ymarfer dull pendant, diysgog o ymadroddi, fe all y grefft hon beri iddo raffu ystrydebau, gan blesio'r rheini sy'n credu mai ailadrodd hen wirioneddau cyfarwydd,

'oesol' yw priod fraint a dyletswydd y bardd. Felly fe all bardd ei chael yn anodd dros ben i gyfleu ymagwedd meddwl penagored, ymchwilgar sy'n gweddu, efallai, i'r ymdrech i wynebu cyfnod o newidiadau cymdeithasol enbyd ac i ddygymod â hwy.[25]

Gellir gwneud sawl sylw ar ddadleuon Dafydd Johnston ac M. Wynn Thomas, ond rwyf am ganolbwyntio ar eu harwyddocâd i'n dealltwriaeth o werthoedd.

I ddechrau, mae dweud fod cerdd Gerallt Lloyd Owen yn fwy hanesyddol yn dawtolegol oherwydd, fel y dywed Dafydd Johnston, pwyslais ar ddigwyddiadau hanesyddol penodol a geir ganddo. Ac ni ddywedir unrhyw beth newydd, chwaith, wrth ddweud fod y bardd yn ymwybodol o'r ffaith mai rhywbeth bregus yw traddodiad, oherwydd mae hyn, hefyd, yn rhan o destun ei gerdd. Fe wneir y pwynt, mae'n debyg, er mwyn ei wrthgyferbynnu â'r syniadau a briodolir i Dic Jones. Pa mor deg yw'r priodoli?

Yn ôl Dafydd Johnston, mae Dic Jones yn synio am draddodiad fel 'trefn ddigyfnewid sy'n parhau *ohoni'i hun*' (fy italeiddio i). Beth yw ystyr dweud hynny? Mae'n anodd darganfod ystyr i'r gosodiad. Yn sicr, ni all olygu fod traddodiad yn bod ar wahân i unrhyw gymdeithas. Ni allem wadu, yn gyffredinol, fod Dic Jones yn ymwybodol o bwysigrwydd ei ardal a'i thraddodiadau. Wrth sôn am hyn yn ei ateb i Gwyn Erfyl, dywedodd: 'Nawr, beth yw dylanwad y gymdeithas yma? Wel, oni bai amdani hi fyddwn i ddim yr hyn ydw i.'[26] Wrth drafod y syniad mai 'tafod i'r gymdeithas ehangach yw'r llenor', dywed John Rowlands ei bod hi'n 'hawdd gweld addasrwydd y pwynt hwn wrth drafod bardd fel Dic Jones.'[27] Y pwynt cyntaf, felly, yw nad rhywbeth sy'n parhau ohono'i hun yw traddodiad i Dic Jones. Rhaid wrth gyd-destun cymdeithasol.

Mae'r casgliad uchod yn bwysig dros ben wrth edrych ar yr

ail syniad a briodolir i Dic Jones, sef ei gred ym mharhad oesol natur fel trefn ddiddiwedd bywyd. Nawr, wrth gwrs, ym mywyd y wlad y mae trefn byd natur yn bwysig dros ben – dibyniaeth ar y tymhorau, trefn geni a marw'r anifeiliaid, ac yn y blaen. Ond, unwaith eto, wrth sôn am draddodiad pwysigrwydd trefn naturiol *i fywyd y wlad* sy'n sylfaenol. Ofergoeledd yw meddwl fod *rhaid* i'r drefn ym myd natur arwain at fywyd o'r fath. Fel y gwyddom, nid yw hyn yn digwydd ym mhob diwylliant, neu nid yw'n digwydd yn yr un ffordd ym mhob un ohonynt. Felly, ni welaf unrhyw sail i'r dybiaeth fod Dic Jones yn meddwl am draddodiad a threfn fel pethau sy'n gallu bod heb iddynt gyd-destun cymdeithasol.

Yn drydydd, deuwn at y mater sydd, mi gredaf, wrth wraidd y gwahaniaeth y mae Dafydd Johnston ac M. Wynn Thomas yn ei weld rhwng Dic Jones a Gerallt Lloyd Owen, sef bod y cyntaf yn meddwl am draddodiad fel rhywbeth digyfnewid, tra bod yr ail yn gwerthfawrogi pa mor fregus ydyw. A yw'r honiad hwn yn dal dŵr?

Gwyddom, o'r sgwrs rhwng Dic Jones a Gwyn Erfyl, nad yw'n meddwl mai peth digyfnewid yw traddodiad. Yn hytrach, mae ganddo syniad metaffisegol am wareiddiadau yn newid mewn rhyw fath o gylch diderfyn, rhagluniaethol. Dengys ei sylwadau'n glir nad yw'n credu fod ein gwareiddiad, heb sôn am draddodiad arbennig, yn ddigyfnewid. Dywed:

'Rwy'n digwydd bod yn credu mai dim ond un mewn cylch o wareiddiadau yw hwn, ac efallai ein bod ni ar y goriwaered. Efallai ein bod ni ar godiad – dydw i ddim yn siŵr – ond 'rydw i yn sicr mai'r cylch yma a'r cydbwysedd yma sy rhwng popeth yw'r peth pwysicaf oll.[28]

Ni ddywedaf ragor am y syniad o gylchrediad gwareiddiadau. Fy unig amcan wrth nodi'r dystiolaeth yw dangos nad yw Dic Jones am wadu fod pethau'n newid. Ac wrth feddwl am y peth, pwy *allai* wadu hynny?

Rwy'n credu mai dyma fyddai ateb y beirniaid: beth bynnag yw syniadau cyffredinol Dic Jones, *yn ei gerddi y mae'n sôn am bethau a gwerthoedd digyfnewid* ac am ei gerddi, nid am ei syniadau cyffredinol, yr oeddem yn sôn. Byddai'r ateb yn un teg, ond mae'r anhawster sylfaenol yn aros: a yw'r beirniaid yn deall natur y gred mewn traddodiad neu werthoedd digyfnewid? A oes rhaid i rywun sy'n credu hynny wadu'r ffaith y gall pethau newid, neu wadu'r ffaith y gall y traddodiad a'r gwerthoedd ddiflannu o'r tir? Mae'n anodd gweld sut y medrant wadu ei bod hi'n bosibl i hynny ddigwydd. Mae'n anodd credu nad yw Dic Jones yn gwybod hynny gystal â neb. Wedi'r cyfan, os gŵyr am 'gythreuliaid y rhos/Am eu hawr yn ymaros', onid yw'n gwybod hefyd am gythreuliaid di-ddiwylliant sy'n aros am eu cyfle? O'r gorau, meddai'r beirniaid, os ydych yn barod i gyfaddef hyn i gyd, rhaid i chwi gyfaddef ar yr un pryd nad oes y fath beth â gwerthoedd digyfnewid. Yr ateb iddynt yw: dim o gwbl.

I'r beirniaid, os dywedir fod gwerthoedd yn ddigyfnewid rhaid iddynt *barhau am byth*. Oherwydd na all hynny fod mewn byd cyfnewidiol, *ergo* nid oes y fath beth â gwerthoedd digyfnewid. Yr eironi yw mai syniad y beirniaid am werthoedd digyfnewid yw'r syniad rhamantus amdanynt. Fe all rhywun sy'n credu mewn difrif mewn gwerthoedd digyfnewid fod yn llawer mwy realistig amdanynt.

Wrth ddweud fod gwerthoedd arbennig yn ddigyfnewid, dengys dyn beth yw *statws moesol* y gwerthoedd yn ei olwg. Y mae'r gwerthoedd yn ddigyfnewid, hynny yw, *yn safonau absoliwt iddo*. Nid y newidiadau a all ddigwydd sy'n penderfynu ei werthoedd (fel y gwnânt i'r dyn sy'n dilyn y dorf neu'n mynd gyda'r llif), ond ei werthoedd, yn hytrach, sy'n asesu'r newidiadau; er enghraifft, wrth benderfynu ai newidiadau da neu ddrwg ydynt. Pan ddywed Dafydd Johnston fod 'trefn sylfaenol bywyd yn ddigyfnewid' i Dic Jones, 'a rhaid i'r ddynoliaeth gydymffurfio â hi', nid cyfeirio at reidrwydd naturiol sy'n annibynnol ar unrhyw gymdeithas a wna Dic Jones, ond at *reidrwydd moesol*. Gwelwn y defnydd hwn o reidrwydd pan ddywedwn wrth rywun, 'Mae'n *rhaid* i chi ddweud y gwir am y sefyllfa'. Ni wacawyd y rheidrwydd hwnnw oherwydd bod llawer yn ateb trwy ddweud, *'Rhaid?* – 'does dim "rhaid" yn bod. Edrychwch ar yr hyn a wnaf.'

Efallai y daw llais y damcaniaethwyr i demtio'r dyn sy'n dal at werthoedd digyfnewid drwy ddweud wrtho, 'Eich angen mewn hyn o fyd yw ymagwedd meddwl penagored, ymchwilgar'. I un sy'n arddel gwerthoedd digyfnewid, byddai gwrando ar lais o'r fath cystal â bradychu'r gwerthoedd hynny. Nid dyna agwedd Dic Jones at y gwerthoedd y mae'n eu parchu yn ei ffordd o fyw gwledig, ac nid dyna agwedd Gerallt Lloyd Owen, chwaith, at draddodiadau a gwerthoedd cenedl. *Yn hyn o beth*, ni welaf fod gwahaniaeth rhyngddynt.

Dywedais y gall rhywun sy'n credu mewn gwerthoedd digyfnewid ymateb yn hollol realistig i dywyllwch yr amseroedd. Mae Dafydd Johnston yn berffaith iawn wrth bwysleisio pwysigrwydd cof i genedl, ond fel y dengys Gerallt Lloyd Owen yn glir, ar brydiau cof ydyw am hanes trist:

> Ein calon gan estron ŵr,
> Ein coron gan goncwerwr
> A gwerin o ffafrgarwyr
> Llariaidd eu gwên lle'r oedd gwŷr.

Os yw ymadawiad neu brinder gwŷr o'r fath yn y gymdeithas yn beth digon drwg ynddo'i hun, gall y dyn sy'n credu mewn gwerthoedd digyfnewid nid yn unig dristáu yn wyneb y sefyllfa, fel y gwna Gerallt Lloyd Owen, ond gall hefyd sylweddoli fod y cyfle i lwyddo'n ymarferol yn lleihau yn y gymdeithas. Os daw hi i hynny, er gwaethaf ymdrech y lleiafrif, efallai y daw y dydd hefyd pan na fydd gwerthoedd digyfnewid ond atgof yn unig ym mywydau rhai pobl. Bryd hynny, gellid dweud nid nad oes y fath beth â gwerthoedd digyfnewid, ond bod y byd wedi cefnu arnynt. Ac er fod rhai beirniaid am gyhuddo W. J. Gruffydd o hunanfaldod yn ei gerdd, 'Y Tlawd Hwn', yn fy nhyb i nid oes rhaid cytuno â'i werthoedd i ddweud ei fod wedi llwyddo i gyfleu cyflwr unigolyn pan fo'r byd o'i amgylch yn cefnu ar yr hyn sy'n cyfrif iddo. Agwedd realistig sydd yma, nid dihangdod:

> Am fod rhyw anesmwythyd yn y gwynt,
>   A sŵn hen wylo yng nghuriadau'r glaw,
> Ac eco'r lleddf adfydus odlau gynt
> Yn tiwnio drwy ei enaid yn ddi-daw,
> A thrymru cefnfor pell ar noson lonydd
> Yn traethu rhin y cenedlaethau coll,
>   A thrydar yr afonydd
> Yn deffro ing y dioddefiannau oll, –
> Aeth hwn fel mudan i ryw rith dawelwch,
>   A chiliodd ei gymrodyr un ac un,
> A'i adel yntau yn ei fawr ddirgelwch
> I wrando'r lleisiau dieithr wrtho'i hun.[29]

Ar ddiwedd ein trafodaeth am yr hyn y gellid ei olygu wrth 'werthoedd digyfnewid', edrychwn yn ôl ar osodiad y damcaniaethwyr i'r perwyl 'nad yw dyn byth yn gallu cyrraedd y lan – sef sadrwydd cyfundrefn wrthrychol, ddibynadwy o werthoedd ac ystyron.' Beth yw statws y ddamcaniaeth? Am ba bobl y mae'r ddamcaniaeth yn sôn? Am Dic Jones, Gerallt Lloyd Owen a'u tebyg? Ai gwerthoedd gwrthrychol sydd ganddynt? Ym mha ystyr y gellid gwadu hyn? Nid gwerthoedd dychmygol ydynt. A oes rhaid iddynt beidio â galw'r gwerthoedd yn ddigyfnewid oherwydd fod rhai yn cefnu arnynt? A oes rhaid eu hystyried yn annibynadwy os yw cymdeithas gyfnewidiol yn ei gwneud hi bron yn amhosibl i'w gweithredu? Nid oes *rhaid* i ni ateb y cwestiynau yn gadarnhaol. Yr hyn a welsom unwaith eto yn y cyswllt hwn, yw'r angen i ddod â'n geiriau yn ôl o'u defnydd damcaniaethol i'w defnydd cyffredin, gan atgoffa ein hunain o ystyrlonrwydd credu mewn gwerthoedd digyfnewid.

Parch at y Logos

Ar ddechrau'r bennod tanlinellwyd pwysigrwydd gwneud cyfiawnder syniadol â'r syniad o werthoedd digyfnewid. Ffordd Socrates o ddweud hyn fyddai gofyn i ni barchu *logos* y syniad. Ond a oes modd parchu'r logos wrth i'r damcaniaethwyr ddweud wrthym '[nad] yw'r logos yn ddim ond ymchwydd y tonnau ar gefnfor y synau a elwir yn "iaith"'?[30]

Yn erbyn Socrates dadleuodd y Soffyddion mai arfau yw geiriau i gyflawni ein hamcanion. Dywedasant fod y gallu ganddynt i ddysgu'r dechneg o ddefnyddio'r geiriau'n iawn. Iddynt hwy, nid oes logos i iaith. Perswâd yw'r cyfan. Yn ôl Gorgias y mae sŵn arbennig yn perthyn i rai geiriau a phatrwm y synau sy'n llwyddo i berswadio'r gwrandawyr. Cafodd Gorgias ddylanwad mawr yn Athen oherwydd ei ddamcaniaeth am rethreg a miwsig.

Ymffrostiodd Gorgias fod gan y soffydd, drwy sŵn geiriau a thechneg rethregol, y pŵer i'w benodi'n feddyg ar draul yr ymgeisydd mwyaf cymwys i'r swydd. Ond gofynnodd Socrates iddo a oedd y pwyllgor penodi yn wybodus neu'n anwybodus ynglŷn â meddygaeth. Cyffesodd Gorgias fod y pwyllgor yn anwybodus. Ni fyddai'r soffydd wedi cael ei benodi gan bwyllgor gwybodus. Felly, y mae modd i Socrates ddangos fod perswâd y soffydd yn dibynnu, o reidrwydd, ar y ffaith fod y fath beth â gwybodaeth feddygol. Mae twyllo pobl ynglŷn â'r 'logos' yn rhagdybio fod 'logos' ar gael. Felly, heb yn wybod iddynt dibynna rhethreg y soffyddion sy'n gwadu realiti'r 'logos', ar realiti'r 'logos'. Yr un yw ffawd damcaniaeth sy'n honni mai dim ond ymchwydd tonnau, ar gefnfor y synau a elwir yn iaith, yw'r 'logos'.

Wrth i M. Wynn Thomas sôn am yr 'Hanesyddiaeth Newydd', mae'n ymddangos ar y dechrau fod modd i'r mudiad hwn roi lle priodol gwahanol i'r *logoi* a geir yn ein bywydau. Term yw 'Hanesyddiaeth Newydd' a fathwyd gan Stephen Greenblatt yn 1982 i ddisgrifio ymchwil arbennig i'r wedd hanesyddol ar lenyddiaeth. Dywed M. Wynn Thomas wrthym, er bod:

'Marcsiaeth wedi dylanwadu'n drwm ar yr 'Hanesyddiaeth Newydd' … y mae'r 'haneswyr' hyn yn amharod iawn i dderbyn esboniad hollgynhwysfawr y Marcswyr … Mae'n well ganddynt fabwysiadu dull mwy pragmatig a phenagored o archwilio patrwm-byw cyfnod arbennig, gan ddilyn esiampl yr anthropolegwyr – yn enwedig yr esiampl a geir yng ngwaith yr anthropolegydd Clifford Geertz.[31]

Dylanwadwyd ar Geertz gan Wittgenstein trwy ei syniad o 'batrwm byw'. Pan mae Geertz yn sôn am gysyniadau trwchus (thick concepts), cyfeirio y mae at syniadau sydd wedi'u gwreiddio mewn 'ffordd o fyw' mewn cymdeithas. Mewn anthropoleg, yr oedd Geertz am wrthgyferbynnu'r cysyniadau trwchus â chysyniadau tenau (thin concepts) damcaniaethau anthropolegol, syniadau a oedd yn rhy gyffredinol, yn rhy haniaethol, ac felly'n rhy denau i wneud cyfiawnder syniadol â'r amrywiaeth a'r cymhlethdod a geir ym mhatrymau byw ein diwylliant ni a diwylliannau eraill.

Awgrym M. Wynn Thomas yw fod Greenblatt, hefyd, am wneud cyfiawnder syniadol â'r berthynas gymhleth rhwng testun a chyd-destun. Wrth dderbyn y ddelwedd o waith creadigol fel drych, dywed M. Wynn Thomas am Greenblatt:

Yr awgrym yw fod y drych ar y naill law yn derbyn 'stamp' bywyd y cyfnod, a'i fod ar y llaw arall yn goleuo'r amseroedd drwy osod ei 'stamp' ei hun ar y byd. Nid yw'r drych bob amser, medd Greenblatt, yn gwneud y ddau beth hyn i'r un graddau. Weithiau fe all dderbyn stamp yr amseroedd heb newid rhyw lawer arnynt. Bryd arall mae'n gweithredu mewn ffordd sy'n dwysáu, neu'n lleihau, neu'n gweddnewid y testun y mae'n ymwneud ag ef. Prif bwynt Greenblatt, felly, yw mai cyfnewidfa yw celfyddyd, ond bod patrwm a chytbwysedd y cyfnewid yn newid o achos i achos, ac o'r herwydd fod yn rhaid pwyso a mesur y broses yn ofalus bob tro.[32]

Wrth wrando ar y sylwadau hyn, mae pethau'n ymddangos yn addawol iawn. Ar eu sail byddem yn disgwyl y sylw mwyaf i gysyniadau trwchus yn y gyfnewidfa dan sylw, gan ymatal rhag cyffredinoli yn eu cylch. Ar y llaw arall, os dyna yw nod yr 'Hanesyddiaeth Newydd' paham y mae M. Wynn Thomas am ddweud wrthym fod y mudiad 'am fwrw heibio syniadau cyfarwydd, megis y syniad o "gyd-destun" neu "gefndir" hanesyddol ...'?[33] Dylasai'r sylwadau hyn fod yn rhybudd cynnar fod rhywbeth o'i le. Oherwydd oni ddywed Geertz mai mewn cyd-destunau gwahanol, ac o'r tu ôl i gefndir hanesyddol, y darganfyddwn gysyniadau trwchus patrymau bywyd? Os anwybyddir hwynt, nid oes fawr o obaith parchu 'logos' syniadau amrywiol wedi'r cyfan. Fel y gwelwn, nid yw ein hamheuon yn ddi-sail.[34]

Yr Apêl at Bŵer

Ar ôl ei sylwadau addawol am y gyfnewidfa sydd mewn celfyddyd, yn reit sydyn gwelir M. Wynn Thomas yn codi cwestiwn annisgwyl:

> Y cwestiwn sy'n codi wedyn, wrth gwrs, yw pa fath o 'arian' sy'n gymeradwy yn y gyfnewidfa hon? Beth yn union sy'n cylchredeg rhwng celfyddyd a chymdeithas?[35]

Dywed fod y cwestiwn yn codi *wrth gwrs* – er na welaf i unrhyw sail i'r 'wrth gwrs', nac i ffurf y cwestiwn. Ar ôl pwysleisio amrywiaeth yn y gyfnewidfa rhwng testun a chyd-destun, pa reswm sydd dros honni fod modd esbonio pob cyfnewidfa yn nhermau 'arian' sydd i fod yn gyffredin iddynt? Ar ôl yr holl siarad am bwyso a mesur yn ofalus, dyma'r ysfa am gyffredinolrwydd yn ailymddangos. Ac wrth i hyn ddigwydd, gollyngwn yr awydd i astudio cysyniadau trwchus pob cyfnewidfa gan ildio i apêl un o gysyniadau tenau damcaniaethau cymdeithasol, sef y syniad o *bŵer*. Yn hyn o beth mae Greenblatt yn ddibynnol ar syniadau y Ffrancwr, Marcel Foucault. Dywed M. Wynn Thomas:

> Yn ôl Foucault, mae cymdeithas yn mynd yn ei blaen, ac yn goroesi, drwy fod cytgord yn cael ei greu, a'i greu o'r newydd o hyd, rhwng gwahanol fuddiannau. Yr hyn sy'n gyffredin i'r buddiannau yw'r awydd am bŵer – eithr nid pŵer economaidd yn unig, ond hefyd y pŵer sydd ynghlwm wrth awdurdod a statws a pharch a chydnabyddiaeth o bob math. Mae gan ddynion y gallu i ddiwallu'r angen hwn am bwêr drwy ddirgel ffyrdd, ac yn y dulliau mwyaf annisgwyl. Yn wir y mae Foucault yn dilyn ôl traed Machiavelli a Hobbes ac yn honni fod yr ysfa am bwêr yn gudd hyd yn oed yn y galwedigaethau mwyaf arallfydol ac ymddangosiadol aruchel.[36]

Yr hyn a welir yma yw'r syniad o 'ysfa am bwêr' yn diwallu'r ysfa am gyffredinolrwydd sydd, fel y dywedais eisoes, yn ddwfn ynom ac mewn ysgolheigion yn arbennig. Ond mae'r un anawsterau yn wynebu honiadau Foucault ag a welsom wrth drafod honiadau cyffredinol tebyg. Fe gofiwch yr esiamplau, gobeithio – mater o gyflyru yw iaith – mater o chwarae rhannau yw pob gweithredu – ac yn awr, mater o ysfa am bwêr yw cytgord a threfn gymdeithasol. Ym mhob un o'r awgrymiadau damcaniaethol hyn, ymddengys fod *gwybodaeth* yn cael ei chynnig i ni fel petai rhywbeth cudd yn cael ei ddatguddio. Sylwer ar gyfeiriad M. Wynn Thomas at 'ddirgel ffyrdd'. Mae rhai galwedigaethau yn ymddangos yn aruchel – sylwch eto sut mae M. Wynn Thomas yn dewis ei eiriau – '*ymddangosiadol* aruchel' – eithr mae Foucault am sibrwd cyfrinach wrthym, fel rhyw Iago yn ein diwylliant, 'Ysfa am bwêr yw'r cyfan!' Ond mae cyffredinoli o'r fath yn gwacáu'r cyhuddiad o'i ystyr a'i rym arferol. Er mwyn i Foucault roi gwybodaeth i ni, rhaid bod gwahaniaeth rhwng yr ysfa am bwêr a chymhellion eraill, ond nid oes lle i'r gwahaniaeth yn ei ddamcaniaeth. Felly, fel canlyniad rhesymegol, nid oes lle i'r 'ysfa am bwêr' chwaith.

Mae M. Wynn Thomas yn dweud wrthym mai'r un ysfa am bŵer sydd i'w gweld mewn amrywiol alwedigaethau, gan gynnwys y rhai mwyaf arallfydol. A yw hynny'n gwneud synnwyr – Hitler, Iesu, Pablo Casals – yr un ysfa am bŵer? Mae'r dryswch yn namcaniaeth Foucault yn un hen yn hanes athroniaeth. Fe'i gwelwyd, er enghraifft, yn namcaniaeth y Llesolwyr. Iddynt hwy, yr awydd am bleser oedd wrth wraidd pob gweithgarwch, hyd yn oed y galwedigaethau mwyaf arallfydol. Fel y gwyddom, daeth Mill i wrthod syniadau Bentham am bleser. Yr oedd am wahaniaethu rhwng pleser mochyn a phleser Socrates, rhwng pleser ffŵl a phleser dyn doeth. Ymdrechodd i oresgyn yr anhawster drwy wahaniaethu rhwng pleserau uwch a phleserau is. Ond, yn y bôn, hon yw'r broblem resymegol: wrth feddwl am wahanol bleserau – cerdded ar dywod, darllen nofel dda, mwynhau perthynas rywiol, gwrando ar fiwsig, derbyn newyddion da, gweld gelyn yn dioddef – mae'n berffaith amlwg nad y pleser sy'n rhoi ystyr i'r gweithgareddau, ond taw'r gweithgareddau sy'n rhoi ystyr i'r pleser. Nid yr un ystyr sydd i 'pleser' ym mhob cyd-destun. Nid 'pleser' yw'r syniad esboniadol sylfaenol.

Rhaid dysgu'r un wers am y syniad o bŵer. Gellid sôn am bŵer Stalin, pŵer y gyfraith, pŵer y brenin, pŵer yr araith, pŵer corfforol, pŵer propaganda, pŵer cariad, pŵer dadl, pŵer yr Efengyl, pŵer arian, pŵer gwleidyddol, pŵer economaidd, pŵer Duw – ac yn y blaen. Unwaith eto, nid pŵer sy'n esbonio'r cyd-destun, ond y cyd-destun sy'n esbonio'r pŵer. Ai'r un syniad o bŵer a geir yn y cyd-destunau i gyd? Nage, wrth gwrs. Nid 'pŵer' yw'r syniad esboniadol sylfaenol.

Ar ben hyn i gyd, mae'n glir nad yw hi'n addas ar brydiau i sôn am bŵer o gwbl. Yn ôl Foucault, mae'n addas i siarad felly hyd yn oed am alwedigaethau aruchel ac arallfydol. Yn ddiddorol, mae M. Wynn Thomas yn cyfeirio at alwedigaethau '*ymddangosiadol aruchel*' (fy italeiddio i). Ond a ydyw M. Wynn Thomas yn gwahaniaethu rhwng galwedigaeth sy'n *ymddangos* yn aruchel, ac un *sydd* yn aruchel? Yn ymarferol, rwy'n siŵr ei fod yn gwneud hynny, fel pawb ohonom. Ond nid yw damcaniaeth Foucault yn gadael iddo wneud hynny, oherwydd iddo goleddu'r syniad dryslyd fod pob galwedigaeth yn fynegiant o'r ysfa am bŵer. Mae sinigiaeth yn rhan o ddadansoddiad Foucault. Dyna paham y dywedais fod Foucault yn fy atgoffa o Iago Shakespeare yn sibrwd mai ysfa gnawdol yw cariad. Ni ddylem ymostwng, naill ai'n syniadol neu'n foesol, i ddamcaniaeth o'r fath. Yn hytrach, dylem addasu'r hyn a ddywedodd Wittgenstein am fetaffiseg: ein tasg yw dod â'n hiaith yn ôl o'i defnydd damcaniaethol i'w defnydd cyffredin yn ein patrymau o fyw. O ganlyniad, yn hytrach na holi am yr 'arian' sy'n gyffredin i bob cyfnewidfa gelfyddydol rhwng testun a chyd–destun, rhwng gwaith creadigol a chymdeithas, dylem nodi'r amrywiaethau sydd yma a'r modd, sy'r un mor amrywiol, y maent yn effeithio ar ei gilydd. Ni ddylem edrych am un stori hollgynhwysfawr. Nid oes stori o'r fath i'w chael.

Y mae elfen o eironi ar ddiwedd yr ymrafael hwn â'r damcaniaethau dryslyd. Siaradais am ein tuedd i blygu glin o flaen damcaniaethau a ddaw i ni o wledydd eraill. Ond wrth feirniadu'r damcaniaethau cafwyd yr arfau ar gyfer gwneud hynny gan ysgol athronyddol leol yn Abertawe, ysgol sy'n ddyledus i waith Rush Rhees, un o ddisgyblion Wittgenstein a oedd hefyd yn un o ddisgynyddion Morgan John Rhys. Rhees, yn fwy na neb arall, yn fy marn i, sy'n dangos nad system yw iaith, ac nad mater damcaniaethol yw'r berthynas rhwng iaith a diwylliant, neu'r berthynas rhwng llenyddiaeth a chymdeithas.[37]

Rhybudd

Paham y mae'n bwysig i ni roi sylw i'r damcaniaethau sydd wedi dylanwadu ar rai beirniaid llenyddol yng Nghymru? Y mae'r ateb yn syml iawn. Os gwnawn ryw fath o ddarlun cyfansawdd allan o elfennau yn y gwahanol ddamcaniaethau, mae'r darlun a ddaw i'r golwg yn dibrisio llenyddiaeth a beirniadaeth lenyddol fel ei gilydd. Yn fras, dyma'r stori.

Os derbyniwn mai'r ysfa am bŵer sydd wrth wraidd pob galwedigaeth, dyna fydd cymhelliad beirdd a llenorion hefyd. Efallai mai ysfa sydd ynddynt am y pŵer a'r statws a ddaw o gael cydnabyddiaeth lenyddol. Mae'r gydnabyddiaeth ynghlwm wrth ymateb beirniaid iddynt. Fel hyn y daw traddodiad o gewri llenyddol i fod. Unwaith y ceir traddodiad o'r fath y mae tuedd gan y cyhoedd i blygu glin i'r cewri, ond nid tuedd gan y cyhoedd yn unig mohoni. Oherwydd mai diwylliant o dan fygythiad yw'n diwylliant ni, mae tuedd gan awduron a beirniaid i glosio at ei gilydd mewn consenws diwylliannol sy'n rheoli eu meddyliau. Mae consenws o'r fath yn bwysig i barhad y diwylliant. Ar y llaw arall, os dywedwn fod pŵer gan y traddodiad llenyddol llywodraethol, y mae pob cyfundrefn bwerus yn dangos i ni, ar yr un pryd, yr hyn sy'n cael ei wahardd gan y traddodiad. Yn wir, fe ddywedwyd gan rai mai dyma yw pwrpas ideolegol y traddodiad, a hynny'n ddiarwybod i aelodau'r traddodiad, sef gwahardd eraill rhag eu hawl i'w syniadau. Ond beth os dywed cefnogwyr y traddodiad nad dyna yw ystyr eu gweithiau llenyddol neu'r feirniadaeth lenyddol arnynt? Yr ateb damcaniaethol yw nad oes ffin i ystyr geiriau. Ceir *un* ystyr i eiriau yn y traddodiad, ond ceir ystyr arall iddynt y tu allan i'r traddodiad. Ond ym mha le mae'r ystyr iawn: yn yr hyn na ddywed y traddodiad, neu'r hyn a ddywedir amdano? Nid oes ateb i'r cwestiwn oherwydd fel y gwelsom, yn ôl y damcaniaethwyr, y mae ystyr gair y tu hwnt i reolaeth unrhyw un gan fod pob gair mewn perthynas anorfod â geiriau eraill ac ag ystyron di-ben-draw. Ystyr cerdd, felly, yw beth bynnag a wêl unrhyw un ynddi. Brwydr rhwng ystyron ideolegol yw ffawd derfynol beirniadaeth lenyddol.

Wrth gydnabod beirniadaeth lenyddol Farcsaidd, dywedodd J. E. Caerwyn Williams:

Un o'm gwrthwynebiadau i feirniadaeth lenyddol Farcsaidd yw ei gwaith yn hawlio mai ganddi hi'n unig y mae'r allwedd i wir ac i ddilys feirniadaeth lenyddol ...[38]

Ond atebodd John Rowlands:

Ac eto ni chlywais mohono'n ymateb yr un mor chwyrn i'r honiad cwbl ddigymrodedd ... o eiddo R. M Jones yn *Llên Cymru a Chrefydd*.[39]

Dywedodd R. M. Jones:

Gan fod a wnelom â gwirionedd, yr unig feirniadaeth lenyddol gyflawn ... fyddai ... beirniadaeth sy'n medru digoni'r holl berson. Ni ellir mesur na barnu'n derfynol foddhaol ond yn ôl y datguddiad terfynol yn y Gair.[40]

A oes rhaid cael brwydr rhwng ideolegau, neu ddweud mai ideoleg yw pob safbwynt ond ein safbwynt ni ein hunain? A oes rhaid cyfaddef nad oes ystyr sicr i'w gael yn unman wrth i ni ymgolli mewn byd o gysylltiadau diderfyn? Nac oes. Ond rhaid wrth ymwacâd wrth feirniadu i gydnabod, yn syniadol, werthoedd a safbwyntiau gwahanol. Heb wneud hynny ni allwn gydnabod cyfoeth ein llên. Ond ni allwn wneud hynny heb i ni drafod iaith heb ddamcaniaeth.

[1] John Rowlands, *Cnoi Cil Ar Lenyddiaeth*, 6.

[2] ibid., 23.

[3] Peter Winch, 'Text and Context' yn *Trying To Make Sense* (Oxford: Blackwell, 1987), 20. Ar y llaw arall nid yw'r gair 'presumption' yn un da yn y cyswllt hwn.

[4] Ludwig Wittgenstein, *Culture and Value* (Oxford: Blackwell, 1980), 40.

[5] op. cit., 20.

[6] op. cit., 22.

[7] ibid.

[8] ibid., 24.

[9] ibid.

[10] Gweler eto R. W. Beardsmore, *Art and Morality* (London: Macmillan, 1972).

[11] John Rowlands (gol.), *Sglefrio ar Eiriau*, vii.

[12] Ceisiais ddangos y frwydr yn erbyn sgeptigaeth mewn cyddestunau athronyddol, o fetaffiseg i estheteg, yn *Introducing Philosophy: The Challenge of Scepticism* (Oxford: Blackwell, 1996).

[13] John Rowlands, *Cnoi Cil Ar Lenyddiaeth*, 23.

[14] Sylwer ar y tebygrwydd rhwng y feirniadaeth hon a'r math o feirniadaeth a ddefnyddiais yn y bennod flaenorol. Fe'i gwelir sawl gwaith yn y bennod hon.

[15] op. cit., 23.

[16] ibid.

[17] M. Wynn Thomas, 'Pwys Llên a Phwysau Hanes' yn John Rowlands (gol.), *Sglefrio ar Eiriau*, 2.

[18] ibid.

[19] ibid.,1-2.

[20] Dic Jones, 'Gwanwyn' yn *Storom Awst* (Llandysul: Gwasg Gomer, 1978), 20.

[21] Dic Jones yn Gwyn Erfyl (gol.), *Credaf*, 32-3.

[22] 'Gwanwyn', 15.

[23] Dyfynnwyd gan M. Wynn Thomas yn 'Meddwl Cymru: Hanes Ein Llên', 45. *Efrydiau Athronyddol*, Cyf. LII, 1989, 45.

[24] ibid.

[25] ibid., 45.

[26] op. cit., 33.

[27] John Rowlands, *Cnoi Cil Ar Lenyddiaeth*, 27.

[28] op. cit., 31.

[29] Thomas Parry (gol.), *The Oxford Book of Welsh Verse* (Oxford: Oxford University Press, 1962), 434.

[30] M. Wynn Thomas, 'Pwys Llên a Phwysau Hanes', 2.

[31] ibid., 3.

[32] ibid., 6.

[33] ibid., 3.

[34] Rwyf am wneud yn glir mai dilyn dadl M. Wynn Thomas yn unig a wnaf yn y bennod hon. Ni ddylid cymryd yn ganiataol fy mod yn derbyn nac yn gwrthod ei ddehongliad o Greenblatt.

[35] M. Wynn Thomas, 'Pwys Llên a Phwysau Hanes', 6.

[36] ibid., 6-7.

[37] Gweler Rush Rhees, *Wittgenstein and the Possibility of Discourse*, golygwyd gan D. Z. Phillips (Cambridge: Cambridge University Press, 1998). Mae Blackwell am gyhoeddi ail-argraffiad yn 2005. Gweler hefyd 'Art and Understanding' yn Rush Rhees, *Without Answers*, golygwyd gan D. Z. Phillips (London: Routledge and Kegan Paul, 1969).

[38] J. E. Caerwyn Williams (gol.), 'Golygyddol', *Ysgrifau Beirniadol XVII* (Dinbych: Gwasg Gee, 1990), 13.

[39] John Rowlands, *Sglefrio ar Eiriau*, xi.

[40] R. M. Jones, *Llên Cymru a Chrefydd* (Abertawe: Christopher Davies, 1977), 591.

ATHRONIAETH A BEIRNIADAETH LENYDDOL DDIDUEDD

Ar ddiwedd y bennod flaenorol rhoddais ddarlun annymunol dros ben o'r hyn fyddai beirniadaeth lenyddol pe baem yn cofleidio rhai damcaniaethau diweddar am iaith sydd wedi denu rhai beirniaid. Yn ôl un o'r damcaniaethau hynny, mynegiant o'r ysfa am bŵer yw pob ysgol o feirniadaeth. Gofynnais ai hyn yw tynged beirniadaeth – dewis rhwng brwydr ideolegol, neu ryddid penagored i gysylltu geiriau fel y mynnwn, wrth gyhoeddi marwolaeth y testun. Dadleuais, i'r gwrthwyneb, pa mor bwysig ydyw cydnabod ei bod yn bosibl cael athroniaeth a beirniadaeth lenyddol ddiduedd. Mae moeseg yn perthyn i ymchwil o'r fath, sef yr awydd i wneud cyfiawnder syniadol â'r byd yn ei holl amrywiaeth. Dywedais fod cyswllt rhwng hyn a'r math o ryfeddu at y byd sydd wrth wraidd athroniaeth. Ym mhennod olaf rhan gyntaf fy nhraethawd rwyf am ddatblygu'r syniad o bwysigrwydd ymchwil ddiduedd wrth ateb y ddadl sy'n gwadu posibilrwydd ymchwil o'r fath.

Yn 1975, cyhoeddwyd 'dadl' yn *Y Traethodydd* rhyngof i a Bobi Jones ar 'Beth yw Pwrpas Llenydda?' Dyna oedd teitl y papur yr anfonais at y golygydd. Cynllun y papur oedd rhestr o gwestiynau i Bobi Jones, gyda rhywfaint o drafodaeth yn dilyn pob un. Cododd y cwestiynau o'm hymateb i'w Ddarlith Lenyddol Flynyddol yn

Eisteddfod Bro Myrddin yn 1974. Braidd yn annisgwyl oedd ymddangosiad fy mhapur yn *Y Traethodydd* oherwydd, heb yn wybod i mi, yr oedd y golygydd wedi gwahodd Bobi Jones i ateb pob cwestiwn. Buasai wedi bod yn well, yn fy marn i, i gyhoeddi ei ateb ochr yn ochr, yn ôl yr arfer cyffredin, â'r erthygl wreiddiol. Nid 'dadl' a gyhoeddwyd, er dyna'r teitl a ddefnyddiodd y golygydd. Wrth i atebion Bobi Jones ddilyn pob cwestiwn, torrwyd ar draws rhediad fy mhapur gan roi'r argraff, wrth gwrs, fod pob cwestiwn gennyf yn anwybyddu'n llwyr ateb blaenorol Bobi Jones. Mewn nodyn ar ddiwedd y 'ddadl' cyfeiriodd y golygydd at y diffyg hwn yn nhrefn y cyhoeddi, ond roedd o'r farn fod y gwahaniaeth rhwng yr awduron yn glir. I raddau, wrth gwrs, y mae hynny'n wir. Ar y llaw arall, pe bawn yn gwybod am atebion Bobi Jones buasai llawer o'r ymatebion iddynt yn dra gwahanol. Ar ddiwedd ei gyfraniad mae Bobi Jones yn cynnig rheswm paham yr arweiniodd ei ddarlith at y cwestiynau:

> Fy nhrafferth yn ddiau oedd cymryd gormod yn ganiataol – y byddai cynulleidfa Gymraeg ac iddi rywbryd draddodiad Cristnogol yn gyfarwydd â gras cyffredinol, sffêr sofraniaeth, y gorchymyn diwylliannol, ac yn y blaen (er nad wyf yn sicr o gwbl y byddai pawb yn cael yr anawsterau hyn).[1]

O ganlyniad, cafodd fy nghwestiynau yn 'gymorth mawr … wrth [iddo] geisio cyflwyno'r achos yn fwy dealladwy', ac 'yn ysgogiad [iddo] lenwi bylchau yn y dehongliad … Diau [meddai] fod bylchau eraill: awn ymlaen felly, o gam i gam'.[2] I mi, y cam nesaf oedd y ddarlith a draddodwyd i aelodau a chyn-aelodau Cymdeithas Dafydd ap Gwilym yn Eisteddfod Genedlaethol Abertawe, 1982, ac a gyhoeddwyd yn *Y Traethodydd*, 1983, o dan y teitl, 'Ai bod yn naïf yw ceisio bod yn ddiduedd?' Yn y bennod hon rwy'n defnyddio'r ddwy erthygl, ond mewn trefn wahanol iawn, a chyda llawer o ddefnydd newydd sy'n briodol i gyd-destun y traethawd.

1. Athroniaeth Galfinaidd?

A oes y fath beth ag athroniaeth Galfinaidd? Ar un lefel mae'n ymddangos fod y cwestiwn yn hawdd iawn i'w ateb. Onid oes athronwyr o'r fath yn bod? Oes. Onid oes traddodiad athronyddol o'r fath? Oes. Felly, onid dyna ddiwedd ar y mater? Yn yr ystyr hwn, byddai athronwyr Calfinaidd yn ddigon bodlon cydnabod fod athroniaeth Farcsaidd i'w chael, a bod traddodiad ynghlwm wrth yr athroniaeth honno hefyd. Pa awdurdod sydd gennyf i wadu ffeithiau mor amlwg? Yn waeth na hynny, onid wyf yn perthyn i ysgol athronyddol, sef athroniaeth Wittgensteinaidd? Onid balchder anghyffredin yw honni bod pob math o athroniaeth yn ddryswch ac eithrio athroniaeth Wittgenstein? Ond dadl *ad hominem* yw honno, dadl rethregol sy'n dibynnu ar ddiffyg gwybodaeth neu ar wyrdroi gwybodaeth am hanes athroniaeth yr ugeinfed ganrif.

Y peth cyntaf i'w ddweud yw nad oes unrhyw awgrym athronyddol fod Wittgenstein, na'r rhai o dan ei ddylanwad, yn credu nad oes dim o werth yng ngweithiau'r athronwyr mawr. Ar y llaw arall, fel y mae Rush Rhees yn cyfaddef, mae Wittgenstein yn siarad ar brydiau mewn modd sy'n rhoi'r argraff fod hynny'n wir. Er enghraifft, mae'n siarad am leddfu cramp meddyliol yr athronwyr, a'i fod am ddangos i'r gleren y ffordd allan o'r botel. Rhoes yr argraff fod ei feddwl ef yn glir am bob dim, tra bod eraill mewn tywyllwch. Ond, er ei fod yn siarad felly ar brydiau, mae Rhees yn pwysleisio *nad dyna oedd arfer athronyddol Wittgenstein o gwbl*. Roedd o'r farn bod dyfnder yn y cewri athronyddol, a bod modd i ni dyfu yn ein dealltwriaeth wrth drafod eu gwaith.

Ar ôl dweud hynny, yr oedd anghytundeb sylfaenol rhwng Wittgenstein ac athronwyr metaffisegol a achosodd chwyldro mewn athroniaeth. Yr anghytundeb oedd ei honiad chwyldroadol: bod yr awydd i wneud bywyd yn rhyw fath o ddamcaniaeth yn ddryswch hollol. Yn y damcaniaethau athronyddol y mae iaith, i ddefnyddio dywediad Wittgenstein, wedi mynd ar wyliau; y mae iaith oddi cartref. Nid yw'n syndod mai Kierkegaard, ym marn Wittgenstein, oedd meddyliwr (nid athronydd) mwyaf y bedwaredd ganrif ar bymtheg. Yr oedd Kierkegaard o'r farn fod Denmarc ei ddydd wedi mynd ar gyfeiliorn wrth droi Cristnogaeth yn rhyw fath o system enfawr, sef athroniaeth Absoliwt Hegel. Mae dylanwad Kierkegaard i'w weld ar Gwenallt yn ei gerdd 'Ar Gyfeiliorn':

> Gwae inni wybod y geiriau heb adnabod y Gair
> A gwerthu ein henaid am doffi a chonffeti ffair,
> Dilyn ar ôl pob tabwrdd a dawnsio ar ôl pob ffliwt
> A boddi hymn yr Eiriolaeth â rhigwm yr Absoliwt.[3]

Dywedodd Kierkegaard nad eisiau mwy o fwyd athronyddol oedd ar ddeallusion Denmarc, eithr eisiau iddynt chwydu allan o'u genau yr hyn oeddynt wedi ei lyncu. Nid oes neb yn byw, fel mater o ffaith, yn y cestyll metaffisegol. Yn yr un modd, dywedodd Wittgenstein mai ein tasg athronyddol yw dod â'n geiriau yn ôl o'u defnydd metaffisegol i'w defnydd cyffredin. Wrth wneud hynny, nod Wittgenstein a Kierkegaard fel ei gilydd oedd hyrwyddo eglurder. Y gwahaniaeth mawr rhyngddynt yw fod holl waith Wittgenstein yn tarddu o gwestiynau canolog athroniaeth, tra bod gwaith Kierkegaard yn tarddu o'r pryder am yr hyn a oedd yn digwydd i Gristnogaeth yn ei ddiwylliant. Dyna pam y dywedodd ei fod o'r cychwyn, hyd yn oed yn ei weithiau ffugenwol, yn awdur crefyddol. Yn y gweithiau hyn ymdrechodd Kierkegaard i ddangos i'r cyhoedd agweddau esthetig a moesol ar fywyd; agweddau nad oedd ef yn eu harddel. Mae o'r pwysigrwydd mwyaf sylweddoli iddo barchu'r agweddau hyn *ar eu telerau eu hunain. Ni roes gyfrif amdanynt mewn termau Cristnogol.* I'r gwrthwyneb, holl bwrpas ei ymdrech oedd gwneud cyfiawnder syniadol â hwynt drwy ddangos eu bod yn wahanol, *yn syniadol*, i Gristnogaeth. Hynny yw, yr oedd dewis real yn wynebu pobl rhwng gwerthoedd gwahanol.

Mae rhai esbonwyr am ddweud fod Kierkegaard yn *dadlau* fod gwrthddywediad mewn agwedd esthetig yn ein harwain i gofleidio'r agwedd foesol, ond bod y gwrthddywediad hwn, yn ei dro, yn ein harwain i gofleidio agwedd grefyddol ac felly ymlaen i'r safbwynt Cristnogol terfynol. Ond buasai thesis Hegelaidd o'r fath yn wrthun i Kierkegaard. Pwyslcisio *gwahaniaethau* o'r fath a wna yn ei weithiau ffugenwol. Nid ei fwriad oedd paratoi'r ffordd i'r cyhoedd at dröedigaeth Gristnogol, ond cael gwared ar y dryswch a'r gamddealltwriaeth a rwystrai'r dewis a wynebai bob unigolyn. Dywedodd Kierkegaard y byddai'i eglurhad ef o natur Cristnogaeth efallai'n arwain rhywun at Dduw. Pe bai hynny'n digwydd ceid cytundeb rhyngddo a'r credadun newydd. Ar y llaw arall, pe bai unigolyn yn dewis aros yn anghredadun, ar ôl cael eglurhad a deall natur Cristnogaeth, byddai hynny hefyd yn beth da, meddai Kierkegaard, oherwydd o leiaf ceid *anghytundeb gonest* wedyn heb ddryswch. Ond i gael anghytundeb o'r fath, rhaid cydnabod *annibyniaeth* y syniadau sy'n wahanol i werthoedd Cristnogol. Byddai Wittgenstein yn cytuno gant y cant â sylwadau Kierkegaard ar y materion hyn.

Os ailedrychwn yng ngolau'r sylwadau uchod ar y berthynas rhwng Wittgenstein a hanes athroniaeth, gellir gweld yn awr beth fyddai o le pe bai rhywun yn meddwl fod Wittgenstein yn beirniadu damcaniaethau athronyddol er mwyn cynnig gwell damcaniaeth. Yr hyn yr oedd am i athronwyr ei wneud *oedd rhoi'r gorau i'r awydd i ddamcaniaethu.* Nid damcaniaeth yw iaith, ac nid damcaniaeth yw bywyd. Yr hyn sydd ei eisiau'n athronyddol yw myfyrdod syniadol ar fywyd ac iaith yn eu cyd-destunau amryliw, a pheidio ildio i'r ysfa am gyffredinolrwydd.

Wrth edrych ar Gristnogaeth, yr hyn a welodd Kierkegaard a Wittgenstein oedd mai Efengyl ydoedd, nid athroniaeth; Efengyl y gellid ei derbyn neu'i gwrthod. Gwnâi Kierkegaard hwyl ar ben y syniad mai'r hyn oedd ei eisiau i wella ar athroniaeth Hegel oedd athroniaeth Gristnogol. I Kierkegaard, dyna'r peth gwaethaf a allai ddigwydd i Gristnogaeth! Ond dyna'n union y mae rhai Calfiniaid wedi ei wneud! Meddai Bobi Jones:

> Fel y gwyddoch yn burion (ac efallai mai dyna'n dadleufan), yr un pwrpas yn y pen draw (ym mryd Cristion) sydd i gymdeithaseg, anthropoleg, llenyddiaeth, athroniaeth, ac yn y blaen, sef adnabod, gwasanaethu a gogoneddu Duw. I feirniad llenyddol o Gristion felly, rhan o'i waith yw cysylltu gweithiau llenyddol arbennig â'r pwrpas cyffredinol cywir. Rhan o waith pob Cristion meddylgar, pwy bynnag y bo, yw ceisio gweld sut y mae'r gwaith a wnêl – boed yn amaethu neu'n feddyginiaethu neu beth bynnag – yn ymgysylltu â'r pwrpas sydd y tu hwnt i'w waith unigolyddol ef, gweld y naill yn y cyd-destun ehangach.[4]

O ganlyniad, gwelwn *rai* ysgolheigion Calfinaidd yn honni bod y fath beth a chymdeithaseg Gristnogol, anthropoleg Gristnogol, beirniadaeth lenyddol Gristnogol, ac athroniaeth Gristnogol. Dylai fod yn glir y byddai Kierkegaard, o glywed hyn, yn troi yn ei fedd! Fel y dywedais, dangos y gwahaniaethau syniadol a wnaeth Kierkegaard a Wittgenstein, gan gynnwys y gwahaniaethau rhwng gwerthoedd. Oherwydd bod y gwahaniaethau yn rhai real, mae'r dewis rhyngddynt hefyd yn real. Ni cheisiant ddadlau mai rhyw wyrdroad o werthoedd crefyddol yw gwerthoedd seciwlar. Ond, meddai Bobi Jones, i'r gwrthwyneb:

> Ceisiaf ddangos yn y man hefyd fod pob beirniadaeth lenyddol, hyd yn oed honno sy'n tybied nad oes iddi ragdybiau crefyddol neu ddiwinyddol, yn cael ei chyflyru gan y rhagdybiau diddianc hynny.[5]

Fel y gwelsom, cred Bobi Jones nad wyf am dderbyn thesis o'r fath oherwydd fy anwybodaeth am oblygiadau'r syniad Cristnogol am sofraniaeth Duw. I'r gwrthwyneb, fy nadl i yw bod yr awydd am athroniaeth Galfinaidd yn gwyrdroi arwyddocâd crefyddol y sofraniaeth honno. Ysbryd yw Duw, yn ôl Cristnogaeth, a sofraniaeth ysbrydol sydd iddo. Wrth ddweud bod sofraniaeth o'r fath i'r Cristion yn arglwyddiaethu ar bopeth, ystyr hyn yw dweud bod modd clodfori Duw ymhob peth. Gall athronydd roi clod i Dduw drwy burdeb ei ymroddiad i'r pwnc. Ond nid yw'n rhoi clod i Dduw wrth droi'r clod iddo yn rhyw fath o athroniaeth! Yn wir, gwaith athronydd meddylgar fyddai dangos, fel y gwnaeth Kierkegaard, y gwahaniaeth rhwng crefydd ac athroniaeth. Gellir dadlau mai diffyg hyder yn sofraniaeth ysbrydol Duw yw'r awydd i wneud cymeriad y sofraniaeth honno'n berthnasol i unrhyw weithgaredd. Nid dyna'r ffordd y mae'r sofraniaeth ysbrydol yn effeithio ar y gweithgareddau.

Casgliad myfyrdod syniadol ar Gristnogaeth, felly, fyddai dweud mai ein hangen yw dod â'r gair 'sofraniaeth' yn ôl o'i ddefnydd athronyddol i'w ddefnydd crefyddol. Arhosodd Wittgenstein am gyfnod yn nhŷ gweinidog ger Abertawe a dywedodd y gweinidog wrtho mai Iesu oedd yr athronydd mwyaf a welodd y byd erioed. Dywedodd Wittgenstein wrth Rush Rhees nad athronydd oedd Iesu o gwbl, ond ei fod yn deall pam fod y gweinidog yn siarad felly. Gymaint oedd ei gariad at Iesu fel ei fod am ddweud mai ef oedd y gorau ymhob peth! Yn un o'i erthyglau, dywed Rush Rhees na fyddai byth yn mynd â phroblem athronyddol at Iesu. Ni chredai y byddai diddordeb ganddo. Os yw'r Cristion yn credu yn sofraniaeth Duw, a oes rhaid i Dduw fod yn athronydd? Ac os yw Duw yn sofran ym mywyd athronydd, a yw hynny'n golygu ei fod yn athronydd Cristnogol? Clodfori Duw *yn a thrwy* ei athroniaeth a wna'r athronydd sy'n Gristion, nid ceisio am athroniaeth Gristnogol. Dyna pam yr atebais erthygl Alvin Plantinga, 'Advice to Christian Philosophers', mewn erthygl dan y teitl, 'Advice to Philosophers Who Are Christians'.[6]

2. Rhagdybiaethau

Dywedais fod athronwyr Calfinaidd wedi troi Cristnogaeth yn rhyw fath o athroniaeth, ond gall yr honiad hwn fod yn gamarweiniol, oherwydd natur arbennig athroniaeth Galfinaidd. Rhaid i mi ei gwneud yn glir hefyd mai beirniadu athronwyr a wnaf wrth feirniadu athroniaeth Galfinaidd, ac nid Calfin ei hun. Nid wyf mewn sefyllfa i ddweud beth fyddai agwedd Calfin ei hun at yr athronyddu sy'n mynd ymlaen yn ei enw. Rhaid cofio, hefyd, nad oes cytundeb athronyddol yn dilyn yn uniongyrchol yr ymlyniad diwinyddol a chrefyddol wrth Calfin. Mae yna anghytuno rhwng athronwyr Calfinaidd; er enghraifft, rhwng rhywun fel Cornelius Van Til ar y naill law, ac Alvin Plantinga neu Nicholas Wolterstorff ar y llaw arall. Mae hon yn ffaith bwysig i'w nodi, oherwydd er mai'r Ysbryd Glân, yn ôl Cristnogaeth, sydd wrth ei waith pan ddaw unigolyn at Dduw, peth arall yw dweud fod yr Ysbryd Glân wrth ei waith yn gwarantu ymdrechion unigolyn wrth iddo geisio athronyddu ynghylch Cristnogaeth. Ar brydiau, mae rhai Calfiniaid yn dod yn agos at ddweud hynny. Pe bai hynny'n wir, wrth ddadlau yn erbyn Bobi Jones byddwn yn dadlau yn erbyn yr Ysbryd Glân ar yr un pryd! Ac ar brydiau efallai bod Bobi Jones ei hun yn rhoi'r argraff hon; er enghraifft, pan ddywed:

> Beth sydd gennym i'w 'drafod' gyda'n gilydd, felly, yn yr ystyr fod gan y ddwy ochr rywbeth i'w roi?
>
> ... Ymhlith dynion yn ddiwahân, nid – beth yw pwrpas bywyd, beth yw natur ddyfnaf dyn, beth sydd y tu hwnt i farwolaeth, neu sut y ceir iachawdwriaeth? ('does gan ddynion anianol, ni all fod, ddim cyfraniad defnyddiol o gwbl ar y pennau hyn; rhaid yw dweud y cwbl wrthynt) ...[7]

Mae'n hawdd gweld sut y gall geiriau fel hyn roi'r argraff fod y siaradwr (trwy ras, wrth gwrs) yn gwybod y cwbl, tra bod eraill ar goll yn y tywyllwch. Eu swyddogaeth hwy, mae'n debyg, yw nid cyfrannu, ond gwrando, jyst gwrando, yn y gobaith y gallant hwythau fod, os myn Duw, yn ddigon ffodus i'w cynnwys gyda'r etholedig rai. Onid oes perygl, yn y ffordd hon o feddwl, o syrthio i'r pechod mwyaf i gyd yng ngolwg Cristnogaeth, sef balchder ysbrydol?

Ar y llaw arall, mae'n bwysig gwerthfawrogi fod yna gefndir athronyddol y tu ôl i ffordd Bobi Jones o siarad, a'i bod yr un mor bwysig dod i delerau athronyddol, beirniadol â hynny. Rwyf wedi ceisio gwneud hynny'n fanwl yn fy ngwaith, ond ni allaf ailddweud y cyfan yn y cyswllt hwn. Ond rhaid i mi amlinellu'n fras beth yw'r safbwynt a alwyd yn athroniaeth Galfinaidd, a phaham yr wyf o'r farn bod dryswch syniadol ynddo. Heb wneud hyn ni fyddwn yn gwerthfawrogi cefndir diwylliannol dadleuon Bobi Jones ynghylch beirniadaeth lenyddol.

Sylwn fod Bobi Jones, wrth holi beth sydd i'w 'drafod' gyda'n gilydd, yn rhoi dyfynodau o amgylch y gair 'trafod'. Mae rheswm athronyddol y tu ôl i hyn o safbwynt Calfinaidd. Gelyn mwyaf athroniaeth Galfinaidd yw un o elynion mawr athroniaeth Wittgenstein hefyd, sef *seiliadaeth glasurol* (classical foundationalism). Yn ôl seiliadaeth o'r fath, yn hanes athroniaeth ceir dau fath o osodiadau, sef gosodiadau sylfaenol, nad oes eisiau sylfaen bellach iddynt, a gosodiadau eraill sy'n dibynnu ar dystiolaeth. Yn hanes athroniaeth, yr unig osodiadau a roddwyd yn y sylfeini yw gosodiadau rhesymeg a mathemateg ar y naill law, a gosodiadau am brofiadau synhwyrol elfennol (sense-data) ar y llaw arall. Mae'n amlwg nad yw gosodiadau crefyddol yn perthyn i'r categorïau hyn, sy'n golygu, yn ôl seiliadaeth glasurol, mai gosodiad sy'n dibynnu ar dystiolaeth yw'r gred yn Nuw. Felly, yn ôl y ddadl, gall credadun ac anghredadun apelio at yr un dystiolaeth niwtral er mwyn sicrhau a yw'r gred yn Nuw yn wir neu beidio. Yn ôl y ddadl, felly, mae credoau crefyddol yn atebol i safonau rheswm sy'n gyffredin i grediniaeth ac anghrediniaeth. A dyna y mae Bobi Jones a'r athronwyr Calfinaidd am wadu. Nid dadlau y maent o'r ffeithiau at Dduw, ond, i'r gwrthwyneb, dechreuant gyda'r datguddiad o Dduw yn Iesu Grist a mynnant weld y ffeithiau yng ngolau'r datguddiad. Felly, ym myd llenyddiaeth, nid dadlau a wnânt ar sail yr hyn a ddangosir i ni gan awduron crefyddol ac anghrefyddol am resymoldeb neu ddryswch y gred yn Nuw ond, yn hytrach, edrychant ar lenyddiaeth yn ei chyfanrwydd yng ngolau'r datguddiad Cristnogol.

Pa gyfiawnhad athronyddol sydd gan athronwyr Calfinaidd dros wneud hynny? Dyma yw dadl enwog Plantinga[8]: ar ba sail y derbynnir mai dim ond dau fath o osodiad a geir yn y sylfeini? Wedi'r cyfan nid yw'r gosodiad, 'Dim ond dau fath o osodiad sy'n sylfaenol', ei hun yn osodiad sylfaenol. A hyd yn hyn, nid yw athronwyr wedi llwyddo i ddangos fod ganddynt unrhyw faen prawf i ddilysu gosodiad sydd i'w gyfrif yn osodiad sylfaenol. Felly, y mae perffaith ryddid gan y Cristion i osod y credoau crefyddol yn y sylfeini. Ar y llaw arall, nid oes modd i'r anghredinwyr brofi na ddylai'r credoau crefyddol fod yn y sylfeini. Y term am y ddadl hon yw *apologetig negyddol*. Sôn y mae Bobi Jones am ragdybiaethau, yn hytrach nag am osodiadau neu gredoau sylfaenol, ond ni wna hyn unrhyw wahaniaeth i'r ddadl. Mae'n bwysig sylweddoli nad yw'r athronydd Calfinaidd am seilio'i ffydd yn Nuw ar ei apologetig negyddol ei hunan. Ffrwyth gweithgarwch yr Ysbryd Glân yw'r ffydd honno. Yr unig bwrpas sydd i'r apologetig negyddol yw amddiffyn y ffydd honno yn erbyn ymosodiadau diwylliannol. Oni bai am ymosodiadau o'r fath, ni fyddai eisiau apologetig o'r fath. Dyna pam y gelwir yr apologetig yn *negyddol*. Nid dadlau â'r anghredadun ar ei delerau ef a wna'r crediniwr Calfinaidd, namyn dangos yn unig nad oes hawl diwylliannol gan yr anghredadun i'w rwystro rhag cofleidio ei gredoau sylfaenol.

Beth yw'r gwahaniaeth, felly, rhwng Wittgenstein a'r

athronydd Calfinaidd? Mae ef, hefyd, am wadu fod modd barnu pob gosodiad yn ôl meini prawf sy'n gyffredin iddynt. Y rheswm am hyn yw fod gwahaniaeth syniadol rhwng y gosodiadau; nid yr un natur resymegol sydd i bob un ohonynt. Os ydym yn trin gosodiad o fath arbennig fel pe bai'n osodiad o fath gwahanol, dryswch a chamddealltwriaeth yw'r canlyniad. Cymerer enghraifft syml. Paham y mae'n bosibl i ni deimlo i'r byw wrth ddarllen am ffawd Anna Karenina? Pe clywem adrodd hanes tebyg am rywun fe fyddem, wrth gwrs, yn cydymdeimlo'n fawr. Ac yna, pe clywem nad oedd dim o'r hanes yn wir, byddai'n cydymdeimlad yn diflannu'n gyflym. Ond, meddai rhai athronwyr, nid yw'r stori am Anna Karenina yn wir, ac felly dryswch yw caniatáu i ni'n hunain deimlo i'r byw oherwydd ei ffawd. Mae'n amlwg mai'r hyn sydd yma yw dryswch rhwng digwyddiadau mewn nofel (nid nofel hanesyddol) a digwyddiadau hanesyddol. Dim ond drwy nodi'r gwahaniaeth y gallwn werthfawrogi'r modd y medrwn ddysgu gan rywbeth sydd wedi'i fynegi mewn llenyddiaeth. Daw'r eglurhad drwy ddangos y gwahaniaethau syniadol yn y ddau gyd-destun. Rhaid wrth fyfyrdod syniadol i ddangos y gwahaniaeth rhwng credoau crefyddol a chredoau o fath gwahanol. Ac y mae myfyrdod syniadol o'r fath yn agored i'r credadun a'r anghredadun fel ei gilydd. Un enw ar fyfyrdod o'r fath yw athroniaeth.

Ni fyddai athronwyr Wittgensteinaidd yn cytuno â'r pwyslais a roddir ar gredoau sylfaenol, neu ragdybiaethau, gan athronwyr Calfinaidd – pwyslais sydd wedi creu cryn drafferth iddynt. Ceisiaf ddangos yn awr bod rhesymau rhesymegol da am y drafferth a achoswyd. Y mae Wittgenstein am honni nad yw'r apêl derfynol, yn rhesymegol, at osodiadau neu ragdybiaethau, eithr at arfer (practice).

Cyn cychwyn, rhaid dweud gair byr am ddefnydd Wittgenstein o'r gair 'arfer'. Nid defnydd cymdeithasegol ydyw i gyfeirio at *beth bynnag sy'n digwydd*. Defnydd syniadol o'r gair sydd ganddo.

Hynny yw, cyfeirio y mae'r gair 'arfer' at weithgareddau ac iddynt gymeriad syniadol pendant. Yn yr ystyr cymdeithasegol, gall arfer fod yn ddryslyd yn ei gyfanrwydd. Byddai hyn yn wir, er enghraifft, am arferion ofergoelus, fel y gwelwn yn ail ran y traethawd. Ond yn yr ystyr Wittgensteinaidd i'r gair 'arfer', ni ellir sôn am arfer dryslyd oherwydd y mae i bob arfer ei gymeriad syniadol arbennig. Daw'r dryswch drwy gymysgu natur yr arferion yn y dadansoddiad a gynigiwn ohonynt, neu wrth wneud un arfer yn faen prawf *syniadol* i'r lleill. Gwelir yr ail ddryswch, fel y ceisiaf ddangos, yng nghais Bobi Jones i ddangos fod pob beirniadaeth lenyddol yn dibynnu ar ragdybiaethau crefyddol. Ond honiad Wittgenstein yw nad ein rhagdybiaethau, neu'n credoau sylfaenol, sy'n sylfaen i'r arfer, eithr yr arfer sy'n dangos beth sy'n sylfaenol. Mater o resymeg yw hyn, nid mater o ddewis barn. Hyd yn oed yn ei sylwadau cynnar, yr oedd arwyddion y dylai Plantinga a'i debyg gydnabod hyn.

Yn ôl Plantinga, fel y gwelsom, oherwydd nad oes maen prawf gennym i'r hyn sydd i'w gyfrif yn osodiad neu ragdybiaeth sylfaenol, y mae rhyddid gan y Cristion i osod ei gred yn Nuw ymhlith ei sylfeini. Ond, meddai Plantinga, nid y gosodiadau fel y cyfryw yw'r sylfaen, eithr *y bywyd crefyddol* a'r profiadau o fod mewn perthynas â Duw. Gwelir pwysigrwydd rhesymegol yr apêl at ffordd o fyw wrth ystyried ymateb Plantinga i wrthwynebiad enwog i'w safbwynt, sef Gwrthwynebiad y Bwmpen Fawr. Dyma oedd pwynt y gwrthwynebiad: os oes rhyddid gennym i wneud unrhyw ragdybiaeth neu osodiad yn sylfaen, beth sydd o'i le ar yr honiad mai Pwmpen Fawr yw sylfaen popeth? Mae ymateb Plantinga yn berffaith resymol ac ymarferol. Cyn i ni wneud rhagdybiaeth o'r fath, meddai, dylem edrych ar ein harferion, hynny yw, talu sylw syniadol iddynt, i weld a yw'r gred mewn Pwmpen Fawr yn sylfaenol i un ohonynt. Ni sylweddolodd Plantinga gymaint o ergyd i'w holl fframwaith yw'r ymateb hwn, oherwydd yr hyn a ddywedodd oedd nad rhagdybiaeth sy'n sylfaen i'r arfer, eithr yr arfer sy'n dangos yr hyn sy'n sylfaenol ynddo. Drwy'r apêl at arferion dengys mai cynnig mewn gwagle yw Gwrthwynebiad y Bwmpen Fawr.

Dylai'r ddadl yn erbyn epistemeg yr athronwyr Calfinaidd ein hatgoffa o'm gwrthwynebiad i'r syniad pensaernïol am iaith a feirniadais yn y bennod gyntaf.[9] Yr esiampl fwyaf cyffredin yw'r gymhariaeth rhwng sylfaen iaith a sylfaen tŷ. Wrth siarad yn *faterol*, fe sonnir am adeiladu tŷ ar sylfaen. Ond, wrth siarad am *ystyr,* nid yw'r gymhariaeth o werth. Yr apêl derfynol yw'r arfer *wrth adeiladu tŷ.* Dim ond yn y cyswllt hwnnw y gwyddom mai *sylfaen tŷ* yw'r sylfaen. Gallwn syllu ar y slab o goncrid faint bynnag a fynnwn, ond ofer disgwyl iddo 'ddweud' wrthym, yn uniongyrchol fel petai, mai sylfaen tŷ ydyw. Nid y sylfaen sy'n rhoi ystyr i'r arfer o adeiladu tŷ, ond adeiladu tŷ sy'n rhoi ystyr i'r sylfaen! Nid yw sylfaen yn sylfaen mewn gwagle. Y mae'r pwynt hwn yn berthnasol i ystyr, gan gynnwys ystyr y systemau mwyaf ffurfiol. Er enghraifft, nid yw mathemateg yn seiliedig ar symbolau fel '2', '+' ac '=', neu ar acsiomau. Yn hytrach, y rhifyddeg neu'r geometreg sy'n rhoi arwyddocâd i'r symbolau a'r acsiomau. Heb y rhifyddeg a'r geometreg, sut y gwyddom mai symbolau *rhifyddol* ac acsiomau *geometrig* ydynt?

Unwaith y rhoddwn y sylw priodol i'r cwestiwn mae'r pwynt rhesymegol yn un mor amlwg. Mae'n berthnasol i'r hyn a ddywed Bobi Jones am ragdybiaethau fel sail ein rhesymau. Nid y rhagdybiaethau sy'n sail i'r rhesymau, ond cymeriad y rhesymau sy'n dangos yr hyn yr ydym yn ei dderbyn gyda sicrwydd. Meddylier am hoff esiampl yr athronwyr, sef bod gwrthrychau materol yn bod. A ydwyf yn rhagdybio eu bodolaeth ac o ganlyniad yn eistedd ar gadair, dringo'r mynydd, ymestyn am y cwpan, cerdded, ar sail y rhagdybiaeth? I'r gwrthwyneb, rwy'n gweithredu yn y modd a ddisgrifiwyd, ac yn dilyn y ffordd honno o fyw, ac nid yw cwestiwn bodolaeth gwrthrychau materol yn codi. Ac os yw'r sgeptig am godi'r cwestiwn, nid ceisio profi bodolaeth y gwrthrychau a wnawn, ond ceisio dangos iddo, yn hytrach, nad yw ei sgeptigaeth yn gwneud synnwyr. Ni all ddweud yr hyn y mae am ei ddweud. Am ein bod yn gweithredu yn y modd a ddisgrifiwyd, beth fyddai cynnwys y gosodiad nad yw gwrthrychau materol yn bod?

Cyn gadael y pwnc, dylwn gymhwyso'r pwynt i'r honiad mai rhagdybiaeth a sylfaen y bywyd crefyddol yw'r gred ym modolaeth Duw. Ni all hyn fod yn wir, oherwydd heb y bywyd crefyddol ni fyddai syniad gennym am yr hyn a olygir wrth fodolaeth Duw. Ni ddylem gymysgu'r gosodiad bod ffydd yn Nuw yn gred sylfaenol â'r gosodiad mai rhagdybiaeth ydyw sy'n sail i'r bywyd crefyddol. Nid rhagdybiaeth yw realiti Duw i'r bywyd crefyddol, oherwydd y bywyd crefyddol yw'r bywyd yn Nuw.

Beth sydd y tu ôl i'r dybiaeth mai rhagdybiaeth y bywyd crefyddol, fel pe bai'n rhagdybiaeth mewn gwagle, yw'r gred ym modolaeth Duw? Wedi'r cyfan, heb y cyd-destun crefyddol ni fyddai syniad gennym am ystyr gosodiad mewn gwagle fel, 'Y mae Duw yn bod'. Paham y mae'n demtasiwn i feddwl fel arall? Ateb Wittgenstein yw bod tuedd ynom i feddwl am 'ystyr' gosodiad fel rhyw fath o 'awyrgylch' sy'n cyd-deithio â'r gosodiad, neu'n ei hebrwng.

Meddylier am y gosodiad, 'Croesodd Cesar y Rubicon', fel un mewn gwagle. Nid oes syniad gennym eto o ystyr y gosodiad. Pan edrychwn ar gyd-destun arbennig, daw'r ystyr i'r golwg. Enw un o arweinwyr y Maffia yw Cesar, ac enw brawdoliaeth arbennig yn eu mysg yw'r Rubicon. Mae Cesar wedi chwarae tric brwnt arnynt, ac y mae'r newyddion amdano yn lledu ymysg y Maffia. Mae un aelod yn sibrwd y newyddion wrth un arall, 'Mae Cesar wedi croesi'r Rubicon'. Wrth gwrs, nid dyna ystyr cyfarwydd y gosodiad. Wrth weld y gosodiad, fe'i deallwn yn ei ffordd arferol oherwydd deallwn y gosodiad yn ei gyd-destun hanesyddol. Nid oes rhaid *meddwl* am y cyd-destun ar y pryd, ond darllenwn y gosodiad yn y cyd-destun hwnnw.[10] Meddylier eto am rywun yn dweud, 'Mae Duw wedi marw'. Nid Nietzsche ydyw, neu rywun yn ailadrodd yr hyn a ddywedodd ef. Yn hytrach, sôn y mae am un o 'godfathers' y Maffia, a'r ffaith bod cynllun i'w lofruddio wedi llwyddo. Wrth ddefnyddio'r ffurf fer ar ei deitl dywed, 'Mae Duw wedi marw'. Unwaith eto, yn union fel y daethom â'r cefndir hanesyddol yn gyd-destun i'r gosodiad, 'Croesodd Cesar y Rubicon', rydym yn clywed geiriau Nietzsche, ar unwaith, mewn perthynas â chrefydd.[11] Unwaith eto, nid y rhagdybiaeth yw sail y ffordd o fyw, eithr yn hytrach y ffordd o fyw sy'n rhoi ystyr i'r hyn a dderbyniwyd heb amheuaeth.

3. Cristnogaeth a Phatrymau Amryliw Llenyddiaeth

Pan edrychwn gyntaf ar honiadau athroniaeth Galfinaidd gall edrych yn hael ac yn benagored iawn. Wedi'r cyfan, ni waharddwyd neb i resymu yn ôl ei ragdybiaethau. I'r gwrthwyneb, dyna'r ffordd gyffredin o resymu. Mae pawb yn ymresymu o fewn i'w persbectif eu hunain a'u rhagdybiaethau arbennig. Dyna honiad Nicholas Wolterstorff, er enghraifft.[12] Ond y mae anawsterau rhesymegol ynglŷn â'r safbwynt.

Yn gyntaf, sylwch fod Wolterstorff yn cyfeirio at ragdybiaethau yn y lluosog. Mae am ddweud fod gan safbwyntiau gwahanol eu rhagdybiaethau gwahanol. Ond ym mha fodd y gall Wolterstorff wybod hyn, oherwydd yn ôl ei ddadl ef y mae pawb yn dadlau ar sail eu rhagdybiaethau arbennig. Os yw'r unigolyn wedi'i gau y tu fewn i'w safbwynt ei hun, ym mha ffordd y mae'n gwybod bod y fath beth â safbwyntiau eraill yn bod? Y mae'r honiad fod ymchwil ddiduedd yn amhosibl yn ei gwneud hi'n rhesymegol amhosibl i gyfeirio'n llwyddiannus at y ffaith fod gwahanol safbwyntiau yn bod.

Yn ail, ystyriwch y berthynas rhwng honiadau'r athronydd Calfinaidd a'r ffaith syml fod pobl yn anghytuno â'i gilydd ar faterion crefyddol, moesol, gwleidyddol ac esthetig. Wrth wadu posibilrwydd ymchwil ddiduedd, mae'n amhosibl i'r athronydd Calfinaidd gydnabod y fath anghytundebau. Ystyriwch y frawddeg, 'Mae A yn anghytuno â safbwynt B'. Os dadleuwn fod disgrifiadau A yn cael eu penderfynu gan y safbwynt y mae A yn ei goleddu, byddai'n amhosibl i A roi disgrifiad o safbwynt B y byddai B yn cydsynio ag ef. Y casgliad fyddai na allai un person fyth anghytuno â safbwynt unrhyw berson arall, oherwydd, yn ôl yr athronydd Calfinaidd, mae'n amhosibl rhoi disgrifiad diduedd sydd y tu allan i'n safbwynt ni ein hunain. Yn ôl y ddadl, byddai'n rhesymegol amhosibl gwybod a yw'r unigolyn yn siarad am yr un peth â'r sawl y mae'n anghytuno ag ef. Ond wrth i ni ddweud ein bod yn anghytuno â'r hyn a ddywed rhywun arall, rhaid ein bod yn cyfeirio'n *llwyddiannus at yr hyn a ddywed* y llall. Y mae anghytundeb ynddo'i hun, felly, yn dangos posibilrwydd cyfeirio'n llwyddiannus at safbwyntiau sy'n wahanol i'n safbwynt ni ein hunain.

Ateb Bobi Jones yw nad yw'r pwyntiau rhesymegol hyn yn ystyried y ffaith fod ffyrdd gan Gristnogaeth a Chalfiniaeth i'w hateb yn hawdd. Y rheswm am hynny, yn ôl Bobi Jones, yw bod yr anawsterau rhesymegol yn anwybyddu arwyddocâd gras cyffredinol Duw yn y Gristnogaeth. Pe baem yn cymryd y syniad hwn o ddifrif, nid yn unig fe welem fod yr anawsterau yn anawsterau ffug, gwelem, hefyd, 'sut y mae beirniadaeth lenyddol Gristnogol yn lletach ac yn fwy amrywiol na beirniadaeth lenyddol Anghristnogol ...'[13] Dyma'r ddadl sy'n dangos, yn ôl Bobi Jones, gywirdeb y casgliad hwn:

> Y mae gras cyffredinol Duw yn caniatáu (o ran delfryd) i Gristion fel i hiwmanydd ymateb yn ddeallus i bob llenyddiaeth seciwlar. Eto, y mae un maes llenyddol lle na all yr hiwmanydd ymateb ond yn gyfyngedig iawn, sef llenyddiaeth Gristnogol. Gŵyr y Cristion holl brofiad a natur yr hiwmanydd: hiwmanydd fu yntau. Erys yr atgof o'i brofiad (ac atgof yw sail bob llenyddiaeth) yn fyw ofnadwy

iddo, ac yn bresennol fyw oherwydd parhad gweithgaredd pechod. Gall ddygymod â'r cyfan o lenyddiaeth seciwlar felly. Mae ganddo fantais gronolegol. Ond y mae dimensiwn arall a newydd bellach yn agored iddo ef, na all neb o'r tu allan i Gristnogaeth, wrth reswm, ei amgyffred yn ddeallus ond mewn modd aruthrol o arwynebol. Gerbron gwirioneddau a phrofiadau mawr ynghylch y Duwdod y mae'r beirniad llenyddol seciwlar wedi'i dynghedu i fod yn naïf, oherwydd pe bai'n amgyffred yn yr ystyr ymarferol o gydymdeimlo, fe fyddai wedi peidio â bod yn feirniad seciwlar. Y mae ei rychwant ef o amgyffrediad, sef llenyddiaeth seciwlar, sy'n cydredeg ag amgyffrediad y beirniad Cristnogol, wedyn yn peidio, ac ni all ymateb, ond mewn dull cartwnaidd neu allanol, i lenyddiaeth Gristnogol. Y mae ef wedi'i gondemnio gan ei natur i fod yn gyfyngedig i'r geni cyntaf. Nid oes neb yn dechrau'n wir Gristion, ar y llaw arall, sydd wedyn yn troi'n ôl yn anghredadun; oherwydd unwaith y daw'n Gristion, nid oes fel y gwyddoch ddim cwymp oddi wrth ras, er bod cwympiad o fewn gras. Nid oes yr un creadur sydd wedi bod ym mynwes y Tad, trwy rinwedd y Gwaed, wedi cael ei gipio oddi yno wedyn gan ryw 'rym amgenach', gan nad yw hwnnw'n bod.

Tybed onid oes angen i feirniad Cristnogol fynegi a gweithredu consarn efengylaidd ynghylch culni'r beirniad Anghristnogol?[14]

Wrth edrych ar ddadl Bobi Jones ni wn a fyddai pob Calfinydd yn cytuno â hi; gwelir ei bod yn ddadl daclus iawn, fel damcaniaeth orffenedig (y Drefn efallai), ond dadl ydyw sy'n dangos *yr un ysfa am gyffredinolrwydd* ag a welir yn namcaniaethau Marcs a Freud. Ac o ganlyniad, oherwydd amrywiaeth bywyd, mae llawer o wendidau yn perthyn iddi. Hanfod y ddadl yw'r gwahaniaeth rhwng y dyn naturiol a'r dyn sydd wedi ei aileni. Y mae pob person sydd wedi ei aileni wedi bod yn yr un cyflwr â'r dyn naturiol. Dyna sut y gall y dyn sydd wedi ei aileni gyfeirio'n llwyddiannus at safbwyntiau nas coleddir ganddo mwyach – cofio'r safbwyntiau y mae. Mae'r dyn sydd wedi ei aileni yn cofio'r safbwyntiau a oedd ganddo pan oedd yn yr un cyflwr â'r dyn naturiol. Ar y llaw arall, oherwydd nad yw'r dyn sydd yn y cyflwr naturiol wedi ei aileni, y mae safbwynt yr ailanedig yn estron ac yn ddieithr iddo. Felly, er y gall y dyn sydd wedi'i aileni gyfeirio'n llwyddiannus at safbwyntiau'r dyn sydd yn y cyflwr naturiol, ni all rhywun yng nghyflwr y dyn naturiol gyfeirio'n llwyddiannus at safbwynt y dyn sydd wedi ei aileni. Oherwydd nad yw'n cofio'r fath safbwynt ni all ei ddeall ychwaith.

Mae gwendidau mewnol yn y ddadl, hyd yn oed os derbyniwn hi ar ei thelerau'i hun. Yn gyntaf, rhaid fod Bobi Jones yn arswydus o naïf ynghylch y safbwyntiau anghrefyddol. Os cofio'r safbwyntiau a goleddwyd ganddo *fel mater o ffaith* yn ei gyflwr naturiol a wna'r dyn sydd wedi'i aileni, beth am y safbwyntiau sy'n perthyn i'r cyflwr naturiol *nas* coleddwyd yn y gorffennol gan y credadun? Wedi'r cyfan, nid un safbwynt yn unig sydd gan y digrefydd. Mae Bobi Jones yn cyffesu mai'r hyn sy'n galluogi'r credadun i gyfeirio'n llwyddiannus at y safbwyntiau sy'n wahanol i'w safbwynt presennol, yw'r ffaith ei fod yn cofio'r amser pan oedd ef ei hun yn arddel y fath safbwyntiau. Ond a oes unrhyw un am ddadlau fod y dyn sydd wedi'i aileni wedi profi pob safbwynt y gallasai'u harddel cyn ei ailenedigaeth? Go brin. Ond, yn ôl Bobl Jones, 'atgof yw sail pob llenyddiaeth'. Felly, unwaith y mae'r unigolyn wedi'i aileni, ac wedi'i gau y tu mewn i'w safbwynt, ni all gyfeirio'n llwyddiannus at unrhyw safbwynt nas coleddwyd ganddo cyn ei ailenedigaeth. Felly, yn ôl dadl Bobi Jones, heb gof am y safbwyntiau, nid oes modd iddo wybod a oes i'r fath safbwyntiau ystyriaethau y dylid eu hystyried. Ni all ddweud yn ddogmatig, heb ddealltwriaeth a heb wybodaeth hyd yn oed, nad oes dim o werth yn y fath safbwyntiau.

Yn ail, beth a ddywed y ddadl am y ffaith fod symudiad yn

bosibl, hefyd, o gyflwr o ailenedigaeth yn ôl at yr hyn a elwir gan Bobi Jones yn gyflwr naturiol dyn? Os yw'r rhai sydd wedi'u haileni yn cofio am ddyddiau eu cyflwr naturiol, mae y rhai sydd wedi dychwelyd i'w cyflwr naturiol yn cofio dyddiau eu hailenedigaeth; hynny yw, os oes symud o anghrediniaeth i grediniaeth, mae symud hefyd o grediniaeth i anghrediniaeth. Felly, os gall dyn gofio dyddiau ei ailenedigaeth ar ôl iddo wrthod y fath gyflwr, byddai'n dilyn y gall ddeall y fath safbwynt yr un mor llwyddiannus ac yn yr un ffordd ag y mae'r dyn sydd wedi'i aileni yn cofio'r hen safbwyntiau a arddelai ef cyn ei dröedigaeth.

Ateb Bobi Jones i anawsterau o'r fath, mae'n amlwg, fyddai dweud nad oes cwymp oddi wrth ras. Ond fel y gŵyr ef yn dda, mae anghytundeb sylfaenol rhwng Cristnogion ar y mater hwn. Beth bynnag, ei ddadl ef yw nad oes un gwir Gristion wedi troi'n ôl oddi wrth ei grediniaeth at anghrediniaeth. Felly, yn ôl Bobi Jones, os yw dyn yn dweud ei fod wedi colli ei ffydd nid oedd wedi credu yn y lle cyntaf! Ond cam gwag yw hyn er mwyn ennill dadl, yn enwedig pan nad oes dim yng nghymeriad ffydd y credadun, cyn iddo'i cholli, i'w gwahaniaethu oddi wrth ffydd unrhyw gredadun arall. Felly, nid yw dadl Bobi Jones yn gwneud unrhyw wahaniaeth ymarferol i'r ffeithiau. Byddai'n rhaid iddo ddweud, er enghraifft, am ddisgrifiad gan anghredadun o Gristion mewn nofel neu ddrama, ei bod hi'n rhesymegol amhosibl i'r disgrifiad fod yn un da, hyd yn oed pe bai Cristnogion yn adnabod eu ffydd yn y disgrifiad. Eto, pe bai beirniad anghrefyddol yn dweud nad oedd nofelydd wedi gwneud cyfiawnder â'r ffydd Gristnogol yn un o'i gymeriadau, yn ôl Bobi Jones byddai'n barnu mewn ffordd sy'n rhesymegol amhosibl iddo. O ganlyniad, byddai ffeithiau bywyd yn mynd yn eu blaen gan anwybyddu'r ddamcaniaeth sydd am gyfyngu ar amrywiaeth bywyd. Mater o ddiffiniad sydd gennym yn unig; os yw person yn dweud ei fod wedi colli ei ffydd, nid oedd ffydd ganddo i'w cholli yn y lle cyntaf; ergo, ni chollodd neb ei ffydd erioed. Os nad oes posibilrwydd o golli ffydd, y mae'r ffydd yn dirywio'n rhyw fath o ddewiniaeth. Ni fyddai'r fath syniad am ffydd yn cymryd y syniad o ras o ddifrif, nac ychwaith y gweddïau gan gredinwyr ar i Dduw eu hamddiffyn rhag eu hanghrediniaeth. Ac nid yr amddiffynfa yw syniad Bobi Jones o bŵer noeth y Duwdod. Nid yw'r fath syniad o bŵer yn bod hyd yn oed wrth gyfeirio at sofraniaeth y Duwdod. Fel y dywedodd Rush Rhees, mae pŵer Duw *yn wahanol* i bŵer y Diafol. Ond os dywedwn fod gan Dduw *fwy* o bŵer na'r Diafol, rhaid gofyn am y maen prawf sy'n gwirio hynny.[15] A yw Duw yn fwy dieflig na'r Diafol, yn chwarae'r un gem â'r Diafol ac yn ennill? Yr unig bŵer sydd gan Dduw yw pŵer cariad, ac ni all cariad weithredu trwy orfodaeth. Y mae ei bod hi'n bosibl croeshoelio Mab Duw yn dangos hynny. Ac wrth weddïo ar Dduw i beidio â throi ei wyneb i ffwrdd, nid ystyr gweddi'r Cristion yw, 'Paid â gwneud hyn i mi', ond 'Cadw fi rhag fod y fath berson'. *Nid canlyniad pechod yw cosb*; natur y pechod ydyw. Nid yw Duw yn ymbellhau oddi wrth y pechadur o ganlyniad, dyweder, i'w falchder. Ei falchder *yw'r* pellhau. Pellter ysbrydol sydd rhyngddo a'i Dduw. Felly, nid cystadleuaeth rhwng grymoedd yw'r tyndra rhwng crediniaeth ac anghrediniaeth; nid mater o fod un grym, fel y myn Bobi Jones, yn rym *amgenach* nag unrhyw rym arall.

Ond anawsterau mewnol yw'r anawsterau uchod; anawsterau a ddigwydd hyd yn oed os derbyniwn dermau dadl Bobi Jones. Fodd bynnag, nid dyma'r prif anawsterau. Y rheswm am yr holl gymhlethdod yn y dadlau, y troi a'r trosi y naill ffordd a'r llall er mwyn amddiffyn damcaniaeth ynglŷn â natur deall, yw'r rhagdybiaeth fod *rhaid arddel safbwynt er mwyn ei ddeall*. Mae'r demtasiwn i fynd i gyfeiriad rhagdybiaeth Bobi Jones yn ganlyniad cymysgu'r gwahanol ystyron sydd i'r gair 'dealltwriaeth'. Cymerer priodas fel enghraifft. Mewn un ystyr, dim ond gŵr a gwraig sy'n rhannu'r ddealltwriaeth neu'r diffyg dealltwriaeth yn y briodas. Hynny yw, dim ond hwy sydd *yn wynebu* beth bynnag sy'n digwydd yn y berthynas. Ond nid yw'n dilyn fod cynnwys y berthynas yn unigryw. I'r gwrthwyneb, efallai fod cynnwys y briodas yn ddigon 'banal'. Felly, y mae modd deall o'r tu allan i briodas y math o ddealltwriaeth neu ddiffyg dealltwriaeth sydd ynddi. Ac wrth gwrs mae pobl ddi-briod wedi ysgrifennu nofelau, dramâu a cherddi am y pethau hyn. Felly y mae hi ym myd crefydd. Mae yna ystyr i'r gair 'dealltwriaeth' sy'n cyfeirio at y berthynas sy'n bod rhwng y credadun a'i Dduw. Ac wrth gwrs nid yw'r ddealltwriaeth hon, sef *byw yn y Ffydd,* gan yr anghredadun. Ond yn yr un modd nid yw'r ddealltwriaeth *o fyw yn nhermau* gwerthoedd eraill gan y credadun. Eto i gyd, gall rhywun sydd y tu allan i'r berthynas ddeall y math o berthynas ydyw a'r math o ddealltwriaeth sydd ynddi. Y gwahaniaeth eto yw'r ffaith nad yw'r un sydd y tu allan i'r berthynas yn wynebu'r dasg o ddatrys y fath berthynas yn ei fywyd ei hun. Ymhellach, gall y Cristion neu'r anghredadun roi cyfrif athronyddol neu syniadol camarweiniol o'r ddealltwriaeth a fedd. Ac i raddau, dadleuaf mai dyna sydd wedi digwydd yn ymatebion Bobi Jones.

Felly, mae'n bosibl cael disgrifiadau a chyfeiriadau llwyddiannus at amrywiol safbwyntiau ar bob math o bethau. Mae'n anodd meddwl am lenyddiaeth fawr sydd heb y fath allu – sef y gallu i wneud cyfiawnder â syniadau, safbwyntiau a phersonoliaethau sy'n gwbl groes i'w gilydd, ac sy'n effeithio ar ei gilydd mewn ffyrdd di-rif. Byddwn yn edrych ar rai ohonynt yn ail ran y traethawd. Ond i Bobi Jones:

> Math o ddiwinyddiaeth anymwybodol neu naïf yw ymhonni bod yn ddiduedd. Dibynna'r weithred o ddethol yr hyn sy'n arwyddocaol neu'r hyn sy'n werth sylwi arno ar yr ymagwedd ddiwinyddol-lenyddol: yn wir, dibynna'r posibilrwydd o unrhyw feirniadaeth ystyrlon ar y rhagdybiau hyn.[16]

Wrth gwrs, fe welir dethol yr hyn sy'n arwyddocaol mewn athroniaeth, mewn gweithiau creadigol ac mewn beirniadaeth lenyddol – ond nid ar sail ymagwedd bersonol yr awdur y detholir, er y gall hynny fod yn wir am rai esiamplau arbennig. Wrth ddethol, gwneud cyfiawnder y mae'r awdur â'r *amrywiaeth* sydd o'i flaen. Os rhydd awdur sylw i'w safbwynt ef ei hun yn unig fe all fod yn nofelydd neu'n ddramodydd da – ond dim ond mewn cyd-destun cyfyng. Yn achos y nofelydd neu'r dramodydd mawr, arall yw'r stori. Daw Shakespeare i'r meddwl ar unwaith, wrth gwrs. Mae sefyllfa cerddi yn wahanol am fod cynifer ohonynt yn y cyfnod modern (o dan ddylanwad Freud?) yn canolbwyntio ar brofiadau sy'n gwbl bersonol i'r bardd – datblygiad sydd i'w ystyried yn wendid mewn barddoniaeth yn ôl rhai beirniaid. I mi, mae popeth yn dibynnu ar ansawdd y gerdd. Ond yn sicr, unllygeidiog yw'r beirniad neu'r athronydd na all weld dim ar wahân i'w werthoedd ei hun.

I werthfawrogi hyn, rhaid gwerthfawrogi ei bod hi'n bosibl cymryd diddordeb yn y byd heb i hynny fod yn awydd i ennill y dydd. Y diddordeb a ddaw o ryfeddu at y byd yn ei holl amrywiaeth ydyw; diddordeb sy'n gofyn am fath arbennig o *sylwi* ar y byd. Mae prif ddiddordeb Bobi Jones yn yr hyn sy'n *wir*, a'i gred yw fod yr ateb i'w gael yn y ffydd Gristnogol. Dyweder fy mod i, yn bersonol, yn cytuno ag ef. Eto, fel athronydd, y mae diddordeb gennyf mewn deall beth yw natur 'gwirionedd' crefyddol, a'r gwirioneddau sy'n bod yn ôl y rhai sy'n coleddu safbwyntiau gwahanol. Beth yw natur anghytundeb yn y meysydd hyn? Yr ydym yn ôl gyda'r cwestiynau a godais yn ail ran yr ail bennod o dan y teitl, 'Gwirioneddau A'r Awydd Am Wirionedd'. Rhaid cydnabod ei bod hi'n bosibl bod yn ddryslyd yn y cyfrif a roddwn o'n gwirioneddau personol – eu natur, eu perthynas â safbwyntiau eraill, ac yn y blaen. Yn rhan olaf y bennod, rwyf am ddadlau bod dryswch o'r fath i'w weld yn yr hyn a ddywed Bobi Jones ac athronwyr Calfinaidd am y pethau hyn.

4. Gwneud Cyfiawnder:
Amrywiaeth Safbwynt ac Anghytundeb

Yn hanes athroniaeth y mae sawl athronydd wedi colli amynedd â'r ffaith fod gwerthoedd ym mywydau pobl yn dal i fod yn bethau amrywiol dros ben, heb yr un gobaith, hyd yn oed ar orwel pell, am gytundeb. Yn eu barn hwy mae hyn yn sgandal, a chredant y dylid gweld yr un datblygiad ym myd moeseg ag a welir yn y gwyddorau naturiol. O ganlyniad, dechreuant geisio darganfod rhyw fath o wyddor gwerthoedd; hynny yw, edrych am ryw fath o faen prawf o'r tu allan i'r gwerthoedd er mwyn penderfynu pa rai sy'n iawn. Cais ydyw i ddangos *pa werthoedd sydd o werth*. Er enghraifft, dadleuodd rhai mai'r maen prawf fyddai gweld pa werthoedd sy'n arwain at hapusrwydd neu ffyniant dynol. Methiant fu pob cais oherwydd, wrth gwrs, yr oedd gwerthoedd gwahanol eisoes yn rhan o syniadau *gwahanol* am hapusrwydd neu ffyniant.

Dadleuodd athronwyr eraill mai dryswch syniadol yw chwilio am ffordd o benderfynu pa werthoedd sydd o werth. Wrth goleddu un safbwynt yn hytrach nag un arall, y mae'r unigolyn yn esbonio'i ddewis yn nhermau gwerthoedd. Y mae'r syniad o wirionedd gwerthoedd yma yn fater *o gyffes ffydd ac ymroddiad* i'r gwerthoedd. Daw'r gwerthoedd a dderbynnir yn faen prawf i'r unigolyn. Nid yw'r syniad o wirionedd ym myd gwerthoedd, gan gynnwys gwerthoedd ysbrydol, yn annibynnol ar y cynnwys sydd i'r gwerthoedd. Felly, i'r Cristion sy'n derbyn Crist yn Waredwr iddo, Crist yw maen prawf y gwirionedd. Nid dweud y mae Crist y dylai rhai ei ddilyn oherwydd fod yr hyn y mae'n ei gynnig yn cyfateb i faen prawf o'r bywyd iawn neu o wirionedd sy'n annibynnol arno. Dywed, yn hytrach, 'Myfi yw y ffordd, y gwirionedd, a'r bywyd'. Wrth wadu mai gwrthrych yw 'Duw' neu ddwyfoldeb Crist, gwahaniaethu yr oeddwn rhwng gwirioneddau crefyddol a moesol ar y naill law, a gwirioneddau empeiraidd ar y llaw arall. Ni fedrwn wybod fod Iesu yn Fab Duw yn yr un modd ag y medrwn wybod ei fod yn gweithio mewn siop saer. Pan ofynnodd Iesu i'r disgyblion pwy yr oedd pobl yn dweud ei fod, gallesid ateb y cwestiwn drwy wneud arolwg. Ond pan ofynnodd Iesu i'w ddisgyblion am eu barn hwy eu hunain, nid gofyn am arolwg ond gofyn *am gyffes* a wnaeth. A phan atebodd Pedr, 'Ti yw Crist, Mab y Duw byw', ymateb Iesu oedd: 'Nid cig a gwaed a ddatguddiodd hyn i ti'. Os oes rhywun am siarad am 'wrthrych' sy'n deilwng o gyffes Pedr, popeth yn iawn, ond bydd y dasg syniadol yn ein hwynebu, sef dangos y math o wahaniaeth rhwng y defnydd hwn o 'wrthrych' a'r math o farn wrthrychol y gellir ei ffurfio drwy arolwg. Fel y dywed Rowan Williams, mae bywyd a marwolaeth Iesu yn rhoi *cyfle hanesyddol* i'w gydnabod yn Fab Duw, ond nid *gwrthrych hanesyddol* yw'r gred ynddo; hynny yw, ni ellir ei phrofi drwy ymchwil hanesyddol. Ni thâl dyfynnu GWRTHRYCH Ann Griffiths mewn llythrennau bras. Ni allwn athronyddu trwy italeiddio.

Wrth ddangos natur gwirionedd ym myd y gwerthoedd, dengys athroniaeth mai diddordeb yn natur gwirionedd ydyw ymchwil ddiduedd yn y fath gyd-destunau. Nid gwaith athroniaeth yw dweud beth sy'n wir, fel petai maen prawf gan athroniaeth i setlo'r mater. Ac os anghofir hyn, mae'n arwain at anonestrwydd a llygredigaeth ym myd ymchwil syniadol. Gwaith myfyrdod syniadol yw dangos mor amrywiol yw safbwyntiau dynion: dangos nad yw'r gwahanol syniadau am wirionedd yn y fath gyd-destunau wedi'u hysgaru oddi wrth yr ymatebion i gynnwys y gwerthoedd amrywiol. Wrth gau cwestiwn penderfynu'r gwirionedd allan o faes athroniaeth, y mae athroniaeth yn gadael i'r syniadau a'r anghytundebau am wirionedd ddod i mewn yn y lle priodol.

Fel y dywed Wittgenstein, 'Nid yw'r athronydd yn aelod o unrhyw gymuned o syniadau; dyna sy'n ei wneud yn athronydd'. Y mae'r Calfinydd a'r Marcsydd yn aelodau o gymunedau o syniadau, ond nid felly'r athronydd. Nid safbwynt ymhlith safbwyntiau yw golwg ddiduedd ar y byd yn ei holl amrywiaeth. Ac nid athronyddol chwaith mo'r safbwynt sy'n trosgynnu'r safbwyntiau eraill a welir yn y byd, ond ffordd o edrych arnynt heb ymyrryd â'r hyn ydynt. Felly, nid safbwynt pleidiol yw myfyrdod syniadol. Eglurder yw ei nod.

Peidied neb â chredu fod diffyg hyder yn nodweddu'r athronydd. Nid felly. Ymchwil *syniadol* yw athroniaeth. Fel y dangosais eisoes, gelyn dryswch yw athroniaeth. Ond hyd yn oed pe bai modd cael gwared ar bob math o ddryswch, sy'n ddelfryd amhosibl, ni pheidiai amrywiaeth rhwng pobl. Ac nid dweud y mae'r athronydd fod pob safbwynt yn gydradd. Na, rhoi disgrifiad syniadol o'r gwahanol safbwyntiau, eu hargyhoeddiadau, y tyndra rhyngddynt ac yn y blaen a wna'r athronydd. Tybed a yw Bobi Jones yn teimlo na ellir cael athroniaeth na beirniadaeth lenyddol ddiduedd oherwydd ei fod yn rhagdybio mai rhyw fath o ddamcaniaeth er *penderfynu* pwy sy'n iawn yw athroniaeth? Dylwn fod wedi dweud digon erbyn hyn i ddangos nad dyna yw athroniaeth fyfyriol.

Mewn un man, ac mewn un man yn unig, rwy'n ofni, y mae Bobi Jones fel petai'n cytuno â'r pwyslais a roddais ar gynnwys person Crist fel maen prawf *gwirionedd* i'r Cristion. Ni raid iddo wrth ryw faen prawf amgenach. Dywed Bobi Jones:

> Ond ewch ymlaen i bwysleisio 'cynnwys' Crist, cynnwys gwrthrychol, mi obeithiaf, pwyslais y mae gennyf gryn gydymdeimlad ag ef yn y dyddiau hyn pryd y mae 'Crist' wedi mynd yn ddigynnwys i lawer ...[17]

Ar brydiau eraill y mae'n siarad, fel y gwna'r athronwyr Calfinaidd, fel petai gwrthrychedd y gwerthoedd yng Nghrist yn dibynnu ar y gallu i *esbonio'r* safbwyntiau anghristnogol. Yn y man hwn daw dryswch i'r golwg. Mae fel pe byddai'r gwerthoedd ysbrydol yn annigonol heb y posibiliadau esboniadol hyn. Ac fel pe na bai'n ddigon drwg fod yr esboniadau hyn yn ddryslyd, wrth ddyheu am esboniad arnynt y mae perygl mawr fod yr athronwyr Calfinaidd yn euog o un o bechodau mwyaf difrifol eu crefydd, sef balchder ysbrydol. Er enghraifft, dywed Bobi Jones:

> Chwythwyd y myth o niwtraliaeth ar led bellach, wrth gwrs, gan lawer – ymhlith yr athronwyr Calfinaidd gan bobl megis Dooyeweerd a Van Til.[18]

Yn anffodus, nid wyf yn credu eu bod wedi llwyddo o gwbl i esbonio cyflwr yr anghredadun. Y mae eu hymdrechion yn debyg iawn i rai o ddadleuon Bobi Jones a nodwyd eisoes. I mi, digon yw dweud fod anghredadun yn gwrthod Crist, os dyna a wna, oherwydd fod yn well ganddo ryw werthoedd eraill. Ond i'r athronwyr Calfinaidd, a Bobi Jones, y mae fel petai gwrthrychedd y gwerthoedd sydd ym mherson Crist yn dibynnu ar y ffaith fod *esboniad ganddynt ar sefyllfa pawb arall*. Felly yn lle dweud, yn unol â safbwynt seiliadaeth glasurol, fod meini prawf *niwtral* rhwng crediniaeth ac anghrediniaeth a all setlo'r mater, dweud a wna'r athronydd Calfinaidd fod rhywbeth sy'n clymu'r ddau, *sef gwybodaeth y credadun am yr anghredadun*. Dywed Van Til yn blwmp ac yn blaen:

> The Christian knows the truth about the non-Christian.[19]

Ac mewn modd tebyg i Bobi Jones, meddai Van Til:

> How then, we ask, is the Christian to challenge this non-Christian approach to the interpretation of human experience? He can do so only if he shows that man *must* presuppose God as the final reference point in predication … He can do so only if he shows the non-Christian that he cannot deny God unless he must first affirm him.[20]

Felly, er gwaetha'r awgrym gwreiddiol fod gan bawb eu rhagdybiaethau gwahanol yn eu ffyrdd o edrych ar y byd, y mae'r athronwyr Calfinaidd am ddangos fod ffordd *athronyddol* o ddatgelu fod rhagdybiaethau'r anghredadun yn ddryslyd. Wrth ystyried chwe chais i wneud hynny, dylid cofio fod modd eu haddasu i faes beirniadaeth lenyddol. Y mae'r beirniaid llenyddol Cristnogol yn gwybod y gwir am y beirniaid anghrefyddol a gallant esbonio rhagdybiaethau'r anghredinwyr.

5. Chwe Chais Calfinaidd i Esbonio Anghrediniaeth

Cais cyntaf Van Til yw'r awgrym fod yr anghredadun yn debyg i rywun sy'n gwisgo sbectol lliw. Ond y mae'r gymhariaeth yn hollol anghywir. Gyda'r sbectol lliw mae'r gymhariaeth yn dibynnu ar y gwahaniaeth rhwng fel y mae pethau mewn gwirionedd, a sut yr ymddangosant drwy'r sbectol lliw. Ac y mae'r gwahaniaeth yn dibynnu'n rhesymegol ar ein cytundeb ynghylch lliwiau. Byddai'r dyn sy'n gwisgo'r sbectol yn cytuno. Ond nid felly y mae gyda'r anghredadun. Nid gwerthoedd crefyddol wedi'u gwyrdroi yw ei safonau ef, *ond safonau gwahanol.* Nid oes modd dod i'r un math o gytundeb am werthoedd ag am liwiau. Ac nid oes modd osgoi'r gwahaniaeth drwy ddweud fod yr anghredadun yn anabl i gael gwared o'i sbectol,[21] neu fod y sbectol wedi ei smentio ar ei lygaid. Y mae'r gwahaniaeth rhwng gweld normal a gweld drwy'r sbectol lliw yn dibynnu ar gytuno ynghylch safon gyffredin. Ond nid yw Van Til wedi dangos, hyd yn hyn, fod safon *gyffelyb* rhwng crediniaeth ac anghrediniaeth. Ac wrth gwrs, mae'n rhan o safbwynt cyffredinol athronwyr Calfinaidd nad oes safon o'r fath yn bod.

Ail gais Van Til i ddangos nad yw'r anghredadun yn ddi-grefydd yw ei apêl at ei gydwybod ddrwg.[22] Hyd yn oed wrth wadu Duw, dyheu amdano y mae mewn gwirionedd. Wrth gwrs, gall hyn fod yn amlwg yn ymddygiad yr unigolyn. Er enghraifft, gall ymateb ffyrnig beirniad i unrhyw gynnwys crefyddol mewn nofel neu ddrama ddatgelu rhywbeth am amwysedd ei agwedd at grefydd. Fe *all* fod hyn yn wir. Ond, wrth gwrs, ni wnaiff hyn y tro i Van Til. *Rhaid* i bob anghredadun ddioddef gan gydwybod drwblus, hyd yn oed os na welir arwydd o hynny yn ei fywyd! Mae'n amlwg mai 'rheidrwydd' dogmatig yw hyn – esiampl o ewyllys ystyfnig wrthi'n amddiffyn safbwynt di-sail.

Mae trydydd cais Van Til yn fwy annymunol, y mae arnaf ofn. Mae'n sylwi ar y ffaith amlwg fod llawer o bobl anghrefyddol yn cyflawni gweithredoedd da. Ond byddai i anghredadun ymwrthod yn echblyg â Duw, yn ôl Van Til, yn rhwym o'i arwain, o ran cysondeb, 'to the swine trough'.[23]

Dengys gweithredoedd da yr anghredadun, felly, fod Duw ar waith yn ei fywyd beth bynnag a ddywed. Efallai mai dyna sut y byddai rhai crefyddwyr am siarad. Ond agwedd at anghredadun fyddai ganddynt, nid esboniad yn ystyr arferol y gair. Yn sicr, gall gweithredoedd da fod yn dderbyniol gan grefyddwyr heb fod gan y gweithredoedd hynny unrhyw gysylltiad â chrefydd ym mywyd ac ymwybyddiaeth yr anghredadun. A beth am foesoldeb gwrthgrefyddol sy'n galw am weithredoedd *nad* ydynt yn dderbyniol gan gredinwyr? Mae cryn amrywio rhwng gwahanol foesoldebau. Os felly, byddai'n anodd iawn priodoli gweithredoedd o'r fath i ras cyffredinol Duw. Yn hytrach na dadlau yn null 'a priori' yr athronydd Calfinaidd, rhaid cydnabod y patrymau moesol amryliw. Fel y dywedodd Rush Rhees wrth ailadrodd barn Wittgenstein:

> In considering a different system of ethics there may be a strong temptation to think that what seems to us to express the justification of an action must be what really justifies it there, whereas the real reasons are the reasons that are given. These *are* the reasons for *or* against the action. 'Reason' doesn't mean the same thing; and in ethics we have to keep from assuming that reasons must really be of a different sort from what they are seen to be.[24]

Yn y bedwaredd esiampl awgrymir gan Nicholas Wolterstorff

y dylem drin cyflwr y pechadur digrefydd fel ideoleg; hynny yw, nid yr hyn sydd ar yr wyneb yw'r gwir amdano. Unwaith eto, fe *allai* hyn fod yn wir. Gall anffyddiaeth fod yn ideolegol. Ond i Wolterstorff *rhaid* i hyn fod yn wir, hyd yn oed pan nad oes dim yn ymagwedd yr unigolyn i gyfiawnhau dweud hynny.[25] Gwelwn sefyllfa ddoniol yn datblygu nawr. Cawn y Calfiniaid yn dweud mai ideoleg yw anghrediniaeth, a Feuerbach a Marx yn dweud mai ideoleg yw crediniaeth. Mewn esiamplau arbennig gall honiadau'r ddwy garfan fod yn wir. Ond yr hyn a geir ganddynt yw damcaniaeth dotalitaraidd sy'n mynnu nad oes anghredinwyr na chredinwyr mewn gwirionedd, dim ond pobl sy'n twyllo'u hunain ynglŷn â'u credoau. Dyma esiamplau perffaith o'r ysfa am gyffredinolrwydd. Y gwir amdani yw bod anghredinwyr go iawn, a chredinwyr go iawn, i'w cael. Nid yw'r ffaith hon yn un anodd i'w derbyn o ran y deall. Fel y dywed Wittgenstein, nid *rhwystr deallusol* sy'n ei gwneud hi'n anodd i roi'r gorau i honiadau hollgynhwysfawr y Marcsydd neu'r athronydd Calfinaidd. *Rhwystr yr ewyllys* yw'r rhwystr.

Gwneir y pumed cais i ddisgrifio cyflwr yr anghredadun gan athronydd Calfinaidd arall, sef Alvin Plantinga – ac mae'n ddisgrifiad rhyfedd. Ei ddadl ef yw bod yr anghredadun dan anfantais epistemolegol:

> ... rather like a man who does not believe that his wife exists, or thinks she is a cleverly constructed robot and has no thoughts, feelings or conciousness.[26]

Nid yw'n glir pa amgylchiadau sydd gan Plantinga mewn golwg. Os yw'n meddwl am athronwyr sy'n dod i gasgliadau o'r fath, ei briod dasg fyddai dadlau â hwy er mwyn eu rhyddhau o'u dryswch. Ond ni ellir dangos mai dryswch syniadol sydd wrth wraidd pob anghrediniaeth. Ar y llaw arall, pebai dyn yn methu credu fod ei wraig, a hithau wrth ei ochr, yn bod, neu pebai'n credu mai robot ydyw, byddai'n wallgof ac mewn angen triniaeth feddygol. Nid yw athronwyr Calfinaidd, hyd yn oed, am siarad felly am anghredinwyr.

Bobi Jones ei hun piau'r chweched cais, cais i ddangos fod rhyw fath o wrthddywediad mewn llenyddiaeth sy'n mynegi gwacter ystyr, gan mai canlyniad safbwynt o'r fath yn y pen draw yw anllenyddiaeth – hunanladdiad geiriol. Dyma'i ddadl:

> Cytunwn â chi, tra bo'r ymwybod o ddiffyg ystyr yn aros, fod yna bosibilrwydd o lenyddiaeth. Ond nid dyna'r pwynt. Y cwestiwn yr wyf i'n ei godi a'r hyn yr ydych chi'n ei osgoi yw: onid yw corffori diffyg ystyr yn drylwyr yn golygu fod y llenor anianol didwyll sy'n mynd i'r pen draw yn cyrraedd diffrwythder? Heb ystyr, heb lenyddiaeth. Heb ystyr, heb iaith.[27]

Nid wyf yn osgoi cwestiwn Bobi Jones. Yn hytrach, rwy'n methu gwneud synnwyr ohono. Os yw cwestiwn yn ddryslyd, dim ond creu mwy o ddryswch a wnawn wrth geisio'i ateb. I'r gwrthwyneb, dylem geisio dadbacio'r cwestiwn mewn ymgais i weld beth sydd wedi arwain at ei ffurfio. Dyna rwyf am geisio'i wneud â chwestiwn Bobi Jones.

Mae'n bwysig cofio cefndir Calfinaidd ei drafodaeth. Yr honiad Calfinaidd cyffredinol yw bod y sawl sy'n gwadu ystyr, ac yn arddel gwacter ystyr, wrth wneud hynny yn cydnabod bod ystyr. Ac oherwydd sofraniaeth Duw ar bob peth, yr ystyr Cristnogol yw'r ystyr hwnnw. Ni welaf fod Bobi Jones hyd yn oed yn agos at sefydlu casgliad o'r fath. Ond oherwydd y gwahanol ystyriaethau sy'n rhedeg ar draws ei gilydd yn ei ddadl, mae'r mater yn gymhleth. Ceisiwn fynd o gam i gam.

Yn gyntaf, a ydyw'n wir fod Beckett yn pregethu rhyw thesis *cyffredinol* am wacter ystyr, neu annigonolrwydd iaith? Dyna'r farn boblogaidd, ddi-chwaeth amdano. Gwelwn esiampl ohoni yn sylwadau Martin Esslin:

But, if Beckett's use of language is designed to devalue language as a vehicle of conceptual thought or as an instrument for the communication of ready-made answers to the problems of the human condition, his continued use of language must, paradoxically, be regarded as an attempt to communicate on his own part, to communicate the incommunicable ...[28]

Gellir rhoi'r paradocs tybiedig fel hyn. Ym mha fodd y gall Beckett fod yn feistr ar iaith tra mae am ddangos, ar yr un pryd, fod geiriau heb ystyr? Allan o'r paradocs hwn ceir Bobi Jones ac Esslin yn creu safbwyntiau croes i'w gilydd, er mai safbwynt cyffredinol sydd gan y ddau:

a) Yn ôl Bobi Jones, mae Beckett yn llwyddo i ddangos ymwybyddiaeth o wacter ystyr, ond pe baem yn dilyn agwedd felly i'r pen draw, hunanladdiad geiriol fyddai'r canlyniad.

b) Yn ôl Esslin, mae Beckett yn dangos iaith heb ystyr i ni, ond wrth iddo ddatblygu ei ddramâu, yn baradocsaidd, mae'n llwyddo i gyfathrebu â ni.

Y peth cyntaf i'w ddweud yw *nad oes safbwynt cyffredinol o unrhyw fath gan Beckett*, ac felly, nid oes ystyr mewn sôn am ddilyn y safbwynt hwnnw i'r pen draw (beth bynnag yw ystyr hynny), fel y myn Bobi Jones. Eto, yn absenoldeb unrhyw safbwynt cyffredinol am iaith, nid oes dim sy'n baradocsaidd yn yr hyn y mae Beckett yn ceisio'i wneud. Wrth ei gyhuddo o baradocs, gofynnwyd iddo sut y medrai ddweud nad oes ystyr i bethau, ac ar yr un pryd ysgrifennu dramâu gan obeithio y byddai pobl yn eu deall a'u gwerthfawrogi. Atebodd Beckett: 'Beth ŷch chi am, annwyl syr? Mae yna eiriau; nid oes dim byd arall gennym.' Ofer ceisio unrhyw ddamcaniaeth *gyffredinol* am iaith yma. Yn hytrach, mae'r geiriau sydd yn ein bywydau, a'r bywyd sydd yn ein geiriau, yn dangos ble'r ydym a phwy ydym.

Nid dangos y mae Beckett *nad* oes ystyr yng ngeiriau'r ddau dramp, Vladimir ac Estragon. I'r gwrthwyneb, dangos y mae pa fath o ystyr sydd ynddynt. Gwelir eu ffawd yn eu geiriau. A pha fath o eiriau sydd ganddynt? Dyma un enghraifft. Awgrymir ffordd gan Vladimir i leihau eu syrffed:

> Valdimir: Petaen ni'n edifarhau?
>
> Estragon: Am be'?
>
> Valdimir: Wel ... (*Ystyried.*) Fydde dim rhaid mynd i fanylion.[29]

Mae Beckett am ddangos eu bod ar goll oherwydd datgysylltiad eu geiriau oddi wrth eu gwreiddiau ystyrlon – does dim rhaid mynd i fanylion. Ar y llaw arall, y mae rhyw fath o atgof o'r Beibl ganddynt. Atgof, er enghraifft, fod dau leidr wedi cael eu croeshoelio gyda'r Iesu, a bod sôn fod un ohonynt wedi'i achub. Felly, mae'r 'ods' dros edifarhau yn weddol dda. Ar y llaw arall, mae Vladimir yn tynnu sylw at y ffaith mai dim ond un o'r efengylwyr sy'n sôn am achubiaeth y lleidr. Mae'r 'ods' dros edifarhau yn lleihau:

> Valdimir: Roedd y pedwar yno. Ac un sy'n sôn am leidr wedi ei gadw. Pam ei gredu e yn hytrach na'r lleill?
>
> Estragon: Pwy sy'n ei gredu o?
>
> Vladimir: Ond pawb. Dyna'r stori sy ar led.
>
> Estragon: Y caridyms penfeddal ...[30]

Dengys Beckett i ni sut y mae iaith edifeirwch wedi troi'n iaith polisi gochelgar. Ond wrth wneud hyn, nid diddordeb Beckett yw traethu rhyw ddamcaniaeth gyffredinol am iaith, eithr dangos i ni, yn ofalus, *sefyllfa ieithyddol arbennig*. Gweld dechrau damcaniaeth o'r fath yn ei waith a wna Bobi Jones. Ond yn eironig ddigon, yr hyn a geir ynddo yw gwyrdroad o iaith Calfiniaeth! Fel y dywed Saunders Lewis yn ei ragair i'r ddrama:

> Calfiniaeth dawel gymedrol y ddeunawfed ganrif a moelni

ffurf-wasanaeth Eglwys Loegr y ddeunawfed ganrif fu
nodweddion y grefydd efengylaidd y magwyd Mr. Beckett
ynddi. Ei geirfa Brotestannaidd hi yw geirfa grefyddol y
ddrama ... A thema grefyddol sydd i'r ddrama hon, thema
Galfinaidd.[31]

Felly, y mae drama Beckett yn dibynnu'n drwm ar atseiniau o'r
Beibl. Yn yr ystyr hwn, mae'r ddrama'n barasitig ar iaith grefyddol.
Ac, wrth gwrs, mae Bobi Jones yn cytuno fod yna bosibilrwydd
llenyddiaeth tra bod ymwybod â diffyg ystyr yn aros. Ond y
mae am ddadlau fod damcaniaeth gan Beckett sy'n arwain, yn y
diwedd, at hunanladdiad llenyddiaeth. Ond ym mhob drama gan
Beckett, dangos rhyw fath o *golled* a wna. Anawsterau cyfathrebu
â'n gilydd yw ei brif thema. A hyd yn oed yn nistawrwydd
Breath, y distawrwydd a ddaw o'r anallu i *ddweud* rhywbeth sydd
ganddo mewn golwg. Mewn ffordd debyg, un disgrifiad gwych
o'r mwyafrif o gerddi Philip Larkin yw dweud *eu bod fel pe bai
rhywbeth bron â chael ei ddweud.* Ac onid y ffaith fod dramâu Beckett
a barddoniaeth Larkin yn llwyddo i ddweud rhywbeth, nid am
gyflwr y ddynoliaeth (fel y myn Saunders Lewis), ond am gyflwr
diwylliannol *arbennig,* sy'n esbonio llwyddiant y naill fel y llall i
ddweud rhywbeth wrthym? Ac wrth ddweud hynny, rhaid cofio
am *y math* o waredigaeth y mae Vladimir ac Estragon yn disgwyl
amdani. Dyma yw casgliad Saunders Lewis:

> Yr eironi terfynol yw mai cymeriad comig yw Godot yntau.
> Mae ganddo farf wen; y mae e'n cadw ei ddefaid a'i eifr ar
> wahân. Ni ddaw ef ddim heddiw; fe ddaw yfory yn sicr.
> Ond pan ddaw yfory, heddiw yw hi, *Der Mops kam in die
> Kuche.* I Mr. Beckett yr hyn sy'n wir mewn Calfiniaeth yw
> ei hathrawiaeth am gyflwr dyn. Y mae hynny'n ddinewid.[32]

Mae Bobi Jones yn gweld damcaniaeth am wacter ystyr mewn
drama sy'n hanner-Galfinaidd – o leiaf ym marn Saunders Lewis!
Beth bynnag am hynny, y mae'r berthynas rhwng y ddrama a'r

gynulleidfa yn un gymhleth dros ben. Ar y naill law, ceir y sawl sy'n chwerthin am ben jôcs Beckett am mai pwynt y ddrama iddynt hwy yw dangos mai jôc yw crefydd – hen ddyn barfog yw Duw, a moesoldeb isel, gwasaidd yw Cristnogaeth sy'n cymell gwneud gweithredoedd da er mwyn achub yr hunan a phlesio Duw myfiol. Ceir eraill yn y gynulleidfa, a minnau'n eu mysg, gobeithio, sy'n gweld yn nrama Beckett wyrdroi iaith grefyddol sydd ag ystyr tra gwahanol iddi. Yn drydydd, ceir pobl sydd wedi colli eu gafael ar ystyr iaith grefyddol, ond bod ganddynt ddigon o adleisiau ohoni i werthfawrogi mai gwyrdroad a geir yn y ddrama; hynny yw, gwyddant nad gwir grefydd yw cyflwr truenus Vladimir ac Estragon na'u syniad am Godot. Ond y mae llawer o athronwyr crefydd cyfoes sy'n siarad am grefydd fel polisi o hunan-les – rhywbeth da sy'n ein disgwyl y tu hwnt i'r llen. Yr eironi yw mai'r un iaith ag sydd gan athronwyr cyfoes i *amddiffyn* crefydd, sydd gan Beckett i ddangos dirywiad crefydd![33]

Unwaith eto, nid damcaniaeth gyffredinol a geir gan Beckett, ond disgrifiad cywir o sefyllfa arbennig. Ond wrth ddarlithio i gant o fyfyrwyr y flwyddyn gyntaf yn Abertawe ar *Wrth Aros Godot*, darganfûm mai dim ond tri ohonynt oedd â'r syniad lleiaf pwy oedd y ddau leidr y mae Vladimir ac Estragon yn cyfeirio atynt. Mewn cyflwr diwylliannol o'r fath, ni all cynulleidfa ymateb *ar unwaith* i jôcs Beckett wrth wrando ar ei ddrama. Felly nid mater o setlo'n ddamcaniaethol pa un a oes ystyr ai peidio sy'n rhaid i ni ei wynebu; yr hyn sy'n rhaid i ni ei wneud yw talu sylw i sefyllfaoedd arbennig er mwyn gweld a oes bywyd yn ein geiriau.

Ni ellir setlo'r mater yn ôl ffordd gyffredinol yr athronwyr Calfinaidd. Ni ellir dweud, gyda Van Til er enghraifft, fod sefyllfa Vladimir ac Estragon yn dangos eu bod yn dyheu am rywbeth sydd i'w gael gan Gristnogaeth. Fel y dywedodd Saunders Lewis, mae gwrthrych eu dyheadau yn gymeriad comig. Hynny yw, y mae'r dryswch sydd yng ngwrthrych eu dyheadau yr un mor ddryslyd â'u sefyllfa drist hwy.

Yn olaf, ni allwn ateb cwestiynau ynghylch ystyr bywyd drwy osodiadau cyffredinol fel y gwna Bobi Jones pan ddywed, 'Heb ystyr, heb lenyddiaeth. Heb ystyr, heb iaith'. Rhaid bod yn ofalus i beidio uniaethu 'ystyr' yng nghyd-destun ystyr bywyd, ag ystyron mewn iaith. Gall bywyd unigolyn fod yn llawn ystyron. Yn wir, os yw'n byw o gwbl, heb fod yn wallgof, mae hynny'n amlwg. Wrth iddo syrffedu'n llwyr ar ei waith, gŵyr serch hynny y gwahaniaeth rhwng gwneud un peth yn hytrach na pheth arall wrth lafurio'n undonog. Pan ddychwel o'i waith mae'n gwybod sut i yrru ei gar ar hyd ei ffordd adref gyfarwydd. Mae'n gwybod sut i roi'r bwyd yn y ffwrn micro-don, mae'n gwybod sut i droi'r teledu ymlaen, mae'n gwybod mai wrth ei hunan y mae ac mai felly y bydd hi o hyn allan, mae'n gwybod sut i wneud coffi cyn mynd i'r gwely, mae'n gwybod pryd i godi'n fore i fynd i'r gwaith. Ac yn y blaen. Dyma'r math o fywyd y gŵyr Beckett amdano'n dda. Mae'n llawn o ystyron, ond heb ystyr. Nid gwir yw dweud, felly, 'Heb ystyr, heb iaith', os cyfeirio yr ydym at ystyr mewn bywyd. Nid yr un yw'r ddadl am bresenoldeb ystyron a phresenoldeb ystyr. Yn ei awydd i ddadlau fod pob bywyd yn ystyrlon (yn unol â rhai Calfiniaid), dadleuodd Shubert Ogden, sy'n ddiwinydd proses, fod dyn hyd yn oed wrth gyflawni hunanladdiad yn dangos bod ei fywyd yn ystyrlon! Ei ddadl yw fod dyn, wrth ei ladd ei hun, yn dangos ei fod am wneud un peth yn hytrach na rhywbeth arall; hynny yw, y mae am farw yn hytrach na byw. Y mae'r naill beth yn fwy ystyrlon iddo na'r llall. Gan hynny, y mae ystyr i'w fywyd, ac os felly y mae ei fywyd hefyd yn ystyrlon! Dyma gymysgu ystyron ac ystyr mewn difrif! A dyma'n ogystal gyrraedd eithafion dryswch wrth i ddamcaniaeth ein dallu i ffeithiau bywyd. Yn y pellhau damcaniaethol, mae ymbellhau rhag cymryd pethau o ddifrif yn digwydd yr un pryd.[34] Gwelaf yn ymdrechion rhai Calfiniaid i esbonio cyflwr yr anghredadun yr un math o ymbellhau – a hynny am eu bod yn credu eu bod yn gwybod popeth am ei gyflwr.

6. Gras Heb Esboniad

Rydym newydd drafod chwe chais Calfinaidd i *esbonio* cyflwr yr anghredadun – chwe chais sy'n honni mai'r Calfinydd sy'n gwir adnabod ei gyflwr. Fel y gwelsom, mae pob un ohonynt yn methu. Ond yr eironi yw fod perygl mawr yn llechu hyd yn oed yn yr awydd i roi esboniad o'r fath – perygl balchder ysbrydol. Yn gyffredinol, wrth gwrs, dywedir mai pechod sy'n esbonio cyflwr yr anghredadun, ond gobeithio nad yw'r Calfiniaid wedi anghofio mai pechaduriaid ydynt hwythau hefyd. At hynny, nid yw'r cyfeiriad at bechod yn esbonio cyflwr dyn yn yr ystyr arferol. Os oes nam ar fy nghoes gall hynny fod yn achos fy mod yn cloffi. Yn yr achos hwn mae gwahaniaeth rhwng yr achos a'r effaith, a damweiniol yw'r cyswllt rhyngddynt. Hynny yw, *fel mae'n digwydd* dyna yw effaith y nam ar fy ngherddediad – rwy'n gloff. Ond nid fel yna y mae hi pan gyfeirir at bechod. Os gofynnaf pam rwy'n genfigennus, a chaf yn ateb, 'oherwydd pechod', y broblem yw *mai fy nghenfigen yw'r pechod.* Nid rhyw fath o egni yw pechod sy'n achosi cenfigen – cenfigen *yw'r* pechod. Ond y mae athronwyr Calfinaidd yn siarad fel petai achosiaeth ddiwinyddol wrth wraidd pechod. Sylwer ar iaith Wolterstorff:

> Belief in God, so Calvin insisted, is not an invention; but on the contrary, we are so created that if we functioned as we were designed to function, we would all respond to one or other aspect of the 'design' of the world by immediate beliefs about God ... What accounts for the fact that not all human beings do in fact believe in God is that our indigenous proclivity for forming immediate beliefs about God has been overlaid by our fallenness. We no longer function as we were meant to function.[35]

Gellid camgymryd sylwadau Wolterstorff am esboniad; yn sicr, nid esboniad mohonynt. Fel y gwelsom, nid oes yma gymhariaeth â llygaid methedig. Fe gytuna pobl ddiffygiol eu golwg fod rhywbeth o'i le ar eu llygaid. Cyfeddyf Wolterstorff fod rhaid derbyn anthropoleg Galfinaidd yn gymar i'w athroniaeth Galfinaidd. Ond eto, nid yw hynny'n symud yr anawsterau a gwyd o'r gyffelybiaeth â chyneddfau methedig.

Mae perygl bod balchder ysbrydol mewn esboniadau o'r fath: 'Diolchaf i ti, o Dduw, nad yw fy nghyneddfau i fel cyneddfau pobl eraill.' Onid oes beirniadaeth, hyd yn oed oddi mewn i Galfiniaeth, o'r awydd i *esbonio'r* gwahaniaeth rhwng y credadun a'r anghredadun? A ydyw'n gwneud cyfiawnder â dirgelwch gras? A fedraf esbonio cwymp eraill? A oedd modd iddynt ei osgoi? A oes gwybodaeth o'r fath gennyf i, fel y myn Van Til a'i debyg ei bod ganddynt hwy? Beth os mai fy angen mwyaf yw gollwng y dybiaeth fod gwybodaeth o'r fath gennyf? Wrth geisio esbonio pam y mae rhai wedi troi'n anghredinwyr, yn wahanol i mi – 'Fi, sydd heb syrthio' – rwyf eisoes wedi syrthio i afael y pechod mwyaf oll – balchder ysbrydol.

Gellid gwrthgyferbynnu'r awydd i esbonio ag agwedd Awstin Sant a ddywedodd fod yr 'esboniad' yn rhith. Yn y naw llyfr cyntaf o'r *Cyffesion* mae Awstin yn sôn am ffordd o ddod at Dduw, ffordd sy'n arwain o gam i gam at Dduw. Ond erbyn y degfed llyfr mae'n cyffesu nad oes ganddo wybodaeth am ffordd o'r fath. Daw i sylweddoli nad Awstin sy'n perffeithio'i ffordd at Dduw, eithr Duw sy'n pennu amodau gras i ddenu pobl ato.[36] A'r amod cyntaf yw cyffesu *na fedrwn esbonio'r ffaith*, ond ein bod yn dod yn waglaw i dderbyn y gras sy'n disgyn ar dlodion heb feddu'r un esboniad. Yn ôl Awstin Sant, mae'r gras a dderbyniodd y tu hwnt i'w ddealltwriaeth; mae'n rhan o ewyllys anchwiliadwy Duw. Ac er nad wyf yn ysgolhaig Calfinaidd o unrhyw fath ac yn barod i gydnabod fod anghytuno rhwng Calfiniaid, fel sydd ym mob maes arall, eto i gyd rwy'n tybio fod yna hefyd bwyslais Calfinaidd ar y ffaith ei bod yn ddirgelwch i ddyn ac yn rhan o ewyllys anchwiliadwy Duw, pam fod rhai'n credu ac eraill yn anghredu. Nid esboniad yw hwn, ond mynegiant o wyleidd-dra o flaen Duw, ac yn ein perthynas â'n gilydd.

Ond wrth edrych yn ôl ar y bennod hon, nid setlo anghytundeb crefyddol neu ddiwinyddol yw fy mhrif ddiddordeb. Yn hytrach, ar ôl gwrthod damcaniaethau am iaith yn y bennod flaenorol roeddwn am ddangos ei bod yr un mor bwysig gwrthod damcaniaethau ym myd crefydd hefyd. Yn y naill gyd-destun fel y llall, ffrwyth damcaniaethau yw dryswch – dryswch sydd am dagu'r amrywiaeth sydd yn ein byd. Wrth feirniadu'r awydd i ddamcaniaethu mewn meysydd lle nad yw damcaniaethu yn briodol, gan gynnwys athroniaeth a beirniadaeth lenyddol, gobeithio i mi lwyddo i ddangos pwysigrwydd myfyrio'n syniadol ar y byd. Nid argymell yr wyf trwy hynny math o niwtraliaeth sy'n honni y gellir setlo pob anghytundeb. I'r gwrthwyneb, ei bleidio yr wyf fel ymdrech i ddeall. Os daw dryswch i'r golwg, rhaid mynd i'r afael ag ef wrth gwrs. Ond canlyniad yr ymdrech i wneud cyfiawnder syniadol â'r byd, mewn athroniaeth ac mewn beirniadaeth lenyddol, yw gwerthfawrogi'r amrywiaeth rhyfeddol sydd o flaen ein llygaid – amrywiaeth credoau, amrywiaeth gwerthoedd, ac amrywiaeth ein cytuno a'n hanghytuno. Yn rhan gyntaf yr ymdriniaeth rwyf wedi trafod yr hyn a welaf yn rhwystro myfyrdod syniadol mewn athroniaeth a beirniadaeth lenyddol, ac felly'n rhwystro cydnabod amrywiaeth. Yn ail ran yr ymdriniaeth, gobeithiaf ddangos rhan o ehangder yr amrywiaeth drwy edrych ar grediniaeth ac anghrediniaeth trwy lygaid beirdd a llenorion Cymru.

[1] D. Z. Phillips a Bobi Jones, 'Dadl: "Beth yw Pwrpas Llenydda?"', *Y Traethodydd*, Cyf. 130, 1975, 43.

[2] ibid.

[3] Christine James (gol.), *Cerddi Gwenallt; Y Casgliad Cyflawn* (Llandysul: Gwasg Gomer, 2001), 72. (= *Cerddi Gwenallt* o hyn ymlaen.)

[4] op. cit., 11.

[5] ibid.

[6] Gweler Alvin Plantinga, 'Advice to Christian Philosophers' yn *Faith and Philosophy*, Vol. 3, July 1984, a D. Z. Phillips, 'Advice to Philosophers Who Are Christians', *Wittgenstein and Religion* (Basingstoke: Macmillan, 1993).

[7] op. cit., 42.

[8] Gweler Alvin Plantinga, 'Is Belief in God Rational?' yn C. F. Delaney (gol.), *Rationality and Religious Belief* (Indiana: University of Notre Dame Press, 1979), a 'Reason and Belief in God' yn Alvin Plantinga a Nicholas Wolterstorff (goln.), *Faith and Rationality* (Indiana: University of Notre Dame Press, 1983).

[9] Gweler tt.28-32

[10] Yr wyf yn ddyledus yma i erthygl gan Lars Hertzberg, 'The Sense Is Where You Find It' yn Timothy McCarthy a Sean Stidd (goln.), *Wittgenstein In America* (Oxford: The Clarendon Press, 2001).

[11] Am fy meirniadaeth ar epistemeg ac athroniaeth hyd yn hyn, gweler y canlynol am drafodaeth fwy manwl o lawer: D. Z. Phillips, *Faith After Foundationalism* (Boulder, Colorado: Westview Press, 1988). Rhan Un: 'Can There Be A Religious Epistemology?', 3-127; D. Z. Phillips, *Religion and Friendly Fire* (Aldershot: Ashgate, 2004). Pennod 3, 'Propositioning the Friends', 59-74.

[12] Gweler Nicholas Wolterstorff, 'Analytic Philosophy of

Religion: Retrospect and Prospect' yn Tommi Lehtonen a Tim Kristinen (goln.), *Perspectives in Contemporary Philosophy of Religion* (Helsinki: Luther – Agricola Society, 2000).

[13] op. cit., 15.

[14] ibid., 20-1.

[15] Rush Rhees, 'Natural Theology' yn Rhees, *On Religion and Philosophy*, golygwyd gan D. Z. Phillips (Cambridge: Cambridge University Press, 1997), 37.

[16] op. cit., 14.

[17] ibid., 37.

[18] ibid., 14.

[19] Cornelius Van Til, *A Christian Theory of Knowledge* (New Jersey: Presbyterian and Reformed Publishing Co., 1969), 18.

[20] ibid., 13.

[21] ibid., 259.

[22] ibid., 292.

[23] ibid., 244.

[24] Rush Rhees, 'Wittgenstein's View of Ethics' yn *Discussions of Wittgenstein* (London: Routledge and Kegan Paul, 1970), 103.

[25] Nicholas Wolterstorff, 'Is Reason Enough?', *The Reformed Journal*, Vol. 34, No. 4, April 1981, 23.

[26] Alvin Plantinga, 'Reason and Belief in God', 66. Dim ond cyfleu'n fras a wnaf yma ffurf y feirniadaeth fwy manwl ac eang a welir yn *Faith After Foundationalism*, Pennod 7, 'A Reformed Epistemology?', 94-114.

[27] op. cit., 18.

[28] Martin Esslin, *The Theatre of the Absurd* (London: Penguin Books, 1977), 87.

[29] Samuel Beckett, *Wrth Aros Godot*, cyf. Saunders Lewis

(Caerdydd: Gwasg y Brifysgol, 1970), 5.

[30] ibid., 7.

[31] ibid., vii.

[32] ibid., viii.

[33] Dyma oedd un o brif themâu fy nhrafodaeth ar *Wrth Aros Godot* yn 'Only Words' yn *From Fantasy to Faith* (London: S.C.M. Press, 2005; Basingstoke: Macmillan, 1991), ac yn *Religion and Friendly Fire* (Aldershot: Ashgate, 2004), lle rwy'n ceisio dangos y modd y gall amddiffynwyr crefydd wneud mwy o niwed i'n dealltwriaeth na'r beirniaid.

[34] Am fy meirniadaeth gomig ar y ddadl, gweler 'Only Words'.

[35] Nicholas Wolterstorff, 'Reformed Epistemology' yn D. Z. Phillips a Timothy Tessin (goln.), *Philosophy of Religion in the 21st Century* (Basingstoke: Palgrave, 2001), 50.

[36] Rwy'n ddyledus i Caleb Thompson am y drafodaeth ar Awstin Sant. Gweler, 'Wittgenstein, Augustine and the Illusion of Ascent', *Philosophical Investigations*, 25:2, April 2002.

RHAN DAU

MYFYRDODAU SYNIADOL AR LENYDDIAETH

Y FFIN RHWNG Y NATURIOL A'R GORUWCHNATURIOL

Mae'r nefoedd faith uwchben
Yn datgan mawredd Duw;
Mae'r haul a'r lloer a'r sêr i gyd
Yn dweud mai rhyfedd yw.

(Evan Griffiths)

Mae'n debyg fod yr emynydd yn adleisio moliant y Salmydd pan ddywed, 'Y nefoedd sydd yn datgan gogoniant Duw a'r ffurfafen sydd yn mynegi gwaith ei ddwylo ef' (Salm 19:1). Ond mor bell oddi wrthym yn ein diwylliant ni yr aeth sicrwydd tystiolaeth y Salmydd. I'r mwyafrif o ddeallusion, rhywbeth plentynnaidd yw credu yn Nuw. Mae'r pwyslais diwylliannol wedi newid yn syfrdanol. Cwestiwn y Salmydd oedd, 'Pan edrychwyf ar y nefoedd, gwaith dy fysedd, y lloer a'r sêr, y rhai a ordeiniaist, pa beth yw dyn i ti i'w gofio?' (Salm 8: 3-4). Ond cwestiwn ein cyfnod ni yw: 'Pan edrychwn ar y nefoedd, pa beth yw Duw i ni i'w gofio?' Beth sy'n cyfrif am y newid enfawr? Nid un ateb sydd, wrth gwrs, i gwestiwn mor fawr. Yn y bennod hon, drwy gyfeirio at rai o ysgrifau T. H. Parry-Williams, rwyf am edrych ar un elfen yn unig o'r ateb, sef effaith gwyddoniaeth ar grefydd ac yn sgil hynny y duedd i edrych ar broblemau crefyddol yn nhermau empeiriaeth.

1. Yr Awydd am Wyddor y Goruwchnaturiol

Ar un adeg gellid meddwl yn hawdd iawn am ffin rhyngom a'r gofod. Yr oedd y lleuad y tu hwnt i'n cyrraedd. Ond nid yw hynny'n wir mwyach wrth i ni ymchwilio fwyfwy i bellterau'r planedau. Daeth y gofod yn rhan o'n byd; mae fel petai'r ffin rhyngom a'r planedau yn diflannu. Ffin dros dro ydoedd. Ac mae'r newid hwn wedi cael effaith ar grefydd. Ni ddylai hyn fod yn syndod, oherwydd wrth wraidd crefydd mae'r syniad o ffin rhwng dyn a Duw. Y mae Duw y tu hwnt i ni. Ond o dan fygythiad diflaniad ffiniau'r gofod, mae'r cwestiwn yn codi ynghylch ystyr ffiniau crefyddol. Ym mha ystyr y mae Duw y tu hwnt i'r byd? Nid 'tu hwnt' neu arallrwydd *naturiol* ydyw. Felly, mae'n ymddangos mai dim ond un dewis sydd ar ôl, sef dweud mai arallrwydd *goruwchnaturiol* ydyw. Ond erys y cwestiwn: pa fath o ffin sydd rhwng y naturiol a'r goruwchnaturiol? Ac wrth geisio ateb y cwestiwn, gwelwn ddylanwad aruthrol empeiriaeth ar y ffordd y mae meddylwyr yn meddwl am y ffin rhyngom a Duw. Dyma'r rhagdybiaeth dyngedfennol ynghylch y syniad o ffin, sef ei bod yn rhagdybio

'wrth gwrs, fodolaeth rhywbeth neu'i gilydd y naill du iddi. Y mae tu yma a thu hwnt i bob ffin.'[1]

Rwyf am ei gwneud yn glir nad wyf yn gwrthod y syniad o ffin rhwng dyn a Duw. Y cwestiwn canolog yw: pa fath o ffin ydyw? Os derbyniwn y rhagdybiaeth uchod, y duedd yw deall y broblem yn nhermau empeiriaeth. Ac unwaith mae'r rhagdybiaeth ar gerdded, dechreuwn ddadlau fel hyn: yr ydym ni, fel bodau meidrol, ar un ochr i'r ffin; sut y mae modd, felly, i'n geiriau groesi'r ffin er mwyn iddynt gyfeirio at yr hyn sy'n bod yr ochr arall iddi? A chyn bo hir wele'r honiad fod ein hiaith, fel ffenomenon naturiol, yn anabl i gyfeirio'n llwyddiannus at yr hyn sy'n oruwchnaturiol. Yn y modd hwn fe ddaw deuoliaeth fetaffisegol, empeiraidd rhyngom a'r 'ystyr' neu'r 'realiti' sydd y tu hwnt i'r ffin.

Gwelir R. S. Thomas yn ei farddoniaeth yn ymgodymu ar brydiau â'r anawsterau a ddaw o'r ffordd hon o feddwl am y ffin rhwng dyn a Duw. Ar y naill law, mae'n sylweddoli nad mater empeiraidd yw'r pellter rhyngom a Duw, ac ni all gwyddoniaeth ddarganfod y gwirionedd ynghylch y mater fel y dywed yn ei gerdd 'Gradual':

> I need a technique
> other than that of physics
>
> for registering the ubiquity
> of your presence. ('Gradual')[2]

Ac y mae'n sylweddoli mai nonsens llwyr yw'r dyheu am brawf empeiraidd fod Duw yn bod fel y tystia'r gerdd 'Somewhere':

> Something to bring back to show
> you have been there: a lock of God's
> hair, stolen from him while he was
> asleep; a photograph of the garden
> of the spirit ... ('Somewhere')

Mae iaith o'r fath fel y dywed 'Waiting' yn hollol amhriodol i fynegi perthynas dyn a Duw:

> Face to face? Ah, no
> God; such language falsifies
> the relation. Nor side by side,
> nor near you, nor anywhere
> in time and space. ('Waiting')

Nid dyma'r ffordd i feddwl am y ffin, neu'r syniad fod iddi 'y tu yma' ac 'y tu hwnt'. Ond wedyn, fel y gofyn y bardd yn 'Gradual', i ba gyfeiriad y dylem droi?:

> I have come to the borders
> of the understanding. Instruct
> me, God, whether to press
> onward or to draw back. ('Gradual')

Hynny yw, os ydym yn dal i feddwl yn y ffordd empeiraidd am Dduw, deuwn yn fuan iawn at ffiniau ystyrlonrwydd. A ddylem ddal ymlaen i siarad yn y ffordd hon, neu a ddylem gefnu ar iaith o'r fath gan sylweddoli mor anaddas yw'r ffordd hon o feddwl? Mae'n ddewis hollbwysig, oherwydd fel dywed R. S. Thomas yn 'The Combat',

> For the failure of language
> there is no redress ... ('The Combat')

Dyma un o brif gwestiynau R. S. Thomas: sut i siarad am Dduw yn ystyrlon. Gwyddom ei fod yn darllen athroniaeth, yn hytrach na diwinyddiaeth. Ar adegau, wrth iddo ddibrisio'i hun, mae'n rhoi'r argraff, megis yn 'Present', mai rhyw fath o hobi oedd athroniaeth iddo:

> I engage with philosophy
> in the morning, with the garden
> in the afternoon ... ('Present')

ond gwyddom nad dyna'r gwir. Yn yr un gerdd â rhagddo i ddweud:

> ... But there is that
> one who will not leave me
> alone, writing to me
> of her fear; and the news from the city
> is not good ... ('Present')

I R. S. Thomas, fel i Kierkegaard a Wittgenstein, nid oedd y newyddion o'r ddinas yn dda. Fel y gwyddom, roedd Kierkegaard yn pryderu am y ffaith fod iaith y Gristnogaeth yn cael ei

herydu gan ffyrdd eraill o siarad yn Nenmarc. Ni chyhoeddodd
Wittgenstein ei brif weithiau yn ystod ei fywyd. Amheuai'n fawr
a fyddai'i genhedlaeth yn deall ei waith. Nid snobyddiaeth oedd
hyn, ond mater o ysbryd yr oes. Mewn oes dechnolegol y mae'r
pwyslais ar ateb problemau, darganfod atebion. Yn y bennod hon,
gwelwn sut y mae T. H. Parry-Williams yn blentyn oes o'r fath,
wrth iddo fyfyrio ynghylch y gwahaniaeth rhwng y naturiol a'r
goruwchnaturiol. Un agwedd i'w berthynas â chrefydd yw hyn,
ond dengys sut y gall empeiriaeth a gwyddoniaeth ddylanwadu
arnom wrth i ni feddwl am grefydd.

Yr oedd obsesiwn gan T. H. Parry-Williams ynghylch
profiadau'r ffin, ond roedd y profiadau hynny'n amrywiol iawn.
Fel y gwelwn, y mae rhai yn bwysicach na'i gilydd. Nid yw'r
beirniaid llenyddol fel rheol yn gwahaniaethu rhyngddynt,
oherwydd eu tuedd yw derbyn, yn anfeirniadol, ddisgrifiad y
bardd ohonynt. Y mae hyn yn arbennig o wir am ddisgrifiadau
Parry-Williams o'i brofiadau ar y ffin rhwng y byd naturiol a'r
byd goruwchnaturiol. Fel y dywed R. Gerallt Jones wrthym, yr
oedd Parry-Williams:

> ... yn sicr yn credu fod dimensiwn ysbrydol, cyfriniol,
> goruwchnaturiol hyd yn oed, i brofiad dynol, ac mae'n
> ymchwilio'n barhaus i natur y fath ddimensiwn.[3]

Sylwer fod R. Gerallt Jones o'r cychwyn yn sôn am yr
ysbrydol, y cyfriniol, a'r goruwchnaturiol ar yr un anadl, fel
petaent yn gyfystyr â'i gilydd, ac fe welwn, maes o law, nad yn
ddamweiniol y gwneir hyn wrth i feirniaid llenyddol drafod
gwaith Parry-Williams. Ond mae'n eithriadol o bwysig ein
bod yn gwahaniaethu rhyngddynt. Yn y bennod hon rwyf am
ganolbwyntio ar un syniad yn unig, sef yr hyn a ystyrir gan Parry-
Williams yn ddimensiwn goruwchnaturiol i'w brofiad. Pa fath
o ymchwil a wneir ganddo i'r dimensiwn hwn? Gellir ateb y
cwestiwn drwy edrych yn fanwl ar ei ysgrif, 'Y Gri'.[4]

Unwaith eto, bydd rhagdybiaeth am y syniad o ffin yn chwarae rhan bwysig yn ein trafodaeth, sef y rhagdybiaeth fod i bob ffin 'y tu yma' ac 'y tu hwnt'. Felly, yn ôl Parry-Williams, y mae'r 'naturiol' y tu yma i'r ffin a'r 'goruwchnaturiol' y tu hwnt iddi. Ond pa fath o ffin ydyw? O ran y ffin sydd ar waelod yr ardd, gallaf edrych drosti ar yr ardd drws nesaf. Ond nid felly y mae hi gyda'r ffin rhyngom a'r goruwchnaturiol. Yr ydym ni ar yr ochr naturiol i'r ffin, ac nid oes modd newid ein sefyllfa. Sut yn y byd, felly, y gallwn groesi'r ffin er mwyn cael cip, o leiaf, ar y goruwchnaturiol? Mae'n ymddangos yn gwbl amhosibl. Ac eto, mae Parry-Williams am i ni fod yn agored, yn feddyliol, i'r posibilrwydd o gael profiadau goruwchnaturiol. Yn wir, y mae'n honni iddo ef gael profiadau o'r fath. Ond rhesymau gwan ofnadwy sydd ganddo wrth iddo'n hargymell, ar brydiau, i gymryd y profiadau hynny o ddifrif. Dylem fod yn agored iddynt, meddai, heb ofni dirmyg y gwyddonydd, oherwydd bod pethau mwy rhyfeddol fyth yn cael eu credu gan wyddonwyr. Er enghraifft, yn ei ysgrif 'Pendraphendod' mae Parry-Williams am i ni sylwi ar y syniad o ronyn gwrth-fater mewn ffiseg. Ar sail y syniad, daw i gasgliad cyffredinol rhyfedd:

> … mai rhith yw'r cyfan, ac nad oes dim ond dim yn bod yn wir – dim ond gwag mewn gwag neu dwll mewn twll.[5]

Nid yw'n syndod yn y byd mai'r casgliad y daw iddo parthed y gwyddonwyr yw, 'Rhyngddynt hwy a'i gilydd ddywedaf i'. Y gwir yw nad yw'r bardd wedi talu digon o sylw i'r hyn sydd rhwng y gwyddonwyr a'i gilydd. Yn hytrach, wrth dynnu'r damcaniaethau gwyddonol o'u cyd-destun, gwna iddynt ymddangos fel rhialtwch difeddwl. Yn ffodus, nid dyna yw ei brif ddadl. Mae prif apêl y bardd at ei brofiadau ef ei hun, sydd, yn ei dyb ef, yn brofiadau o'r goruwchnaturiol. Rhoddir darlun amwys i ni o berthynas gwyddoniaeth â phrofiadau o'r fath. Fel y dywed R. Gerallt Jones:

… y mae'n credu mai dim ond o drwch blewyn, y tu hwnt i gyrraedd gwyddoniaeth a rhesymeg y mae'r profiadau hyn yn gorwedd … nid yw'n fodlon derbyn profiad heb geisio'i ddadansoddi, hyd yn oed brofiad mae'n gwybod na fedr ef, yn y pen draw, ei ddadansoddi. Yr ond-y-dimrwydd yma sy'n egluro ei obsesiwn parhaus ynglŷn â'r 'ffin' lle mae'r pethau hyn yn digwydd.[6]

Ni welaf eglurhad o unrhyw fath yma. Ei ragdybiaeth am ystyr 'ffin' sy'n arwain Parry-Williams i geisio mewn anobaith ddadansoddi'r hyn na ellir ei ddadansoddi yn ei dyb ef ei hun. Nid paradocs a geir yma, ond obsesiwn sy'n ffrwyth cymysgu categorïau gwyddoniaeth a chrefydd.

Y mae dyhead gan Parry-Williams am ryw fath o wyddor i'r goruwchnaturiol. Ond pa le y ceir gwyddor o'r fath? Mewn seicoleg y mae gobaith y bardd, a chwestiynau seicolegol sydd ganddo i'w gofyn am ei brofiadau. Mae'n gofidio ei bod hi'n bosibl mai ffrwyth ei seicoleg ei hun, neu hyd yn oed ei gyflwr corfforol, yw ei brofiadau. Ond gofidiau digon ysgafn ydynt, oherwydd yn reit sydyn daw i'r casgliad, drwy argyhoeddiad yn hytrach na thrwy unrhyw fath o ddadl, fod ganddo synhwyrau arbennig sy'n ymgysylltu â'r goruwchnaturiol, neu sy'n ymwybodol ohono. Ond, wrth gwrs, mae'r broblem fwyaf yn dal heb ei hwynebu.

Pa synhwyrau bynnag sydd gan Parry-Williams, synhwyrau naturiol ydynt, oherwydd yn ôl ei ragdybiaeth am y ffin y mae ef, a'i synhwyrau, yr ochr yma iddi. Mae'n rhesymegol amhosibl, felly, i'w synhwyrau gysylltu ag unrhyw beth sy'n bod yr ochr arall i'r ffin. Sut y gall Parry-Williams wybod mai profiadau o'r goruwchnaturiol y mae'n eu cael? Dyma'i ateb: *mae naws y profiadau yn dweud wrtho mai profiadau goruwchnaturiol ydynt.*

Mae anawsterau rhesymegol yn codi wrth i Parry-Williams apelio at naws ei brofiadau i brofi mai profiadau goruwchnaturiol ydynt. Mae modd deall natur yr anawsterau drwy gymhariaeth â'r ffin rhwng yr unigolyn a'r byd allanol ym metaffiseg yr empeirwyr yn hanes athroniaeth. Mae dylanwad empeiriaeth yn glir ar feddwl Parry-Williams.

2. Profiad a'r Byd

Beth yw'r berthynas rhwng iaith a'r byd? Yn ôl yr empeirwyr, mae'r byd materol yn creu argraffiadau ar y meddwl. Cyn i hynny ddigwydd, y mae'r meddwl, fel y dywed John Locke, fel petai'n ddarn o bapur heb ysgrifen arno. Yr argraffiadau yw unedau cyntefig y meddwl. Dyma'r unig bethau a wyddom yn uniongyrchol. Gwelir fod sgeptigaeth sylfaenol yn namcaniaeth yr empeirwyr. Os yw meddwl pob unigolyn yn hollol annibynnol, sut y gwyddom fod unrhyw gysylltiad rhwng yr argraffiadau a'r byd? Ac os yr argraffiadau hyn yw'r unig bethau y mae gennym wybodaeth amdanynt, sut y gwyddom fod byd allanol yn bod o gwbl?

Gan roi i'r naill ochr anawsterau enbyd sgeptigaeth, mae'n demtasiwn meddwl fod perthynas achosol uniongyrchol rhyngom a'r byd naturiol. Meddylier am ein gwybodaeth am liwiau. Mae'n demtasiwn meddwl fod edrych ar y lliw 'coch' yn creu argraff ar y meddwl, sef yr argraff 'coch'. Ond sut y gwyddom mai profiad o 'goch' a gawn? Wedi'r cyfan, mae gwahaniaeth pwysig rhwng 'Rwy'n gweld coch' ac 'Rwy'n *meddwl* fy mod yn gweld coch'. Rydym am wybod a ydym yn gweld *coch mewn gwirionedd*. Ond os nad oes gennym ddim ond profiad syml, atomig, unigol, nid oes gennym ddim ar wahân iddo yn faen prawf o'r lliw. Mae fel petai'n rhaid i'r profiad gyhoeddi mewn modd anffaeledig, 'Coch wyf fi!'. Ond ni allwn sicrhau hunaniaeth unrhyw syniad neu brofiad yn y fath fodd.

Ar ôl i'r byd allanol greu argraffiadau ar y meddwl, mae'r unigolyn, yn ôl Locke, yn rhoi enwau iddynt – 'coch', 'gwyrdd', 'melyn', ac yn y blaen. Ond sut y gwyddom fod pob unigolyn yn rhoi'r *un* enw i'r *un* argraff? Ateb Locke yw nad oes modd yn y byd i ni wybod hynny, ond gan na wna unrhyw wahaniaeth, yn ymarferol, nid oes rhaid i ni bryderu ynghylch y ffaith. Ysywaeth, nid yw'r ateb yn wynebu'r her rhesymegol. Unwaith eto, ar sail empeiriaeth, sut y gwyddom y gwahaniaeth rhwng 'Rwy'n gweld coch,' ac 'Rwy'n dychmygu fy mod yn gweld coch'? Ateb Hume yw, *drwy naws y profiad*. Byddai 'gweld' yn fwy bywiog na 'dychmygu'. Dyma'r anhawster: pa mor fywiog bynnag fyddai'r syniad, ni fyddai'n gyfystyr â gweld coch. Nid oes pont resymegol rhwng 'naws' a 'ffaith'. Rydym yn gaeth i gylch ein syniadau yn y meddwl, ac yn nhermau empeiriaeth nid oes modd i ni dorri allan ohono.

Meddyliwch eto am y weithred honedig o enwi'r argraffiadau meddyliol. Cwestiynodd Wittgenstein bwrpas y seremoni hon. Ni ellir rhoi ystyr i argraff drwy ryw fath o *fedydd meddyliol* – 'Rwy'n dy enwi di'n "coch"'. Rhaid fod gwahaniaeth rhwng *meddwl* fod yr ystyr yn iawn, a gwybod ei fod yn *gywir*. Yn nhraddodiad yr empeirwyr, y broblem epistemolegol yw sut i ddod at iaith gyhoeddus ar sail syniadau preifat pob unigolyn. Y gwir amdani yw mai'r gwrthwyneb sy'n iawn, sef bod ein syniadau preifat yn dibynnu am eu hystyr ar iaith gyhoeddus. Ac mae iaith wedi'i gwreiddio yn ein cyfathrach â'n gilydd. Dyna pam y dywedodd Wittgenstein ein bod wrth ddychmygu iaith yn dychmygu ffordd o fyw ar yr un pryd.

Yr hyn sy'n absennol yn holl drafodaeth yr empeirwyr ar liwiau yw ein cytundeb *yn* ein hymateb i liwiau. Nid dewis ymateb a wnawn. Nid confensiwn wedi'i seilio ar farn y mwyafrif yw ein syniadau am liwiau. Nid bod un yn gweld coch, un arall yn gweld gwyrdd, un arall yn gweld melyn ac felly ymlaen nes penderfynu yn ôl barn y mwyafrif beth i alw'r lliw. Na, ymateb yn naturiol a wnawn *yn yr un ffordd*. Pe baem yn ymateb ar hap ni fyddai gennym syniad am liwiau. Yn yr un modd, pe baem yn ymateb ar hap i sŵn, ni fyddai 'tawel' neu 'swnllyd' yn golygu dim i ni. Oherwydd ein bod yn gytûn ein hymateb, gellir sôn yma am bresenoldeb arfer, hynny yw 'practice', yn Saesneg, (nid confensiwn). Felly, nid naws y profiad sy'n gwireddu mai 'coch' ydyw; y ffaith bod arfer gennym sy'n dangos ystyr ein lliwiau sy'n gwneud hynny. Er nad ydym yn meddwl am yr arfer wrth weld rhywbeth coch, heb yr arfer ni fyddai 'gweld' o'r fath yn bosibl. Yn rhesymegol, gellid rhoi'r mater fel hyn: *nid naws y profiad sy'n rhoi ystyr i'r arfer, ond yr arfer sy'n rhoi ystyr i naws y profiad.*

Mae'n bwysig dysgu'r un wers parthed profiadau ysbrydol. Nid yr apêl derfynol yw'r apêl at naws y profiad. Unwaith eto, yn y cyswllt hwn, nid rhywbeth syml, atomig, unigol yw profiad ysbrydol, rhywbeth sy'n cyhoeddi'n uniongyrchol, 'Profiad ysbrydol wyf fi'. Yn wir, y mae datgysylltiad o'r fath rhwng 'profiad ysbrydol' honedig, a'r bywyd ysbrydol, yn enghraifft berffaith o syniad sentimental am brofiad ysbrydol. Os nad oes i'r profiad unrhyw arwyddocâd crefyddol ym mywyd yr unigolyn, nid profiad crefyddol mohono, beth bynnag a ddywedir am naws y profiad. Gall sŵn y canu a hwyl y bregeth ein cynhyrfu, ond heb gysylltiad ehangach â bywyd yr unigolyn nid yw'r profiadau namyn cynhyrfiad emosiynol, a dim mwy. I fod yn brofiad ysbrydol, rhaid bod cysylltiad rhyngddo a dysgeidiaeth grefyddol ac ymarweddiad crefyddol mewn bywyd.

Unwaith eto, beth yw profiad? Dyweder fod rhywun yn gweld delwedd feddyliol o'r Forwyn Fair. Sut y gwyddom mai profiad crefyddol ydyw? Yr ateb yw: drwy edrych ar arwyddocâd ysbrydol y profiad ym mywyd yr unigolyn. Heb arwyddocâd o'r fath, nid profiad crefyddol ydyw, beth bynnag a ddywedir am naws y profiad. Heb yr arwyddocâd, beth yw'r profiad? Mae'r ateb yn syml; profiad meddyliol o ddelwedd y Forwyn Fair. Rwy'n pwysleisio'r pwynt dro ar ôl tro, oherwydd y mae gwers i ni wrth edrych ar apêl Parry-Williams at naws ei brofiad, wrth iddo honni mai profiad o'r goruwchnaturiol ydyw. Fel gyda'r casgliad am liwiau, gwelwn fod arferion crefyddol yn hollbwysig yn y cyswllt hwn hefyd. *Nid naws y profiad sy'n rhoi ystyr i'r arferion crefyddol, ond yr arferion sy'n rhoi ystyr i naws y profiad.*

3. 'Y Gri'

Mae'n bryd i ni edrych ar natur profiad Parry-Williams wrth iddo sôn am gri arbennig iawn i'w glyw ef:

> Cri sydyn, eglur ydyw, fel clec gwn, gan amlaf yn galw f'enw bedydd yn fyr, fel petai câr agos neu anwylyd mewn dygn artaith neu gyfyngder enbyd. Pan ddêl, hi ddaw bob amser pan fo distawrwydd llethol dros y byd, neu pan fwyf mewn ystad debyg i'r un y bydd dyn ynddi yn union cyn mynd i gysgu, dyweder, – ac y mae'n creu arswyd difaol yn y galon.[7]

A dyna fe; dyna ddisgrifiad y bardd o'i brofiad. Mae'n debyg i adroddiad am freuddwyd, oherwydd nid yw'r gri a glywodd yn un gyhoeddus y medrai pawb ei chlywed. Dywed Meredydd Evans am sylwadau Parry-Williams:

> Gŵr yn pwyso'i eiriau'n ofalus sydd yma ac y mae naws 'ysbrydol' y profiad a ddisgrifir ganddo yn awgrymu presenoldeb elfen drosgynnol – rhywbeth sydd y tu hwnt i ddeall dyn, ac felly, ar un agwedd iddi, yn ddychryn.[8]

A ydyw hyn yn wir? Ai dyn sy'n pwyso'i eiriau yn ofalus a geir yma? Sylwer ar natur y ddadl yng ngeiriau Meredydd Evans: dechreuwn gyda naws y profiad, dywedir mai naws 'ysbrydol' ydyw. Sut y gwyddom hynny? Wedyn, dywedir wrthym fod y naws yn creu 'awgrym'. Awgrym, dyna i gyd. Y casgliad yw mai awgrym ydyw o bresenoldeb elfen drosgynnol, sydd y tu hwnt i ddeall dyn. Ond, os felly, sut y gwyddom mai awgrym o elfen drosgynnol ydyw? Rydym yn ôl gydag anawsterau empeiriaeth; yn benodol, yr anhawster sy'n dilyn dyfalu 'naws' profiad mewnol a bwrw mai profiad o'r ysbrydol neu'r goruwchnaturiol ydyw. Rhaid fod cysylltiad rhwng y profiad ac ymddygiad ysbrydol yr unigolyn. Ond yn achos Parry-Williams, nid oes cysylltiad felly i'w gael. Dywed Parry-Williams am ei brofiad o'r gri:

Petawn yn siarad yn ysgol-sulaidd, mi awgrymwn mai cri 'ysbrydol' ydyw. (Heb wamalu, onid 'ceiliog ysbrydol', yn ôl un hen fachgen o ysgrythurwr, oedd y ceiliog a glywodd Pedr gynt?)[9]

Nid yw Parry-Williams wedi haeddu'r hawl i ddefnyddio cymhariaeth o'r fath. I ddeall yr hyn a glywodd Pedr, nid canolbwyntio ar naws cân y ceiliog sydd raid, ond canolbwyntio ar berthynas Pedr â'r Iesu ac yn arbrennig ar ei fradychiad ohono. Heb y cysylltiadau hynny, nid oes cyhuddiad na chondemniad yng nghân y ceiliog. Ni fyddai'n geiliog ysbrydol. Ond cymharer y cyd-destun hwn â thystiolaeth Parry-Williams: 'Eto nid wyf yn cofio fod dim mawr nac ofnadwy wedi digwydd un amser ynglŷn â'r gri.'[10] Mae Pedr yn wylo. Ymbalfalu a wna'r bardd. Dyna'r cyd-destun ehangach sydd i'w brofiad. Ar ddiwedd ei ysgrif, mae hyd yn oed yn dyfalu ai cri apocalyptaidd y mae'n ei chlywed:

Pwy a ŵyr nad y diwedd ei hun ydyw, yn disgwyl ei gyfle gan ryw hanner chwarae ag ef pan fo'n ansicr – ond yn siŵr bownd ohono yn y pen draw?[11]

Nid cri apocalyptaidd sy'n chwarae â'r bardd sydd yma, ond bardd yn chwarae â'r syniad o'r diwedd. A 'chwarae' yw'r gair priodol. Sylwch ar ei ddefnydd o 'Pwy a ŵyr' cyn dechrau dyfalu. Wrth feirniadu syniadau Islwyn am dragwyddoldeb dywedodd Parry-Williams:

It is the eternity of some Welsh minds that never shudder at the idea, but play with it, forgetting that it is explosive. To realise the idea to a very small degree even for a second once in a lifetime would be enough for the mind of any man; and he would not talk glibly of it afterwards.[12]

Onid yw'r ffordd y mae Parry-Williams yn dyfalu ai 'cri y diwedd' yw'r gri a glywai yn haeddu'r un feirniadaeth yn union?

Fel y ceisiais ddangos mae Parry-Williams, ar brydiau, yn dyheu am ryw fath o wyddor i'r goruwchnaturiol. Yn y diwedd, try at seicoleg a chais dystiolaethu am y goruwchnaturiol ar sail naws ei brofiadau. Mae'r ymgais yn ddryslyd o'r dechrau i'r diwedd. Ond beth am brofiad Parry-Williams? Dylem edrych ar gyddestun y profiad. A ydwyf am wadu'r ffaith ei fod yn clywed cri? Nac ydwyf. A ydwyf am wadu fod y gri fel clec gwn? Nac ydwyf. A ydwyf am wadu ei fod yn clywed ei enw bedydd? Nac ydwyf. A ydwyf am wadu fod y gri'n swnio fel petai câr agos neu anwylyd mewn dygn artaith? Nac ydwyf. A ydwyf am wadu fod y gri yn creu ofn difaol yn ei galon? Nac ydwyf. Ond, ar sail ei ysgrif, dyna ddiwedd y stori. Unwaith y mae Parry-Williams am adeiladu ar hanfod ei brofiad er mwyn sôn amdano fel profiad ysbrydol neu oruwchnaturiol, nid yw cynnwys y dyfalu'n cyfiawnhau ei uchelgais syniadol wrth wneud hynny. Nid dyna'r math o gyddestun ehangach sydd ei eisiau er mwyn galw'r profiad yn un ysbrydol.

[1] Meredydd Evans, 'Rhai Elfennau Crefyddol yng Ngwaith T. H. Parry-Williams' yn J. E. Caerwyn Williams (gol.), *Ysgrifau Beirniadol XI* (Dinbych: Gwasg Gee, 1979), 238.

[2] Dyfynnir cerddi R. S. Thomas fel y'u ceir yn R. S. Thomas, *Collected Poems 1945-1990* (London: Phoenix Giants, 1993).

[3] R. Gerallt Jones, *Dawn Dweud: T. H. Parry-Williams* (Caerdydd: Gwasg Prifysgol Cymru, 1999), 137-8.

[4] *Casgliad o Ysgrifau,* 70-81.

[5] ibid., 359.

[6] op. cit., 360.

[7] *Casgliad o Ysgrifau,* 79.

[8] Meredydd Evans, 'Rhai Elfennau Crefyddol yng Ngwaith T. H. Parry-Williams', 240.

[9] op. cit., 81.

[10] ibid.

[11] ibid., 81.

[12] T. H. Parry-Williams, 'Islwyn 1832-1878', *The Welsh Outlook,* March 1919, 73.

FFARWELIO Â PHARADOCS

Paham y mae T. H. Parry-Williams yn ffigwr mor ganolog mewn traethawd ar groesi ffiniau a myfyrdod syniadol ar y byd? Mae'r ateb i'w weld yn amlochredd ei waith creadigol a'i gymeriad. Fe'n harweinir gan amlochredd o'r fath, yn naturiol, at gwestiynau ynghylch y berthynas rhwng y gwahanol elfennau, nid yn unig yng ngwaith T. H. Parry-Williams ond yng ngwaith beirdd a llenorion eraill hefyd. Yn wir, mae ei waith yn goleuo'r elfennau hyn yn ein diwylliant hefyd.

1. Crediniwr Neu Anghrediniwr?

Am ba fath o ystyr y mae T. H. Parry-Williams yn chwilio? Nid wyf am wadu, am eiliad, pa mor anodd yw ceisio ateb y cwestiwn. Fel y dengys R. Gerallt Jones, mae gan bawb farn arno:

> I Alun Llywelyn-Williams, er enghraifft, yr oedd T. H. Parry-Williams yn rhamantydd;[1] i Dafydd Glyn Jones yr oedd yn lladmerydd yr abswrd, ffit i'w gymharu â Samuel Becket;[2] i Meredydd Evans, yr oedd yn fardd crefyddol,[3] ac i John Rowlands, yn fardd diddymdra. [4,5]

Y mae'r un mor anodd tynnu llinell rhwng crediniaeth ac anghrediniaeth Parry-Williams. Y mae hyd yn oed astudiaeth Dyfnallt Morgan o flynyddoedd cynnar y bardd yn frith o

osodiadau sy'n gwrthddweud ei gilydd. Er enghraifft, dywed
wrthym fod Parry-Williams yn ôl ei eiriau'i hun wedi cael 'profiad
crefyddol o'r iawn ryw'[6] rhwng 1914 a 1918, a'i fod 'yn ystod y
blynyddoedd hyn, wedi ymdeimlo'n ddwfn â chyfaredd Person
Crist ac wedi canu am brofiad a myfyrdod gwir grefyddol' ond ei
fod ar y llaw arall wedi cefnu ar grefydd draddodiadol. Cafodd nid
yn unig fod y credoau'n annigonol iddo; credai'n ogystal 'eu bod
yn gyfeiliornus'. 'Diau', meddai Dyfnallt Morgan, 'bod agwedd
felly yn dwyn arno'r cyhuddiad o "droi ei gefn ar grefydd"...'[7]
Ond wedyn dywedir wrthym nad cefnu ar grefydd a wnaeth
Parry-Williams, eithr chwilio am wir grefydd, a cheisio Crist yn
ei ffordd ei hun.[8] Ac yn olaf, fe ddywedir er fod Parry-Williams
o 'dan argyhoeddiad dwys... na ddatblygodd wedi hyn yn "fardd
Cristionogol".'[9] Nid yw'n hawdd darganfod llinyn cyson o ystyr
drwy hyn i gyd. Ac wrth edrych yn ôl ar fywyd y bardd daeth R.
Geraint Gruffydd i'r casgliad mai 'math o agnostig crediniol' oedd
T. H. Parry-Williams o ran agwedd meddwl.[10]

Yn ôl Dyfnallt Morgan, prif reswm Parry-Williams dros gefnu
ar grefydd draddodiadol yn ystod y blynyddoedd cynnar oedd
ymddygiad crefyddwyr yn ystod y Rhyfel Mawr, ond ym marn
R. Gerallt Jones yr oedd ganddo resymau mwy sylfaenol:

> Y gwir yw ei fod wedi ymadael â ffydd gyfforddus ei fam
> a'i dad ers blynyddoedd ac mai catalydd eithafol oedd
> erchyllterau'r Rhyfel Mawr. Yr oedd Tom wedi ymadael
> â chrefydd ei blentyndod, yn ei feddwl ei hun, ers iddo
> ddechrau meddwl drosto'i hun, ond yr oedd cyfaddef y fath
> beth yn gyhoeddus yn achos poen a phryder iddo ...[11]

Ond, ar yr un pryd, dywed R. Gerallt Jones amdano:

> ... er ei fod wedi ymwrthod â llawer o'r uniongrededd
> Fethodistaidd, ei fod nid yn unig yn trysori atgofion melys
> am y rhan honno o'i fagwraeth a oedd yn gysylltiedig â'r
> fuchedd deuluol a'r capel, yr oedd hefyd yn parchu ac yn

cenfigennu wrth y rhai hynny a oedd o hyd yn medru
coleddu ffydd syml eu tadau.[12]

Mae hynny'n amlwg yn ei soned, 'John ac Ann':[13]

> ... Bûm innau'n gwrando droeon ar y gri
> Oedd yn dwysáu eu herfyniadau hwy,
> Nes bod y pagan oddi mewn i mi
> Ar dyngu llw y mentrai yntau mwy
> Gyfnewid holl ddeniadau'r ddaear hon
> Am ronyn o eneiniad Ann a John.

Fodd bynnag, os caniateir i sylwadau Dyfnallt Morgan ac R.
Gerallt Jones gydgyfarfod, daw cwestiynau sylfaenol i'r golwg.
Os dywedir fod Parry-Williams wedi cefnu ar gredoau a oedd,
yn ei dyb ef, yn ddiystyr, paham y bu hynny'n gymaint o achos
poen, pryder ac euogrwydd iddo? A phaham ei fod yn parchu a
hyd yn oed yn cenfigennu wrth rai a oedd yn dal i arddel credoau
diystyr? A yw Parry-Williams yn hiraethu am weld ystyr yn yr
hyn sy'n ddiystyr? A yw'n amau nad yw'r credoau yn ddiystyr
wedi'r cyfan? Ai gobeithio y mae y daw ystyr arall i'r golwg?
Cwestiynau anodd. Ond beth bynnag yw'r ateb, mae'n anodd
derbyn safbwynt cyffredinol Dafydd Glyn Jones pan ddywed:

> ... dyma brif safbwynt a symbyliad ei holl ysgrifau, rhigymau
> a sonedau – rhyw ymdeimlad llethol o oferedd ac unigrwydd
> a diddymdra.[14]

Pe baem am ei dderbyn byddai'n rhaid i ni ateb cwestiynau
pellgyrhaeddol R. Gerallt Jones:

> ... mae un cwestiwn sy'n codi'n deg ym meddwl y darllenydd
> gan mor aml y mae'r bardd yn cyfarch y duwdod yn ei
> gerddi – y mae'r geiriau 'Iôr', 'Creawdwr' a 'Christ' yn frith
> drwy'r gwaith, ac mae'r bardd yn aml yn ymbil ar Dduw
> neu'n apelio ato dan un o'r enwau hyn, neu ryw enw arall: y

mae, mewn geiriau eraill, yn gweddïo. Sut y gall anffyddiwr weddïo? Neu, os dyfais rethregol yn hytrach nag ymbil go iawn yw'r galw cyson, pam y dylai anffyddiwr ddefnyddio'r fath ddyfais, beth bynnag?[15]

A dyma ni'n ôl, beth bynnag a ddywedwn, gyda chwestiwn ystyr geiriau. Mae'n ymddangos fod Parry-Williams yn ymbil ar Dduw, ond ar ba fath o Dduw, a beth yw natur yr ymbil? Faint o help i ni yw casgliadau R. Gerallt Jones am gredoau Parry-Williams?:

[Roedd] yn medru derbyn y Groes, ond nid yr Atgyfodiad ... i Parry Williams, angau oedd y gelyn mawr; nid oedd angau wedi'i goncro, a dyna oedd yn gwneud nonsens o fywyd yn y pen draw. A'r gred hon, a oedd yn mynd yn groes i sylfaen ganolog, ac yn wir unig sylfaen ystyrlawn, y ffydd y'i codwyd ynddi, oedd yn ei gwneud yn amhosibl i ddyn poenus o onest i barhau i ymhél ag allanolion y ffydd honno. Nid oedd hynny'n ei wneud yn anffyddiwr: nid wyf yn credu ei fod, ar unrhyw bwynt yn ei fywyd, yn anffyddiwr ... ond nid oedd yn grediniwr chwaith oherwydd, i Parry-Williams, angau oedd diwedd popeth. Nid oedd na nefoedd na bywyd tragwyddol nac atgyfodiad y meirw na chymundeb y saint, yn gwneud synnwyr iddo.[16]

Sut y gwyddom a ydym yn cytuno â'r casgliadau hyn ai peidio? Mae'r ymateb yn dibynnu'n llwyr ar ystyr y geiriau. Ond ni roddwyd i ni ddadansoddiad neu eglurhad o'r ystyr. Beth yw ystyr 'derbyn y Groes', 'credu yn yr Atgyfodiad', 'concro Angau', a 'gwneud nonsens o fywyd yn y pen draw'? Heb eglurhad, mae'n anodd cytuno neu anghytuno â'r casgliadau. Nid yw'r geiriau o'n blaen yn ddigonol, oherwydd gall yr un gair olygu pethau gwahanol iawn i wahanol bobl. Er enghraifft, dywed R. Gerallt Jones fod Parry-Williams:

... ynghanol yr holl hunanymholi, a'r holl ymholi ynglŷn

â natur y greadigaeth o'i gwmpas ... yn dal i ragdybio
bodolaeth creawdwr hollalluog a hollbresennol.[17]

Ac meddai Meredydd Evans hefyd:

O'm rhan fy hun, nid oes amheuaeth gennyf nad oedd
yn credu ym modolaeth Duw, a Hwnnw yn Rhoddwr a
Chynhaliwr Bod.[18]

Mae R. Gerallt Jones yn sôn am Dduw hollalluog, a Meredydd
Evans yn sôn amdano fel Rhoddwr a Chynhaliwr Bod. Mae'r
mwyafrif o athronwyr crefydd heddiw yn defnyddio'r un geiriau,
ond iddynt hwy Duw hollbwerus yw Duw hollalluog. Er fod
ganddo'r pŵer i ymyrryd, mae'n caniatáu i erchyllterau bywyd
ddigwydd er mwyn i ni ddatblygu cymeriadau cryf wrth eu
hwynebu. Er mwyn sicrhau cymeriadau cryf rhaid ein profi, ac
nid yw ambell i annwyd yn ddigon ar gyfer hynny. Rhaid wrth
gancr neu rywbeth cynddrwg i ddatblygu cymeriad o'r fath. Mae
Duw, felly, yn ôl yr athronwyr hyn, yn cynnal ein cymeriadau
drwy brofion llym o'r fath.[19] Nid wyf yn amau am foment nad
gwrthod athroniaeth mor arwynebol a wnâi R. Gerallt Jones a
Meredydd Evans. Ond ni ellir dangos hynny drwy dynnu sylw
at eu geiriau'n unig, oherwydd maent yn defnyddio'r un geiriau.
Dyna pam, fel y dywedais, fod rhaid i ni wrth ddadansoddiad
pellach o'r geiriau. I ddarganfod eu hystyr, rhaid eu lleoli yn llif y
bywyd sydd o'u hamgylch. Gellid galw'r lleoli yn gais am ystyr.
Ni ddylid osgoi ymgais o'r fath.

Mae'n amlwg wrth edrych ar gasgliadau R. Gerallt Jones fod
tyndra yng nghyflwr Parry-Williams − nid oedd grediniwr nac
anghrediniwr chwaith. Ac mae'r bardd yn ategu'r ffaith honno
wrth ddyfalu tybed fod nefoedd i greadur o'i fath ef:

> ... Ond tybed nad oes hefyd drydedd nef
> Yn stôr i'r sawl sydd ar y ddaear hon
> Ar gam, y truan nad oes iddo ef

Gymun â Salem nac â Babilon, –
Yr estron brith na all hyd ben ei daith
Ymhonni'n Bagan nac yn Gristion chwaith[20]

2. Yr Apêl at Baradocs

Fel y dywedais ar ddechrau'r bennod hon, mae amlochredd
T. H. Parry-Williams yn ei gerddi a'i ysgrifau yn arwain yn
naturiol at gwestiwn y berthynas rhwng y gwahanol elfennau.
Ac os yw'r elfennau hynny'n cyfateb i elfennau yn y diwylliant
sy'n effeithio ar ei gilydd, mae'r un cwestiwn yn codi yn y cyd-
destun ehangach. Ac mae'n hollbwysig ein bod yn wynebu natur
y tyndra – y tyndra rhwng elfennau crediniol ac anghrediniol.
Ond os am wneud hynny, rhai gwrthod un ymateb poblogaidd
iawn i'r amlochredd a welwn yn Parry-Williams, sef dweud mai
paradocs yw'r cyfan. Onid dyna a wna R. Gerallt Jones?:

> Fel yr oedd ymgyrch T. H. Parry-Williams i ddarganfod ystyr
> bod beunydd yn ymgolli ymhellach ac ymhellach mewn
> paradocs, yn ymguddio mewn paradocs, felly y mae unrhyw
> ymgais i gysylltu ei fywyd â'i waith yn debyg o ddiflannu,
> dro ar ôl tro, yn niwloedd y deuoliaethau a'r lled-ddadlennu
> sgilgar a bwriadus sy'n britho ei ysgrifau a'i gerddi. Yr ydym
> yn aml yn cael ein gadael i ddyfalu.[21]

Mae sylwadau gan Meredydd Evans i'r un cyfeiriad:

> Y mae i'r paradocs le amlwg yng ngwaith creadigol Parry-
> Williams ... gwreiddia'n ddwfn mewn modd o ymwybod
> â Bod a Bywyd sy'n nodweddiadol ohono fel bardd a
> llenor.[22]

Ac mewn tegwch â'r beirniad, y mae Parry-Williams ei hun yn
apelio at baradocs yn ei waith. Mae'n gwneud hynny wrth ateb
cwestiwn J. E. Caerwyn Williams:

*Mae'n debyg fod gennych y math o feddwl sy'n crynhoi, yn cymathu,
yn tynnu pethau at ei gilydd?*

Mae profiadau'n ymgrynhoi yn y galon neu yn y meddwl:
profiadau gwahanol, gwrthgyferbyniol, ac eto mae rhyw
naws yn gyffredin iddynt, rhyw unoliaeth, ac y mae'r
profiadau hyn yn fwy o sialens i allu mynegiant dyn, mae
nhw'n galw am baradocs.[23]

Nid dweud yr wyf fod Parry-Williams, R. Gerallt Jones a
Meredydd Evans yn osgoi dadansoddi, eithr eu bod yn apelio
at baradocs yn rhy gynnar, cyn i'r dadansoddiad redeg ei gwrs;
y maent yn rhy barod i apelio at baradocs. Gwelir hyn wrth i
Parry-Williams ateb cais J. E. Caerwyn Williams am esiamplau o
baradocs. Y mae'n cynnig: 'Y profiad o fynd yn iau wrth fynd yn
hŷn, y profiad o weld Angau fel llarp o gi ac fel cymwynaswr ...'[24]
Ni welaf baradocs yn y naill esiampl na'r llall. Mae sefyllfaoedd
gwahanol yn ein denu i ymateb yn wahanol, dyna i gyd. Eto, nid
oes rhaid apelio at baradocs er gwrthgyferbynnu moelni mynydd
a chysuron cartref. Nid yw pob deuoliaeth yn baradocs.

Felly, yn ymarferol, dylem anghofio'r gair 'paradocs' wrth
drafod iaith Parry-Williams ac ymdrechu'n fwy taer i ganfod
ystyr ei ddarluniau a'i ddelweddau. Ond, gofynnir, oni fyddem
ar ein colled pe gwnaem hynny? Er enghraifft, dywed Meredydd
Evans fod Parry-Williams yn troi at baradocs er mwyn gwneud
cyfiawnder â llên ei gefnder, R. Williams Parry,[25] gan ddweud
amdano, 'fe fynegodd yr anfynegadwy'. A yw'r dywediad hwn yn
ddywediad paradocsaidd? Cyn ateb, ystyriwn yr adnodau hyn:

Trwy ffydd, Moses wedi mynd yn fawr, a wrthododd ei alw
yn fab merch Pharoah.

Gan ddewis yn hytrach oddef adfyd gyd â phobl Duw na
chael mwyniant pechod dros amser ...

Trwy ffydd gadawodd efe yr Aifft, heb ofni llid y brenin:

canys efe a ymwrolodd fel un sy'n gweled yr anweledig.

Daw'r geiriau o'r unfed bennod ar ddeg o'r llythyr at yr Hebreaid. 'Mynegi'r anfynegadwy' – 'Gweld yr anweledig' – ai iaith paradocs sydd yma? Neu a ydyw'r apêl barod at baradocs yn arwydd ein bod ni, yn ein diwylliant, yn colli'n gafael ar ffordd o siarad am y tragwyddol?

Os cofiwch y ffilm, *The Invisible Man*, fe gofiwch fod dyn oherwydd rhyw ddamwain mewn labordy wedi troi'n anweledig. Ond ambell waith fe ymddangosai yn y cnawd. I'r rhai a'i gwelai ar yr adegau hynny yr oedd, wrth gwrs, yn ddyn gweladwy. Ond nid profiad felly a gafodd Moses. Pan welodd ef yr anweledig, nid ymddangosodd Duw iddo fel gwrthrych gweladwy. Realiti ysbrydol yw Duw. Pan ymwrolodd Moses fel un yn gweled yr anweledig, gwrthododd drysorau gweledig yr Aifft am iddo gael golwg ar werthoedd ysbrydol Duw. Meddai Pantycelyn:

> Anweledig rwy'n dy garu.
> Rhyfedd ydyw nerth dy ras …

Ai caru paradocs a wnaeth Pantycelyn?

Heb os, y mae tyndra yng ngwaith Parry-Williams. Ar brydiau eraill, y mae'n creu fel un yn gweled yr anweledig. A thrachefn, ar brydiau, mae'n gwrthod apelio at fyd anweledig lle gorchfygir angau. Ni ddylem dderbyn y sefyllfa trwy apêl barod at baradocs, ac ni ddylem ar unrhyw gyfrif wneud gosodiadau fel, 'At the root of existence is paradox.'[26] Yn hytrach, dylem wneud pob ymdrech i ddeall profiadau'r ffin yng ngwaith Parry-Williams a beirdd eraill. Ond os am eu deall bydd yn rhaid i ni geisio gwneud natur y profiadau yn syniadol echblyg. Os daw dryswch, ofergoeliaeth neu ffantasi i'r golwg, rhaid fydd eu hwynebu. A gobeithio, hefyd, y bydd modd gwneud tegwch syniadol â chrediniaeth ac anghrediniaeth. Fodd bynnag, bydd rhaid ffarwelio â'r apêl at baradocs er mwyn gwneud hynny.

[1] Alun Llywelyn-Williams, 'Bardd y Rhigymau a'r Sonedau' yn Idris Foster (gol.), *Cyfrol Deyrnged Syr Thomas Parry-Williams* (Llys yr Eisteddfod, 1967), 26-41.

[2] Dafydd Glyn Jones, 'Agweddau ar waith T. H. Parry-Williams a Samuel Beckett' yn J. E. Caerwyn Williams (gol.), *Ysgrifau Beirniadol II* (Dinbych: Gwasg Gee, 1966), 267-303.

[3] Meredydd Evans, 'Dirgel Fyd' yn Ann Ffrancon a Geraint H. Jenkins (goln.), *Merêd: Detholiad o Ysgrifau Dr. Meredydd Evans* (Llandysul: Gwasg Gomer, 1994), 99-117.

[4] John Rowlands, 'Poesie Cerebrale?', *Y Traethodydd*, Cyf. 130, Hydref 1975, 321-9.

[5] R. Gerallt Jones, *Dawn Dweud: T. H. Parry-Williams*, 3.

[6] Dyfnallt Morgan, *Rhyw Hanner Ieuenctid* (Abertawe: Gwasg John Penry, 1971), 90.

[7] ibid., 75-6.

[8] ibid., gweler 76.

[9] ibid., 20.

[10] R. Geraint Gruffydd, 'T. H. Parry-Williams, 21 Medi 1887 – 3 Mawrth 1975', *Taliesin*, Cyf. 61, Mawrth 1988, 15.

[11] op.cit., 73.

[12] ibid.

[13] *Detholiad o Gerddi*, 97.

[14] op. cit., 275.

[15] op. cit., 137.

[16] ibid., 138.

[17] ibid., 137.

[18] Meredydd Evans, 'Rhai Elfennau Crefyddol yng Ngwaith T. H. Parry-Williams' yn J. E. Caerwyn Williams (gol.), *Ysgrifau Beirniadol XI*, 229.

[19] Am ddadl yn erbyn theodiciaeth o'r fath, gweler D. Z. Phillips, *The Problem of Evil and The Problem of God* (London: S. C. M. Press, 2004).

[20] *Detholiad o Gerddi*, 73.

[21] op. cit., 2.

[22] op. cit., 227.

[23] 'Syr Thomas Parry-Williams yn Ateb Cwestiynau'r Golygydd' yn J. E. Caerwyn Williams (gol.), *Ysgrifau Beirniadol* VII (Dinbych: Gwasg Gee, d.d.), 148.

[24] ibid.

[25] op. cit., 229.

[26] R. Gerallt Jones, *Writers of Wales: T. H. Parry-Williams* (Cardiff: University of Wales Press on behalf of the Welsh Arts Council, 1978), 48.

OFERGOELEDD, FFANTASI A'R FFIN

Casgliad y bennod flaenorol oedd na ddylem fod yn fodlon dweud, wrth edrych ar y gwahanol agweddau a geir yng ngwaith Parry-Williams, mai paradocs yw'r cyfan. Yn hytrach, dylem wahaniaethu rhwng yr agweddau, gan esbonio cymeriad pob un ohonynt. Drwy wneud hynny dôi natur y gwahaniaethau rhwng crediniaeth, anghrediniaeth, dryswch syniadol ac ofergoeledd yn glir. Er enghraifft, yn y bumed bennod gwelsom sut y dylanwadodd empeiriaeth ar syniad Parry-Williams am y ffin rhwng y naturiol a'r goruwchnaturiol. Ei ragdybiaeth oedd bod i bob ffin 'du yma' a 'thu hwnt'. O reidrwydd, yr ydym ni fel bodau meidrol yr ochr yma i'r ffin. Sut, felly, y mae modd i ni gyfathrebu â'r tu hwnt i'r ffin? Sut y mae modd i ni wybod, hyd yn oed, fod unrhyw beth goruwchnaturiol y tu hwnt i'r ffin? Dywedodd Parry-Williams ei fod yn gwybod iddo gael profiadau goruwchnaturiol oherwydd *naws y profiadau*. Dangosais mai dylanwad empeiriaeth ar ei feddwl oedd i gyfrif am hynny, dylanwad a'i harweiniodd i ddryswch rhesymegol. Dangosais nad *naws y profiad sy'n rhoi ystyr i arfer ond arfer sy'n rhoi ystyr i naws y profiad*. Mae i'r casgliad hwnnw ran sylfaenol yn nadleuon y bennod hon. Gwelwn ystyr profiad yng nghyd-destun y bywyd sydd o'i gwmpas. Wrth edrych ar gyd-destun o'r fath, gwelsom nad oes rheswm dros alw profiadau Parry-Williams yn brofiadau goruwchnaturiol. Wrth edrych ar y cyd-destun, dangosaf yn rhan gyntaf y bennod hon fod rheswm da dros ddweud fod y profiadau a ddisgrifir gan Parry-Williams yn rhai o'i ysgrifau enwocaf yn brofiadau ofergoelus. Yn ail ran y bennod, dangosaf sut y gall amgylchiadau bywyd arwain at barodrwydd i goledd ffantasïau.

1. Ofergoeledd

Mae'n demtasiwn meddwl na all ysgrif sy'n cynnwys dryswch syniadol fod yn ysgrif ddofn serch hynny. Y mae casgliad o'r fath yn rhy frysiog. Pe bai'n gasgliad cywir, beth a ddywedem am glasuron athroniaeth? Ni fyddai'r un athronydd mawr wedi ysgrifennu heb yr argyhoeddiad fod dryswch syniadol yng ngwaith rhai, o leiaf, o'i ragflaenwyr. Pe dywedem na ddylai fod dryswch syniadol mewn unrhyw waith sydd i'w ystyried yn un o glasuron athroniaeth, ni fyddai gennym yr un clasur! Efallai y byddai rhai am wahaniaethu rhwng safon y rhesymu yn yr ysgrifau, a safon esthetig yr ysgrifau. Ond byddai'n anodd gwneud hynny gydag awduron fel Platon, Descartes a Hume. O ble y daw'r mawredd, er gwaetha'r dryswch? Yr ateb yw: trwy'r modd y mae'r athronwyr yn ymgodymu â'u problemau, gan ddyfnhau ein gwerthfawrogiad o'r hyn sydd i'w gyfrif yn broblem ac yn anhawster. Maent yn penderfynu ffiniau ein trafodaethau athronyddol.

Beth, felly, am ysgrifau enwog Parry-Williams ar 'Y Gri', 'Oerddwr' a 'Drws-y-Coed'? Beth bynnag a ddywedaf am y dryswch syniadol sydd ynddynt, y mae sawl beirniad wedi dweud wrthyf eu bod wedi mwynhau eu darllen oherwydd ansawdd eu hiaith. Ni fyddai'n syndod gennyf glywed fod y mwyafrif llethol o ddarllenwyr o'r un farn. Derbyniaf fod fy marn yn un ddadleuol, efallai am fy mod yn rhesymu fel athronydd, ond ni allaf ymateb i ysgrifau Parry-Williams fel y gallaf ymateb i ddadleuon yr athronwyr mawr. Amgylchynir dryswch syniadol yr athronwyr mawr gan ansawdd dwys eu hymgodymu athronyddol. Ni welaf ddim hafal i'r ymgodymu hwnnw yn nhair ysgrif Parry-Williams.

Gwelsom eisoes fod awydd ganddo, ar adegau, i ddarganfod rhyw fath o wyddor i'r goruwchnaturiol. Derbyniwn fod lleoedd fel 'Oerddwr' a 'Drws-y-Coed' yn ei arswydo. O'r gorau. Ond wedyn mae'n ysgrifennu fel pe bai'n archwilio priodoleddau'r ardaloedd hyn, ac yn dod i'r casgliad mai priodoleddau goruwchnaturiol ydynt. Ar yr un pryd, dywed wrthym mai ei synhwyrau arbennig ef sy'n darganfod y priodoleddau hyn. Fodd bynnag, yr oedd Islwyn yn nes at y gwir wrth iddo sylweddoli nad mater o 'synhwyrau' arbennig yw ein hymatebion i nodweddion y byd o'n cwmpas:

> Ynom mae y sêr
> A phob barddoniaeth[1]

Sylw Parry-Williams ar 'Oerddwr' yw: 'Y mae holl ddaear y lle yn drwm gan annaearoldeb'.[2] O leiaf, sylw ydyw am briodoleddau lleol ond yn llaw R.Gerallt Jones fe dyf yn sylw uchelgeisiol am y bydysawd: '"Oerddwr" is a symbol of a universe pulsating with mystery.'[3] Aethom ymhell iawn oddi wrth y ffaith fod rhai pobl yn cael eu dychryn gan 'Oerddwr'!

Gall ymddangos fod yr ysgrifau ar 'Oerddwr' a 'Drws-y-Coed' yn ddiogel rhag y feirniadaeth a anelais at 'Y Gri'. Yn yr ysgrif honno, fel y dywedais, mae dryswch yn apêl Parry-Williams at naws y profiad. Mynnais mai'r hyn sy'n datgelu natur profiad yw ei le a'i arwyddocâd ym mywyd person. Yn 'Oerddwr' a 'Drws-y-Coed', apelir nid yn unig at naws y profiadau ond at eu lle yn ei fywyd. Felly, beth yw'r anhawster? Wel, wrth gwrs, mae popeth yn dibynnu ar *natur* y lle hwnnw. Ai lleoliad ysbrydol ydyw? Rhaid edrych ar ddisgrifiadau Parry-Williams ei hun ohono:

> Dyma wlad y Tylwyth Teg, yma y mae Llwyn-y-Forwyn a Llyn y Dywarchen. Ar y ffordd y mae ysbryd Adwy'r Raels yn ymddangos weithiau … Yr oedd y cyfan yn fyw o arallfydedd; bwgan yr adwy, hawntiau'r Tylwyth Teg …[4]

Pa fath o brofiad a gafodd Parry-Williams, a beth a wnawn o'i ddisgrifiad ef ei hun ohono? I rai beirniaid, bardd sydd yma sy'n dewis ei eiriau'n ofalus mewn modd sy'n ein harwain i weld arwyddion o'r trosgynnol yn ei brofiad. Ai hynny a gawn, neu'n hytrach ddisgrifiad sy'n gadael i wahanol syniadau redeg i'w gilydd mewn bwrlwm o ystyron amwys? Ni wyddom ble mae'r ysbrydol (neu'r ysbrydion) yn dechrau nac yn diweddu. Nid geiriau wedi'u dewis yn ofalus a gawn, eithr geiriau sy'n rhedeg ynghyd mewn perthynas lac.

Ai gofyn wyf felly, fel athronydd, am ryw fath o dacluso ar y cysylltiadau llac rhwng geiriau'r awdur ac ymgais i wneud yr amwys yn fwy eglur? Dim o gwbl. Dengys amwysedd a llacrwydd y geiriau'n union pa fath o brofiad yw profiad Parry-Williams – mae'n brofiad sydd mor amwys a llac â'i eiriau. Ond os felly, dywed y beirniad, onid yw'r awdur yn dewis ei eiriau'n ofalus? Wedi'r cyfan, onid ei fwriad oedd dangos hyn i ni – dangos natur ei brofiad? Yr hyn sy'n rhwystro dod i gasgliad o'r fath yw'r ffordd y mae Parry-Williams am *adeiladu* ar ei brofiadau, fel pe baent yn ffrwyth ymchwil i fyd rhyfedd y goruwchnaturiol, yn ddarganfyddiad o arallfydedd. Y gwir yw fod ei ddisgrifiadau'n dangos profiadau i ni sy'n amwys godi o ofergoeledd, dryswch, dychryn, a hen storïau. Does dim byd o le ar hynny. Mae llawer ohonom wedi cael profiadau tebyg. Ond nid yw Parry-Williams yn fodlon ar hynny. Wrth adeiladu ar ei brofiadau, dengys awydd i fod yn ymchwilydd yr annaearol. Daw'r uchelgais hwn i'r amlwg ar brydiau yn ei ddiffyg amynedd at ei iaith ei hun, fel petai'n hanner sylweddoli y tyndra rhwng ei brofiadau a'r hyn y dymunai adeiladu arnynt. Onid peth braf fyddai mynd yn syth at ddyfnder y profiad heb orfod trafferthu â geiriau annigonol? Nid awdur sy'n dewis ei eiriau'n ofalus sydd yma, ond un sy'n ymdrechu i guddio'r ffaith nad yw'r geiriau sydd ganddo yn gwarantu ei gasgliadau uchelgeisiol. Meddai Parry-Williams:

Nid yw cyfeirio at enghreifftiau a nodweddion a digwyddiadau fel hyn ond megis chwarae ag ysbrydoldeb awyrgylch y fan hon.[5]

I'r gwrthwyneb, o safbwynt awdur, chwarae ag ysbrydoldeb yw anwybyddu enghreifftiau, nodweddion a digwyddiadau. Hebddynt nid 'y profiad pur' a geir, ond cragen wag. Ac ni ddylid chwaith ddilyn y rheini sydd am osgoi'r anhawster, drwy ddweud fod y dirgelwch y tu hwnt i'n cyrraedd a thu hwnt i bob disgrifiad o'n heiddo. Yr unig ganlyniad i ddweud hynny yw syniad o ddirgelwch sy'r un mor niwlog â'r disgrifiadau. Nid yw ystyr 'dirgelwch' yn ddirgelwch, neu ystyr 'annaearol' yn annaearol. Nid perthynas allanol, ond perthynas fewnol, sydd rhwng profiad a'i amgylchedd. Yn y cyd-destun hwn fe welwn sut rai yw profiadau Parry-Williams yn 'Oerddwr' a 'Drws-y-Coed'. Nid yn ei ddarlun ohonynt fel ymchwilydd i'r goruwchnaturiol y cawn yr olwg orau arnynt, ond mewn sylw bach diniwed a wneir ganddo wrth fynd heibio. Meddai:

Peth plentynnaidd, efallai, oedd y profi, ond y mae'n sicr gennyf fod synhwyrau'r ffin ynof yn fyw i'r pethau arallfydol hyn.[6]

Byddai'n well pe bai'r awdur wedi canolbwyntio ar natur blentynnaidd y profiad, yn hytrach na cheisio adeiladu arno ei sicrwydd dryslyd fod rhywbeth ynddo y gellid ei alw yn 'synhwyrau'r ffin'. Nid sylw dirmygus am ei brofiadau yw'r awgrym mai profiadau plentynnaidd ydynt. I'r gwrthwyneb. Pwyslais pwysig sydd yma ar gyntefigrwydd y profiadau. Meddyliwch amdanom yn blant yn cael ein dychryn mewn mynwent, neu gan sŵn yn y tywyllwch. Mae'r dychryn yn ymateb cyntefig i leoedd fel Oerddwr a Drws-y-Coed. Wedyn fe all cyntefigrwydd yr ymateb plentynnaidd gael ei gysylltu â phob math o bethau, hen storïau am leoedd arbennig ac yn y blaen. Fel y gwyddom, gall profiadau o'r fath barhau drwy fywyd oedolyn hyd y diwedd. Ni fyddwn i, er enghraifft, yn barod i gerdded drwy fynwent ar fy mhen fy hun yn y tywyllwch. Paham? Am fod synhwyrau arbennig ynof sy'n fyw i bethau arallfydol? Na. Yn hytrach, oherwydd y gwn i'n dda pa fath o ymatebion cyntefig a'm meddiannai mewn sefyllfa o'r fath.

Yn y rhan hon o'r bennod, rwyf wedi sylwi ar *rai* o'r elfennau yng ngwaith Parry-Williams nad ydynt i'w cael ond yn *rhai* o'i *Ysgrifau* yn unig. Nid barn gyffredinol ar grynswth ei waith yw hon. Fel y gwelwn nes ymlaen mae gwir ddyfnderau yng ngwaith Parry-Williams. Fy nadl yw na cheir y rheini yn yr ysgrifau ar 'Y Gri', 'Oerddwr' a 'Drws-y-Coed'. Ni chredaf, fel y mae rhai am i ni wneud, fod yr ysgrifau hyn yn bwysig iawn os ydym am ddeall y tyndra sylfaenol rhwng crediniaeth ac anghrediniaeth yng ngwaith Parry-Williams. Yn y cyd-destun hwnnw, ni fyddwn wedi tynnu rhyw lawer o sylw atynt oni bai am y duedd i'w derbyn yn anfeirniadol. Gwir a ddywedodd Hywel Teifi Edwards wrth iddo ddisgrifio Parry-Williams fel arch-dramp ein llên:

> Ar-ei-ben-ei-hunan o dramp myfyrdodus a garai weld ystyr i'w throeon cyn cyrraedd pen yr yrfa.[7]

Ac fel pob tramp, roedd am chwilota drwy'r holl bethau a ddôi i'w ran ar ei grwydriadau. Ac fel yn hanes pob tramp, hefyd, nid yw popeth a ddaeth i'w ran ar y daith gyfwerth â'i gilydd. Fy nadl i yw ei bod hi'n bwysig cofio hynny wrth drafod dyhead Parry-Williams i fod yn ymchwilydd y goruwchnaturiol, a'i honiad fod synhwyrau arbennig ganddo a'i gwnâi'n gymwys i'r gwaith.

2. Ffantasi a'r Beirdd

Y mae'r awydd a welsom yn Parry-Williams i fod yn ymchwilydd y goruwchnaturiol yn dangos dylanwad gwyddoniaeth ar ein diwylliant. Fel y dangosodd R. Gerallt Jones, credai Parry-Williams fod gwyddoniaeth o fewn trwch blewyn i esbonio profiadau goruwchnaturiol. Ar y llaw arall, yr oedd am ddweud fod profiadau o'r fath y tu hwnt i gyrraedd dadansoddiad gwyddonol. Tystiolaeth yw'r tyndra o ansicrwydd ynglŷn â natur y berthynas rhwng crefydd a gwyddoniaeth. Pa fath o her a roir i grefydd gan wyddoniaeth?

Yn ôl R. S. Thomas yn ei gerdd, 'Other', mae'r fateroliaeth a ddaw yn sgil gwyddoniaeth a thechnoleg yn ei gwneud hi'n fwy anodd i siarad yn ystyrlon am bethau ysbrydol:

> ... The machine appeared
> In the distance, singing to itself
> Of money. Its song was the web
> They were caught in, men and women
> Together. The villages were as flies
> To be sucked empty.
>
> God secreted
> A tear. Enough, enough,
> He commanded, but the machine
> Looked at him and went on singing. ('Other')[8]

Yn 'Counterpoint' mae'r bardd yn holi, heb lawer o obaith:

> Is there a contraceptive
> for the machine, that we may enjoy
> intercourse with it without being overrun
> by vocabulary? ('Counterpoint')[9]

Mae R. S. Thomas yn rhoi ei fys ar natur y broblem. Nid un dybiaeth yn erbyn tybiaeth arall y tu fewn i fframwaith cyffredin yw'r tyndra rhwng crefydd a gwyddoniaeth, ond tyndra rhwng dwy fath o iaith sy'n dynodi ymatebion gwahanol iawn i'r byd. Sut y mae modd iddynt fyw'n gytûn y tu fewn i'r un diwylliant? Ai damwain yw'r ffaith fod y cerddi hynny lle mae R. S. Thomas yn ceisio cymodi iaith crefydd ag iaith gwyddoniaeth gyda'r salaf yn ei waith? Yn y bedwaredd ganrif ar bymtheg, gwelai Keats yn 'Lamia' sut yr oedd athroniaeth naturiol (sef ffiseg) yn effeithio ar iaith pethau'r ysbryd:

> ... Do not all charms fly
> At the mere touch of cold philosophy?
> There was an awful rainbow once in heaven:
> We know her woof, her texture; she is given
> In the dull catalogue of common things.
> Philosophy will clip an Angel's wings,
> Conquer all mysteries by rule and line,
> Empty the haunted air and gnomed mine –
> Unweave a Rainbow ...[10]

Ac yn yr ugeinfed ganrif clywir T. Gwynn Jones yn ei gân, 'Y Nef a Fu',[11] yn sôn am golli ei weledigaeth grefyddol gynnar o natur:

> Yr oedd y perthi yn eu gwyn i gyd
> Fel offeiriadon ar ddefosiwn mud ...

O ganlyniad i'r golled mae:

> Yn gweld y gwegi ac yn rhegi'r nos,
> Ond wedi colli gobaith am y wawr.

Nid oes osgoi'r caswir fel y dywed yn 'Rhwng y Ddeuddim'[12]:

> Bu farw'r duwiau oll i gyd
> Rhag pwyll y byd gwybodus ...

Wrth gwrs gellir dadlau, ac fe ddylid dadlau, mai ffrwyth cymysgu categorïau syniadol gwahanol yw gweld tyndra rhwng gwyddoniaeth a chrefydd. Gofynnodd Wittgenstein a oedd y wawr yn llai o ryfeddod oherwydd bod esboniad gwyddonol gennym ohoni. Ar y llaw arall, nid oes modd gwadu'r ffaith fod iaith a gweithgareddau gwyddoniaeth a thechnoleg yn medru erydu iaith crefydd. Erbyn hyn, cerddodd dyn ar y lleuad. Yn ei gerdd 'What Then?' mae R. S. Thomas yn holi ynghylch yr *astronauts*:

> ... What prayers will they say
> upside down in their space-chambers?

Dywedir fod anturiaethau o'r fath yn ehangu ein dealltwriaeth o'r gofod: 'new connurbations a little nearer the stars.' Ond efallai mai'r canlyniad mwyaf pellgyrhaeddol fydd crebachu'r gofod i'r pererin ysbrydol. Dyna yw'r ias yng nghwestiwn 'What Then?':

> ... but will there be room there
> for a garden for the Judas
> of the future to make his way through
> to give you his irradiated kiss? ('Mass For Hard Times')

A fydd lle yn y dyfodol, mewn byd sy'n debygol o fynd yn fwyfwy technolegol, i bethau'r ysbryd? Oherwydd mai yn y syniad o ffantasi y mae fy niddordeb yn y rhan hon o'r bennod, nid oes modd trafod ymateb arbennig yn wyneb yr her wyddonol. Cyfeirio yr wyf at rai ymdrechion, megis ymdrech T. Gwynn Jones, i greu *myth* i wrthsefyll y byd cyfnewidiol. Ond beth am y digyfnewid? Onid dyna'r math o saga a myth a benderfynai hunaniaeth pobl arbennig? Nid tybiaethau oeddynt ond fframwaith a rôi ystyr arbennig i bwy bynnag a allai fyw o fewn y fframwaith. Onid fframwaith felly yw'r Gristnogaeth, gyda'i Duw tragwyddol nad yw'n newid? Os felly, ym mha fodd y gall T. Gwynn Jones ddweud, 'Bu farw'r duwiau oll i gyd'? Yn sicr, nid oherwydd bod gwyddoniaeth wedi gwrthbrofi credoau crefyddol ond, yn hytrach, am fod un math o ddiddordeb yn y byd wedi erydu'r ymatebion ysbrydol iddo. Erbyn i bobl ddechrau meddwl mai tybiaethau ffals ydyw credoau crefyddol, maent eisoes wedi colli gafael ar ystyron ysbrydol.

Ar y llaw arall, fel y gwyddom, yr oedd T. Gwynn Jones am ail-greu fframweithiau a fedrai ysbrydoli cenedl o'r newydd.

Dyna oedd ei nod, er enghraifft, yn 'Ymadawiad Arthur'. Wrth i
Arthur hwylio i Afallon, fe glyw Bedwyr gân ryfeddol broffwydol
y rhianedd sy'n addo y bydd dadeni yn y dyfodol:

> 'Yn y fro ddedwydd mae hen freuddwydion
> A fu'n esmwytho ofn oesau meithion;
> Byw yno byth mae pob hen obeithion,
> Yno, mae cynnydd uchel amcanion;
> Ni ddaw fyth i ddeifio hon golli ffydd,
> Na thro cywilydd, na thorri calon.
>
> Yno, mae tân pob awen a gano,
> Grym, hyder, awch pob gŵr a ymdrecho;
> Ynni a ddwg i'r neb fynn ddiwygio,
> Sylfaen yw byth i'r sawl fynn obeithio;
> Ni heneiddiwn tra'n noddo – mae gwiw foes
> Ag anadl einioes y genedl yno!'[14]

Darfu am optimistiaeth 'Ymadawiad Arthur' wrth i'r bardd weld
ei wlad yn bradychu'r gwerthoedd hynny a oedd, yn ei olwg
ef, yn hanfodol i'w hunaniaeth. Yn ôl rhai beirniaid, yr oedd ei
gerddi yn y dull realaidd yn sentimental o'u cymharu â'i gerddi
mawr arwrol, tra bod beirniaid eraill yn gweld cyfle a gollwyd yn
y realaeth honno. Yn ôl y rheini, cymerodd y bardd gam gwag
wrth droi at ramantiaeth. Ond hyd yn oed ymysg y beirniaid na
fyddai'n cytuno â hynny, ceir cryn amrywiaeth barn am ei gerddi
mawr. Pa rai sy'n wir ysbrydoledig, a pha rai y gellid eu hystyried
fawr gwell na dihangfa rhag realiti? Nid wyf am ymdaflu i'r ddadl
hon; dim ond dangos pa *fath* o ddadl ydyw. Mae'n ymwneud,
o reidrwydd, â pherthynas y gerdd â'r bywyd sydd o'i chwmpas
oddi mewn i'r genedl.

Yn 'Ymadawiad Arthur', fe ddywedir am Afallon, 'Ni ddaw
fyth i ddeifio hon golli ffydd' oherwydd 'Byw yno byth mae pob
hen obeithion'. Nid rhagfynegiad ydyw, nid addewid yn yr ystyr

arferol, ond gweledigaeth, fframwaith o ystyr. Nid addo fod y fframwaith yn mynd i barhau a wneir, eithr cynnig y fframwaith fel y cyfryw, ei gynnig fel addewid. Yn y pennill olaf cawn y llinell, 'Ni heneiddiwn tra'n noddo' – a dyna'r broblem. Daw honno â ni'n ôl at gwestiwn natur ein nodded yn y diwylliant presennol. A oes fframwaith cynhwysfawr sy'n ein cynnal? Mewn perthynas â cherddi yn gyffredinol, mae'r cwestiwn yn un cymhleth dros ben, oherwydd nid yr un cynnwys sydd i bob cerdd, ac nid yr un, o bell ffordd, yw sefyllfa pob unigolyn yn y gymdeithas. Felly, pa gerddi sy'n llwyddo i gyfathrebu a gyda phwy yn ein diwylliant y gwnânt hynny? Beth bynnag yw'r ateb ceir cytundeb beirniadol ar un mater, sef na ddylai'r cerddi fod yn sentimental. Petaent, fe olygai eu derbyn y byddai bywyd ei hun yn cael ei sentimentaleiddio.

Wrth i iaith gwyddoniaeth ac agweddau technegol fygwth ystyron ac agweddau eraill ar fywyd, gall y dyhead am rywbeth y tu hwnt iddynt gymryd ffurf sentimental. Gall apêl o'r fath fod yn gryf, serch hynny, oherwydd mae ei gwreiddiau yn y teimlad nad oes rhaid i bethau fod mor ddrwg a digalon ag yr ymddangosant. Onid oes gobaith am rywbeth gwell, er mor annelwig ydyw, tu hwnt i'r enfys;[15] rhywbeth y tu hwnt i'r cyfarwydd a sicrha y bydd popeth yn iawn yn y diwedd? Mae'r dyhead yn ddealladwy, ond mae'r cynnwys yn sentimental. Dyma sy'n esbonio, mi gredaf, y modd y gall cerdd ddal i'n swyno er y gwyddom am y dryswch syniadol sydd ynddi. Os am esiampl enwog, nid oes rhaid edrych ymhellach na'r gân sydd wedi'i chysylltu am byth â ffilm MGM o stori Frank Baum, *The Wizard of Oz*:

> Somewhere over the rainbow, way up high
> There's a land that I heard of once in a lullaby.
> Somewhere, over the rainbow, skies are blue,
> And the dreams that we dare to dream, there,
> really do come true.

Dyma hanfod ffantasi: mynnu credu fod rhywbeth ar derfyn yr enfys i ateb ein dymuniadau anatebadwy. Fel y dywedodd Ludwig Feuerbach, 'Heb ddyheadau, ni fyddai duwiau'n bod'. Ac onid dyheadau o'r fath a brofai Elfed, ar adegau, yng ngolau'r hwyr, nes creu ohono 'Ynys y Plant' i'w bodloni?:

> 'Rwyf weithiau'n gweld, ar hafaidd hwyr,
> Ryw ynys dawel dros y lli;
> Ei heuraidd fryniau, Duw a ŵyr,
> Aeth â fy nghalon i yn llwyr:
> Dim haint na siomiant iddi ddaw,
> Mellt na tharanau, gwynt na glaw:
> Yr ynys ddedwydd dros y lli,
> Yng ngolau'r hwyr y gwelir hi![16]

Gwelsom yn rhan gyntaf y bennod, wrth drafod ysgrifau Parry-Williams, sut y gall profiadau cyntefig o ofn mewn plentyn, barhau ym mywyd yr oedolyn fel gwahanol fynegiadau o ofergoel. Ynys i blant, yw ynys Elfed, ond onid yw'r freuddwyd amdani, 'Ryw ynys dawel dros y lli', yn dal yn ein breuddwydion a ni'n oedolion?

Ar y llaw arall, gwelir hefyd ymdrechion i'n rhyddhau o afael ffantasi. Mae *The Wizard of Oz*[17] yn esiampl ddiddorol, oherwydd er bod 'Somewhere over the rainbow' yn aros yn y cof, nid bwriad Frank Baum yn ei lyfr oedd gorseddu ffantasi, eithr ein rhyddhau o'i gafael. Fe gofiwch am y tri chymeriad y mae Dorothy yn eu cyfarfod wrth iddi ddilyn Ffordd y Cerrig Melyn – Y Bwgan Brain sy'n dyheu am ymennydd, y Dyn Tun sy'n dyheu am galon, a'r Llew sy'n dyheu am ddewrder. Maent am fynd i'r ddinas Emrallt, er mwyn gweld y Dewin a all gyflenwi eu holl anghenion. Ac i ffwrdd â hwy: 'We're off to see the Wizard, the wonderful Wizard of Oz.' Pam? 'Because of the wonderful things he does'.

Ond, fel y gwyddom, trodd y Dewin allan i fod yn dwyllwr, yn ddyn bach tew yn gweiddi drwy fegaffon mewn ymdrech i

swnio'n oruwchnaturiol. Pan ddatgelir ei dwyll dywed y Dewin:
'How can I help being a humbug when all these people make me
do things that everybody knows can't be done?' Dengys profion
y Dewin fod ymennydd gan y Bwgan Brain eisoes, a'r un modd
fod calon gan y Dyn Tun, a dewrder gan y Llew. Mae'r neges
yn amlwg: datblygwch eich galluoedd naturiol heb edrych am
gymorth goruwchnaturiol. Rhaid tyfu i fyny a rhoi heibio ein
syniadau plentynnaidd. Yn wir, fe awgrymwyd y dylem gymharu
tueddiadau crefyddol â seicoleg plant bach. Byd dewinol yw byd
plentyn bach. Nid yw'n gofyn o ba le y daw na'i ddillad na'i
fwyd. Y mae'n eu cael mewn modd dewinol. Rhoddion ydynt,
ac nid oes rhaid i'r plentyn wncud dim i'w cael. Ond, wrth
gwrs, mae modd esbonio sut y daw'r dillad a'r bwyd. Pan ddaw'r
plentyn yn ddyn, gwêl nad ffafr rasol mohonynt. Ped agorem
ninnau'n llygaid yr un fel, buan y ceid nefoedd heb yr un Duw
ynddi. Ac eto, er gwaethaf hynny fe'n temtir ar brydiau o hyd
gan hudoliaeth yr ynys dawel dros y lli. Yn wir, mae Cynan yn
taro'n ôl yn erbyn collfarnu dyheadau o'r fath, ond onid dyheu
am ffantasi y mae yntau yn ei gerdd 'Afallon'?:

> … Farchogion y Greal, ni chewch gan eich oes
> Ond gwawd am eich breuddwyd, a fflangell a chroes.
> Daw Medrawd neu Suddas i dorri'ch Bord Gron,
> Ond ery'n ddi-fwlch yn y Tir dros y Don …
>
> Draw, draw dros y tonnau, fan honno mae'r tir
> Lle daw holl freuddwydion yr ifanc yn wir;
> Gwlad heulwen ddigwmwl, gwlad blodau di-ddrain;
> Y wlad lle mae'r cleddyf am byth yn y wain.
> Dan flodau'r afallen caf orffwys byth mwy
> Yn Ynys Afallon, i wella fy nghlwy.[18]

'Somewhere over the rainbow' – 'Draw dros y tonnau' – 'If
happy little bluebirds fly beyond the rainbow, why then, oh why

can't I?' – 'Dan flodau'r afallen caf orffwys byth mwy/ Yn Ynys
Afallon, i wella fy nghlwy' – ffantasïau hudolus! Ac eto, geiriau clo
y ffilm *The Wizard of Oz* yw, 'There's no place like home'. Dyna
arwyddair hiwmanistiaeth anffyddiog. Ni cheir cartref naturiol
dyn yn 'rhywle arall', rhywle uwchlaw'r ffurfafen. Temtir ni, yn
gamarweiniol, i freuddwydio amdano; temtir ni i grwydro ar hyd
Ffordd y Cerrig Melyn.

Ond, medd eraill, rhaid troi'n ôl, ac ailddarganfod y ffordd
adref i'r fferm yn Kansas, yn rhydd o afael pob ffantasi a'n traed ar
y ddaear. Dyna a wnaeth Dorothy a'i chyd-fforddolion. A dyna
hefyd a wnaeth morwyr W. J. Gruffydd a hwyliodd i 'Ynys yr
Hud':

> Twm Huws o Ben y Ceunant,
>   A Roli bach, ei frawd,
> A deg o longwyr gwirion
>   O lannau Menai dlawd.
>
> Cerrig oedd tir ein cartref,
>   A llwydaidd oedd ein hynt;
> 'Doedd dim yn digwydd yno
>   Ond haul a glaw a gwynt.
>
> Am nad oedd dim yn digwydd
>   I mi na Roli 'mrawd,
> A Duw heb wneuthur gwyrthiau
>   Ar lannau Menai dlawd,
>
> Ni aethom ryw ben bore
>   I grwydro dros y byd,
> I geisio gwyrthiau'r Arglwydd,
>   A gweld ei bethau drud.

Daethant at ynys a oedd, i bob golwg, yn baradwys bur. Ond

wrth iddynt sylweddoli pa mor ddi-hid oeddynt o'u rhieni, eu
plant a'u cariadon gartref, trodd y baradwys yn hunllef ofnadwy.
Rhaid oedd iddynt fynd adref:

> 'Lle'r ei di, Twm Pen Ceunant,
>   Lle'r ei di ar draws y byd,
> A Sioned bron â hollti
>   A'i hwyliau'n garpiau i gyd?'

> 'Yn ôl i'r Felinheli
>   'Rwy'n mynd, co bach, ho ho,
> Yn morio am 'y mywyd,
>   Saith mis o Callaô.'[19]

Profodd T. Rowland Hughes, yntau, awydd i fynd i'r Ynys
Bell ond nid ildiodd i'r demtasiwn. 'Llan-y-Dŵr' oedd ei le
delfrydol ef ac yn ei ddychymyg fe welai'r olygfa hudol:

> Fe chwalai'r tonnau arian ddŵr
> Hyd dywod aur y fan,
> A thrôi gwylanod di-ystŵr
> O'r arian ddŵr
> I gylchu tŵr
> A mynwent hen y llan.

Ond gwyddai nad lle felly fyddai'r lle go iawn:

> Ond gwn ped awn i Lan-y-dŵr
> Y cawn i'r adar hyn
> Yn troelli'n wyllt a mawr eu stŵr
> O gylch y tŵr
> A'r arian ddŵr
> Yn ddim ond ewyn gwyn.

Am hynny:

Ni fûm erioed yn Llan-y-dŵr
Ni fûm, nid af ychwaith,
Er nad oes harddach man, 'rwy'n siŵr
Na Llan-y-dŵr
A'i fyd di-stŵr
Nid af, nid af i'r daith.[20]

Yr ynys dawel dros y lli – yr ynys ddedwydd – gwlad blodau di-ddrain – adar di-ystŵr – y baradwys bur. Beth ddylai ein dyfarniad fod ar ffantasi o'r fath? – 'Nid af, nid af i'r daith'. Ond a oes gennym ddewis arall? Ceir ateb pendant gan hiwmanistiaeth. Gadewch i ni ddod i delerau â'n bywydau heb feddwl am na gwlad, na chymar, na bod y tu draw i'r un ffin. Dyma Freud yn sôn am y weledigaeth hon yn *The Future of an Illusion:*

> And as for the great necessities of Fate, against which there is no help, they will learn to endure with resignation. Of what use to them is the mirage of wide acres on the moon, whose harvest no one has ever seen? As honest smallholders on this earth they will know how to cultivate their plot in such a way that it supports them.[21]

Mae'r her yng ngeiriau Freud yn un hen. Fe'i cafwyd yn *De Rerum Natura* Lwcretiws, er enghraifft. Sylwodd Lwcretiws mor ddi-hid oedd y ffurfafen o fywyd dynion. Nid oedd modd esbonio yn nhermau duwiau, er enghraifft, paham fod mellten yn dod o'r nefoedd o un cyfeiriad yn hytrach nag un arall. Paham nad oedd y fellten yn taro'r dyn drwg, yn lle taro'r diniwed? Paham fod y duwiau'n gwastraffu cynifer o fellt yn y diffeithwch? Ai rihyrsio oeddynt cyn ceisio taro dynion? A phaham fod yn rhaid i Iau guddio mewn cymylau cyn taranu? Rhoes Lwcretiws her i ni: dangoswch Iau yn taranu o ffurfafen glir. Casgliad Lwcretiws oedd bod y duwiau, hyd yn oed os oeddent yn bod, yn gwbl amherthnasol i'n bywydau ni.

Os nad yw'r ffurfafen yn dweud dim, ym mha fodd y gellir

sôn am Dduw, neu'r duwiau? Ym mha fodd y mae syniadau amdanynt i gael troedle yn ein profiad, heb i ni ddweud celwydd am y profiad hwnnw? Ond pa mor galed bynnag oedd eu bywyd daearol, y caledi hwnnw a arweiniodd rai i feddwl am fywyd fel rhywbeth yn nwylo Duw neu'r duwiau. Ond pa fath o Dduw, pa fath o dduwiau?

[1] Meurig Walters (gol.), *Y Storm Gyntaf gan Islwyn* (Caerdydd: Gwasg Prifysgol Cymru, 1980), 151.

[2] *Casgliad o Ysgrifau*, 136.

[3] R. Gerallt Jones, *Writers of Wales: T. H. Parry-Williams,* 16.

[4] *Casgliad o Ysgrifau*, 114–115.

[5] ibid., 136.

[6] ibid., 116.

[7] Hywel Teifi Edwards, *Pantycelyn a Parry-Williams: Y Pererin a'r Tramp*, 8.

[8] Dyfynnir cerddi R. S. Thomas fel y'u ceir yn *Collected Poems 1945-1990* (London: Phoenix Giants, 1993), os na nodir yn wahanol.

[9] R. S. Thomas, *Counterpoint* (Newcastle: Bloodaxe Books, 1990), 47.

[10] John Keats, 'Lamia', Part II, yn *Keats. Poetical Works* (Oxford: Oxford
University Press, 1970), 176-7.

[11] T. Gwynn Jones, 'Y Nef a Fu' yn *Manion* (Wrecsam: Hughes a'i Fab, 1932), 17.

[12] T. Gwynn Jones, 'Rhwng y Ddeuddim', ibid., 84.

[13] R. S. Thomas, *Mass For Hard Times* (Newcastle: Bloodaxe Books, 1992), 75.

[14] T. Gwynn Jones, *Caniadau* (Caerdydd: Hughes a'i Fab, 1934), 33.

[15] Un o themâu Gwenlyn Parry yn *Panto* (Llandysul: Gwasg Gomer, 1992).

[16] *Caniadau Elfed* (Caerdydd: Y Cwmni Cyhoeddiadol Addysgol, 1909), 129.

[17] Frank Baum, *The Wizard of Oz* (Puffin, 1984).

[18] *Cerddi Cynan* (Lerpwl: Gwasg y Brython, 1967), 35.

[19] W. J. Gruffydd, *Ynys yr Hud a Chaneuon Eraill* (Wrecsam: Hughes a'i Fab, 1927), 2-3, 7.

[20] T. Rowland Hughes, *Cân Neu Ddwy* (Dinbych: Gwasg Gee, 1963), 9.

[21] Sigmund Freud, *The Future of an Illusion* (Hogarth Press, 1962), 46.

FFAWD A'R FFIN

1. *Traed Mewn Cyffion* ac ôl y Duwiau

Ar ddiwedd y bennod flaenorol dywedais fod rhai wrth wynebu caledi bywyd, yn wir *oherwydd* y caledi, yn sôn am Dduw neu dduwiau. Ond wedyn gofynnais, 'Pa fath o Dduw neu o dduwiau?' Rhaid parchu'r ffaith y ceir gwahanol atebion i'r cwestiwn. Ar brydiau, methir â chydnabod y gwahaniaethau sy'n arwain at gamddeall mewn dadl. Credaf fod hynny'n wir am y ddadl rhwng Saunders Lewis a Kate Roberts ynglŷn â'i nofel, *Traed Mewn Cyffion*.

Ffiniau Anghytundeb

Nid oedd Nadolig 1934 yn adeg hapus i Kate Roberts. Derbyniodd lythyr beirniadol gan Saunders Lewis ynglŷn â'r nofel 'Suntur a Chlai' a gyhoeddwyd yn 1936 o dan y teitl *Traed Mewn Cyffion*. Ysgrifennwyd y llythyr ar nos Nadolig. Cynhyrfwyd Kate Roberts gan ei feirniadaeth ac atebodd ef yn fanwl ar 28 Rhagfyr, gan ei gyhuddo o gamddealltwriaeth enbyd.

Dyma oedd hanfod beirniadaeth Saunders Lewis:

> ... mi gredaf ... eich bod, oherwydd gonestrwydd a gwroldeb eich natur, yn gwrthod ymdrin â mater sy'n anghytnaws

â'ch ysbryd, ond sydd, er hynny, yn rhan hanfodol o fywyd teuluoedd Cymreig, yn arbennig yn y ganrif ddiwethaf a hyd at 1914, sef profiad crefyddol. Y mae'ch cymeriadau chi'n byw ar yr wyneb i gyd; nid oes ganddynt du-mewn a dim dyfnder ynddo; nid oes ganddynt fywyd ysbrydol o gwbl. Y mae eu bywyd yn Biwritanaidd o undonog, ac eto nid ydych yn awgrymu nac unrhyw *raison d'être* am eu hundonedd piwritanaidd, nac ychwaith yn dangos bod dan y dôn unrhyw seiniau dyfnach. Os eich barn yw nad oes gan eich cymeriadau yn y nofel fywyd ysbrydol, yna dylech yn ddiau (er mwyn amlygu'ch barn) ddangos hynny drwy ddadansoddiad mwy treiddiol, a dylai'ch darlun fod yn llai caredig a bodlon ar adrodd helyntion yr arwynebedd.[1]

Mi gredaf fod deall *natur* yr anghytundeb rhwng Kate Roberts a Saunders Lewis yn allweddol wrth geisio deall ei hymdriniaeth hi â'i chymeriadau, ac â Jane Gruffydd yn arbennig, yn *Traed Mewn Cyffion*.

Pa *fath* o anghytundeb sydd rhwng Saunders Lewis a Kate Roberts? A yw'r ddau yn croesddweud ei gilydd? A yw Saunders Lewis yn cyhuddo Kate Roberts o anwybyddu profiad crefyddol yn ei nofel, ac a yw hi'n gwadu hynny? Beth fyddai'n ateb da i'r cwestiwn hwn pe bai'n gwestiwn arholiad – 'Mae hi'n anwybyddu'r dimensiwn crefyddol' neu 'Nid yw hi'n anwybyddu'r dimensiwn crefyddol?' Byddai'r naill ateb gynddrwg â'r llall, ddywedwn i. Byddai ateb da yn gofyn am rywbeth prin mewn ateb arholiad, sef awgrym fod rhywbeth o'i le ar y cwestiwn.

Ar yr olwg gyntaf mae'n ymddangos mai Saunders Lewis sy'n iawn. Nid oes llawer o drafod uniongyrchol ar grefydd yn *Traed Mewn Cyffion*. Dywed Kate Roberts: 'Ni wnaeth Diwygiad 1904–5 fawr argraff yno. Dyna paham y gwneuthum i'r wraig fynd i'r Capel yn lle dal at yr Eglwys. Nid oedd ganddi argoeddiadau y naill ffordd na'r llall.'[2] Ac onid oedd Saunders Lewis yn iawn hefyd wrth awgrymu mai'r rheswm am y diffyg sylw oedd bod crefydd yn anghydnaws ag ysbryd Kate Roberts? Yn ystod yr adeg hon yn y de, yr oedd credoau crefyddol yn ddiystyr iddi. Fel y dywedodd:

> Mae'n gas gan fy enaid Gristionogaeth. Yr wyf yn caru rhai Cristnogion ond am grefydd, credaf mai hi sydd yn gyfrifol bod y fath drefn ar y byd heddiw, y hi sydd wedi noddi cyfalafwyr rhagrithiol ar hyd y canrifoedd ar ôl yr Eglwys fore. Pan ddaeth rhywun i'n tŷ ni i gasglu at y genhadaeth rywdro, fe ddywedodd mam na roi hi ddim at wneud pobl yn fwy anhapus nag oeddynt. Fe ellwch chwi gyfrif holl ddyled llenyddiaeth a chelfyddyd i Gristionogaeth, ond mi fuasai'n well gennyf i weld mwy o hapusrwydd yn y byd heddiw.[3]

Ond os y gair olaf yw bod Kate Roberts yn anwybyddu profiad crefyddol yn *Traed Mewn Cyffion,* paham y mae'n anghytuno â Saunders Lewis pan yw'n ei chyhuddio o hynny? Mae'n sefyllfa annealladwy. Saunders Lewis: 'Rydych yn anwybyddu profiad crefyddol yn *Traed Mewn Cyffion*.' Kate Roberts: 'Rwy'n cyfaddef hynny ond rwy'n anghytuno â chwi yn llwyr'. Yn amlwg, nid oes ffordd ymlaen o'r tryblith hwn.

I ddeall yr anghytundeb rhwng Saunders Lewis a Kate Roberts rhaid gofyn y cwestiwn canlynol: A oes modd i Kate Roberts anghytuno â Saunders Lewis heb iddi groesddweud yr hyn a honnir ganddo? Nid yw pob anghytundeb yn fater o *groesddweud*. Pe bai Kate Roberts yn croesddweud, byddai'n derbyn y rhagdybiaethau neu'r ffiniau y mae Saunders am osod i'r ddadl. Ond mae Kate Roberts yn gwrthod ei ragdybiaethau syniadol. Yn gyntaf, mae'n gwrthod y cyhuddiad ei bod hi'n osgoi trafod profiad crefyddol am ei fod yn wrthun ganddi: 'Nid wyf, hyd y cofiaf, erioed wedi gwrthod ymdrin â pheth y mae'n gas gennyf.'[4] Ond ei phrif ymateb yw'r cyhuddiad fod Saunders Lewis wedi camddeall yn llwyr natur ei chymeriadau yn *Traed Mewn Cyffion.*

Nid bywyd crefyddol oedd iddynt: 'nid oes grefydd gan deulu "Suntur a Chlai" o gwbl, ac nid oes grefydd o gwbl gan y rhan fwyaf o'r ardalwyr.'[5] Yn ôl Kate Roberts cyhuddai Saunders Lewis hi o anwybyddu profiad crefyddol nad oedd yn bod yn y lle cyntaf i drwch y boblogaeth. Ac yr oedd ateb parod ganddi i esbonio paham yr oedd Saunders Lewis yn euog o gamsyniad mor fawr:

> Mae'n sicr y gwyddoch fwy na mi am hanes Cymru... Ond ni wyddoch ddim am fywyd un dosbarth o bobl yn fwy na'i gilydd am na ddigwyddodd ichwi fod yn un ohonynt na'ch magu yng Nghymru. Dim ond edrych o'r tu allan y buoch erioed ... Ond fe wn i am fywyd un gongl o Gymru yn drwyadl am fy mod yn rhan ohoni.[6]

Mae'n ymddangos bod modd inni ddod i gasgliad gweddol syml. Nid yw Kate Roberts yn anwybyddu profiad crefyddol ei chymeriadau am nad oedd iddynt brofiad crefyddol yn y lle cyntaf, yn ei thyb hi. Ni ellir anwybyddu rhywbeth nad yw'n bod. Ond unwaith y deuwn i gasgliad o'r fath, cwyd anhawster i ni fel darllenwyr *Traed Mewn Cyffion*. A dyma'r anhawster: yr ydym fel darllenwyr yn ymwybodol o ddimensiwn crefyddol yn y nofel ac o'r ffaith fod Kate Roberts wedi ymgnawdoli'r dimensiwn ym mywyd ei chymeriadau, yn arbennig felly ym mywyd Jane Gruffydd.

Beth a ddywedwn, felly, am yr anghytundeb rhwng Saunders Lewis a Kate Roberts? Y mae'n un cymhleth, ond dyma'i hanfod: mae Saunders Lewis yn cyhuddo Kate Roberts o anwybyddu profiad crefyddol a bywyd ysbrydol ei chymeriadau yn *Traed Mewn Cyffion*. Mae hi am wadu hynny, gan honni ei bod hi *yn* trafod eu profiad crefyddol a'u bywyd ysbrydol yn dra gwahanol i syniadau a rhagdybiaethau Saunders Lewis amdanynt. Nid oes i'r cymeriadau y math o brofiad crefyddol sydd gan Saunders Lewis mewn golwg.

Y mae casgliad o'r math hwn am natur yr anghytundeb rhwng Saunders Lewis a Kate Roberts yn ein harwain at gwestiwn canolog. Beth yw natur y profiad crefyddol a'r bywyd ysbrydol y mae Kate Roberts yn ymdrin ag ef yn *Traed Mewn Cyffion*? Wrth ystyried ei hymateb i Saunders Lewis y mae'n demtasiwn ateb mewn un gair:*rhagrith*. Rhaid cofio fod 'rhagrith' yn gategori crefyddol. Yr awgrym, felly, lle mae crefydd yn y cwestiwn, yw mai'r hyn a ddengys Kate Roberts i ni yn *Traed Mewn Cyffion* yw rhagrith ac anonestrwydd ysbrydol. Oni ddywed yn ei hateb i Saunders Lewis: 'ni chredaf, yr un fath â chwi, fod Cymru *yn* grefyddol yn y bedwaredd ganrif ar bymtheg … A gwn am bobl Rhosgadfan … mai paganiaid yw'r mwyafrif ohonynt wrth natur ond eu bod yn mynd i'r capel o ran arfer'?[7]

Pe baem yn aros gyda'r casgliad hwn, byddai sylwadau Kate Roberts yn debyg i'r rhai a wnaeth Kierkegaard a Nietzsche am grefydd. Yn ôl Kierkegaard yr oedd ei gydwladwyr yng ngafael rhith erchyll, sef meddwl eu bod yn Gristnogion pan nad oeddynt. Yr oedd pobl yn eu galw eu hunain yn Gristnogion, ond roeddynt yn byw eu bywydau yn nhermau categorïau tra gwahanol, sef categorïau esthetig a moesol. Syfrdanwyd Nietzsche, hefyd, gan Gristnogaeth honedig ei ddydd. Sgerbwd o'r gwreiddiol ydoedd, rhywbeth nad ystyriai'n deilwng o'i wrthryfel, a mynegodd ei syndod mewn stori ddramatig. Daeth gwallgofddyn at y bobl â lamp yn ei law, a chyhoeddi: 'Mae Duw wedi marw'. Syllodd y bobl arno'n syn. Ond roed mwy ganddo i'w gyhoeddi: 'Chi a'i llofruddiodd!' Hynny yw, llofruddiwyd Duw gan anonestrwydd ysbrydol y rhai a alwai eu hunain yn Gristnogion. Ond fe welodd y gwallgofddyn nad oedd neb am dderbyn ei neges. Taflodd ei lamp i'r llawr a diffoddodd ei olau. Daethai o flaen ei oes; nid oedd y bobl mewn cyflwr ysbrydol priodol i dderbyn ei neges. Mae'r peth wedi digwydd – mae Duw wedi marw – ond fel y cymer golau'r sêr amser i'n cyrraedd, felly y cymer amser i ni sylweddoli bod Duw wedi marw, oherwydd erys ei gysgod ar y mur. Credai Nietzsche y cymerai amser hir i gael gwared ar y cysgod.

Onid syniad tebyg sydd gan Kate Roberts pan ddywed hithau am bobl Rhosgadfan: 'paganiaid yw'r mwyafrif ohonynt wrth natur ond eu bod yn mynd i'r capel o ran arfer'? Yng ngeiriau Gwenallt, a fu'n ddisgybl iddi yn Ysgol Ramadeg Ystalyfera, pobl oeddynt a wyddai'r geiriau 'heb adnabod y Gair'. Nid arwyddocâd crefyddol a oedd i'r geiriau yn eu bywydau. Roeddynt felly'n gaeth i'r union gyflwr a gawsai sylw gan Kierkegaard a Nietzsche – cyflwr o anonestrwydd crefyddol.

Pa wrthwynebiad sydd i'r dehongliad hwn o'r modd y mae Kate Roberts yn trin ei chymeriadau yn *Traed Mewn Cyffion*? Hwyrach mai dyna'i barn am y mwyafrif o gapelwyr, ond nid felly y gwêl hi deulu Ffridd Felen. Nid fel rhagrithwyr y gwêl hi Jane Gruffydd a'i gŵr, na'r cymeriadau y mae'n cydymdeimlo â hwy chwaith. Dywed wrth Saunders Lewis: 'Y cwbl oedd arnaf eisiau ei ddangos yn y nofel hon oedd ymdrech pobl weddol onest am eu byw'.[8] Sylwer; nid rhagrithwyr ond pobl weddol onest. Felly, nid oes modd uniaethu dadansoddiad Kierkegaard a Nietzsche o anonestrwydd ysbrydol â disgrifiad Kate Roberts o Jane Gruffydd a'i thebyg.

Erys y cwestiwn canolog felly: beth yw'r dimensiwn crefyddol yn ymdriniaeth Kate Roberts â Jane Gruffydd a'i theulu? I ateb y cwestiwn rhaid edrych yn fanwl ar y gosodiad canlynol gan Kate Roberts am bobl Rhosgadfan: 'Yr oedd yna haen o grefyddolder yma, ond yr oedd yna haen letach, os rhywbeth, o baganiaeth.'[9] Pa ystyron a gynhwysir yn y gair 'paganiaeth'? Nid cyfeiriad at ragrithwyr Cristnogol yn unig sydd ynddo. Mae 'paganiaeth' yn cynnwys hefyd gyfeiriad at grefyddau ar wahân i Gristnogaeth. Nid wyf yn siŵr a oedd y defnydd lletach mewn golwg ganddi wrth ateb Saunders Lewis, ond mae'n ddiddorol sylwi bod Kate Roberts, wrth gyfeirio at y bobl weddol onest a enillodd ei hedmygedd, yn defnyddio syniad sy'n ganolog i un o'r crefyddau gwahanol hyn, sef y syniad o Ffawd: 'Yr oedd gan y bobl ddigon i'w wneud i dynnu eu bywioliaeth o'r ddaear, ac ymladd yn erbyn Ffawd.'[10] Ac os gofynnwn o ba grefydd y daw'r syniad hwn am Ffawd, mae'r ateb yn glir – o grefydd y Groegiaid.

Wrth gwrs, peth hollol ffôl fyddai honni fod crefydd y Groegiaid yn fyw yn Rhosgadfan! Mae ystyron y grefydd honno ynghlwm wrth holl wareiddiad y Groegiaid, ac nid oes modd eu diwreiddio a'u hailblannu yn nhir Cymru. Ar y llaw arall, y mae'r meddwl Groegaidd, gan nad meddwl llwyth cyntefig mohono, yn rhan o hunanymwybyddiaeth y Gorllewin. Arddelwn y wedd grefyddol iddo pan ddywedwn, er enghraifft, fod pethau 'yn nwylo'r duwiau', neu 'mai fel hyn yr ocdd yn rhaid i bethau fod'. Ac oni cheir esiampl o'r un peth pan ddywed Kate Roberts fod Jane Gruffydd a'i theulu yn 'ymladd yn erbyn Ffawd'?

Rhaid pwysleisio, unwaith eto, nad dweud yr wyf fod syniadau'r Groegiaid am Ffawd yn bresennol yn eu llawnder yn nofel Kate Roberts. Dyna pam rwyf am awgrymu nad y duwiau a welir ynddi, eithr ôl y duwiau. Wrth i Jane Gruffydd ac eraill sôn am lwc ac anlwc, am derfynau cyfyng eu bywydau mewn gofod ac amser, am ymyrraeth yr annisgwyl ac yn y blaen, defnyddiant syniadau anffurfiol sy'n debyg iawn i'r syniad o Ffawd. Ac yn hynny y gwelir 'ôl y duwiau' yn eu bywydau.

Nid oes olion o agweddau mwy cadarnhaol yng nghrefydd y Groegiaid i'w gweld yn *Traed Mewn Cyffion*. Er enghraifft, nid oes sôn am y ddoethineb a ddaw trwy sylweddoli ffolineb *hubris* – hynny yw, ffolineb meddwl ein bod yn hunangynhaliol ac y gallwn anwybyddu ewyllys y duwiau. Yr agwedd a bwysleisir yn y nofel yw'r gred fod Ffawd yn gorchfygu.[11] O dan deitl ei nofel mae Kate Roberts yn dyfynnu adnodau o Lyfr Job: 'Yr wyt yn ei orchfygu ef yn dragywydd, fel yr elo ymaith.' Unwaith eto, pwyslais ar yr hyn sy'n gorchfygu dynion sydd yma.

Beth yw'r berthynas sydd rhwng y syniad o Dduw yn y traddodiad Iddewig-Gristnogol, a syniad y Groegwyr am Ffawd?

Mewn sylw diddorol ar lythyrau Kate Roberts, dywed Dafydd Ifans fod y newid yn ei geirfa erbyn 1950 yn dangos newid yn ei hagwedd at grefydd: 'mae'r gair "ffawd" wedi diflannu ... ac fe'i ceir yn sôn am "ragluniaeth".'[12] Yng nghyd-destun *Traed Mewn Cyffion*, rwyf am awgrymu mai diffyg ateb crefyddol cadarnhaol i gyfyngderau bywyd sy'n esbonio'r sôn am Ffawd, ac absenoldeb unrhyw gyfeiriad at Ragluniaeth. Mewn perthynas â Llyfr Job, fe ellid gwneud y pwynt fel hyn: heb ateb cadarnhaol Job, try rhagluniaeth yn ffawd.

Yn *Traed Mewn Cyffion*, yr unig gyfeiriad at ymgais i ymateb yn grefyddol ac yn gadarnhaol i drybini bywyd yw'r cyfeiriad at drafodaethau'r Ysgol Sul yn ystod y Rhyfel Byd Cyntaf: 'Y broblem fawr iddynt ... oedd sut nad ymyrrai Duw, os oedd Duw yn bod' [*TMC*, t.173].[13] Awgrym clir yr awdures yw bod synied felly am Dduw yn ddiystyr. Mewn modd tebyg, mae Job yn gwrthod esboniadau ffôl ar ei drybini; er enghraifft, mae'n gwrthod credu fod cyfatebiaeth rhwng cyflwr moesol unigolyn a'r modd y mae'r byd yn ei drin. Meddai: 'Wele, fy llygaid a welodd hyn oll, fy nghlust a'i clywodd ac a'i deallodd. Mi wn yn ogystal â chwithau nad wyf yn waeth na chwithau.' Am ychydig y mae Job yn dal i geisio esboniad dynol: 'Yn wir mi a lefaraf wrth yr Hollalluog, ac yr ydwyf yn chwenychu ymresymu â Duw.' Ond daw i weld ei fod yn dyheu am rywbeth heb ystyr: 'Canys nid gŵr fel myfi yw efe, fel yr atebwn iddo, ac y deuem ynghyd i farn.' Ac y mae tystiolaeth Cynwil Williams gennym fod Kate Roberts, ar hyd ei hoes, wedi credu na allwn ddeall gweddi fel ymresymiad â Duw.[14] Ond hyd yn oed yn absenoldeb *raison d'être* o'r fath, chwilia Job am ryw fath o ystyr i'w berthynas â Duw: 'Paham y cuddi dy wyneb, ac y cymeri fi yn elyn i ti? A ddrylli di ddeilen ysgwydedig? A ymlidi di soffyn sych? ... Ac yr ydwyt ti yn gosod fy nhraed mewn cyffion ac yn gwylied ar fy holl lwybrau.'

Ni welir ymateb crefyddol, cadarnhaol i Ffawd yn *Traed Mewn Cyffion*. Ar yr adeg pan ysgrifennwyd y nofel, ni welai Kate

Roberts ystyr mewn ymateb o'r fath. Ni welai y gellid dweud gyda Job: 'Yr Arglwydd a roddodd. Yr Arglwydd a ddygodd ymaith. Bendigedig fyddo enw'r Arglwydd.' Yn hytrach, stori yw *Traed Mewn Cyffion* am bobl yn ymladd yn erbyn ôl y duwiau yn eu bywydau. Dywed Kate Roberts wrth Saunders Lewis:

> Dywedwch y dylwn felly fod wedi rhoi dadansoddiad mwy treiddiol, a dangos rheswm dros eu bywyd undonog piwritanaidd. Fy ateb i hynyna ydyw fy mod wedi ceisio gwneud hynny yn y stori ar ei hyd, o'r dechrau i'w diwedd. Yr oedd gan y bobl ddigon i'w wneud i dynnu eu bywioliaeth o'r ddaear, ac ymladd yn erbyn Ffawd.[15]

Nid damwain yw'r ffaith fod un beirniad llenyddol wedi cymharu *Traed Mewn Cyffion* â 'genre' yr epig glasurol. Fel y dywed Emyr Humphreys:

> Nid yw'n hollol amherthnasol i hawlio mai Amser yw prif gymeriad y nofel. Rhan o bwrpas yr arddull wrthrychol a'r bensaernïaeth gywrain yw rhoddi cyfle i'r darllenydd glywed amser yn anadlu, yn symud o gwmpas ymysg dynion fel y duwiau yn yr hen chwedlau.[16]

Mae'r sylw hwn yn taro'r hoelen ar ei phen: 'amser yn anadlu, yn symud o gwmpas ymysg dynion fel y duwiau yn yr hen chwedlau.'

Y mae eraill wedi canu am gadwynau Amser, ac yn eu plith bardd o Gymru:

> ...Time held me green and dying
> Though I sang in my chains like the sea.[17]

Ni chanodd teulu Ffridd Felen felly, ac ni wnaeth awdures *Traed Mewn Cyffion* ychwaith. Ni allai teulu Jane Gruffydd, fwy na Kate Roberts ei hun, ganu pennill Isaac Watts yng nghyfieithiad R. Morris Lewis:

Ein Duw, ein nerth drwy'r oesau fu,
  Ein gobaith am a ddaw,
Ein cysgod rhag y corwynt cry,
  A'n cartref bythol draw.

Ond gallasent ganu pennill arall o'r un emyn o'i ryddhau o'i gyswllt â gweddill y penillion:

Amser, fel ffrwd lifeiriol glau'
  Ddwg heibio'i blant o hyd:
Ehedant megis breuddwyd brau
  Ddiflanna'r bore i gyd.

Mae'n hawdd dychmygu Jane Gruffydd a'i theulu yn canu'r pennill hwn oherwydd, iddynt hwy, nid amgylchynid amser gan ragluniaeth. Mater o ddyfalbarhau beunyddiol oedd byw iddynt; nid treulio dyddiau o undonedd bas, eithr ymladd yn gyson yn erbyn Ffawd.

Ffawd ac Amser

Dengys Kate Roberts y berthynas rhwng amser a Ffawd yn ei nofel trwy ddisgrifio, mewn llai na dau gant o dudalennau, obeithion a breuddwydion Jane Gruffydd dros gyfnod sy'n ymestyn o 1880 hyd at y Rhyfel Byd Cyntaf. Nid breuddwydion afreal, rhamantus mohonynt. Gwraig â'i thraed ar y ddaear yw Jane Gruffydd, a'i chartref yn ganolbwynt ei bywyd; mae'n byw mewn gobaith am y dydd pan fydd Ifan a hithau yn gorffen talu am eu tyddyn ac yn berchnogion arno. Yng ngolygfa gyntaf y stori, y mae Jane am ddychwelyd i'w chartref. Saif yn un ymhlith llawer o ferched ifainc mewn oedfa awyr agored a'u 'hesgidiau newydd yn eu gwasgu, eu staesiau newydd yn rhy dynn, a choleri uchel eu ffrogiau newydd yn eu mygu' (*TMC*, t.7). Mae'n amlwg pam ei bod am gefnu ar y cyfarfod. Yr oedd 'llais y pregethwr yn sïo ymlaen yn felfedaidd. Oni bai ei fod allan yn yr awyr agored buasai'n drymllyd, a buasai mwy na hanner y gynulleidfa'n cysgu'. Fel y dywedodd Emyr Humphreys: 'saif y darlun bellach yn gofgolofn i gymdeithas goll.'[18]

Ond os oedd ei bryd ar ei chartref ni chafodd yno y math o gynhaliaeth a addawodd Freud yn *The Future of an Illusion* i'r rhai sy'n cefnu ar grefydd:

> And as for the great necessity of Fate against which there is no help, they will learn to endure with resignation. As honest smallholders on this earth they will know how to cultivate their plot in such a way that it supports them.'[19]

Wel, ni bu tyddynwyr mwy gonest erioed na Jane ac Ifan Gruffydd, ond ni chawsant dir i'w cynnal. Cydymdreiddiodd amser a Ffawd yn eu bywydau mewn ffyrdd a wnaeth hynny'n amhosibl.

I ddeall y cydymdreiddio hwn rhaid pwysleisio ffaith syml amdanom fel bodau dynol, sef bod gennym amcanion a dyheadau. Pan beidia hynny â bod am fod bywyd yn rhy galed, fel y mae i drueiniaid sy'n marw o newyn, meddyliwn amdanynt fel pobl sy'n bodoli heb fyw. Ac eithrio enghreifftiau eithafol o'r fath, mae'n syniadau am galedi yn amrywio o gyfnod i gyfnod. Mae'r hyn sy'n galedi mewn un cyfnod yn foeth yng ngolwg y cyfnod a'i rhagflaenodd. Yn *Traed Mewn Cyffion* disgrifia nain Ifan gyflwr tai yng nghyfnod ei nain hithau:

> Dim ond rhyw bedair wal a tho gwellt oedd tŷ yr adeg honno, tân mawn ar lawr, a dau wely wenscot a'u cefnau at i gilydd a'u talcenni at lawr y gegin. Pan fyddai corff yn y tŷ 'roedd yn rhaid i chi gysgu yn yr un fan â'r arch . Diar, mae pethau wedi newid. Mae gin bawb ddwy siamber braf rŵan (*TMC*, t.22).

Serch hynny, wrth i ni edrych ar fywyd Jane ac Ifan Gruffydd, nid amheuwn nad bywyd caled oedd eu bywyd hwy. Gwyddai Jane, wrth feddwl am ei gŵr, 'bod gweithio yn y chwarel a chadw tyddyn yn ormod o waith. Ond beth oedd i wneud?' Roedd prinder arian yn bryder beunyddiol, ac ambell waith gresynai Jane nad oedd y ddau blentyn, Elin a Sioned, yn fechgyn – 'fe ddoent â mwy o arian i'r tŷ na genethod' (*TMC*, t.24). Pan yw Ifan yn wael gan lid yr ysgyfaint, fe welwn pa mor fregus yw eu bywoliaeth; er hynny, dyheu am wellhad ei gŵr sy'n cyfrif bennaf i Jane Gruffydd. Ond ni ddiflanna mo'r problemau ariannol:

> Ymhen ychydig fisoedd wedi i Ifan ail-ddechrau gweithio, ganed eu trydydd plentyn a galwyd ef yn Wiliam, ac ymhen dwy flynedd wedyn ganed mab arall iddynt a galwyd ef yn Owen, a chafodd eu rhieni gipolwg ar y dydd pan fyddai'r ddau o help iddynt, wedi iddynt ddechrau gweithio yn y chwarel (*TMC*, t.31).

Ar ôl ychydig rhagor o amser, fe aned eu pumed a'u chweched plentyn, sef Twm a Bet.

Gyda chefndir o'r fath, nid yw breuddwydion Jane Gruffudd yn syndod yn y byd:

> Meddyliai tybed a gâi hi rywdro ddyfod i'r dref a'r arian yn ei phoced yn fwy na'i hangenrheidiau. Câi, fe gâi. Fe ddôi Owen i ennill, fe ddôi Twm i ennill. Fe gaent gyflog da; fe gâi hithau dalu ei dyledion a chael prynu tipyn o foethau wedyn. (*TMC*, t.115)

Dywed Simone Weil fod y duedd i feddwl fod yn rhaid i bethau wella pan fo'n ddrwg arnom, yn ddwfn iawn ynom. Rydym yn byw ar egni gobaith o'r fath. Ac nid yw Jane Gruffydd yn eithriad. Meddai wrth ffrind: 'Ond 'does dim rheswm i fod o'n dal mor ddrwg o hyd; disgwyl i bethau ddwad yn well mae dyn' (*TMC*, t.125).

Yn cydymdreiddio â'n gobeithion a'n dyheadau mae lwc ac anlwc, yr annisgwyl mewn bywyd; hynny yw, ymyrraeth Ffawd. Ar ddiwedd y nofel edrych Owen yn ôl ar fywyd ei dad a'i fam:

Yr oeddynt hwy yn enghraifft gyffredin o deuluoedd yr ardal, pobl wedi gweithio'n galed, wedi cael eu rhan o helbulon, wedi ceisio talu eu ffordd, wedi methu'n aml, a phan oedd gorffen hynny mewn golwg, a gobaith i'w rieni gael tipyn o hawddfyd, dyma gnoc hollol annisgwyl (*TMC*, t.190).

Yma yn *Traed mewn Cyffion*, ac yn Jane Gruffudd yn arbennig, gwelir perthynas rhwng amser a Ffawd, sef y cydymdreiddiad rhwng amcanion a gobeithion naturiol ar y naill law a'r annisgwyl mewn bywyd ar y llaw arall. Rhaid edrych yn fanylach am enghreifftiau o'r cydymdreiddio hwn yn y nofel.

Ffiniau Bywyd

Gellir nodi pum esiampl o'r terfynau cyfyng sydd i fywyd Jane Gruffydd. Yn gyntaf ac yn bennaf, rhaid nodi gormes y gyfundrefn economaidd, a'r caledi sy'n dod yn sgil hynny. Mae un disgrifiad yn ddigon:

> Gweithiai'n fore ac yn hwyr, gwaith tŷ a'r rhan fwyaf o'r gwaith gyda'r anifeiliaid. Gwnïai ddillad isaf y plant, a'u dillad gwisgo uchaf. Torrai hen drywsusau i Ifan a Wiliam i'w gwneud i Owen a Thwm, cyn iddynt fyned i'r Ysgol Sir. Ychydig hamdden a gâi i fynd i unman, nac i ddarllen. Os rhôi ei sbectol ar ei thrwyn i ddarllen llyfr gyda'r nos, syrthiai i gysgu.

> Ei gŵr, yntau yr un fath. Ymlafnio a lardio yn y chwarel; chwysu a gwlychu; dyfod adref yn y gaeaf yn wlyb at y croen, ac yn teimlo'n rhy flin i ddarllen papur newydd. Yn y gwanwyn a'r haf byddai digon i'w wneud ar y ffarm bob nos a phrynhawn Sadwrn.

> Yr unig ŵyl a gaent oedd codi'n hwyrach ar fore Sul, a mynd i'r dref weithiau ar brynhawn Sadwrn. Ni chwynent oblegid diffyg gwyliau. Ni wybuasent beth i'w wneud â hwy, pes cawsent yn aml. Poen a phryder eu rhaglunio oedd medru

talu ffordd, medru bod yn glir â'r byd, a chael y pethau y bu arnynt eu heisiau ar hyd bywyd ond na fedrent gredu eu prynu (*TMC*, tt.89-90).

Yn ail, cyfyngir ar fywyd Jane Gruffudd a'i theulu gan ddrygioni eu cyd-ddynion. Er enghraifft, ni sylweddolwyd ei gobaith hi y câi Wiliam ennill cystal cyflog â'i dad yn y chwarel am fod un o'r stiwardiaid yn briod â hen gariad Ifan. Nid oedd y ddau am weld teulu Ffridd Felen yn llwyddo. I'r gwrthwyneb, trefnwyd i Ifan a Wiliam gael bargen wael i weithio arni, ac nid oeddynt hwythau'n barod i roi'r cildwrn i'r stiwardiaid a fyddai'n gwarantu bargen dda iddynt. Yn wyneb anonestrwydd ac ymagweddu sbeitlyd eu cyd-ddynion, y mae gonestrwydd ac urddas teulu Jane Gruffydd yn drawiadol.

Yn drydydd, rhaid i Jane Gruffydd a'i gŵr wynebu brad teuluol. Y mae ei mam yng nghyfraith ofnadwy, Sioned Gruffudd y Fawnog, yn cyfiawnhau pob jôc a ddywedwyd erioed am y brid hwnnw. Mae ei dylanwad ar Sioned, ail blentyn Jane ac Ifan, yn anffodus i'r eithaf. Mae creulondeb yr hen wraig yn ymestyn o'r tu draw i'r bedd wrth iddi adael ei harian i gyd yn ei hewyllys i'r ferch ifanc hunanol ac anghyfrifol. Mynnodd rannu hyd yn oed ei chelfi rhwng aelodau o'r teulu na chododd un bys drosti. Ni chyfrannai Sioned ddimai at y teulu pan oedd hi'n byw gartref, ac ni ddangosodd ddim cydymdeimlad pan glywodd am farwolaeth ei nain a fu mor hael wrthi. Ar ôl etifeddu'r arian, mae'n gwrthod yn llwyr roi ceiniog i'w rhieni a phan yw'n priodi ei gŵr penchwiban â ei mam i fwy o ddyled i brynu dillad newydd, er mwyn edrych yn barchus yn y briodas. Ac ar ôl i'w gŵr ei gadael mae Sioned yn disgwyl i'w mam edrych ar ôl eu babi heb roi dim help iddi tra'i bod hi'n ceisio cariadon newydd.

Yn bedwerydd, gwelir bod caledi bywyd yn arwain, i raddau, at ddiffyg emosiynol ym mherthynas Jane Gruffydd â'i phlant. Pan yw Owen, yn fachgennyn, yn ennill gwobr am gyfieithu mewn cystadleuaeth i blant ysgol, mae'n anodd iddo ddeall paham y mae'n rhaid iddo roi'r arian i'w rieni. Mae'n taflu'r arian ar y bwrdd. A phan yw'n ennill ysgoloriaeth i'r Ysgol Sir, nid yw'n achos llawer o hapusrwydd i'r teulu, er eu bod yn falch drosto: 'Rhywsut, ni ddangosai neb lawer o lawenydd am ddim yn ei gartref' (*TMC*, t.43). Ac ar ddiwedd y nofel, wedi hir feddwl am ei berthynas â'i fam, mae rhywbeth yn anorfod ynglŷn â chasgliad Owen: 'Câi ei charedigrwydd a'i gofal, ond nid ei chariad. Tybed a deimlai'r plant eraill yr un fath?' (*TMC*, t.190). Ond onid yw cariad Jane Gruffydd yn amlwg yn ei haberth dros ei phlant, yn gofalu fod bwyd maethlon ar y bwrdd, ac yn gwneud popeth drostynt? Beth bynnag am hynny, ni chawn yr argraff bod dangos ei theimladau'n agored yn nodweddiadol ohoni, ac efallai mai hynny sy'n esbonio'r casgliad y daw Owen iddo ynglŷn â'i chymeriad. Efallai ei fod yn cofio'r dwthwn cynnar hwnnw pan ofynnodd i'w fam:

> 'Mam, be fasa pe tasa dim byd?'
> 'Beth wyt ti'n feddwl?'
> 'Be fasa pe tasa 'na *ddim*, ddim nacw (gan bwyntio at yr awyr), na dim o gwbl, a ninnau ddim chwaith?'

A'i hateb ofnadwy hi:

> 'Mi fasa'n braf iawn, 'y machgen i.' (*TMC*, t. 39).

Yn bumed, nid oes dianc i Jane Gruffydd a'i theulu rhag trallod y Rhyfel Byd Cyntaf:

> Pan dorrodd y Rhyfel allan, ni wyddai neb ym Moel Arian beth i'w feddwl yn iawn yn ei gylch. Ni ddeallent yr achosion, ond credent yr hyn a ddywedai'r papurau, mai myned i achub cam gwledydd bychain a wnaeth Prydain Fawr ... (*TMC*, t.158).

Ond, ar ôl ychydig 'daethant i gredu bod pobl ym mhob gwlad

oedd yn dda ganddynt ryfel, a'u bod yn defnyddio eu bechgyn hwy i'w mantais eu hunain' (*TMC*, t.173). Yn anfodlon ar ei swydd mewn ysgol elfennol mae Twm yn ymuno â'r fyddin. Ar ymweliad annisgwyl â'i gartref, â i'r capel gyda'i deulu ond teimla'n anghyfforddus a phrawf 'ias o ofn wrth glywed rhai o'r hen weddïwyr yn ychwanegu: "A chofia am y bechgyn sy'n ymladd ar dir a môr."' (*TMC*, t.167)

Ofnai y câi ei ddanfon tramor, ac felly y bu. Fe gofiwn yr olygfa ofnadwy yn y nofel pan gaiff Jane Gruffydd y newyddion fod Twm wedi cael ei ladd yn Ffrainc, a hithau'n anabl i ddarllen y telegram Saesneg. Rhaid oedd iddi fynd at y siopwr er mwyn iddo ei ddarllen iddi. Cawsai newyddion gwaethaf ei bywyd mewn iaith estron.

Ar ddiwedd y nofel, myfyria Owen ar effaith y golled ar ei rieni:

> … gwyddai i sicrwydd mai edrych ymlaen yr oedd y ddau at y dydd pan fyddent yn glir â'r byd a chael mwynhau seibiant diwedd oes yn ddi-boen. Yn hyn o beth nid oeddynt lawer gwahanol i weddill y ddynoliaeth. Dyna a wnâi eu profedigaeth yn ddwbl galed ym meddwl Owen. Pan oedd bod yn glir â'r byd yn y golwg, dyma ergyd hollol annisgwyl (*TMC*, t.191).

Beth am Jane Gruffydd? Pan ddaw swyddog pensiwn ati i sicrhau faint o arian sydd ganddi, swyddog a ymffrostiai yn y ffaith ei fod wedi cwtogi pensiwn gweddw dlawd a gollodd ei mab yn y rhyfel, teimlodd 'rhyw deimladau yn crynhoi yn ei henaid yn erbyn pob dim oedd yn gyfrifol am y Rhyfel, yn erbyn dynion ac yn erbyn Duw' (*TMC*, tt. 186-7), ac fe'i taflodd allan o'i thŷ.

Wrth gwrs, y mae'r pum elfen hyn, y gyfundrefn economaidd, creulondeb cyd-ddyn, brad teuluol, effaith caledi ar y berthynas rhwng rhieni a'u plant, a'r Rhyfel Byd Cyntaf yn torri ar draws ac yn effeithio ar ei gilydd mewn ffyrdd di-rif. Ond trwyddynt datgelir y cydymdreiddiad rhwng amser a Ffawd ym mywyd Jane Gruffydd.

Ffawd a Ffoi

A oes modd ffoi o afael Ffawd, neu o leiaf o afael y math o ffawd a ddaeth i ran Jane Gruffydd? Gwelir o leiaf dair ymgais yn y nofel i wneud hynny.

Mae'r gyntaf i'w gweld yn ymddygiad Sioned, ond mae'r pris yn uchel, sef anwybyddu pob dyletswydd deuluol a thorri'i gwreiddiau er mwyn dilyn bywyd materol hollol hunanol. Rhyddheir hi o un math o garchar, ond fe syrth i garchar llawer mwy tywyll am iddi feddwl fod yr haul yn codi yno.

Mae a wnelo'r ail ymgais ag addysg, ond nid ag addysg er ei mwyn ei hun. Yn hytrach, fe'i gwelir fel ffordd o ymwared, ffordd o osgoi caledi'r chwarel ac ennill mwy o arian. Dyna'n sicr oedd breuddwydion Jane Gruffydd ar gyfer Twm ac Owen, ond ni sylweddolwyd hwy. Fel athro Lladin yn Nhre Ffrwd gwelodd Owen fod cynefindra bywyd ysgol wedi mynd yn fwrn ar yr athrawon:

> Nid ymegnïent, ni roent wersi newydd, yr oedd ganddynt eu ffordd eu hunain o farcio copïau heb eu darllen, a chwarddent am ben un ifanc fel Owen a baratoai ei wersi ac a gariai lyfrau adref i'w marcio.
> 'Mi flinwch chi ar hynyna,' ebe hwynt. (*TMC*, t. 142).

Ac ar ôl ychydig aeth trefn yr ysgol yn undonog iddo yntau hefyd. Yn y Gymraeg y graddiodd Twm ond oherwydd nad oedd galw am y pwnc bu'n rhaid iddo dderbyn swydd mewn ysgol elfennol, a gobeithio y câi swydd mewn ysgol ramadeg cyn bo hir. Ond nid felly y bu. Arhosodd yn yr ysgol elfennol lle'r oedd bywyd yn uffern iddo heb alw am ei bwnc, a lle curai'r prifathro'r plant yn ddidrugaredd. Gadawodd i ymuno â'r fyddin. O'r ddau, dim ond

Owen oedd mewn ffordd i roi rhywfaint o help i'w rieni.

Mae Kate Roberts yn datgelu cyfundrefn addysg estron a Seisnigaidd ei natur. Nid â Jane Gruffydd i weld Owen yn derbyn ei ysgoloriaeth i'r Ysgol Sir am mai Saesneg fyddai iaith y seremoni. Disgwyliai'r un drefn yn ei seremoni raddio, ond sicrhaodd Owen hi: "Does arnoch chi ddim eisiau Saesneg ... Cymraeg mae pawb yn i siarad ond y rhai fydd ar ben stêj' (*TMC*, t.77). Yn y seremoni mae Jane Gruffydd yn cael sgwrs â'i ffrind:

'On'd ydi o'n biti na fasa rhywun yn dallt tipyn o Saesneg, Ann Ifans?'

"Dwn i ddim 'wir; mae rhywun yn dallt llawn digon yn yr hen fyd yma eisys. Wybod ar y ddaear faint o boen mae dyn yn i arbed wrth beidio â gwybod Saesneg'. (*TMC*, t. 79).

Wrth sôn am y gyfundrefn addysg fel un estron, rhaid gofyn paham nad oes fawr neb yn ymdrechu i newid y drefn. Daw hyn â ni at y trydydd cais i ddianc o afael Ffawd wrth i Wiliam, trydydd plentyn a mab hynaf Jane Gruffydd, ddilyn ei dad i'r chwarel ac ymroi i wella stad ei gyd-chwarelwyr. Y mae'n ceisio codi awydd arnynt i ffurfio undeb i wella'u cyflogau a'u hamodau gwaith, ac i roi terfyn ar yr arfer o wobrwyo stiwardiaid er mwyn cael bargen dda i weithio arni. Ond mae'n methu, ac oherwydd ei ddiddordebau politicaidd nid oes gobaith iddo gael swydd cystal ag un ei dad. Yn y diwedd, er mawr dristwch i'w fam, mae'n rhaid iddo symud i'r de i edrych am waith mwy teilwng ohono.

Onid yw methiant Wiliam i ysgogi'r chwarelwyr yn nodweddiadol o oddefgarwch ofnadwy yn wyneb anghyfiawnder, yr union oddefgarwch a welwyd pan ddaeth y rhyfel? Yr unig bregethwyr i ennill unrhyw barch yn Foel Arian oedd y rheini a gondemniai anghyfiawnder y rhyfel. Wrth i'r Efengyl Gymdeithasol ennill tir, pregethwyd Crist y Sosialydd. Onid esgus yw'r holl siarad am Ffawd dros beidio â gwneud rhywbeth ynghylch anghyfiawnderau bywyd? Ar ddiwedd y nofel, wrth i

Owen edrych yn ôl ar hanes ei deulu a theimlo'n euog ei fod yntau wedi gwneud cyn lleied ynglŷn â'u sefyllfa, pa gasgliad arall y gellir dod iddo?:

> Ac fe agorwyd ei lygaid i bosibilrwydd *gwneud* rhywbeth, yn lle dioddef fel mudion. Yr oedd yn hen bryd i rywun wrthwynebu'r holl anghyfiawnder hwn. Gwneud rhywbeth. Erbyn meddwl, dyna fai ei bobl ef. Gwrol yn eu gallu i ddioddef oeddynt, ac nid yn eu gallu i wneud dim yn erbyn achos eu dioddef. Wiliam oedd yr unig un o'i deulu ef a ddangosodd wrthwynebiad i bethau fel yr oeddynt, oni wnaethai Sioned. Efallai mai dangos ei gwrthwynebiad i fywyd ei theulu yr oedd hi, drwy fyw yn ôl safonau moesol hollol wahanol. Troesai Twm ei gefn ar gartref a dangos y medrai ei adael, beth bynnag. Yr oedd ef, Owen, yn llwfr, dyna'r gwir. Fe adawodd i'w fam hitio'r dyn pensiwn heddiw, yn lle ei hitio ei hun. Nid aeth erioed i ffwrdd o'i gartref, i nac ysgol na choleg, heb i'w hiraeth wneud iddo daflu i fyny (*TMC*, tt. 191-2).

Pwy allai wadu'r gwirionedd sydd yn y dadansoddiad hwn? Yn sicr, y mae'n amlwg fod Kate Roberts o'r farn mai peth i'w wrthwynebu yw anghyfiawnder, ac nad yw siarad am Ffawd, ar brydiau, yn ddim ond esgus dros beidio â derbyn ein dyletswyddau a'n cyfrifoldebau.

Ffawd a Thosturi

Ond nid dyna'r gair olaf ar Ffawd. Wrth ddarllen am Jane Gruffydd a'i theulu mae tosturi'r darllenydd wrth galedi eu bywyd yn codi, i raddau, o'r argyhoeddiad nad oedd rhaid i bethau fod fel yr oeddynt. Ac enynnir tosturi, hefyd, o sylweddoli fod pethau eraill yn eu bywyd yn anochel. Gweddïodd Reinhold Niebuhr: 'O Dduw, dyro inni'r serenedd i dderbyn yr hyn na ellir mo'i newid, y dewrder i newid yr hyn y gellir ei newid, a'r doethineb i fedru gwahaniaethu rhyngddynt.' Er ein holl ymdrechion, ni allwn gael gwared ar yr annisgwyl mewn bywyd, nac ar y rheidrwydd yn ein sefyllfa. Maent yn rhan o ddirgelwch bod mewn amser a gofod. Ffolineb fyddai meddwl am fywyd heb y fath gyfyngiadau. Fel y dywed un o gymeriadau Beckett, "Rydym ar y ddaear. 'Does dim iachâd i hynny.' Daw Owen, hefyd, i sylweddoli hyn:

Ond efallai ei fod, wedi'r cyfan, yn disgwyl bywyd rhy grwn, rhy orffenedig, ac yn rhoi gormod o goel ar y gredo y deuai pethau'n iawn ond iddo wneud ei ddyletswydd. Yr oedd llinynnau bywyd rhai pobl ar hyd ac ar led ym mhob man, a dim gobaith dyfod â hwy at ei gilydd (*TMC*, t.192).

Ond beth am fywyd Jane Gruffydd, a'i hymateb i Ffawd? Fel y gwelsom, nid ateb crefyddol sydd ganddi. Dywed Kate Roberts fod ei chymeriad yn ymladd yn erbyn Ffawd, ac eto, nid ymladd y mae hi yn ystyr ddirfodol Albert Camus yn *Y Gwrthryfelwr*. Nid protest o'r math hwnnw a geir yn *Traed Mewn Cyffion*, er bod y nofel yn cynnwys protestiadau. Ymladd y mae Jane Gruffydd fel un sy'n 'dal i ymladd', yn yr ystyr o ddyfalbarhau, o 'ddal ati'. Ac os prawf hapusrwydd yn ei bywyd, hapusrwydd y munudau tawel ydyw: cerdded ar y mynydd, edrych ar ei phlant yn chwarae, mwynhau hiwmor, cwmni ei chyfeillion, a'r boddhad o weld ei gŵr yn ymlacio ar ôl diwrnod caled o waith. Dyfalbarhau tra'n ymateb i dreialon bywyd ag urddas tawel a gonestrwydd yw ei chyfran, – dyfalbarhau, nes bod eraill yn rhyfeddu at ei hymarweddiad dewr. Ni fyddai llawer ohonom ni heddiw yn chwennych ei bywyd, ond os dibrisiwn ei chyraeddiadau dywed hynny fwy am ein cyflwr ysbrydol ni nag y sylweddolwn.

Wrth feddwl am Jane Gruffydd, daw llinellau enwog R. S. Thomas am werinwr arall a oedd yn dyfalbarhau yn wyneb caledi bywyd i'm cof. Ac rwyf wedi bod yn ddigon hyf i geisio'u cyfieithu a'u cymhwyso at gymeriad Jane Gruffydd:

Ond dyma'ch cynddelw, sydd dymor ar ôl tymor
Yn wyneb gwarchae'r glaw a thraul y gwynt
Yn amddiffyn ei stoc: amddiffynfa ddi-syfl
Nas treisir hyd yn oed yn nherfysg angau.
Cofiwch hi, felly, gan ei bod hithau yn enillydd brwydrau,
Yn ymddál fel coeden o dan y sêr chwilfrydig.[20]

Oherwydd y ffaith fy mod i, a chwithau gobeithio, yn gallu meddwl am Jane Gruffydd yn y ffordd hon, dylem fod yn dragwyddol ddiolchgar i 'frenhines ein llên'.

2. Yn Nwylo'r Duwiau

Fel y gwelsom, adweithiodd Kate Roberts yn gryf yn erbyn syniadau crefyddol Saunders Lewis am Gymru: 'A gwn am Rhosgadfan ... mai paganiaid yw'r mwyafrif ohonynt wrth natur ond eu bod yn mynd i'r capel o ran arfer.' Yn ei waith cynnar mae gan R. S. Thomas hefyd bethau caled i'w dweud am ragrith crefyddol.

Gwyrdroad yr Ysbryd

Gwêl R. S. Thomas ragrith a pharchusrwydd fel prawf o wyrdroad yr ysbryd, ac y mae'n eu datguddio'n ddidrugaredd. Y diaconiaid: 'They chose their pastors as they chose their horses' ('The Minister'). Y gweinidog:

> I was good that night, I had the *hwyl*.
> We sang the verses of the last hymn
> Twice ...
> Who was the girl
> Who smiled at me as she slipped by? ('The Minister')

Mae'r gynulleidfa yn fodlon i'r gweinidog ifanc daranu ac mae gwaed rhai ohonynt yn cynhyrfu, ond nid yr henuriaid:

> ... and even they were moved
> By the holy tumult, but not extremely.
> They knew better than that. ('The Minister')

Mae'r gweinidog yn euog o odineb, ond nid yw ar ei ben ei hunan:

> I knew it all,
> Although I never pried, I knew it all.
> I knew why Buddug was away from chapel.
> I knew that Pritchard, the *Fron*, watered his milk.
> I knew who put the ferret with the fowls
> In Pugh's hen-house. I knew and pretended I didn't.
> And they knew that I knew and pretended I didn't.
>
> ('The Minister')

Mae'r canlyniad yn anochel: nid oes gwir gyfathrach rhwng y gweinidog a'i bobl; iaith heb wreiddiau sydd ganddynt. Gellid dweud am yr *hwyl* a'r emynau yr hyn a ddywedodd Miguel de Unamuno am esthetigrwydd gorymdeithiau Catholig ei febyd: 'Fe feithrinwyd fy enaid â pheraroglau.' Ond o leiaf mae'r gweinidog yn gwerthfawrogi'r sefyllfa:

> They listened to me preaching the unique gospel
> Of love; but our eyes never met ... ('The Minister')

Ond gall y gwyrdroad fod yn ddyfnach o lawer, yn ddyfnach yn yr enaid. Nid y gwendidau, fel y cyfryw, sydd o bwys i'r bardd, er na ddylid eu hesgusodi'n ysgafn wrth gwrs. Y mae i bob un ohonom ei wendidau, ond beth am ein hagwedd tuag atynt? Awgrym y bardd yw fod elfennau mewn Protestaniaeth sy'n cyfrif am fod credinwyr yn gallu bod yn euog o gulni hyd yn oed wrth bechu. Mewn ffordd, byddai'n well pe baent yn mwynhau eu hunain wrth bechu'n agored:

Narrator

Protestantism – the adroit castrator
Of art; the bitter negation
Of song and dance and the heart's innocent joy –
You have botched our flesh and left us only the soul's
Terrible impotence in a warm world. ('The Minister')

Ceir y portread mwyaf deifiol o farwolaeth yr ysbryd yn y gerdd 'Chapel Deacon'. Mae'r bardd am ofyn i'r diacon:

Who put that crease in your soul,
Davies, ready this fine morning
For the staid chapel ... (t.76)

Mae am wybod:

... Who taught you to pray
And scheme at once ... (t.76)

Eto:

... Are your heart's coals
Kindled for God, or is the burning
Of your lean cheeks because you sit
Too near that girl's smouldering gaze? ('Chapel Deacon')

Ac mae'r dyfarniad yng nghwestiwn olaf y bardd yn grynodeb deifiol o farwolaeth yr ysbryd yn enaid dyn:

Tell me, Davies, for the faint breeze
From heaven freshens and I roll in it,
Who taught you your deft poise?

Stoiciaeth a Ffiniau Bywyd

Nid wyf am ddweud am foment fod mynd yn ysglyfaeth i ragrith yn rhywbeth dibwys. Dim o gwbl. Golygfa erchyll a thrist yw gweld ymddygiadau rhagrithiol wedi eu dilladu mewn termau crefyddol. Mae'r pwynt rwy'n ei wneud, serch hynny, yn un gwahanol, sef bod rhagrith mewn un ystyr yn rhan o grefydd, yn yr un modd ag y mae anonestrwydd yn rhan o foesoldeb. Hynny yw, ni allwn esbonio beth yw rhagrith, neu anonestrwydd, heb gyfeirio at yr hyn y maent yn ei wyrdroi. Mae rhagrith yn bechod, ond y mae pechod yn derm crefyddol. Sut bynnag, ar ôl ei gerddi cynnar nid posibilrwydd rhagrith crefyddol sy'n gofidio R. S. Thomas. Dengys presenoldeb rhagrith fod crefydd wirioneddol yn dal yn y tir. Eithr y mae gofid y bardd yn ofid dyfnach; gofidio y mae am *ba fath* o grefydd sy'n bodoli, gofidio am bosibilrwydd hyd yn oed ddweud y gair 'Duw' mwyach ag unrhyw radd o ystyr. Petai rhagrith yr unig broblem, ni flinid R. S. Thomas gan y gofidiau eraill.

Pan aeth i Fanafon yn rheithor, un o'i ofidiau cynnar oedd pa mor berthnasol fyddai'i addysg ddiwinyddol i fywyd ffermwyr ei blwyf. Nid problem y gweinidog yn 'The Minister' oedd hon, nid mater o drefnu seiat, neu ddosbarth Beiblaidd, ar adegau anghyfleus i'r gymdeithas amaethyddol. Yn hytrach, roedd yn fater o amherthnasedd crefydd i fywyd beunyddiol y gymdeithas. Dyma thema enwog y cerddi cynnar sy'n portreadu perthynas y bardd â Iago Prytherch, y ffigwr sy'n symbol o galedi bywyd y wlad a'i bellter oddi wrth ystyriaethau crefyddol neu ysbrydol. Byddai'r thema hon yn ei waith o'r gyfrol gynnar *The Stones of the Field* (1946) hyd at, a chan gynnwys, *Not That He Brought Flowers* (1968).

Yn ystod y cyfnod hwn anelodd nifer o gyhuddiadau yn erbyn y gwerinwr, ond ni fodlonodd ar gyhuddiadau'n unig. Ym mhob un o'r cerddi ymron, cydbwysir y cyhuddiadau ag edmygedd pur o'r modd y mae'r gwerinwr yn ymagweddu at ddirni ei fywyd. Dyma'r cyhuddiadau sy'n gyfarwydd i ddarllenwyr cerddi cynnar R. S. Thomas. Dywed am Iago Prytherch, 'There is something frightening in the vacancy of his mind' ('A Peasant', t.4). Ac yn fwy cyffredinol amdano ef a'i gymrodyr:

Men of the hills, wantoners, men of Wales,
With your sheep and your pigs and your ponies,
   your sweaty females,
How I have hated you for your irreverence, your scorn even
Of the refinements of art and the mysteries of the Church ...

                                 ('A Priest to his People');

You are curt and graceless ... (t.13);

There's a man still farming at Tŷ'n-y-Fawnog,
Contributing grimly to the accepted pattern,
The embryo music dead in his throat. ('The Welsh Hill
Country');

This is his world, the hedge defines
The mind's limits; only the sky
Is boundless and he never looks up. ('Soil')[21];

You failed me, farmer ... ('Valediction');

Leave him, then, crazed and alone
To pleach his dreams with his rough hands.
                   ('The Muck Farmer')[22];

I could have told of the living water
That springs pure.
He would have smiled then,
Dancing his speckled fly in the shallows,
Not understanding. ('The Fisherman')

Ac mewn moment anffodus, a dweud y lleiaf, mae R. S. Thomas yn synnu at y ffaith mai'r un dynged sydd i glerigwyr, fel ef ei hun, a phobl o'r math hwn:

... And yet their skulls,
Ripening over so many prayers,
Toppled into the same grave
With oafs and yokels ... ('The Country Clergy')

Meddai Moelwyn Merchant am y llinellau hyn:

The central lines are shocking in their direct expression of
distinction in which few priests would dare to think – much
less articulate.[23]

Ond oherwydd gonestrwydd y siom ofnadwy mae R. S. Thomas
yn ei fynegi, ychwanegodd Merchant hefyd:

In its acceptance of a cool uncharity, a mode of confession,
of purgation, the poem earns the right to its closing
affirmation:

... God in his time
Or out of time will correct this.[24]

Ond onid yw'r diweddglo mor ofnadwy â'r siom gwreiddiol?
Beth sydd gan Dduw i'w unioni? Yr hyn sy'n dramgwydd yw
agwedd hunanbwysig a snobyddlyd y bardd. Nid oedd yn syndod
yn y byd pan welais adwaith un beirniad i gyhuddiadau R. S.
Thomas yn erbyn ei werinwyr: 'Er mwyn Duw, yr oedd i fod yn
offeiriad iddynt!'

Ar y llaw arall, pe gadawem bethau fel yna darlun unochrog
a fyddai gennym. Fel y dywedais, am bob cyhuddiad yn erbyn y
gwerinwyr mynegir edmygedd ohonynt. Hyd yn oed yn y gyntaf
o gerddi Iago Prydderch dywed:

Remember him, then, for he, too, is a winner of wars,
Enduring like a tree under the curious stars. ('A Peasant')

Eto, ystyriwch y canlynol:

Consider this man in the field beneath,

Gaitered with mud, lost in his own breath,
Without joy, without sorrow,
Without children, without wife,
Stumbling insensitively from furrow to furrow,
A vague somnambulist; but hold your tears,
For his name also is written in the Book of Life.
('Affinity')

Come Iago, my friend, and let us stand together
Now in the time of the mild weather ...
and I will sing
The land's praises. ('Memories')[25]

Made fun of you? That was their graceless
Accusation, because I took
Your rags for theme ... ('Iago Prytherch')

Did he look up? His arm half
Lifted was more to ward off
My foolishness ... ('Truth')

You served me well, Prytherch.
From all my questionings and doubts; ('Servant')

                ... But on the walls
Of the mind's gallery that face
With the hills framing it will hang
Unglorified, but stern like the soil. ('The Face')

Ac mae'r bardd yn gofyn am faddeuant:

You will forgive, then, my initial hatred,
My first intolerance of your uncouth ways,
You who are indifferent to all that I can offer,
Caring not whether I blame or praise.

Dewi a Monica ar y Mynydd Du

Y Derwydd llawen

Dewi a Monica yn Las Vegas

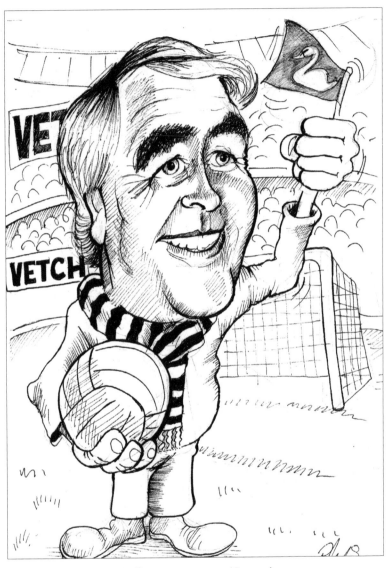

Cefnogwr mawr y 'Swans'

Soren Kierkegaard

Ludwig Wittgenstein

J. R. Jones

Rush Rhees

Meredydd Evans

Walford Gealy

Gwyn Erfyl

Cynwil Williams

M. Wynn Thomas

John Rowlands

R. Gerallt Jones

R. M. (Bobi) Jones

T. Gwynn Jones   R. Williams Parry

W. J. Gruffydd   T H. Parry-Williams

John Morris-Jones

Aneirin Talfan Davies

Thomas Parry

Dyfnallt Morgan

Gwenallt

Waldo Williams

Cynan

T. Rowland Hughes

Dic Jones

Dafydd Rowlands

Gerallt Lloyd Owen

Gwyn Thomas

Saunders Lewis

Kate Roberts

R. S. Thomas

Samuel Beckett

T. S. Eliot

Dylan Thomas

Wallace Stevens

Philip Larkin

Tennyson

Islwyn

George Eliot

Rowan Williams

J. E. Meredith

D Densil Morgan

Pennar Davies

Athronydd yn ei elfen

With your pigs and your sheep and your sons
and holly-cheeked daughters
You will still continue to unwind your days
In a crude tapestry under the jealous heavens
To affront, bewilder, yet compel my gaze.

('A Priest to his People')

Ac y mae'n gofyn am faddeuant y ffermwr, oherwydd, nawr,
mae'n dewis gwrando arno, yn hytrach na phregethu wrtho:

I am the farmer, stripped of love
And thought and grace by the land's hardness;
But what I am saying over the fields'
Desolate acres, rough with dew,
Is, Listen, listen, I am a man like you.

('The Hill Farmer Speaks')

Wedi cyrraedd y man hwn, wedi cydnabod fel y gwnaeth
Kate Roberts agwedd stoic y gwerinwyr yn wyneb caledi natur
a'u bywydau, mae'r bardd/offeiriad yn wynebu cwestiwn sy'n
ganolog iddo o safbwynt ei ffydd: beth sydd gan grefydd i'w
ddweud wrth fywyd o'r fath? A rhaid iddo gyfaddef iddo gasglu,
ar brydiau, nad oedd dim ganddi i'w ddweud. Dyma gwestiwn y
bardd/offeiriad:

Ransack your brainbox, pull out the drawers
That rot in your heart's dust, and what have you to give
To enrich his spirit or the way he lives? ('Affinity')

Mae'r offeiriad yn brawychu am ei fod heb ddim i'w ddweud
wrth ddyn ar ei wely angau:

... that sick man
I left stranded upon the vast
And lonely shore of his bleak bed. ('Evans')

A beth am farwolaeth bardd? Etyb R. S. Thomas:

> ... he dies
> Intestate, having nothing to leave
> But a few songs, cold as stones
> In the thin hands that asked for bread. ('Death of a Poet')

Fel y gwelsom, y mae R. S. Thomas yn cydnabod ysbryd y gwerinwr, ond ei gwestiwn yw: beth sydd gan Ysbryd y Gair i'w ddweud wrth yr ysbryd hwn? Ond beth yw'r anhawster? Onid oes apologia poblogaidd gan amddiffynwyr crefydd? Onid ydynt yn dweud wrthym fod rhagluniaeth Duw, cynllun Creawdwr y bydysawd, yn esbonio popeth? Mae caledi bywyd, meddir, wedi'i fwriadu gan Dduw i ddatblygu ein cymeriadau. Felly, y mae nid yn unig amser, ond esboniad, hefyd, i bopeth dan y nefoedd.

Y mae'r apologia hwn, neu ryw fersiwn ohono, yn arglwyddiaethu ar athroniaeth crefydd gyfoes, ac fe wyddai R. S. Thomas hynny'n dda. Ar ôl cyhoeddi *H'm* yn 1972, roedd am wynebu cwestiwn ystyr credu yn Nuw mewn cyd-destun ehangach na thrallod pobl ei blwyf. Paham, felly, nad yw'n derbyn yr apologia sydd wrth law, theodisi, fel y'i gelwir, sef yr ymgais i gyfiawnhau cynllun Duw ar gyfer dyn yn wyneb drygioni? Mae R. S. Thomas wedi clywed y dadleuon:

> I know all the tropes
> Of religion, how God is not there
> To go to; how time is what we buy
> With his absence, and how we look
> Through the near end of the binocular at pain,
> Evil, deformity. ('After the Lecture')[26]

Ond wyneb yn wyneb â ffeithiau erchyll bywyd, mae dadleuon o'r fath yn ymddangos iddo'n hollol wag ac aneffeithiol:

> ... I have tried
> Bandaging my sharp eyes

> With humility, but still the hearing
> Of the ear holds; but from far off as Tibet
> The cries come[27]

Ac i unrhyw un sydd ganddo glustiau i glywed, a llygaid i weld, nid oes modd gwadu'r ffeithiau.

Yn gyntaf, ac yn bennaf, nid yw'n wir fod poen a dioddefaint yn urddasoli ac yn adeiladu cymeriad. Y mae'n gwybod am deuluoedd ofnadwy fel un:

> John All and his lean wife,
> Whose forced complicity gave life
> To each loathed foetus … ('Meet the Family')

Mae'n gyfarwydd â:

> You remember Davies? He died, you know,
> With his face to the wall, as the manner is
> Of the poor peasant in his stone croft
> On the Welsh hills … ('Death of a Peasant')

Y gwirionedd syml yw fod y bardd wedi gweld gormod:

> And I standing in the shade
> Have seen it a thousand times
> Happen: first theft, then murder;
> Rape; the rueful acts
> Of the blind hand … ('Petition')

Mae'n ceisio gweddïo yn wyneb hyn, ond yn ofer:

> … I have said
> New prayers, or said the old
> In a new way. Seeking the poem
> In the pain, I have learned
> Silence is best, paying for it
> With my conscience … ('Petition')

Ac y mae'r un rhodd a geisiodd wedi'i gwrthod:

> ... One thing I have asked
> Of the disposer of the issues
> Of life: that truth should defer
> To beauty. It was not granted. ('Petition')

Ond hyd yn oed pe bai'r ffeithiau'n wahanol, pa fath Dduw a fyddai'n barod i ddefnyddio pobl fel cyfrwng i'w ddibenion ei hun? Onid ydym yn condemnio ein gilydd os gweithredwn yn y fath fodd? Ac ym mha fodd y medrwn gyfiawnhau'r hyn sy'n digwydd yn enw cariad? Fe ddigwydd erchyllterau hyd yn oed y tu fewn i'r eglwys:

> And God said, I will build a church here
> And cause this people to worship me,
> And afflict them with poverty and sickness
> In return for centuries of hard work
> And patience ... ('The Island')

Trwy'r gerdd mae rhestr y cystuddiau'n cynyddu, nes cyrraedd y frawddeg olaf: 'And that was only on one island'. Mae helyntion mympwyol bywyd yn digwydd i'r da a'r drwg heb reswm yn y byd. Rydym fel crysau ar y lein, yn cael ein chwythu gan y gwynt digyfeiriad:

> ... when about to be
> asked for directions, vanishes
> leaving them dangling
> as though they had been hanged.
>
> ('Two Shirts on a Line')[28]

A beth am y dyfodol? Beth am addewid Duw y byddai gyda ni hyd y diwedd? Beth am optimistiaeth Browning?:

> Grow old along with me.
> The best is yet to be ...

Dyma ateb R. S. Thomas:

> What god is proud
>   of this garden
> of dead flowers, this underwater
>   grotto of humanity,
>   where limbs wave in invisible
>   currents, faces drooping
> on dry stalks, voices clawing
>   in a last desperate effort
> to retain hold? ('Geriatric')

Beth sydd wedi digwydd i arbrawf Duw, ac a ydyw'r pris yn rhy uchel i'w dalu?:

> … Despite withered
>   petals, I recognise
> the species: Charcot, Ménière,
>   Alzheimer. There are no gardeners
> here, caretakers only
>   of reason overgrown
> by confusion ('Geriatric')[29]

Yn wyneb rhestr R. S. Thomas, beth yw'r ateb i gwestiwn Mark Puw:

> Who put me here?
> I must get on with this job;
> The rain is coming. I must get on
> With this job. Who put me
> Here? The bugger; I'd like
> To see him now in my place. ('Gospel Truth')

Ac er ei waethaf ceir y bardd, er ei fod yn offeiriad, yn ochri gyda chri'r dioddefwyr:

> … Daily I take their side

> In their quarrel, calling their faults
> Mine. How do I serve so
> This being they have shut out
> Of their houses, their thoughts, their lives? ('They')

Ond onid oedd y bardd yn iawn i wneud hynny? Os cyhuddir
Duw, yn nhermau theodisi, oherwydd y ffordd y mae'n ein trin,
dim ond un dyfarniad sy'n bosibl – Euog!

Ac eto, rhaid i ni sylweddoli fod y mwyafrif o athronwyr
crefydd, ac efallai y mwyafrif o ddiwinyddion hefyd, yn dal i
ddadlau yn nhermau theodisi, yn nhermau'r hen ddadl fod trallod
yn rhan o gynllun Duw ar ein rhan – ysgol Duw i ddatblygu
cymeriad! Ond ni all R. S. Thomas oddef y fath gelwydd. Mae'r
gynulleidfa am i'r pregethwr sôn am Gariad yng nghyd-destun
ing:

> ... but the preacher
> was silent reaching
> his arms out but the little
> children the ones with
> big bellies and bow
> legs that were like
> a razor shell
> were too weak to come ('H'm')

Os ydym am bregethu celwydd, a cheisio bod yn bysgotwyr
eneidiau wrth wneud hynny, mae'r canlyniadau'n amlwg:

> ... But we fish on, and gradually
> they accumulate, the bodies, in the torn
> light that is about us and the air
> echoes to their inaudible screaming. ('Fishing')

Ac os parhawn i anwybyddu trallodion y ddynoliaeth yn y modd
hwn, mae'r canlyniadau i ysbryd ein geiriau'n amlwg, pa un a
sylweddolwn hynny ai peidio:

In this desert of language
we find ourselves in,
with the sign-post with the word 'God'
worn away
and the distance ...? ('Directions')

Ond faint o apolegwyr crefydd sydd heb sylweddoli'r pellter rhwng ymdrechion theodisi i gyfiawnhau dioddefaint – a Duw? Os nad ydynt yn sylweddoli hyn, pa fath o gêm y mae eu Duw yn chwarae? Nid oes amheuaeth gan R. S. Thomas:

It is the play of a being
who is not serious in
his conclusions ... ('The Game')

Hap a'r Duwiau

Wrth wrthod, yn bendant, y syniad am Dduw fel cynlluniwr bywyd, creawdwr a chanddo bwrpas ar ein cyfer, i ba gyfeiriad arall yr oedd hi'n bosibl i R. S. Thomas droi? Mae mwy nag un ateb i'r cwestiwn. Ar brydiau, gwêl y bardd ei Dduw fel rhyw fath o egni mewn pethau sydd y tu hwnt i foesoldeb, y tu hwnt i reswm. Dyma'r math o ystyr i'r gair 'Duw' sydd, i raddau, yn ein meddyliau pan ddywedwn fod pethau yn nwylo'r duwiau. Yr oedd gair gan y Groegiaid am ffolineb anwybyddu ffordd y duwiau, sef *hubris*. Ond y tu allan i'r berthynas â moesoldeb, ystyr ewyllys y duwiau, neu ewyllys Duw, yw rhyw fath o bŵer cyntefig. Yng ngafael pwerau o'r fath, efallai y dywedwn mai peth ofnadwy yw syrthio i ddwylo y Duw byw. Ar brydiau, gwelir syniad tebyg am Dduw ym marddoniaeth R. S. Thomas:

... There is randomness
at the centre, agitation subsisting
at the heart of what would be
endless peace. ('Senior')

Ond beth yw cymeriad Duw y damweiniol?:

> ...What god,
> fingers in its ears, leered at me
> from above the lintel, face
> worn by the lapping
> of too much time? ... ('Cadenza')

Mae'r Duw hwn yn bresennol yn ei fethiant yn ogystal â'i lwyddiant. Ond a oes modd gwadu'r syniad hwn? I wneud hynny, meddai'r bardd:

> ... What I need
> now is a faith to enable me to out-stare
> the grinning faces of the inmates of its asylum,
> the failed experiments God put away.
>
> ('Pre-Cambrian')

Yn y berthynas rhwng y fath Dduw a'r byd, y mae hanes y berthynas mor ddamweiniol ag ewyllys y Duw ei hun:

> What is this? said God. The obstinacy
> Of its refusal to answer
> Enraged him. He struck it
> Those great blows it resounds
> With still ... ('Echoes')

Ond nid oes modd darganfod esboniad yn y byd chwaith, fel petai rhyw fath o sens i'r ergydion y mae'n eu dioddef:

> ... It glowered at
> Him, but remained dumb,
> Turning on its slow axis
> Of pain, reflecting the year
> In its seasons ... ('Echoes')

Pa fath o addoliad a weddai i grefydd o'r fath? Yr ateb yw

sylweddoliad, trwy aberth, o arwyddocâd yr ofnadwy mewn bywyd:

> ... On the altars
> They made him the red blood
> Told what he wished to hear. ('Echoes')

Esbonir dioddefaint y ddynoliaeth hefyd yn nhermau ewyllys ddamweiniol Duw. Mae'n adweithio yn erbyn Ei greadigaeth ddynol:

> He turned from him as from his own
> Excrement. He could not stomach his grin.
> I'll mark you, he thought. He put his finger
> On him ('Repeat')[30]

Mae'r canlyniadau yn amrywio:

> The result was poetry:
> The lament of Job, Aeschylus,
> The grovelling of the theologians.
> Man went limping through life, holding
> His side. ('Repeat')[31]

Ni allwn anwybyddu posibilrwydd diwedd y ddynoliaeth fel rhan o ewyllys Duw mympwyol:

> And God thought: Pray away,
> Creatures; I'm going to destroy
> It. The mistake's mine,
> If you like. I have blundered
> Before; the glaciers erased
> My error. ('Soliloquy', t.230).

Mae'r drafodaeth â'r cerddi yn y rhan hon o'r astudiaeth yn wahanol i'r ymdriniaeth yn *R. S. Thomas: Poet of the Hidden God* a gyhoeddais yn 1986. Yn y llyfr hwnnw tueddais i weld y cerddi hyn oddi mewn i'r cyd-destun traddodiadol sy'n sôn am ddioddefaint y byd yn nhermau cynllun Duw. Fy nadl oedd fod y cerddi hyn yn troi'r traddodiad ben i waered, trwy awgrymu na allai Duw ei hun roi ystyr a threfn i'r digwyddiadau ym mywyd dyn. Ond tueddaf yn awr i weld R. S. Thomas, yn y cerddi hyn, yn adweithio i'r digwyddiadau hyn yn nhermau syniad mwy cyntefig am Dduw, y syniad o Dduw mympwyol. Ar adegau y mae'n hawdd i R. S. Thomas, fel yr oedd i Kate Roberts, gredu ein bod yn ysglyfaeth i Dduw o'r fath. Dyma'r math o Dduw neu dduwiau a all ddod i'r golwg wrth weld terfynau bywyd fel rhai sy'n fynegiant o hap, damwain a mympwy.

1   Dafydd Ifans (gol.), *Annwyl Kate, Annwyl Saunders* (Aberystwyth: Gwasg Llyfrgell Genedlaethol Cymru, 1993), 108.
2   ibid., 110.
3   ibid.
4   ibid.
5   ibid.
6   ibid., 111.
7   ibid., 110.
8   ibid., 111.
9   ibid., 110.
10 ibid.
11 Gweler Dewi Z. Phillips, 'Y Duwiau a Ni', *Efrydiau Athronyddol*, LX, 1997, am drafodaeth ehangach ar grefydd y Groegiaid a'i pherthynas â Moderniaeth.
12 *Annwyl Kate, Annwyl Saunders*, xxii.
13 Daw'r dyfyniad (a phob dyfyniad arall o'r nofel) o Kate Roberts, *Traed Mewn Cyffion* (Argraffiad newydd, Dinbych, 1968).
14 Gweler W. I. Cynwil Williams, 'Kate Roberts, 1891-1985', *Y*

Traethodydd, Cyf. 140, Hydref, 1985, 175-84.

15 *Annwyl Kate, Annwyl Saunders,* 110.

16 Emyr Humphreys, 'Traed Mewn Cyffion' yn Bobi Jones (gol.), *Kate Roberts: Cyfrol Deyrnged* (Dinbych: Gwasg Gee, 1969), 60

17 Dylan Thomas, 'Fern Hill' yn *Collected Poems 1934-1952* (London: J. M. Dent, 1952), 159-61.

18 'Traed Mewn Cyffion' yn *Kate Roberts: Cyfrol Deyrnged,* 55.

19 Sigmund Freud, *The Future of an Illusion* (Hogarth Press, 1962), 46.

20 Gyda g ymddiheuriadau i R. S. Thomas. Daw bron pob dyfyniad o'i gerddi yn y bennod hon o R. S. Thomas, *Collected Poems 1945-1990* (London: Phoenix Giants, 1993), os na nodir yn wahanol.

Yet this is your prototype, who, season by season
Against siege of rain and the wind's attrition,
Preserves his stock, an impregnable fortress
Not to be stormed even in death's confusion.
Remember him, then, for he, too, is a winner of wars,
Enduring like a tree under the curious stars. ('A Peasant', 4)

21 R. S. Thomas, 'Soil' yn *Selected Poems 1946-1968* (Bloodaxe Books, fourth impression, 1992), 17.

22 R. S. Thomas, *Poetry For Supper* (London: Rupert Hart-Davis, 1964), 23.

23 Moelwyn Merchant, *Writers of Wales: R. S. Thomas* (Cardiff: University of Wales Press, 1979), 42.

24 ibid., 43.

25 R. S. Thomas, 'Memories' yn *Song at the Year's Turning* (London: Rupert Hart-Davis, sixth impression, 1965), 45.

26 R. S. Thomas, 'After the Lecture' yn *Selected Poems 1946-*

1968 (London: Rupert Hart-Davis, MacGibbon, 1973), 103.

[27] ibid.

[28] R. S. Thomas, *No Truce with the Furies* (Newcastle: Bloodaxe Books, 1995), 60.

[29] ibid., 9.

[30] R. S. Thomas, *H'm: Poems* (London: Macmillan, 1972), 26.

[31] ibid.

MARWOLAETH A'R FFIN

Yr ydym wedi sôn fwy nag unwaith am y rhagdybiaeth ynghylch y syniad o ffin, sef bod 'y tu yma' a 'thu hwnt' i bob ffin. Dibynna'r rhagdybiaeth ar gyfieithu 'ffin' fel 'terfyn' (boundary). O ganlyniad, mae modd sôn am yr hyn sydd y tu hwnt i'r ffin. Ond y mae ystyr arall i 'ffin' ac i'r gair 'terfyn' hefyd, o ran hynny, sef 'cyfyngiad' (limit). Ac wrth sôn am ffiniau, neu derfynau ystyrlondeb, nid oes ochr arall i ffin o'r fath. Nid rhywbeth sylweddol yr ochr arall i'r ffin yw nonsens, ond diffyg sy'n dangos nad oes cyd-destun sy'n rhoi ystyr i'r geiriau. Yn yr ystyr hwn i 'ffin', os dywedwn mai methiant yw pob ymgais i fynd y tu hwnt i ffin marwolaeth, nid cyfeirio a wnawn at ddiffyg ymdrech, fel y gellid yn achos methu teithio y tu hwnt i ffiniau Cymru, ond at yr awydd i ddweud rhywbeth na ellir ei ddweud. Mewn geiriau eraill, nid math o sens yw nonsens.

Hyd yn oed os sylweddolwn pa fath o ffin yw angau, gellir ymateb iddi mewn ffyrdd gwahanol. Ystyriwyd rhai ohonynt yn y bennod flaenorol wrth drafod Kate Roberts ac R. S Thomas. A gellir sôn am ymatebion arbennig fel ffurfiau ar goncro angau. Ond nid ymatebion felly sydd dan sylw yn y bennod hon. Yma, rwyf am ystyried yr awydd i oroesi angau. Ar brydiau, gwelir y 'goroesi' fel rhyw fath o barhad i fywyd daearol yn y nefoedd. Ar brydiau eraill gellir credu yn y 'goroesi' gan gyffesu, ar yr un pryd, anwybodaeth lwyr am y manylion. Os ymgais yw'r awydd goroesi hwn i drechu ffiniau ystyr, nid credoau ffals mohonynt, ond credoau diystyr.

1. Yr Awydd Am Ddaear Dragwyddol

Wrth feddwl am ddaear dragwyddol, nid dyheu a wneir am fyd ffansïol y tu draw i'r ffurfafen; nid dyheu a wneir am ryw fath o Oz. Nod y dyheu, y tu draw i'r ffurfafen, yw parhad y daearol. Yn hytrach na gweld y ddaear yng ngolau'r nefoedd, y mae dyn am weld y nefoedd yn nhermau'r ddaear. Dywed T. S. Eliot fod Tennyson, yn 'In Memorium', yn dyheu yn bennaf dim am gwmni dynion yn hytrach na pherthynas â Duw. Er enghraifft, y mae'n pryderu wrth feddwl pwy y gallai ei ffrind Hallam fod yn ymddiddan â hwy yn y nefoedd. Beth pe bai'n ymddiddan â Shakespeare? Oni allai gael ei swyno ganddo gymaint nes anghofio am Tennyson? Rhaid iddo atgoffa Hallam mai efe a'i carodd gyntaf.

Yr oedd Tennyson yn ansicr iawn o'i gredoau, credoau sy'n dangos sut y ceisiai gyfuno esblygiad a Christnogaeth:

> Behold, we know not anything;
> I can but trust that good shall fall
> At last – far off – at last, to all,
> And every winter change to spring.
>
> So runs my dream: but what am I?
> An infant crying in the night:
> An infant crying for the light:
> And with no language but a cry.[1]

A dyna'n union oedd y broblem. Nid oedd gan Tennyson iaith ddigonol i fynegi'r ffydd yr oedd yn dyheu amdani. Ond gwelir yr un annigonolrwydd yn ein beirdd ni'r Cymry. Fe'i gwelir, er enghraifft, wrth osod un o gerddi Islwyn ochr yn ochr ag un o gerddi Wallace Stevens. Islwyn, fe gofiwch, yw awdur yr emyn enwog, 'Hapus Dyrfa'. Gyda llaw, gwelodd T. H. Parry-Williams fawredd yr emyn, gan ddweud fod Islwyn wedi cyflawni gwyrth wrth lwyddo i fynegi'r tragwyddol yn ei linellau. Rwy'n cytuno,

ond dibynna popeth ar yr ystyr a roddwn i'r sôn am hapus dyrfa
'sydd â'u golwg tua'r wlad'. Beth, er enghraifft, a wnawn o
linellau fel y rhain?:

> Gwêl uwchlaw cymylau amser
> O! fy enaid, gwêl y tir
> Lle mae'r awel fyth yn dyner,
> Lle mae'r wybren fyth yn glir.
> Hapus dyrfa
> Sydd yn nofio yn ei hedd![2]

Pa fath o dir sydd yma? Pa fath o dyrfa? Yn ei gerdd, 'Fy Nai Tu
Hwnt I'r Bedd', dyma a ddywed:

> … Dychmygaf gwelaf di yng nghanol engyl
> Di-rif, a Phren y Bywyd yn dy ymyl,
> A'i gangau uwch dy ben yn ffurfio cysgod,
> A'i ffrwythau'n plygu'n drymion oddi uchod,
> Yn drymion gan rinweddau anfarwoldeb,
> A'i flodau'n perarogli tragwyddoldeb.[3]

Ond dyma sut yr hola Wallace Stevens yn 'Sunday Morning' am
nefoedd o'r fath:

> Is there no change of death in paradise?
> Does ripe fruit never fall? Or do the boughs
> Hang always heavy in that perfect sky, …
>
> Why set the pear upon those river-banks
> Or spice the shores with odours of the plum?
> Alas, that they should wear our colours there …[4]

Lliwiau sy'n newid yw ein lliwiau ni; lliwiau sy'n gallu gwywo yn
yr haul. Heb newid, nid ein lliwiau ni fyddent. Nid wyf am fwyta
afal pwdr, ond a ydyw'n dilyn o hynny fy mod am afal na all
bydru? Nid wyf am i'm cariad farw, ond a ydyw'n dilyn o hynny
fy mod am gariad na all farw? Onid yw llinellau Islwyn am y tu

hwnt i'r bedd yn haeddu beirniadaeth gyffredinol Parry-Williams ar ei syniad am dragwyddoldeb?:

> Islwyn's idea of Eternity is, somehow, that of something finite, an infinity in terms of the finite. There is nothing transcendental about it, it is not even the mystical conception of it, but more of an ordinary theological afterworld.[5]

Os anwybyddir realiti newid a marwolaeth, dinistrir yr hyn sy'n rhyfeddol ac yn ofnadwy mewn bywyd daearol ar yr un pryd. Wrth geisio gwneud y daearol yn ddigyfnewid, yr unig beth a grëwn yw parodi o'n bywydau daearol.

2. Adweithiau Cadarnhaol i Feidroldeb

Ar ôl sylweddoli ffolineb ceisio tragwyddoli'r daearol, beth fu adwaith beirdd i hynny? Fel y gallem ddisgwyl, amrywiant yn fawr rhyngddynt a'i gilydd, a gall adwaith yr un bardd i'r sylweddoliad amrywio'n fawr yn ôl fel yr amrywia'i brofiad ar wahanol adegau.

Yn ôl Wallace Stevens, ar ôl rhoi'r gorau i geisio mynd uwchlaw'r ffurfafen, daw'r ffurfafen yn rhan o'n bywyd ni ac nid yn rhywbeth sy'n ein gwahanu oddi wrth ryw realiti uwch:

> ... And shall the earth
> Seem all of paradise that we shall know?
> The sky will be much friendlier then than now,
> A part of labour and a part of pain,
> And next in glory to enduring love,
> Not this dividing and indifferent blue.[6]

Bardd sy'n derbyn ei stad yw Wallace Stevens. Iddo ef, nid yw marwolaeth yn fraw. Meddai: 'Death is the mother of beauty, mystical.' Rhaid gwacáu'r nefoedd o'r duwiau er mwyn gweld y ddaear yn iawn. I Stevens, nid yw disgyn i'r bedd yn fethiant, ac mewn llinellau mawreddog disgrifia golomennod yn disgyn i'r tywyllwch ar adenydd estynedig – symbol o fuddugoliaeth:

> Deer walk upon our mountains, and the quail
> Whistle about us their spontaneous cries;
> Sweet berries ripen in the wilderness;
> And, in the isolation of the sky,
> At evening, casual flocks of pigeons make
> Ambiguous undulations as they sink,
> Downward to darkness, on extended wings.[7]

Oni cheir adwaith tebyg gan R. Williams Parry yn ei gerdd 'Pagan'?:

> Tragywydd ydyw dyn,
> Sefydlog yn ei fryd.
> Mae heddiw a doe i'r duwiau
> Ond erys dyn o hyd;
> A dyn sy'r un o hyd.[8]

A oes lle i unrhyw fath o anfarwoldeb yn y traddodiad hwn? Oes. Rhaid cofio bod y syniad o'r ysbrydol yn ehangach na chrefydd. Os yw'r ffurfafen yn dod yn rhan o'r byd naturiol, mae'r un peth yn wir am eneidiau dynion, a'u harwyddocâd tragwyddol. Dyma, er enghraifft, linellau gan William Faulkner sy'n adlewyrchu hyn:

> If there be grief, let it be the rain
> And this but silver grief, for grieving's sake,
> And these green woods be dreaming here to wake
> Within my heart, if I should rouse again.
>
> But I shall sleep, for where is any death
> While in these blue hills slumbrous overhead
> I'm rooted like a tree? Though I be dead
> This soil that holds me fast will find me breath.[9]

Cawn fod teimladau tebyg wedi'u mynegi gan rai o feirdd mwyaf Cymru. Gwyddom fod Parry-Williams yn eu mynegi yn ei gerdd 'Bro'. Ar un olwg, mae'n dweud pethau rhyfedd:

> Fe ddaw cric i gyhyrau Eryri, ac i li
> Afon Gwyrfai daw cramp fy marwolaeth i.[10]

Ond ar ddiwedd y gerdd, fe'n rhybuddia rhag meddwl ei fod yn gwallgofi:

> Nid creu balchderau mo hyn gan un-o'i-go',-
> Mae darnau ohonof ar wasgar hyd y fro.[11]

Nid oes yma na damcaniaeth na rhagdybiaeth o fath yn y byd. Mynegi a wna'r bardd ei berthynas ysbrydol â lle ac amser na ellir ei mynegi mewn unrhyw ffordd arall, – ac ni ddylem ei chamgymryd am berthynas grefyddol. Ond bydd mwy i'w ddweud am y gerdd hon nes ymlaen yn y traethawd.

Enghraifft o fath gwahanol o ymateb i farwolaeth yw cerdd gadarnhaol enwog Dylan Thomas, 'And Death shall have no Dominion'. Yn ôl Aneirin Talfan Davies, cerdd atgyfodiad ydyw. Ond er fod gan lawer beirniad feddwl uchel o'r gerdd, ni wêl Aneirin Talfan ddim mwy ynddi nag ymarfer rhethregol.[12] Fy marn i, ar y llaw arall, yw fod rhethreg yn llywodraethu'r gerdd 'Do not go Gentle into that Good Night', ac nad cerdd atgyfodiad yw 'And Death shall have no Dominion'.

Fel y dywedais eisoes nid oes hawl gan athronydd, na neb arall, i feirniadu darn o farddoniaeth am yr unig reswm ei fod yn cyfleu safbwynt gwahanol i safbwynt y beirniad. Wrth gwrs, mae perffaith hawl gan feirniad i ddweud fod bardd yn ddall i ystyron arbennig. Gall anffyddiwr o fardd fod yn ddall i ystyron crefyddol, a gall bardd crefyddol fod yn ddall i ystyron anffyddiog. Ond gall eu barddoniaeth fod yn fawreddog serch hynny. Nid oes rhaid i'r ystyron fod yn gadarnhaol. Ceir barddoniaeth fawr am anobaith. Eto, gellir mynegi agweddau tra gwahanol ar fywyd yng ngwaith yr un bardd. Mae hyn yn wir, er enghraifft, am farddoniaeth Dylan Thomas, R. S. Thomas, R. Williams Parry a T. H. Parry-Williams.

Wrth droi at y gerdd 'And Death shall have no Dominion', mae'n bwysig sylweddoli fod safbwynt y gerdd yn y trydydd person. Ar y cychwyn, mae'n ymddangos fel petai'r un math o gyffredinoli ynddi ag a geir yn 'Do not go Gentle into that Good Night', ond nid yw hynny'n wir ac eithrio'r ffaith, wrth gwrs, *mai cyffredinol yn ei hanfod yw cyfarchiad tosturiol y bardd i'r meirw.* Beth yw natur ymateb y bardd? Beth yw natur ei dosturi? I ateb y cwestiynau hyn rhaid edrych, yn gyntaf, ar y syniad o farwolaeth ddeallus.

Wrth farwolaeth 'ddeallus' rwy'n golygu'r modd y gall marwolaeth fod yn ystyrlon i'r unigolyn oherwydd gwerthoedd ac argyhoeddiadau ei fywyd. Yn yr ystyr hwn y mae'r Eglwys Gatholig yn sôn am farw 'marwolaeth dda'. Gwelir esiampl arall yn Socrates, wrth iddo farw dros y gwir a gwrthod amddiffyn ei hun trwy ddweud celwydd o flaen ei gyhuddwyr; gwrthododd waredigaeth a rhyddid trwy rethreg. Mae'n debyg fod anghytuno am eiriau olaf Iesu ar y Groes. Os ei eiriau olaf oedd, 'O Dad, i'th ddwylo di y gorchymynnaf fy ysbryd', yna mae Iesu yn marw marwolaeth ddeallus. Ond ni ellir dweud hynny os ei eiriau olaf oedd, 'Fy Nuw, Fy Nuw, paham y'm gadewaist?' Beth yw'r gwahaniaeth rhwng marwolaeth Socrates a marwolaeth Iesu?

Fe ddywedodd Kierkegaard yn *Purity of Heart* nad oes modd cyffwrdd â diniweidrwydd. Yn wyneb gosodiad o'r fath oni ddywed pwerau'r Byd, 'Edrychwch, fe wnawn ni'? Onid yw creulondeb y canrifoedd yn anwireddu haeriad Kierkegaard? Ond camddealltwriaeth fyddai credu hynny. Gwyddai Kierkegaard, cystal â neb, am erchyllterau bywyd. Honiad Kierkegaard yw nad yw diniweidrwydd yn colli na'i ystyr na'i arwyddocâd er gwaethaf ei drueni yn nwylo dynion drwg. Dywed Socrates wrth Calicles yn *Gorgias* Platon: 'Dim ond ffŵl, Calicles, a fyddai'n gwadu'r ffaith y gall unrhyw beth ddigwydd i ddyn yn Athen', gan ychwanegu, 'A bydd popeth yn iawn'. Nid rhagfynegi y mae y bydd popeth yn iawn mewn ystyr bydol, oherwydd dywed y bydd popeth yn iawn *beth bynnag a ddigwydd iddo*. Ar y llaw arall, y mae'n rhagfynegi, sef rhagfynegi y bydd yntau'n wynebu ei farwolaeth yn dawel ei ysbryd. Hynny yw, rhagfynegi y mae Socrates mai marwolaeth ddeallus fydd ei farwolaeth ef. Ond nid dyna fyddai marwolaeth Iesu wrth iddo weiddi â llef uchel, 'Fy Nuw, fy Nuw, paham y'm gadewaist?'

Mae'n bwysig eithriadol sylweddoli nad wyf yn uniaethu'r gosodiad nad yw Iesu yn marw marwolaeth ddeallus â'r gosodiad fod marwolaeth Iesu yn ddiystyr. Nid yw'n farwolaeth ddeallus oherwydd fod ymwybyddiaeth o ystyr yn absennol yn yr unigolyn ar y pryd. Ond ceir ystyr ei farwolaeth mewn cyd-destun ehangach. Mae Iesu yn profi absenoldeb Duw er ein mwyn, ac oherwydd hynny gwelwn ystyr yn ei farwolaeth er nad yw'n marw marwolaeth ddeallus yn yr ystyr Socrataidd.

Ceir esiamplau o ddynion sy'n rhag-weld y ffaith fod creulondeb dynion yn mynd i ddwyn oddi wrthynt bosibilrwydd marw marwolaeth ddeallus. Efallai fod Iesu yn un o'r rheini; ei fod yn rhag-weld natur ei ddiwedd. Meddyliwch am y ffyrdd amrywiol ac ofnadwy sydd o gam-drin carcharorion. Mae'n hawdd i bwerau'r byd hwn eu gwneud hwy yn wallgofiaid. Y mae rhai, er eu bod yn rhag-weld diwedd o'r fath, yn gwrthod troi eu cefnau ar y gwerthoedd sy'n eu harwain ato. A phan welwn ninnau safiadau o'r fath, neu pan glywn amdanynt, rydym am eu cyfarch a'u cydnabod. Yn wir, y mae natur ein cydnabyddiaeth yn dibynnu ar ein sylweddoliad na fu iddynt farwolaeth ddeallus.

Os yw ymatebion o'r fath yn gyfarwydd i ni, nid rhyfedd ydyw fod beirdd, hefyd, am gyfarch pobl o'r fath ar gân. Yn wir, ar brydiau mae modd cyfarch a pharchu safiadau rhai a fuont yn elynion i'w gilydd, fel petai'r angau yn eu huno er gwaethaf eu gwahaniaethau daearol. Nid dweud yr wyf fod y gwahaniaethau hynny'n ddibwys. I'r gwrthwyneb, dweud yr wyf fod modd, ar brydiau, i ddyrchafu gelynion mewn cân o fawl sy'n trosgynnu'r gwahaniaethau rhyngddynt. Gwelwn T. S. Eliot yn llwyddo i wneud hynny yn 'Little Gidding' wrth iddo gyfarch y meirw a fu'n elynion yn Y Rhyfel Cartref rhwng y Brenin a'r Senedd:

> We cannot revive old factions
> We cannot restore old policies
> Or follow an antique drum.
> These men, and those who opposed them
> Accept the constitution of silence
> And are folded in a single party.[13]

Hyd yn oed pan na wêl unigolyn natur y diwedd sy'n ei aros, diwedd na fydd yn farwolaeth ddeallus, eto mae modd i'w hanes ddangos i ni na fu ei fywyd yn ddiystyr. Ac y mae beirdd ar hyd y canrifoedd wedi cyfarch dynion felly.

Rwyf am awgrymu mai cyfarchiad o'r math hwnnw sydd yn 'And Death shall have no Dominion'. Yn y gerdd ceir sôn am y noethion, rhai a fu'n ysglyfaeth i greulondeb cyd-ddyn, cariadon a gollwyd, rhai a foddwyd yn y môr – mewn gair, y rhai na chafodd farw marwolaeth ddeallus. Ond nid dyna ddiwedd eu hanes. Oherwydd eu bod yn rhan o'n hanes ac yn haeddu parch, nid yw angau yn arglwyddiaethu drostynt yn y diwedd; nid oes modd i angau ddwyn ymaith yr ystyr sydd i'w bywydau. Nid dweud yr wyf fod ystyr eu bywydau'n dibynnu ar ein cof amdanynt. Mae'r parch a'r gwerth sydd iddynt yn dibynnu ar natur eu bywydau, nid ar ein gwybodaeth ni amdanynt. Eto i gyd, wrth gyfarch rhai teilwng, yn enwedig wrth i feirdd eu cyfarch, deallwn sut mae gweld ystyr ym mywydau pobl na chafodd farw marwolaethau deallus.

Dylai'r casgliadau hyn ein helpu i sylweddoli nad cerdd atgyfodiad yw 'And Death shall have no Dominion'. Cerdd dosturiol ydyw, sy'n dyrchafu marwolaethau trueiniaid mewn modd sy'n peri i'r darllenydd sylweddoli fod arwyddocâd iddynt o gyrraedd gafael angau. Gwelir y noethion yn rhan o hanes dioddefaint dyn, ac wrth eu cyfarch fe'u hanrhydeddir:

> With the man in the wind and the west moon;
> When their bones are picked clean and the clean bones gone,
> They shall have stars at elbow and foot ...[14]

Nid marwolaeth ddeallus a gafodd y carcharorion hynny a aeth yn wallgof o dan law eu gormeswyr. Ac eto, ni all angau ddinistrio'u stori, ac mae'r bardd yn eu cyfarch: 'Though they go mad they shall be sane'. Nid rhagfynegiad sydd yma, ac nid cyfeiriad at iawndal chwaith. Sylwch: 'shall be sane' nid 'will be sane'. Cyfarchiad sydd yma a wêl ystyr y tu draw i'w gwallgofrwydd; cyfarchiad sydd fel petai'n ein gorchymyn ninnau i uno yn y cyfarch: 'shall be sane':

> Twisting on racks when sinews give way,
> Strapped to a wheel, yet they shall not break;
> Faith in their hands shall snap in two,
> And the unicorn evils run them through;
> Split all ends up they shan't crack;
> And death shall have no dominion.[15]

A'r un yw'r ymateb i'r cariadon a gollwyd: 'Though lovers be lost love shall not', ac eto i'r rhai a gollwyd ar y môr:

> And death shall have no dominion.
> Under the windings of the sea
> They lying long shall not die windily ...[16]

Hyd yn oed pan ddinistrir ffydd yn awr marwolaeth – 'Faith in their hands shall snap in two' – nid hynny sydd i benderfynu pa mor ffyddlon fu'r trueiniaid hyn.

Na, nid cerdd atgyfodiad yw cerdd Dylan Thomas. Cyfarch y mae y rhai a gollwyd. Mae'n wir fod eu bywydau trosodd:

No more may gulls cry at their ears
Or waves break loud on the seashores;
Where blew a flower may a flower no more
Lift its head to the blows of the rain ...[17]

Ac eto, ni fu eu bywydau heb ystyr. I'r gwrthwyneb, tosturia'r bardd wrthynt ac wrth eu stori na orchfygwyd gan angau:

Though they be mad and dead as nails,
Heads of the characters hammer through daisies;
Break in the sun till the sun breaks down,
And death shall have no dominion.[18]

Nid yw Dylan Thomas wedi atgyfodi bywydau yn y gerdd hon, eithr eu dathlu trwy eu dyrchafu.

3. Gwrthryfel yn erbyn marwolaeth

Y mae 'Do not go Gentle into that Good Night', yn un o gerddi enwocaf Dylan Thomas, ond i'm bryd i mae rhethreg yn ei llywodraethu. Mae'r gerdd yn dechrau ag argymhelliad hollol gyffredinol ynglŷn â'r ffordd y dylem ymateb i ddiwedd oes a dyfodiad marwolaeth:

Do NOT go gentle into that good night,
Old age should burn and rave at close of day;
Rage, rage against the dying of the light.[19]

Cymer y bardd yn ganiataol y byddwn yn deall yr ymateb hwn i angau – 'rage against the dying of the light'. Ond pa fath o gynddaredd mae'r bardd yn ei argymell? Ceir yr ateb ym mhenillion dilynol y gerdd, ond ateb dryslyd ac anfoddhaol ydyw. Yr awgrym yw fod pob math o ddynion – dynion doeth, dynion da, dynion gwyllt, dynion difrifol – yn ymateb, o anghenraid, yn yr un ffordd i ddyfodiad angau. Sylwer, ni ddywedir hyn am ddynion sy'n honni eu bod yn ddoeth, yn dda, yn wyllt, neu'n ddifrifol; fe'i dywedir am ddynion sy'n wirioneddol i'w cyfrif felly. Ni ddywed y bardd, hyd yn oed, mai dim ond rhai dynion o'r math hwn sy'n ymateb felly i'r angau; i'r gwrthwyneb, mae ei honiadau'n ymwneud â dosbarthiadau o ddynion fel y cyfryw. Mae'r anawsterau a ddaw o hynny yn rhedeg drwy'r gerdd.

Paham y dylai dynion ymateb yn y fath fodd i ddyfodiad angau? Ym meddwl y bardd, pa rinwedd bynnag sydd gan ddyn, gwnaiff angau, fel y cyfryw, i'r dyn hwnnw ddyheu am yr hyn na chaniateir gan rinwedd o'r fath, neu ddyheu am yr hyn sy'n wrthgyferbyniol i'r rhinwedd. Felly, y mae dynion doeth o sylweddoli '[that] their works had forked no lightning', yn cynddeiriogi '[they] rage against the dying of the light'. Pe bai hyn yn digwydd fe ddangosai nad oedd eu 'doethineb' yr hyn yr honnai fod. Yr oedd dymuniad cuddiedig yn eu gweithiau a ddaeth i'r golwg yn wyneb angau. Yr un yw'r stori gyda'r dynion da. Yn wyneb angau gwelir hwy'n wylo: 'crying how bright their frail deeds might have danced in a green bay'. Hynny yw, fe'u gwelir yn dyheu am yr hyn a roesant i'r naill ochr heibio er mwyn bod yn 'dda'. Datguddir gan angau amwysedd eu 'daioni'. Nid yw pethau'n well gyda'r dynion gwyllt. Sylweddolant fod rhaid i ddyddiau gwylltineb ddod i ben, ac mae hynny'n peri gofid iddynt. Nid arwyr mohonynt, nid dynion gwyllt ydynt a fyddai'n wynebu angau'n ddewr a herfeiddiol. Ac yn olaf, egyr dynion difrifol eu llygaid yn rhy hwyr: 'Blind eyes could blaze like meteors and be gay.' Pair angau iddynt ddyheu am fywyd hollol wahanol i'w 'difrifwch'.

Felly, ymhob un o'r esiamplau, mae'r angau wrthi yn peri i rinweddau dynion newid eu natur a cholli eu hansawdd. Nid yw doethineb yn ddigon cyffrous. Gweithredoedd gwan yw daioni. Beth yw gwylltineb ond galar, ac onid dall yw llygaid dynion difrifol? Bwriad y bardd, heb amheuaeth, oedd canu clodydd pobl sy'n gwrthryfela yn wyneb angau. Ond yn ddiarwybod iddo dewisodd bobl ar gyfeiliorn i'w cyfarch yn ei gerdd, pobl hollol ddi-urddas.

Pan ddaw yn olaf at ei dad mae'n argymell y dylai yntau wrthryfela: 'rage against the dying of the light'.[20] Ond fel y gwelsom, rhywbeth hollol annelwig yw'r cynddaredd dan sylw. Pe bai ei dad wedi ymgynddeiriogi (beth bynnag y mae hynny i'w olygu) byddai ei 'fierce tears' yn fendith ac yn felltith i'w fab o fardd.

Cerdd, felly, yw 'Do not go Gentle into that Good Night' sy'n methu cyflawni'r hyn y mae am ei gyflawni. Os meddyliwn fod y gerdd yn mynegi gwrthryfel urddasol yn wyneb angau, effaith rhethreg y bardd arnom yw hynny; effaith darllen esgeulus. Ond os nad yw'r gerdd yn mynegi gwir gynddaredd, pa fath o gynddaredd a fynegir ynddi? Ceir ateb anfwriadol i'r cwestiwn o enau'r bardd ei hun:

Old age should burn and rave at close of day.

Mae tipyn o wahaniaeth rhwng 'rave' a 'rage'. Nid dynion sy'n ymgynddeiriogi a geir yn y gerdd, ond dynion sy'n ynfydu neu wallgofi. Nid oes rhaid i'r rhai sy'n ymgynddeiriogi fod ar goll, ond dyna yw cyflwr y rhai sydd wedi colli arnynt eu hunain wrth wynebu'r diwedd. Mae'n nos arnynt yn wir. Wrth gwrs, gellid cyfansoddi barddoniaeth fawr yn ymdrin â'r cyflwr hwnnw, ond nid dyna oedd bwriad Dylan Thomas ac nid dyna'i orchest yn y gerdd dan sylw chwaith. O ganlyniad, ni chrea'r gerdd unrhyw fath o dosturi yn y darllenydd am na roddodd y bardd y sylw i'w fater y byddai gwir drueni yn wyneb angau yn ei fynnu.

4. Hiraeth Am Fywyd Ac Ofn Angau

Gwrthodai Wallace Stevens rai atebion cynhwysfawr a gynigir gan grefydd, ond y mae'n wir ei fod yntau'n cynnig ateb sy'r un mor gynhwysfawr:

> ... Poetry
> Exceeding music must take the place
> of empty heaven and its hymns ...[21]

Iddo ef, yr oedd marwolaeth yn rhan o fawredd bywyd. Ond nid dyna agwedd pob bardd sy'n sylweddoli fod marwolaeth yn ffin heb du hwnt iddi. Gall y sylweddoliad fod yn hollol gyson â hiraeth am fywyd, ac ofn angau. Ar un llaw, yn ôl y beirdd hyn, mae'n bwysig wynebu realiti angau a gwrthod ymdrechion crefydd i guddio neu wadu'r ffaith. Meddai Philip Larkin am angau:

> This is a special way of being afraid
> No trick dispels. Religion used to try,
> That vast moth-eaten musical brocade
> Created to pretend we never die ...[22]

Ond mae ef yr un mor llawdrwm ar resymolwyr hiwmanistaidd sydd am ddweud mai ffolineb yw ofni marwolaeth oherwydd, fel mynd i gysgu, nid profiad mohono. Pa fath o ddryswch syniadol sy'n bosibl wrth ofni angau? Crisialodd Rush Rhees un math o gamddealltwriaeth bosibl:

> One confusion that may bring horror is the thought that one would be cut off from what one has known, the people and places and undertakings to which one has devoted oneself. As though you were condemned to a sort of solitary confinement; 'the silence of the grave'. ('Silence' here may have a positive significance, but not in the context).

> This is imagining that you have not died; although you can no longer 'live' in the only sense in which living is worth it. As though death were a form of existence that is everlastingly desolate. The graves of those you love are silent when you visit them, and they do not answer.

A human being may be desolate – a man who is lost, or a solitary prisoner. But a grave and what fills it is not – no more than a mountain is, or a river.[23]

Oni welwn ofn afresymol o glawstroffobia'r bedd yng ngherdd R. Williams Parry, 'Y Bedd'?:

> Ond gorfod gorwedd wrthyf f'hun
> Ymysg digwmni feirw'r plwy,
> Mewn gwely o glai yn wael fy llun,
> Heb fynd na dyfod i mi mwy[24]

Ac eto, fel y dengys Larkin, mae ofn angau yn aros hyd yn oed os ydym yn ymwybodol o gamddealltwriaeth o'r fath:

> And specious stuff that says *No rational being*
> *Can fear a thing it will not feel*, not seeing
> That this is what we fear – no sight, no sound,
> No touch or taste or smell, nothing to think with,
> Nothing to love or link with,
> The anaesthetic from which none come round.[25]

Ac er gwaetha'r gamddealltwriaeth sydd yn rhan o'i gerdd, mae Williams Parry yn cydgyfranogi o'r un ofn â Larkin:

> Er maint y soniant am dy hedd
> A'th felys orffwys yn dy bryd,
> 'Rwyt heddiw'n ddychryn imi, fedd,
> Yn ddychryn ac yn ddagrau i gyd.
>
> Cans ni bydd ynot, ganu cân,
> Na hiraeth pur, na llawen nwyf;
> Na chalon serchog megis tân
> Na dim ohonof fel yr wyf.[26]

Mae Williams Parry, fel y datganodd yn 'Marwoldeb', yn berffaith sicr o'n meidroldeb ac o ddarfodedigrwydd pethau:

Megis y bu o'r dechrau, felly y mae:
Marwolaeth nid yw'n marw. *Hyn* sydd wae.[27]

Ac o ganlyniad fe welir yn ei gerddi, ar brydiau, hiraeth am yr hyn na all fod, ond hiraeth sy'n rhydd o unrhyw gamddealltwriaeth. Fe'i gwelir yn y soned fawreddog hon:

Mae hiraeth yn y môr a'r mynydd maith,
    Mae hiraeth mewn distawrwydd ac mewn cân,
Mewn murmur dyfroedd ar dragwydd daith,
    Yn oriau'r machlud, ac yn fflamau'r tân;
Ond mwynaf yn y gwynt y dwed ei gŵyn,
    A thristaf yn yr hesg y cwyna'r gwynt,
Gan ddeffro adlais adlais yn y brwyn,
    Ac yn y galon atgof atgof gynt.
Fel pan wrandawer yn y cyfddydd hir
    Ar gân y ceiliog yn y glwyd gerllaw
Yn deffro caniad ar ôl caniad clir
    O'r gerddi agos, nes o'r llechwedd draw
Y cwyd un olaf ei leferydd ef,
    A mwynder trist y pellter yn ei lef.[28]

Mae yntau Parry-Williams yr un mor ymwybodol o ddarfodedigrwydd bywyd, ac mewn modd eironig mae'n gwrthgyferbynnu'r ffaith ddiosgoi â defodau crefyddol wrth sôn yn 'Y Diwedd' am angladd ar y môr:

Aeth henwr heno rywbryd tua saith
I ddiwedd ei siwrnai cyn pen y daith.

Gwasanaeth, gweddi, sblais ar y dŵr,
A phlanciau gweigion lle'r oedd yr hen ŵr.

Daeth fflach o oleudy Ushant ar y dde,
A Seren yr Hwyr i orllewin y ne',

A rhyngddynt fe aeth hen ŵr at ei Iôr
Mewn sachlen wrth haearn trwy waelod y môr.[29]

Dywedir fod yr hen ŵr yn mynd at ei Iôr, ond oni ddisgwylir
rhywbeth gwell i ddilyn y gosodiad na 'sachlen wrth haearn trwy
waelod y môr'? Mae pob disgwyl crefyddol yn cael ei negyddu;
gwasanaeth, gweddi, ond wedyn 'sblais ar y dŵr'. Dyna'r
diweddglo sydd, i Parry-Williams, yn anwireddu unrhyw obaith
am fywyd tragwyddol y tu hwnt i ffin marwolaeth. Ac y mae ei
feirniadaeth yn llym arno'i hun ac ar eraill os ceisir, mewn rhyw
fodd, wadu'r casgliad hwn. Er fod y bardd fel y rhelyw ohonom
yn syrthio i'r demtasiwn o geisio atal rhediad amser, y mae'n
ymwybodol ar yr un pryd ei fod yn ymddrysu:

Ond am fod ynof fis Gorffennaf ffôl
Yn ciprys gydag Ebrill na ddaw'n ôl.[30]

Ar ôl marwolaeth ei dad parhâi ei chwerwder yn erbyn yr angau
oherwydd fe wyddai, fel pawb arall yn ei dyb ef, nad oedd unrhyw
fath o 'ddod yn ôl' i fod:

Y mae'n agos i chwarter canrif erbyn hyn
Er y dydd Nadolig y croesodd fy nhad y glyn.

Dyna gythraul o beth oedd i'r Angau ar fore'r ŵyl
Ddod heibio fel Ffaddar Crismas o ran rhyw hwyl

A mynd ag ef oddi arnom, ac ar un strôc
Droi Gŵyl y Geni'n Ddygwyl y Marw, fel jôc.[31]

A rhag ofn fod perygl i rai ohonom chwarae â'r syniad ei bod hi'n
bosibl goroesi'r angau, neu rhag ofn ein bod yn ansicr o'n ffawd
ar ôl marw, traethodd Parry-Williams ei lên ar y mater:

Beth ydwyt ti a minnau, frawd,
Ond swp o esgyrn mewn gwisg o gnawd?

Gwêl d'anfarwoldeb yng ngwynder noeth
Ysgerbwd y ddafad wrth Gorlan Rhos Boeth ...

Nid erys dim o'r hyn wyt i mi –
Dim ond dy ddannedd gwynion di ...

Chwardd. Wedi'r chwerthin, ni bydd, cyn bo hir,
Ond d'esgyrn yn aros ar ôl yn y tir –³²

Adweithiodd John Gwilym Jones yn gadarnhaol i safbwynt
Parry-Williams:

Mae Gwenallt, meddir, neu Waldo, oherwydd sicrwydd
eu hargyhoeddiad a'u profiad o'r Crist byw yn adeiladu ar
seiliau cadarnach. Nid wyf am eiliad yn gwadu mawredd yr
un o'r ddau fardd yna; mae nhw'n wefr aml i mi. Ond, i mi,
y mae ansicrwydd, yn wir, argyhoeddiad gwrthgyferbyniol
hollol nad oes y fath beth â Duw ac mai cyflwr ofer diamcan
yw bywyd, yn seiliau yr un mor gadarn i adeiladu arnyn
nhw.³³

Fel y dywed Parry-Williams, 'pawb a'i ddewis'. Ond ni fedr
adwaith o'r fath wneud cyfiawnder â'r frwydr yn enaid y bardd.
Nid athronydd yw Parry-Williams sy'n ceisio gwneud cyfiawnder
syniadol â'r byd yn ei holl amrywiaeth. Nid dramodydd mohono
chwaith, sydd am wneud cyfiawnder dramatig â safbwyntiau
gwahanol ei gymeriadau. Eithr bardd sy'n mynegi'r frwydr yn ei
enaid rhwng crediniaeth ac anghrediniaeth. Serch hynny, eithriad
ym marddoniaeth Parry-Williams yw disgrifiad tawel a thyner o
ddiwedd bywyd:

... Ac am nad ydyw'n byw ar hyd y daith
O gri ein geni hyd ein holaf gŵyn
Yn ddim ond crych dros dro neu gysgod craith
Ar lyfnder esmwyth y mudandod mwyn,
Ni wnawn, wrth ffoi am byth o'n ffwdan ffôl,

Ond llithro i'r llonyddwch mawr yn ôl.[34]

Ar y cyfan darlun creulon, didrugaredd a gawn ganddo o'n diwedd ar y ddaear. Enwau ofnadwy yw'r enwau a arfera gan amlaf am angau; 'Brenin Dychryniadau', 'Angau Gawr', 'Carn-lleidr', a 'Mwrdriwr', ac nid oes amynedd ganddo â'r sawl sydd am osgoi cywirdeb y termau:

> ... Eto, mae'r ffansi'n bod gan ambell un
> I'w wisgo â rhyw ffriliau o bob math,
> A'i wneud yn Gadi Ffan, o liw a llun,
> Fel petai Angau heb na briw na brath.
> Mae'r ffug-ledneisio hwn ar larp o gi
> Yn oeri f'ymysgaroedd. – Och-a-fi![35]

I Parry-Williams, ymwelydd yn unig ydoedd ar y ddaear fel pawb ohonom, a'i ddiwedd ef fydd ein diwedd ninnau:

> ... fe'i gwelir eto maes o law,
> Pan fydd cawodydd Medi yn crynhoi
> O amgylch man fy ngeni, yn y glaw
> Yn gloyw ddisgwyl am yr awr i ffoi
> Adref o nos y byd a'i siomi brwnt,
> I dwllwch diedifar y tu hwnt.[36]

Mae Meredydd Evans am wadu mai diwedd creulon a welir yn y gerdd:

Ond beth am yr ansoddair 'diedifar'? Gwir y gall olygu 'creulon', 'didosturi', eithr nid yw'r ystyron hynny yn cyd-fynd â chynhesrwydd y syniad o 'ffoi adref'. Yn hytrach, awgrymaf fod iddo'r ystyr a geir yn un o linellau Dafydd ap Gwilym: 'Duw fry, diedifar yw'. Yn y cyswllt hwn golyga 'anedifeiriol' neu 'heb edifeirwch'. Dyna gyflwr y Dwyfol. Ac y mae hiraethu am hwnnw yn gynneddf arbennig ar ddyn. 'Fel y brefa yr hydd am yr afonydd dyfroedd, felly yr hiraetha, ie, ac y sycheda fy enaid amdanat Ti, O! Dduw.'[37]

Ni fedraf dderbyn y dadansoddiad hwn o'r gerdd. Mae rhediad ac awdurdod barddonol y llinellau yn erbyn esboniad crefyddol. Nid oes hiraeth am Dduw yn y gerdd, ac mae'r 'ffoi adref' yn llawn eironi, oherwydd yr unig gartref sydd gennym, o'i wrthgyferbynnu â 'nos' y byd, yw 'tywyllwch' diedifar y tu hwnt. Nid Duw sy'n 'ddiedifar' ond y tywyllwch. Mae rhediad y gerdd yn debyg i ddiweddglo 'Next, Please' gan Philip Larkin:

> Only one ship is seeking us, a black –
> Sailed unfamiliar, towing at her back
> A huge and birdless silence. In her wake
> No waters breed or break.[38]

Onid hawdd yw gweld Angau fel gwrthrych ofn?

[1] Christopher Ricks (gol.), *The Poems of Tennyson* (Longmans, 1969). Gweler 'In Memoriam A.H.H.', 909.

[2] Islwyn, 'Hapus Dyrfa', *Caniadau* (Gwrecsam, d.d.) 111.

[3] Islwyn, 'Fy Nai Tu Hwnt I'r Bedd', *Caniadau*, 122.

[4] Wallace Stevens, 'Sunday Morning', *Selected Poems* (London: Faber and Faber, 1967), 33.

[5] T. H. Parry-Williams, 'Islwyn 1832-1878', *The Welsh Outlook*, March 1919, 73.

[6] Wallace Stevens, *Selected Poems* (1967), 32.

[7] ibid, 34.

[8] R. Williams Parry, 'Pagan', *Cerddi'r Gaeaf* (Dinbych, ail argraffiad, 1953), 22.

[9] Yn Joseph Blotner, *Faulkner, a Biography,* Vol. 2 (New York: Random House, 1974), 1846.

[10] *Detholiad o Gerddi*, 110.

[11] ibid.

[12] Aneirin Talfan Davies, *Dylan: Druid of the Broken Body* (London:

Dent, 1964), 58.

[13] T. S. Eliot, 'Little Gidding' yn *Four Quartets* (London: The Folio Society, 1968), 52.

[14] Dylan Thomas, 'And Death Shall Have No Dominion', *Collected Poems 1934-1952*, 68.

[15] ibid.

[16] ibid.

[17] ibid.

[18] ibid.

[19] ibid., 116.

[20] ibid.

[21] Wallace Stevens, 'The Man with the Blue Guitar', *Selected Poems* (1967), 52-74.

[22] Anthony Thwaite (gol.), *Philip Larkin: Collected Poems* (London: Farrer-Straus-Giroux and the Marvell Press, 1988), 208.

[23] Rush Rhees, 'Death and Immortality' yn Rhees, *On Religion and Philosophy*, golygwyd gan D. Z. Phillips (Cambridge: Cambridge University Press, 1997), 229.

[24] R. Williams Parry, 'Y Bedd' yn *Yr Haf a Cherddi Eraill* (Bala, pumed argraffiad, 1963), 33.

[25] *Philip Larkin: Collected Poems*, 208.

[26] *Yr Haf a Cherddi Eraill*, 33.

[27] R. Williams Parry, 'Marwoldeb' yn *Cerddi'r Gaeaf*, 65.

[28] R. Williams Parry, 'Mae Hiraeth yn y Môr' yn *Yr Haf a Cherddi Eraill*, 44.

[29] *Detholiad o Gerddi*, 18.

[30] ibid., 32.

[31] ibid., 106.

[32] ibid., 4.

[33] 'Barddoniaeth T. H. Parry-Williams' yn J. E. Caerwyn Williams (gol.), *Ysgrifau Beirniadol X,* 327

[34] *Detholiad o Gerddi*, 39.

[35] ibid., 99.

[36] ibid., 37.

[37] Meredydd Evans, 'Rhai Elfennau Crefyddol yng Ngwaith T. H. Parry-Williams' yn J. E. Caerwyn Williams (gol.), *Ysgrifau Beirniadol XI*, 230.

[38] *Philip Larkin: Collected Poems*, 52.

DARLUNIAU

1. Dau fath o ddarlun

Mae'n bwysig cydnabod fod gwahaniaeth sylfaenol rhwng dau fath o ddarluniau: *darluniau disgrifiadol, a darluniau datguddiol neu ddadlennol*. Enghraifft o'r math cyntaf yw darlun o degell yn berwi ar y tân, a stêm yn dod allan o'i big. Sylwer nad yw'r dŵr, fel y cyfryw, yn ymddangos yn y darlun fel darlun. Ac eto, yn nhermau ein dealltwriaeth gyffredin mae'n berffaith briodol dweud mai darlun o ddŵr yn berwi ar y tân ydyw. Ond, wrth gwrs, fe allai'r dŵr ymddangos yn y darlun fel darlun. Gellid cael tegell tryloyw mewn darlun, a gweld y dŵr yn berwi ynddo.

Ond nid yw pob darlun yn ddarlun disgrifiadol. Ceir hefyd ddarluniau datguddiol neu ddadlennol. Darlun felly yw darlun Michelangelo o Dduw yn creu Adda. Yn y darlun gwelir hen ŵr, hanner noeth, yn ymestyn ei fys tuag at fys y gŵr ifanc. Ni fyddai neb synhwyrol yn meddwl mai portread o Dduw yw'r hen ŵr. Ac eto, mae'r darlun yn dangos i ni rywbeth am realiti dwyfol. Ond nid yw Duw yn ymddangos yn y darlun fel darlun, a byddai'n chwerthinllyd dweud mai methiant yw hyn ar ran Michelangelo, er iddo wneud ei orau! Nid darlun disgrifiadol mohono. Ac yn wahanol i'r dŵr yn y darlun arall, *ni all* Duw ymddangos mewn unrhyw ddarlun fel darlun. Rhaid defnyddio darlun Michelangelo mewn modd hollol wahanol.

Dywed y Beibl mai ysbryd yw Duw. I werthfawrogi'r hyn

mae darlun Michelangelo yn ei ddangos i ni, rhaid deall ysbryd y darlun. Er enghraifft, rhaid sylwi ar y ffaith nad yw'r duwdod wedi'i bortreadu yn ei ysblander, eithr yn ei noethni. Nid gweithred bwerus yw'r creu yn y darlun, ond gweithred o ymwacâd. Gwelir purdeb y rhodd yn noethni'r duwdod, a rhaid i fodau dynol fod yn noeth, hynny yw, rhaid iddynt roi dillad y byd o'r naill ochr er mwyn derbyn y rhodd.

A oes darluniau o'r fath yng ngherddi Parry-Williams? Oes, ac ynddynt ceir iaith sy'n fynegiant naturiol ar wefusau'r bardd o fywyd fel rhodd. Er enghraifft, mae'r bendithion a gafodd gan ei rieni yn trosgynnu eu marwolaeth hwy:

> Ac er i'r ddau a'u rhoes fynd yn eu tro
> I'w siwrnai ddi-droi'n-ôl pan ddaeth eu pryd,
> Gan newid hen gynefin am y gro,
> Nid wyf yn llwyr amddifad yn y byd,
> Cans tra bo cerdd yn swyn a nwyd yn fflam,
> Bydd gennyf innau ran o dad a mam.[1]

Mae'r ymwybyddiaeth o fywyd fel rhodd yn cael mynegiant perffaith naturiol hefyd wrth iddo gofio am R. Williams Parry:

> Y mae megis rhyw ddoethineb dwyfol neu ddewinol sy'n disgyn yn ddiferion prin i enaid ambell un yn awr ac yn y man, a Duw'n unig a ŵyr pwy fydd yr ambell un ffodus – neu anffodus.[2]

Mae'n sôn am ei gefnder fel llestr yn llaw Duw:

> A dyna ni wedi colli'r gŵr y gwelodd y Crëwr yn dda wneuthur llestr arbennig ohono.[3]

Gwelwn ef hefyd yn ymbil ar ei Arglwydd i ganfod y rhai a dderbyniodd Iesu yn rhodd ddwyfol:

… Arglwydd, cenfydd yma rai,
Ymysg trueiniaid daear, sydd â'u trem
Yn treiddio beunydd trwy barwydydd clai
I wylio sêr o hyd ar Fethlehem;
Yn gweld y golau nad yw byth ar goll
Yng nghors y byd, – a'r lleill yn ddeillion oll.[4]

Bydd diwinyddion ac athronwyr, o fath arbennig, yn adweithio fel hyn: 'Pob parch i'r sôn am ddarluniau, ond y cwestiwn yw: a ydyw'r darluniau'n wir neu beidio?' Rhaid i ddarlun ddarlunio rhywbeth, a'r 'rhywbeth' hwnnw naill ai'n wir neu'n anwir. Dylai hyn ein hatgoffa am y rhagdybiaeth gyfochrog fod rhaid bod 'tu hwnt' i bob ffin. Cystal dweud fod rhaid cael rhywbeth sy'n cyfateb i bob darlun. Cawn ateb gan Parry-Williams yn ei gerdd, 'I'm Hynafiaid':

Mi gefais gennych fodd i synio'n glir
Mai mewn anwybod y mae nef yn wir.[5]

Nid yw 'anwybod' yn gyfystyr ag 'anwybodus'. Mae cyfrinwyr wedi gwahaniaethu rhwng 'ffordd gwybod' a 'ffordd anwybod' (the way of unknowing). Nid oes rhaid dweud fod Parry-Williams yn gyfrinydd pur er mwyn gweld ei fod yn defnyddio'r gwahaniaeth.

Hawdd gweld swyddogaeth 'ffordd gwybod' mewn perthynas â darluniau disgrifiadol. Rwy'n gwybod a yw'r darlun o degell yn berwi ar y tân yn wir os oes ffaith empeiraidd yn cyfateb i'r darlun, sef y tegell yn berwi ar y tân. Ond beth am ddarluniau datguddiol neu ddadlennol? Yn eu hachos hwy, maen prawf gwirionedd yw'r hyn a ddatguddir *yn y darlun*. Ystyr derbyn fod darlun yn ddatguddiad o Dduw yw derbyn ysbryd y darlun. Ac wrth ddweud hyn, ni dderbyniaf adwaith John Gwilym Jones wrth iddo ddadlau fod darluniau datguddiol Parry-Williams 'heb fod yn wir i neb ond iddo ef ei hun'.[6] Yr hyn sy'n peri adwaith o'r fath yw'r ffaith na ellir cytuno am grefydd fel y gellir am fathemateg, neu am ffeithiau fel tegell yn berwi ar y tân. Ond i un sy'n derbyn y darlun, rhaid ateb iddo yn ei fywyd. Yn adwaith John Gwilym Jones mae'r pwyslais ar y dyn sy'n derbyn y darlun, ond i'r sawl sy'n derbyn y darlun, mae'r pwyslais ar y darlun – ar y gwirionedd a ddatguddir ynddo.[7]

Fel y gwelsom, ceir darluniau datguddiol yng ngwaith Parry-Williams: darluniau o fywyd fel rhodd gan Dduw. Ond ar y cyfan ni cheir darluniau tebyg ganddo o Dduw fel concwerwr angau, neu o fywyd tragwyddol. Paham? Mae'r ateb yn glir: *oherwydd fod Parry-Williams am i ddarluniau o'r fath fod yn ddarluniau disgrifiadol.* Iddo ef, mae'r rhai sy'n credu mewn darluniau o'r fath yn twyllo'u hunain. Ac mae'r ateb iddynt yn glir:

> Beth fyddi dithau, ferch, a myfi,
> Pan gilio'r cnawd o'r hyn ydym ni?

> … Ni bydd ohonom ar ôl yn y byd
> Ond asgwrn ac asgwrn ac asgwrn mud.[8]

Er gwaetha'r sentimentau sydd yn y gerdd, yr eironi yw fod y bardd, yn rhai o'i gerddi, yn ymglywed â'r tragwyddol mewn ystyr hollol wahanol. Ond oherwydd ei fod yn meddwl am y nefoedd a bywyd tragwyddol fel ffeithiau empeiraidd, ei gasgliad terfynol yw bod sôn am dragwyddoldeb yn ynfydrwydd. Ac eto, pe baem yn trin darluniau datguddiol Parry-Williams ei hun yn y fath fodd, byddem yn euog o'u camddeall yn llwyr, oherwydd pellter ysbrydol sydd rhyngom a'r tragwyddol, nid pellter fel y pellter sydd rhyngom a'r planedau. Gellir *dangos* hyn drwy ystyried esiamplau o ddarluniau datguddiol yng ngwaith Parry-Williams.

2. Darluniau Creadigol

Yn y bumed bennod, ystyriais apêl Parry-Williams at naws profiadau wrth iddo geisio dangos eu bod yn brofiadau o'r goruwchnaturiol. Casglwyd nad naws y profiad sy'n rhoi ystyr i arfer, ond yr arfer sy'n rhoi ystyr i naws y profiad. Ond nid yw'r casgliad yn ddigonol fel gwerthfawrogiad o ddarluniau creadigol. Petaem hefyd am ddweud yn y cyswllt hwn mai rhyw arfer sy'n rhoi ystyr i brofiadau'r bardd, ac nad y profiadau sy'n rhoi ystyr i'r arfer, at ba arfer y buasem yn cyfeirio? Nid yw'n hawdd gweld fod darluniau datguddiol Parry-Williams yn perthyn i unrhyw arfer, neu o leiaf nid ydynt yn perthyn iddo fel adlewyrchiad o'r arfer hwnnw.

Eto i gyd nid wyf am gefnu ar fy nghasgliad am y berthynas rhwng profiad ac arfer, ond rhaid dweud mwy am *y berthynas rhwng iaith profiadau creadigol ac arfer*. Nid rhywbeth statig, digyfnewid yw arfer. Fe all newid o ganlyniad i lu o ddylanwadau, gan gynnwys dylanwadau gweithiau creadigol, yn enwedig yn y celfyddydau. *Os digwydd hynny, nid adlewyrchiad o'r arfer yw'r gwaith creadigol, ond cyfraniad ato.* Nid adlewyrchiad o syniadau crefyddol yw Eglwys Gadeiriol Notre Dame, ond cyfraniad atynt. Ac eto, gwelir pwysigrwydd y gwaith creadigol yn y golau y mae'n ei daflu ar yr arfer.

Mae'n bryd dychwelyd, yn ôl yr addewid, at gerdd Parry-Williams, 'Bro'. Ynddi, dywed y bardd y bydd pethau rhyfedd yn digwydd pan gyhoeddir ei farwolaeth: 'Fe ddaw crawc y gigfran o glogwyn y Pendist Mawr'; 'Fe ddaw cri o Nant y Betws a Drws-y-Coed'; 'Fe ddaw craith ar wyneb Llyn Cwellyn'; 'ar Lyn y Gadair ... daw crych na bu yno cyn hyn'; 'Fe ddaw crac i dalcen Tŷ'r Ysgol'; 'Fe ddaw cric i gyhyrau Eryri; 'ac i li Afon Gwyrfai daw cramp fy marwolaeth i'.

Pa fath o ddarluniau a gawn yn y gerdd? Yn ôl gramadeg arwynebol y llinellau, ffurf rhagfynegiadau empeiraidd sydd iddynt. Hynny yw, darluniau disgrifiadol ydynt. Ac wrth edrych ar ymateb Gwyn Thomas i farwolaeth Parry-Williams, byddai darllenydd diofal yn meddwl ei fod am wadu, yn ei linellau agoriadol, yr hyn y mae Parry-Williams yn ei ragfynegi yn 'Bro':

Dim.
Dim crych, dim crawc, dim crac:
Dim byd i arwyddo ei fyned
I lawr i'r rhyd ddu, ddiwethaf honno.[9]

Fel hyn y byddai wedyn: Parry-Williams yn dweud y byddai crych ar Lyn y Gadair. Gwyn Thomas yn ateb: 'Dim crych.' Parry-Williams yn rhagweld crac yn Nhŷ'r Ysgol. Gwyn Thomas yn ateb: 'Dim crac', ac felly yn y blaen. Ond pe darllenai rhywun linellau Gwyn Thomas yn y fath fodd, byddai ymholiadau ffantastig yn dilyn. Byddai'n gwneud sens i holi sut y gwyddai Gwyn Thomas fod y pethau rhyfeddol hyn heb ddigwydd. Pan glywodd am farwolaeth Parry-Williams, a aeth i Dŷ'r Ysgol, neu i Lyn y Gadair, i wireddu'r ffeithiau cyn ysgrifennu ei gerdd? Naddo, wrth gwrs. Ac yn fwy na hynny, nid yw'n glir o gwbl beth fyddai Gwyn Thomas yn ceisio'i wneud pe bai wedi mynd ar siwrnai o'r fath. Dywed Parry-Williams yn ei gerdd:

Nid creu balchderau mo hyn gan un-o'i-go', –
Mae darnau ohonof ar wasgar hyd y fro.[10]

Ond un-o'i-go' fyddai Gwyn Thomas pe bai wedi gwneud ymdrech i anwireddu'n empeiraidd ddywediadau'r bardd.

Mae eironi yn rhedeg trwy osodiadau agoriadol Gwyn Thomas. Nid anwireddu gosodiadau Parry-Williams a wna ond, i'r gwrthwyneb, ein rhybuddio rhag meddwl amdanynt fel gosodiadau empeiraidd. Ni ddarganfyddem ddim – dim crych, dim crawc, dim cric, a'r ffolineb mwyaf fyddai edrych amdanynt. Dyna bwynt y llinellau sy'n dilyn:

'Doedd y trydydd o Fawrth yn Eryri
Yn dangos dim yn amgenach inni
Na'r ail, neu'r cyntaf eleni:
'Doedd y cread yn dangos dim o'i ymadawiad,
Eitem ar y newyddion oedd ei ddarostyngiad.[11]

Wrth iddo ymateb i'r newyddion am farwolaeth Parry-Williams, mae Dafydd Rowlands yn mynegi'i chwerwder at yr angau am iddo gymryd y bardd oddi wrthym, a chofia am farwolaeth tad Parry-Williams ar ddydd Nadolig. Yn ei gerdd, 'Carol Nadolig', dywedodd Parry-Williams fod angau wedi gwneud jôc o Ŵyl y Geni. Ac meddai Dafydd Rowlands:

> Clywsom o'r diwedd grawc y gigfran
>   O glogwyn y Pendist Mawr,
> A chlywed mai colli'r dydd a wnest
> Wrth gwffio ag Angau Gawr.

> Nid jôc, fel ar Ŵyl y Geni gynt,
>   Fu tric Mei-Lord yr Angau,
> Pan neidiodd y diawl o'i gerbyd ddoe
> A'th ddenu i'w grafangau.[12]

Ond sylwer ar y modd y mae Dafydd Rowlands yn sôn am ddydd marwolaeth Parry-Williams:

> Mae craith a chrych ar y llynnoedd niwl,
>   A chrac yn nhalcen y Tŷ,
> A heddiw i lif yr afon lefn
> Daeth cramp dy farwolaeth di.

Gobeithio fy mod wedi dweud digon yn barod i ddangos na ddylid darllen llinellau Gwyn Thomas a Dafydd Rowlands fel mynegiant o anghytundeb ffeithiol rhyngddynt. Nid yw Gwyn Thomas yn anwireddu gosodiadau Parry-Williams, na Dafydd Rowlands, yn ei dro, yn anwireddu gosodiadau Gwyn Thomas. Ni theithiodd yr un o'r ddau i Eryri er mwyn anwireddu neu gadarnhau honiadau'r bardd.

Mae Gwyn Thomas a Dafydd Rowlands, fel ei gilydd, yn etifeddu'r hyn y mae Parry-Williams yn ei gynnig i ni yn 'Bro' – sef posibilrwydd gweld y byd mewn modd arbennig. Mae'r posibilrwydd hwnnw *yn iaith cerdd Parry-Williams*, ac nid mewn gwireddiad neu anwireddiad o ragfynegiadau empeiraidd. Dyma'r pwynt sydd gan Gwyn Thomas yn ail hanner ei gerdd:

> Eithr wedyn, wedi clywed am y marw,
> Yr oedd Eryri yn wahanol.
> A'i eiriau o'n creu olion
> Ar hyd y lle ym meddyliau rhai pobl.
> Y byw'n gadael ei ôl ar y byw.[13]

Darlun datguddiol a gawn gan Parry-Williams, nid darlun disgrifiadol, wrth iddo fyfyrio yn 'Bro' ynghylch ei farwolaeth ei hun. Mynegir perthynas â'i fro sydd y tu hwnt i dreigl amser – 'Mae darnau ohonof ar wasgar hyd y fro'. Mae'r bardd yn mynegi ei berthynas ysbrydol â'i fro. Cawn ymgnawdoliad ieithyddol, a chreadigol, o'r berthynas honno. Dyna pam y mae'n gamarweiniol adweithio i'r gosodiad nad rhagfynegiadau empeiraidd sydd yn ei gerdd, trwy ddweud mai siarad yn symbolaidd y mae. Y perygl yw fod siarad am 'iaith symbolaidd' yn awgrymu y gellir cyflwyno cnewyllyn y peth mewn rhyw ffordd arall, fel petai Parry-Williams yn dweud, yn y bôn, 'Rwy'n hoff iawn o'r ardal hon'! Wrth ddweud fod ei eiriau yn 'Bro' yn arddangos pa mor dragwyddol arwyddocaol yw ei fro iddo, ni cheisiais ddweud beth yw'r arwyddocâd. Fe welir hynny *yn* ei gerdd. Iaith greadigol yw iaith Parry-Williams, iaith sy'n goleuo pethau mewn modd a fyddai'n amhosibl heb iaith greadigol y bardd. Mae fel petai'r bardd yn dweud, 'Dyma'r hyn rwyf am ddweud. Gwnewch ohono beth fynnoch chi'. Ac wrth gwrs, nid oedd geiriau Parry-Williams yn gadael yr un olion ar fywydau personol pawb wrth iddynt glywed am ei farwolaeth. Mae Gwyn Thomas yn cyfeirio at 'rhai pobl', ond hyd yn oed wedyn onid oes gwahaniaethau rhyngddynt? Yn ddiddorol, ceir ymatebion gwahanol i'w gilydd yng ngherddi Gwyn Thomas a Dafydd Rowlands. Nid chwilio yr wyf am gysondeb. Rwy'n dal i gofio rhybuddion T. Gwynn Jones a Parry-Williams, sef na ddylid disgwyl cysondeb o gerdd i gerdd wrth edrych ar waith bardd unigol, heb sôn am feirdd gwahanol. Mynegiant o brofiad arbennig yw cerdd, meddent, nid darn o athroniaeth. Popeth yn iawn; ond os felly gellir edrych ar y profiadau gwahanol a fynegir yng ngherddi Gwyn Thomas a Dafydd Rowlands.

Heb amheuaeth, yr oedd Parry-Williams yn ofni'r angau ac iddo ef yr oedd y syniad o barhad ar ôl marwolaeth yn ddiystyr. Pa ryfedd, felly, fod darfod byw yn ei gerddi ynghlwm wrth ddiflastod a llwydni. Yn 'Ymwelydd', er enghraifft, 'y glaw' sy'n creu'r awyrgylch priodol: 'yn y glaw yn gloyw ddisgwyl am yr awr i ffoi'. Ac i mi, mynegir yr un tristwch, yr un diflastod a llwydni, gan linellau Dafydd Rowlands:

> Cei ddiosg bellach dy wisg o gnawd,
>   A chladdu'r hen ddilledyn
> Rhwng moelni'r mynydd yn Rhyd-ddu
> A'r glaw yn Aberglaslyn.[14]

Nid oes osgoi noethlymdra'r diwedd yng ngherdd Dafydd Rowlands – rhwng moelni a glaw terfyna siwrnai'r bardd mawr.

Mae diweddglo Gwyn Thomas yn wahanol. Yn 'Tŷ'r Ysgol', fel y gwelwn yn y man, mae Parry-Williams yn ymwybodol o ewyllys y meirw, ac felly o realiti'r meirw, a'i fod yn teimlo'n atebol i'w hewyllys. Dyna pam nad yw'n cau drws Tŷ'r Ysgol. Dyma realiti tragwyddol y meirw. I Gwyn Thomas, credaf fod Parry-Williams ei hun yn rhan o'r fath realiti, a'i fod ef hefyd yn teimlo'n atebol iddo. Ac mae realiti o'r fath y tu hwnt i grafangau angau. Fel hyn, felly, y gorffen cerdd Gwyn Thomas:

> Ei fyw o sy'n marcio'r lle hwn –
> Ei fryniau, ei lymder, ei greigiau –
> Nid ei angau. Nid angau. Felly y mae.[15]

Mae'n glir fod Dafydd Rowlands, yntau, yn ymwybodol o realiti'r meirw a'i fod ef hefyd yn teimlo'n atebol i'r bardd ymadawedig.

Ond mae ei ymateb yn wahanol i ymateb Gwyn Thomas:

> Ond paid â chwerthin yn y pridd
> Wrth glywed cri ein galar;
> Mae rhai ohonom yn casáu
> Y twllwch diedifar.[16]

Beth yw arwyddocâd yr ymbil ar i'r bardd ymadawedig beidio â chwerthin wrth glywed ein galar? Byddai'n ffolineb o'r mwyaf i ddechrau ymholi *sut* y medrai un sydd yn y pridd chwerthin; yr un mor ffôl â dyfalu ym mha ffordd y medrai dau sydd dan y gro synhwyro fod y drws ynghlo. Cyfeirio at farn y meirw, ac yn arbennig at farn y bardd ymadawedig, a wna'r cyfeiriad at 'chwerthin'. Ac y mae fel petai rhyw bryder wrth wraidd ofn Dafydd Rowlands fod y bardd yn chwerthin nad wyf i'n ei ddeall yn iawn. A yw Dafydd Rowlands yn teimlo, efallai, ei fod yn ei gerdd wedi gorfeddiannu iaith 'Bro' er ein mwyn heb fod ganddo'r berthynas â'r fro honno a oedd yn ffynhonnell i fynegiant Parry-Williams? A yw Dafydd Rowlands yn teimlo mai chwerthin a wna Parry-Williams am yr awgrym lleiaf yn ei gerdd y gallasai ennill wrth gwffio ag Angau Gawr? Awgrymiadau yn unig yw'r rhain – dim byd mwy. Beth bynnag, mae'n sicr yn niweddglo'i gerdd fod Dafydd Rowlands yn deall, ac yn cydrannu, ofn Parry-Williams o 'dwllwch diedifar y tu hwnt':

> Mae rhai ohonom yn casáu
> Y twllwch diedifar.

Ni ellir cyffredinoli ynghylch ymatebion o'r fath. Fe'u gwelir ym mywydau pobl. Ond pa bobl? Nid oes ateb cyffredinol i'r cwestiwn hwn chwaith.

3. Ymestyn i'r Tragwyddol

Byddai rhai, hyd yn oed pe baent yn cydnabod fod 'Bro'

yn mynegi'r tragwyddol, yn honni nad syniad Cristnogol sy'n ffrwytho yn y gerdd. Efallai'n wir. Beth bynnag am hynny, cerddi sy'n ymestyn at syniad crefyddol o dragwyddoldeb yw 'Tŷ'r Ysgol' a 'Nef'.

Yn 'Tŷ'r Ysgol' ceir adwaith y bardd i'r ffaith fod sawl un yn holi paham y mae'n cadw'r hen dŷ er bod ei rieni wedi marw, ac yntau ddim yn byw ynddo. Mae'n ateb:

Ond felly y mae-hi, ac ni wn paham,
Onid rhag ofn i'r ddau sydd yn y gro
Synhwyro rywsut fod y drws ynghlo.[17]

Ar un olwg, y mae'r llinellau'n llawn amodaeth – 'ni wn paham' – 'rhag ofn' – 'synhwyro rywsut' – fel petai'r bardd yn pwyso a mesur damcaniaeth. Ond mae iaith y gerdd yn gorchfygu'r argraff hwn trwy ddangos i ni un sy'n ymdeimlo ag ewyllys y meirw, ac felly â realiti ysbrydol y meirw. Fel y dywed R. Gerallt Jones: 'Gwyddom nad ffansi mo'r syniad yma i Parry-Williams.'[18]

Dywedodd Kierkegaard mai'r peth tebycaf i ewyllys Duw yw ewyllys y meirw.[19] Nid ewyllys gyfnewidiol ydyw. Mae modd dadlau ac anghytuno â rhieni yn ystod eu bywydau; ceisio'u cael hwy i newid eu meddyliau, efallai, ac yn y blaen. Ond ewyllys ddigyfnewid yw ewyllys y meirw. Rhaid naill ai ei pharchu, neu ei cholli. Does dim cyfaddawd yn bosibl. Efallai fod y syniad yn wan yn ein diwylliant ni, ond rhaid cofio fod pobl wedi addoli eu hynafiaid a byw yn ôl eu hewyllys. Beth bynnag, mae'n eglur fod arwyddocâd ei rieni, i Parry-Williams, yn arwyddocâd tragwyddol, ac yr oedd yn atebol iddo. Buasai cau 'Tŷ'r Ysgol' yn frad yn ei olwg, oherwydd ar ei rieni y mae'r pwyslais, nid arno ef ei hunan.

Yn ei gerdd 'Gwahaniaeth', cyfeiriodd Parry-Williams at y rhai sydd wedi 'gweld y golau nad yw byth ar goll'. Nid yw'n cyfrif ei hun yn un ohonynt. I'r gwrthwyneb, yn 'Nef', cyffesa ei fod wedi plymio pwll anobaith wrth boeni am gyflwr ei enaid.

Eto i gyd, mae'n cyrraedd rhyw fath o lonyddwch sy'n fath o ddiolch am ei fywyd, er ei holl wendidau:

> Ac eto nid oes gwenwyn yn fy ngwaed,
> Ond rhyw farweidd-dra melys: nid oes cri
> O'm genau'n galw am ddial fy sarhaed,
> Na her anobaith yn fy safiad i,
> Am fod mwynhad ymhell o gyrraedd llef
> Mewn uffern ddigon dofn i fod yn nef.[20]

Mae rhyw fath o farw i'r hunan yng ngonestrwydd ei barodrwydd i wynebu ei gyflwr o flaen Duw. Cyn gynted ag y darllenais linellau Parry-Williams, meddyliais am eiriau f'athro, Rush Rhees, wrth iddo fyfyrio ar gyflwr ei enaid pan wynebai angau. Ar un adeg, yr oedd Rhees yn dueddol o ddweud y byddai'n well pe byddai heb ei eni. Ond daeth i feddwl mai gwrthod wynebu ei hunan oedd hynny; diffyg gonestrwydd o flaen Duw tragwyddol:

> What I wish came more deeply from my heart were a thanks for this life of innocent defilement and degradation: since otherwise the majesty of death would have no meaning … To look on death if this means looking away from the world, even looking away from my own defilement of the world – is again a form of deception: a failure to see death as the word of God.[21]

A cheir Rhees yn mynegi'r dyhead rhyfedd hwn:

> That – saving possible nonsense in this – even my damnation will have something divine about it.[22]

Cymharer: 'Mewn uffern ddigon dofn i fod yn nef'. Gweld posibilrwydd gwneud cyflwr truenus enaid yn fater o fawl i Dduw. Onid yw Parry-Williams a Rhees yn mynd at yr Iôr mewn ysbryd sy'n fath o addoliad?

Mewn cerddi fel 'Bro', 'Tŷ'r Ysgol', a 'Nef', mynegir y tragwyddol. Ac yn y darluniau datguddiol, dadlennol hyn, nid croesi rhyw ffin fetaffisegol a wna Parry-Williams, nac ymbalfalu am ble'n union y mae ffin o'r fath yn dechrau, a phethau felly. Yn hytrach , yn y cerddi hyn, ymgnawdolir y tragwyddol yn iaith y bardd. Hynny sy'n cyfrif mai darluniau datguddiol yw cerddi o'r fath – ochr arall y geiniog i 'dwllwch diedifar y tu hwnt'.

Yng ngherddi Parry-Williams ceir safbwyntiau gwahanol yn gwrthdaro, a ffolineb o'r mwyaf fyddai ceisio'u cysoni. Yn hytrach, wrth edrych ar gyflead Parry-Williams o'r tyndra rhyngddynt, a'i frwydr bersonol â hwy, fe welwn, a benthyg geiriau R. Gerallt Jones, 'fardd mawr yn cyhoeddi ei bresenoldeb'.

[1] *Detholiad o Gerddi*, 40.

[2] *Casgliad o Ysgrifau*, tud. 292.

[3] ibid.

[4] *Detholiad o Gerddi*, 22.

[5] ibid., 46.

[6] 'Barddoniaeth T. H. Parry-Williams' yn J. E. Caerwyn Williams, *Ysgrifau Beirniadol X*, 315.

[7] 'Rwy'n ddyledus i Ludwig Wittgenstein yn *Lectures and Conversations on Aesthetics, Psychology and Religious Belief* (Oxford: Blackwell, 1966), ac i Peter Winch yn 'Wittgenstein: Picture and Representation' yn *Trying To Make Sense* (Oxford: Blackwell, 1987), am eu trafodaethau ar ddarluniau.

[8] *Detholiad o Gerddi*, 4.

[9] Gwyn Thomas, 'T. H. Parry-Williams (Bu farw ar y trydydd o Fawrth 1975)', *Y Traethodydd*, Cyf. 130, Hydref 1975, 235.

[10] *Detholiad o Gerddi*, 110.

[11] Gwyn Thomas, op. cit.

[12] Dafydd Rowlands, 'Cramp Dy Farwolaeth Di', *Y Traethodydd*, Cyf. 130, Hydref 1975, 239.

[13] Gwyn Thomas, op. cit.

[14] Dafydd Rowlands, op. cit.

[15] Gwyn Thomas, op. cit.

[16] Dafydd Rowlands, op. cit.

[17] *Detholiad o Gerddi*, 33.

[18] R. Gerallt Jones, *Dawn Dweud: T. H. Parry-Williams*, 157.

[19] Gweler Søren Kierkegaard, *Purity of Heart* (New York: Harper Torchbooks, 1956).

[20] *Detholiad o Gerddi*, 23.

[21] Rush Rhees, *On Religion and Philosophy*, golygwyd gan D. Z. Phillips (Cambridge: Cambridge University Press, 1997). Gweler 'Death and Immortality', 236-7.

[22] ibid., 236.

DARLUNIAU DATGUDDIOL AC IAITH

Wrth feddwl am y ffin rhyngom a Duw, gall y rhagdybiaeth fod 'tu yma' a 'thu hwnt' i bob ffin greu anawsterau. Oherwydd bod Duw yr ochr arall i'r ffin, mae'n hawdd meddwl na all ein hiaith gyrraedd y dwyfol. Ystyrir fod ein hiaith, fel y cyfryw, yn annigonol i siarad â Duw. Yn y cyswllt hwn, nid yw'n rhyfedd fod cerdd Saunders Lewis, 'Gweddi'r Terfyn',[1] wedi creu anawsterau cyffelyb i lawer. Er enghraifft, dywed Aneirin Talfan Davies amdani:

Ymateb bardd i weledigaeth athronydd a welaf fi yn ei gerdd, a'i phrif destun yw ymddatod iaith, neu, yn gywirach, efallai, annigonolrwydd iaith yn wyneb y profiad crefyddol.[2]

Dyma adwaith 'Trefor' yn Y Tyst i sylwadau Aneirin Talfan Davies:

Diddorol fyddai cael barn olynydd J. R. Jones yn Abertawe ar un o osodiadau Mr. Davies ... Oni ddywedai'r Athro Phillips, yn hytrach, na ellir crefydd heb iaith, a phan ymddetyd iaith crefydd ymddetyd crefydd ei hun?[3]

Yng ngolau'r adweithiau hyn, sut y deallwn gerdd Saunders Lewis?

1. Terfyn heb Dduw?

Yn ôl Aneirin Talfan Davies, nid cerdd grefyddol yw
'Gweddi'r Terfyn'. Mae'n hawdd deall ymateb felly i'r gerdd.
Dyma'i llinellau agoriadol:

> Mae'n brofiad i bawb na ŵyr neb arall amdano.
> Pob un ar ei ben ei hun yn ei ddull ei hun
> Piau ei farw ei hun
> Trwy filiynau blynyddoedd bodolaeth.
> Gellir edrych arno, gellir weithiau adnabod yr eiliad;
> Ni ellir cydymdeimlo â neb yn yr eiliad honno
> Pan baid yr anadlu a'r person ond atgo.[4]

Dyma adwaith Aneirin Talfan Davies i'r agoriad:

> Mae'n agor y gân gyda llinellau ingol eu harwyddocâd drwy
> sôn am y terfyn, am angau. Nid oes unrhyw gysur inni yn y
> geiriau hyn, ac mae'n debyg fod Mr. Lewis yn cydymdeimlo
> ag ymosodiad J. R. Jones ar gysuron gwag crefydd swcwr.[5]

Ond nid oes unrhyw gyfeiriad at grefydd swcwr yn y llinellau
agoriadol. Mae'n wir nad oes cysur ynddynt. Mae'r pwyslais ar y
fyfiaeth sy'n cyfyngu ar ein gallu i gydymdeimlo ag eraill. Wrth
ddarllen y llinellau fe'm hatgoffwyd o'r adweithiau i farwolaeth
Ivan Ilych a ddisgrifir gan Tolstoy yn 'The Death of Ivan Ilych':

> Besides considerations as to the possible transfers and
> promotions likely to result from Ivan Ilych's death, the mere
> fact of the death of a near acquaintance aroused, as usual, in
> all who heard of it the complacent feeling, that 'it is he who
> is dead and not I.'[6]

Wrth iddo 'gydymdeimlo' â'r weddw, cyferfydd Peter Ivanovitch
â chyfaill iddo 'who winked at him, as if to say: "Ivan Ilych has
made a mess of things – not like you and me"'. Tynnu sylw y
mae Tolstoy a Saunders Lewis at dueddiadau annymunol ynom.

Ond wrth wneud hynny, mae Tolstoy am wrthgyferbynnu adweithiau o'r fath â theimladau Ivan Ilych ar ôl ei dröedigaeth.[7] Eithr cyffredinoli a wna Saunders Lewis wrth ddweud: 'Ni ellir cydymdeimlo â neb yn yr eiliad honno'. Ond beth am gwmni ffrindiau a gweddïau'r ffyddloniaid? Oni fu farw rhai yn dawel ac yn ddedwydd yn eu cwmni? Eithr yn llinellau Saunders Lewis nid oes lle i unrhyw fath o grefydd, gan gynnwys crefydd swcwr. Yn hytrach, cydnabyddiaeth ydynt o'r hyn sy'n wir am lawer ohonom, er na ddylai'r bardd gyffredinoli amdanom. Dyma sut mae'r gerdd yn gorffen:

> Ac o'n cwmpas erys mudandod, a'r pwll diddymdra
> Y syrth ein bydysawd iddo'n gyfan ryw nos.
> Ni all ein geiriau gyrraedd ymylon mudandod
> Na dweud Duw gydag ystyr.
> Un weddi sy'n aros i bawb, mynd yn fud at y mud.[8]

Y llinellau clo hyn, uwchlaw popeth, a barodd i rywrai gasglu nad cerdd Gristnogol yw cerdd Saunders Lewis. Gwelodd Aneirin Talfan Davies a 'Trefor' debygrwydd rhwng cerdd Saunders Lewis a diweddglo 'Dychwelyd' T. H. Parry-Williams:

> Ni wnawn wrth ffoi am byth o'n ffwdan ffôl
> Ond llithro i'r llonyddwch mawr yn ôl.[9]

Dywed Aneirin Talfan Davies am gerdd Parry-Williams: 'Nid oes angen imi ddweud, oes e'? nad athrawiaeth Gristnogol sy'n cynnal meddylwaith y soned hon', a gesyd 'Trefor' y broblem ynghylch 'Dychwelyd' trwy ddweud, '… ond atgoffa darllenydd ohoni a wna cerdd S.L.' Felly, i'r ddau, os nad yw soned Parry-Williams yn Gristnogol, nid yw cerdd Saunders Lewis yn Gristnogol chwaith.

Ceisiodd Aneirin Talfan Davies oleddfu ei gasgliad drwy ddweud am soned Parry-Williams:

> Neu efallai, mai amheuaeth ysbrydol ydoedd. Mae amheuaeth

yn blino'r mwyaf o Gristnogion. Anghofiwn yn aml mai
dwy ochr i'r un geiniog yw cred ac anghred. Y mae lle i
amau'r un sy'n honni rhyw gred heulog, ddi-amheuaeth.
'Anghrediniaeth gad fi'n llonydd' yw gweddi feunyddiol y
Cristion.[10]

Ni wna mo'r tro. Nid syniadau Cristnogol sydd yn soned Parry-
Williams. Pan ddywed wrthym,

> Ni all terfysgoedd daear byth gyffroi
> Distawrwydd nef ...[11]

gwyddom nad nefoedd y Cristion sydd yma, eithr nefoedd ddifater
sy'n tystio mai ffolineb yw ein rhuthro ffôl:

> Ac am nad ydyw'n byw ar hyd y daith
>   O gri ein geni hyd ein holaf gŵyn
> Yn ddim ond crych dros dros neu gysgod craith
>   Ar lyfnder esmwyth y mudandod mwyn,
> Ni wnawn, wrth ffoi am byth o'n ffwdan ffôl,
> Ond llithro i'r llonyddwch mawr yn ôl.[12]

I rai, y mae cael gwared ar grefydd yn fynediad i fyd hyfryd o
benrhyddid pur. Mae Philip Larkin yn 'High Windows' yn sôn
am ysbryd chwedegau'r ugeinfed ganrif o'r safbwynt hwnnw:

> That'll be the life;
> No God any more, or sweating in the dark
> About hell and that, or having to hide
> What you think of the priest. He
> And his lot will go down the slide
> Like free bloody birds.

Ond nid dyna fu profiad y bardd:

> And immediately
> Rather than words comes the thought of high windows:
> The sun-comprehending glass,

And beyond it, the deep blue air, that shows
Nothing and is nowhere, and is endless.[13]

Nid oes sôn am y Ddinas Emrallt ar derfyn yr enfys, dim sôn, fel
y mae Wallace Stevens yn sôn, am ffurfafen fwy cartrefol ar ôl
marwolaeth y duwiau, dim sôn am farwolaeth sy'n dangos fod
bywyd yn ddiystyr. Na, dim ond:

... the deep blue air, that shows
Nothing and is nowhere, and is endless.

Mae diweddglo Larkin yn debyg i ddiweddglo 'Ymwelydd' Parry-
Williams, lle nad oes amheuaeth mai ein tynged fydd mynd adref i
'dwllwch diedifar y tu hwnt'. Ond y mae diweddglo 'Dychwelyd'
yn wahanol. Sinigaidd yw'r cyfeirio at ein 'ffwdan ffôl'. Ar y llaw
arall, synhwyrir rhyw fath o ymserchu yn 'y llonyddwch mawr'
a'r 'mudandod mwyn'. Unwaith eto, ymddengys diweddglo
cerdd Saunders Lewis yn fwy oerllyd, garw a milain: 'Un weddi
sy'n aros i bawb, mynd yn fud at y mud'.

Fel Larkin, nid yw Saunders Lewis yn ceisio sicrwydd mewn
hiwmanistiaeth anffyddiol. Ac yn wahanol i Wallace Stevens,
nid yw'n cynnig golwg arall ar y byd i ni, golwg ddigrefydd.
Cydnebydd Stevens, fel y gwna Parry-Williams a Saunders Lewis,
mai amodol yw bywyd:

We live in an old chaos of the sun,
Or old dependency of day and night[14]

Ond fel y gwelsom eisoes, nid yw Stevens am newid hyn. Y
mae darfodedigrwydd pethau yn hanfodol i'r prydferthwch a
berthyn iddynt: 'Death is the mother of beauty'. Paradwys ffug
yw paradwys ddigyfnewid. Nid oes iddi'r urddas a berthyn i'r byd
cyfnewidiol. Ac er fod agwedd Parry-Williams at farwolaeth yn
wahanol i agwedd Stevens, gwelir yr un urddas, ar brydiau, yn
ei gerddi yntau. Ond yn niweddglo 'Gweddi'r Terfyn', i lawer
o ddarllenwyr, nid oes dim ond ofn, arswyd, amheuaeth – a hyd

yn oed anobaith.

Ar sail yr ystyriaethau hyn i gyd, nid yw'n anodd deall pam yr ystyrir 'Gweddi'r Terfyn' yn gerdd anffyddol. Ac eto, o'r cychwyn, ni chytunais â'r casgliad hwn. Beth am ymateb Saunders Lewis? Dyma'r hyn a ddywedodd am yr adwaith i'w gerdd yn *Y Tyst*:

> Rhaid imi gyntaf ddiolch i'r Athro Dewi Z. Phillips am gwrteisi a thegwch ei ysgrifau ef ar fy ngherdd i. Yr oedd yn dda dros ben gennyf ei fod yn gwrthod ei barnu hi'n gerdd anffyddol. Fy nymuniad i yw cael fy nghyfri'n Gristion hyd yn oed os nad wyf yn Gristion da.[15]

Mae cwestiynau pwysig yn codi o ymateb Saunders Lewis. Os mai cerdd Gristnogol yw 'Gweddi'r Terfyn' yng ngolwg y bardd, a ydyw'r gerdd yn llwyddo yng ngolau'r disgrifiad hwnnw? Dywed Saunders Lewis ymhellach:

> Mi wn hefyd mai peth peryglus yw i neb drafod ei gerdd ei hun. Eithr nid gwerth y gerdd na'i gwendidau o safbwynt llenyddol sydd dan sylw yn y sôn a fu amdani, ond ei huniongrededd. Y mae'n rhywfaint o gysur fod hyd yn oed y beirniaid llymaf yn disgwyl i babydd gadw'r ffydd.[16]

Nid fy mhrif ddiddordeb yn y gerdd yw ei huniongrededd. Syniadaeth y gerdd sydd o ddiddordeb i mi, a'r berthynas rhwng y syniadaeth honno a'r cwestiwn am natur y ffin rhwng dyn a Duw. Fe welir hefyd, fel yn achos 'In Memoriam' Tennyson, fod perthynas fewnol rhwng syniadaeth y gerdd a'i hansawdd barddonol.

2. Carchar Geiriau?

Ar ôl llinellau agoriadol y gerdd, daw'r llinellau canlynol:

Wedyn? Nid oes yn ymestyn i'r wedyn ond gweddi'n ymbalfalu.

Mor druan yw dyn, mor faban ei ddychymyg:
'Yn nhŷ fy Nhad y mae llawer o drigfannau,'
Cyn dloted â ninnau, yr un mor ddaearol gyfyng
Oedd ei athrylith yntau ddyddiau yr ymwacâd.[17]

A dyma adwaith Aneirin Talfan Davies iddynt:

Â mor bell â gwawdio dychmygion babanaidd Cristnogaeth
… Os felly Crist, pa mor fabanaidd y gallwn ninnau fod …
Nid oes gennym ond ein geiriadur cyfyng, gwael i fynegi ein
syniadau am Dduw. A'r gwir yw nad oes eiriau digonol ar
gyfer y gwaith. Fe'n cyfyngir yng ngharchar geiriau.[18]

Yn fy nhyb i, mae dryswch sylfaenol yn syniad Aneirin Talfan
Davies am annigonolrwydd iaith. Os derbyniwn y syniad daw
iaith grefyddol yn ffin rhyngom a Duw. Cyn ystyried hynny
ymhellach, mae'n werth holi am natur y ffynonellau sydd wrth
wraidd yr awydd i sôn am annigonolrwydd iaith. Nodaf chwech
ohonynt, heb ymhelaethu arnynt.

Yn gyntaf, ceir y syniad mai dilledyn profiad yn unig yw iaith.
Gwelsom ragdybiaeth o'r fath yn y bumed bennod wrth drafod
apêl Parry-Williams at *naws* ei brofiadau, er mwyn ceisio dangos
mai profiadau o'r goruwchnaturiol ydynt. Gwelsom nad ydynt yn
ddealladwy heb iaith. Pa fath o brofiadau ydynt? Felly, ni wna'r
tro i sôn am annigonolrwydd iaith yn wyneb y profiad crefyddol.
Llithriad, ond un arwyddocaol serch hynny, oedd honiad
diweddarach Aneirin Talfan Davies fod ein hiaith yn cyfyngu ar
ein *syniadau* am Dduw.

Yn ail, mae'n demtasiwn i gyffredinoli ar sail y ffaith y gall ein
mynegiant ieithyddol, *ar achlysur arbennig,* fod yn annigonol. Ond
fe allwn wrthgyferbynnu'r mynegiant annigonol â mynegiant
digonol. Nid yw hyn yn cyfiawnhau siarad am annigonolrwydd
iaith fel y cyfryw.

Yn drydydd, fe'n temtir ni i sôn am annigonolrwydd iaith

oherwydd nad oes modd i iaith gymryd lle lliwiau, miwsig, a darluniau yn ein profiadau. Ond heb eiriau, heb ddiwylliant, ni fyddai'r fath bethau'n bosibl o gwbl. Ac oddi mewn i'n hiaith mae modd trafod y gwahaniaethau rhwng yr aruchel a'r cyffredin mewn celfyddyd.

Yn bedwerydd, fe'n temtir i sôn am annigonolrwydd iaith ar sail y profiad o anfodloni ar y geiriau sydd gennym, er enghraifft, wrth gyfansoddi cerdd. Mae'n ddryslyd i feddwl fod y geiriau iawn yn bodoli, rhywle, y tu hwnt i'r iaith a feddwn. Er enghraifft, peidied neb â gofyn ym mha iaith y mae'r geiriau hynny i'w cael!

Y pumed a'r chweched temtasiwn yw'r rhai pwysicaf yn y cyddestun hwn. Yn bumed, fe'n temtir i sôn am annigonolrwydd iaith ar sail dywediadau fel, 'Fedra i ddim dweud pa mor ddiolchgar ydw i'. Pan ddywed person hyn, ai *methu* â mynegi ei ddiolch y mae? I'r gwrthwyneb, fe'i *mynega'n berffaith*. A gwyddom hefyd pan fydd ei ffordd o'i fynegi'n briodol neu'n amhriodol. Pe bawn yn prynu hufen iâ mewn ffair i blentyn fy ffrind, a hithau'n ymateb drwy ddweud, 'Fedra i ddim dweud pa mor ddiolchgar ydw i', byddai'n gorymateb. Wedi'r cyfan, ni wnaed ond prynu hufen iâ. Ond pe bai'r fam wedi colli'i phwrs, y plentyn yn crïo, a hithau mewn panig, byddai'r ymateb i brynu'r hufen iâ yn briodol. Gellir cymhwyso'r wers hon ar gyfer iaith moliant. Dywed Aneirin Talfan Davies:

> Bu raid i John Williams, Sain Tathan, wrth fethu cael geiriau
> i fynegi ei brofiadau, dorri allan i weiddi,
>
>> Pa feddwl, pa madrodd, pa ddawn.
>> Pa dafod all osod i maes ...[19]

Ond a ddarfu i John Williams *fethu* â mynegi ei fawl i Dduw yn y geiriau hynny? I'r gwrthwyneb, fe'i mynegodd ei hun yn dda. Nid pwrpas mynegiadau crefyddol o'r fath yw pwysleisio annigonolrwydd iaith wrth siarad â Duw, eithr cyflwyno'n llwyddiannus y mawl goruchaf sy'n bosibl i ddyn, sef mynegi, *yn iaith moliant*, annigonolrwydd popeth dynol gerbron Duw.

Daw'r chweched temtasiwn i sôn am annigonolrwydd iaith o'r ffaith y gall ffordd o siarad a oedd yn ystyrlon mewn un cyfnod fynd yn anystyrlon, neu o leiaf yn aneffeithiol, mewn cyfnod arall. Er enghraifft, ystyriwn linellau yng ngherdd Saunders Lewis a fu o dan gerydd:

> Ninnau ni fedrwn ond felly ddarlunio gobaith:
> 'Mae'n eistedd ar ddeheulaw Dduw Dad hollalluog' –
> Cadfridog a'i orfoledd drwy ddinas Rufain
> Wedi'r enbydrwydd mewn Persia o greadigaeth
> A'i goroni'n Awgwstws, Cyd-Awgwstws â'i Dad, –
> Mor ddigri yw datganiadau goruchaf ein ffydd.[20]

Dyma rai o sylwadau Saunders Lewis ar y llinellau hyn:

> Yn awr rhowch y llinell gyntaf o'r darn yna a'r llinell olaf gyda'i gilydd. Yr hyn a ddywedir yw mai felly'n unig trwy ffigwr neu ddelwedd y gallwn ninnau ddarlunio neu osod gerbron llygaid ein meddwl y gobaith Cristnogol ... Ond, atolwg, a minnau felly'n haeru pethau am yr ysbrydol, y tragwyddol, am y Drindod sy'n Undod anchwiliadwy ag y sy'n cynnal pob bod sy'n bod trwy ei 'Air', onid yw ein hiaith ni, ein delweddau ni, ein sôn ni am 'eistedd ar ddeheulaw' o angenrheidrwydd yn affwysol druenus 'ddigri'? Dynion ydym ni, bodau bach digri; does dim rhyw lawer rhyngom ni a llygod. Ond bod rhai ohonom ni'n mentro credu ddyfod Duw yn ddyn.[21]

Hwyrach fod ymosodiad J. R. Jones ar Dduw pŵer wedi dylanwadu ar Saunders Lewis, ac efallai'i fod o'r herwydd yn cysylltu brenhiniaeth â phŵer o'r fath. Fe wnâi hynny Iesu, fel ffigwr yn eistedd ar ddeheulaw'r brenin mewn ysblander brenhinol, yn annerbyniol. Yn ein diwylliant gweriniaethol, efallai ei bod yn anodd i ni gysylltu'r dwyfol ag urddas brenhinol. Ond a oedd hi felly ym mhob cyfnod; mewn cyfnodau, er enghraifft, pan oedd cysylltiad hyd yn oed rhwng brenhiniaeth ddaearol a hawliau dwyfol? Pob brenin daearol yn plygu o flaen y Brenin Mawr – Victoria yn sefyll i wrando ar 'Haleliwia' Handel i'r Goruchaf – 'King of Kings'! Yr hyn sydd wedi digwydd, i lawer beth bynnag, yw bod y cwlwm rhwng duwdod a brenhiniaeth wedi'i dorri. Rhywbeth gwahanol iawn oedd 'addoli Diana'! Rydym yma'n ymwneud ag iaith sydd wedi colli'i grym, ac nid ag esiampl o annigonolrwydd iaith fel y cyfryw.

Gallwn nodi esiamplau eraill o golli ystyr syniadau crefyddol arbennig. Fel y dengys Saunders Lewis:

> Canys yr Atgyfodiad a'r Esgyniad i'r nefoedd yw sail a gwarant y Gobaith. Ond beth yw'r 'Esgyniad'? Beth yw i ni heddiw?[22]

Etyb Saunders Lewis:

> Sumbol o undod Duw Dad a Duw'r Mab a Duw'r Ysbryd Glân yn achubiad a chyfeiriad y greadigaeth, ein gwarant ni nad yw'r bydysawd na hanes y ddynoliaeth na bywyd y meddwl na'r Parthenon na *Fidelio* nac Aber Mawddach awr cyn y wawr ac ar fore o Fehefin ddim yn ddamweiniau diystyr. Nid digwyddiad mewn amser a lle yw'r Esgyniad, eithr 'datganiad goruchaf ein ffydd'.[23]

A ydyw Saunders Lewis yn siarad yn annigonol neu'n ddigonol wrth ddweud hyn? Yn ddigonol yn fy marn i, yn enwedig wrth iddo bwysleisio nad digwyddiad mewn amser a lle yw'r Esgyniad. Ac eto, nid oes modd dweud hynny os yw iaith, yn ei hanfod, yn annigonol. Wrth gwrs, mae'n wir y gall ein dealltwriaeth o'r Esgyniad fod yn druenus o ddigri, ond peth gwahanol, er mor bwysig ydyw, yw hynny.

Fel y gwelsom, mae Saunders Lewis yn holi: 'Ond beth yw'r "Esgyniad"? Beth yw i ni heddiw?' Beth yn wir! Gyda'n diddordeb mewn gofod-deithio, anodd i rai yw peidio meddwl am Iesu yn esgyn fel roced! Rwyf o ddifrif. Wrth ddadlau ag un diwinydd athronyddol, darganfûm ei fod ef yn meddwl felly. Gofynnodd, 'Pa ffordd arall sydd i symud o A i B?' Wrth wrando arno, gofynnodd doethyn yn y gynulleidfa, 'Ac wedyn?' Daeth yr ateb: 'Wn i ddim. Efallai iddo fynd yn chwilfriw'. 'Mor ddigri yw datganiadau goruchaf ein ffydd'.

Yn ei bennod ar 'Religious English' yn ei lyfr, *The Survival of English,* mae Ian Robinson yn dyfalu a ellir ysgrifennu iaith grefyddol yn ein cyfnod ni. Dadlenna'n feistrolgar esiamplau o ddirywiad ieithyddol a syniadol yn y *New English Bible:*

> I found myself pondering the simple but difficult question why it is now so hard for even much-praised translators to render the Word of God in English and for liturgists to provide language for the worship of God.[24]

Nodaf un enghraifft yn unig o'r llyfr pwysig hwn i brofi sut y gall 'Gair awdurdodol Duw' ddirywio yn ein diwylliant:

> The Revelation of St. John the Divine becomes the woolly rhapsody of a thwarted peasant: 'Then I saw a new heaven and a new earth, for the first heaven and the first earth had *vanished'*... (Revelation 21: 1; my italics). There one word makes the difference between a vision and a conjuring – trick. If this earth can vanish so easily how real is the next? The Jerusalem Bible varies the mistake: 'Then I saw a new heaven and a new earth; the first heaven and the first earth had *disappeared* now ...' (my italics). The Revised Version of 1885, the last version this side of the Atlantic to maintain the traditional Bible style, simply gets it right: 'And I saw a new heaven and a new earth: for the first heaven and the first earth are passed away ...'

> 'Then he who sat on the throne said, "Behold! I am making all things new!" And he said to me, "Write this down; for

these words are trustworthy and true. Indeed," he said, "they are already fulfilled ..." Revelation 21: 5-6 (N. E. B. (1970), N. T., p.334, deletes second "he said").

One cannot believe this, because of its journalistic style. The prophetic pretension of 'Behold!' collapses with the instruction to the scribe, which seems to place us at a press-conference. Then comes the slipping of the choice titbit of information to the favourite correspondent. No wonder the *Guardian* liked the version so much, for the feeling of a *Guardian* interview is prevalent in it.[25]

Ceir enghreifftiau eraill gan Robinson o'n methiant i siarad am Dduw. Fe beidia'r hen iaith â siarad â ni, nid am ei bod hi'n ddiffygiol, ond oherwydd i ni ymddieithrio oddi wrthi. Pan fyddwn ni, sydd wedi ymddieithrio, yn cyfeirio ati yn awr, nid yw'n siarad â ni. Fe'i cawn hi'n ddigri.

3. Iaith a Ffiniau Syniadol

Nid yw'n ddigon i Saunders Lewis sôn am annigonolrwydd iaith ar adegau arbennig, neu mewn cyfnodau arbennig, pan geisir siarad â Duw. Yn hytrach, mae'n gwneud honiad cyffredinol am annigonolrwydd iaith ddaearol, fel y cyfryw, i sôn am Dduw. O safbwynt athroniaeth mae honiad o'r fath yn creu anawsterau difrifol, ond fel y gwelwn cyn diwedd y bennod hon mae'n creu anawsterau lawn cynddrwg i'r gerdd, 'Gweddi'r Terfyn'.

Oherwydd ei safbwynt ynglŷn ag annigonolrwydd iaith ddaearol, rhaid i Saunders Lewis ddweud fod iaith Iesu ei hun yn annigonol tra bu ar y ddaear:

'Yn nhŷ fy Nhad y mae llawer o drigfannau,'
Cyn dloted â ninnau, yr un mor ddaearol gyfyng
Oedd ei athrylith yntau ddyddiau yr ymwacâd.[26]

Yn ôl Saunders Lewis rhaid dod i'r casgliad hwn os ydym yn derbyn yr Ymgnawdoliad:

Fe ddaeth Duw yn ddyn, dyna'r ymwacâd. Cymerodd holl drueni dyn, trueni ei gorff, trueni ei enaid, trueni gwybodaeth ei oes. Heb hynny ni buasai'n ddyn; ni buasai'r ymgnawdoliad ond rhith. Gan hynny tra oedd ef yn ddyn ar y ddaear ni allai ef sôn wrth ddynion am ei Dad ond yn nhermau profiad dyn, gan ddefnyddio ffigur neu ddelwedd efallai o balas Herod frenin, tŷ a llawer o drigfannau, yn union megis bardd Cymraeg mil a hanner o flynyddoedd bron ar ei ôl ef:

> I'r tai yng nghwr y Tywyn
> Ef a ddaw sy fyw o ddyn.[27]

Yr oedd yr adwaith diwinyddol i honiad Saunders Lewis am annigonolrwydd iaith Iesu ei hun yn feirniadol dros ben. Fel y gwelsom eisoes, arweiniodd Aneirin Talfan Davies i amau uniongrededd y gerdd. Yr oedd ymateb 'Trefor' yn fwy eithafol:

Y mae'r gerdd yn syndod drwyddi draw, ac ystyried huodledd mynych yr awdur pan lambastiai ymneilltuwyr Cymru am gefnu ar fanylaf ddatganiadau uniongrededd. A'i ansoddair ef ei hun, bellach, am eiriad y credoau clasurol, prif drysor crynoëdig diwinyddiaeth ei Eglwys yw 'digri'![28]

Rhaid dweud bod rheswm da dros anesmwythyd diwinyddol 'Trefor' ac Aneirin Talfan Davies. Wedi'r cyfan, os annigonolrwydd iaith yw canlyniad anochel yr Ymgnawdoliad, ni welaf ffordd o osgoi'r canlyniad pellach mai rhywbeth annigonol oedd yr Ymgnawdoliad ei hun. Oni ddylai Cristnogion ddweud, os am ddilyn dadl Saunders Lewis, nad newyddion da o lawenydd mawr a ddaeth iddynt, eithr newyddion annigonol o lawenydd annigonol? A phan ddywedodd Iesu mai ef yw y ffordd, y gwirionedd a'r bywyd, oni ddylasai ddweud yn hytrach,

'Oherwydd yr amgylchiadau daearol, rhaid bod y ffordd, y gwirionedd a'r bywyd a gynigiaf i chwi yn annigonol'? Go brin y byddai Cristnogion, y rhai uniongred beth bynnag, yn derbyn hyn am foment.

I mi, fodd bynnag, nid diwinyddol ond athronyddol yw'r anawsterau sy'n fy wynebu wrth ymateb i honiad Saunders Lewis. Yr hyn a welwn yn ei ddadl yw rhagdybiaeth sy'n gyfarwydd i ni erbyn hyn, sef yr honiad fod iaith grefyddol yn ffin rhyngom a Duw. Y mae ein hiaith ar un ochr i'r ffin, a'r realiti dwyfol yr ochr arall iddi. O ganlyniad, amhosibl, o reidrwydd, yw pob ymgais i groesi ffin o'r fath. Er gwaethaf hynny, *y mae* sôn yn ein hiaith am Dduw fel un sy'n bod y tu hwnt i'n byd ni. Ond, 'tu hwnt' ysbrydol yw realiti Duw o'i gyferbynnu â thuhwntrwydd y planedau mewn gofod. Felly, nid ffin rhyngom ni ac ystyr yw iaith o'r fath ond amod ei phosibilrwydd.

Ac fel y gwelsom yn y bennod flaenorol, yn ein hiaith cawn ddarluniau disgrifiadol a darluniau datguddiol neu ddadlennol. Darluniau o'r ail fath yw darluniau Cristnogaeth. Os felly, ffiniau, neu derfynau'r darluniau, sy'n dangos ac yn sefydlu'r math o ystyr sydd yn y darlun. Nid ymgais yw'r darlun a honno'n ymgais annigonol, i ddweud rhywbeth sydd y tu hwnt iddo, ond datguddiad o wirionedd. Gwelir y gwirionedd yn y darlun; mae'r pwysau i gyd yn y darlun. Darlun o'r math hwn, mi gredaf, yw'r Ymgnawdoliad i Gristnogion – datguddiad a roddwyd iddynt yn ei gyflawnder. Dyna pam y mae'n bosibl i fyw, symud a bod mewn darlun o'r fath. A phe collid y darlun, nid colli un ymgais annigonol ymhlith llawer i siarad am Dduw a wnâi'r crediniwr, ond colli'r goleuni a oedd yn goleuo'r holl fyd iddo. Pan gollir darlun datguddiol nid anwireddu tybiaeth yw'r canlyniad, ond golau yn diffodd. I Gristnogion, mi gredaf, dyna'r math o olau yw'r Iesu. Dyna pam y dylid cydnabod yn athronyddol y math o iaith a arferant – nid iaith sydd o anghenraid yn annigonol, ond iaith ddatguddiol sy'n goleuo byd y credadun. Onid dyna pam mai Iesu yw goleuni'r byd iddo?

I Saunders Lewis, mae'n ymddangos mai cyfrwng yw iaith er mwyn sôn am y berthynas â Duw – cyfrwng annigonol. Ond gwell gan R. S. Thomas ddywediad Wordsworth fod iaith yn ymgnawdoli'r meddwl. Meddai R. S. Thomas: 'I think language is a sacrament'. Ac wrth sylwi ar ffiniau iaith grefyddol, gwelwn nad rhwystrau ydynt yn gymaint â ffiniau ystyrlonrwydd syniadau crefyddol. Y tu mewn i'r ffiniau y mae sôn am Greu dwyfol, Ymgnawdoliad, Aberth, Atgyfodiad ac Esgyniad. I'r credadun, nid ffin rhyngddo ef a Duw yw iaith o'r fath, eithr amod ystyrlonrwydd crefyddol ydyw sy'n datguddio iddo'r ffordd at Dduw – ffordd y tragwyddol.

4. 'Gweddi'r Terfyn'

Ar ôl ein trafodaeth, pa fath o ganlyniadau sydd wrth farnu cerdd Saunders Lewis? Fel y dywedais, nid oeddwn erioed o'r farn mai cerdd anffyddiol ydyw. Roedd pryder mwyaf Saunders Lewis am yr ymateb i bum llinell olaf ei gerdd:

> Ac o'n cwmpas erys mudandod, a'r pwll diddymdra
> Y syrth ein bydysawd iddo'n gyfan ryw nos.
> Ni all ein geiriau gyrraedd ymylon mudandod
> Na dweud Duw gydag ystyr.
> Un weddi sy'n aros i bawb, mynd yn fud at y mud.[29]

Yn *Y Tyst* mynegais fy marn mai portread *beirniadol* yw 'Gweddi'r Terfyn' o Gristion cyfoes mewn dryswch! Felly, pan ddywedodd Aneirin Talfan Davies:

> Ymateb bardd i weledigaeth athronydd dynol a welaf i yn y gerdd. Ond a ydyw'r ymateb hwn yn ddigon i ddileu'r pryder gwacter ystyr?[30]

atebais innau na chredwn:

mai ymgais yw'r gerdd i ateb pryder gwacter ystyr. I'r gwrthwyneb *mynegiant* yw o'r fath bryder yn llais y Cristion dryslyd.[31]

Rhaid cyfaddef erbyn hyn fod Aneirin Talfan Davies yn nes at fwriad y bardd nag yr oeddwn i, ac yr oedd James Nicholas yn nes fyth pan ddywedodd ef:

> Treuliodd Mr. Lewis oes gyfan yn myfyrio ar dynged dyn a chenedl. Ffydd Cristion sydd ganddo, a dyna weddi sy'n ffrwyth y cyfryw ffydd.[32]

Sut rwy'n gwybod y pethau hyn erbyn hyn? Nid trwy ailddarllen y gerdd mae arnaf ofn. Yn y trafodaethau gwreiddiol, aeth James Nicholas, Aneirin Talfan Davies a 'Trefor' ati i ddyfalu beth fyddai barn Saunders Lewis am gyflwr cyfoes crediniaeth Gristnogol. Ni chodais y cwestiwn ar y pryd a theimlais, am ryw reswm, mai amhriodol fyddai gwneud hynny ar sail ei gerdd yn unig. Beth bynnag am hynny, setlwyd y mater mewn un ystyr yn *Y Tyst,* pan ymatebodd Saunders Lewis drosto'i hun. Dywedodd wrthym fod darllen awduron fel Meistr Eckhart, Tauler, Henri Suso a Ruysbroeck wedi agor ei lygaid i arwyddocâd gweddi, a bod hynny wedi dylanwadu ar ei gerdd. Meddai:

> Enwau ar y Duwdod yw diddymdra a mudandod iddynt hwy. Ceir gan Suso, 'Gellir galw Duw yn ddiddymdra tragwyddol', ac y mae Eckhart yn arfer 'diddymdra' yn enw arno 'i fynegi ei anhraetholdeb' – hynny yw na ellir dweud dim amdano o gwbl sy'n datgan ei natur, 'dweud Duw gydag ystyr'.[33]

Ai dyna ben ar y mater? Dim o gwbl. Yr hyn a ddengys tystiolaeth Saunders Lewis yw ei fwriad wrth ysgrifennu'i gerdd. Ffrwyth ffydd Gristnogol ydyw, a rhaid derbyn hynny. Yn hyn o beth, James Nicholas oedd yn iawn. Ond cwestiwn arall yw holi a yw wedi llwyddo i gyflawni ei fwriad *yn ei gerdd.* Mae dau reswm gennyf, un ohonynt yn fwy sylfaenol na'r llall, dros gasglu nad yw 'Gweddi'r Terfyn' yn gerdd lwyddiannus. Rydym wedi trafod yr ystyriaethau'n barod yn y bennod hon. Mae un rheswm yn ymwneud â phroblem y cyfathrebu rhwng y gerdd a'n cyfnod cyfoes. Mae'r ail reswm yn ymwneud â'r tyndra syniadol sydd yn y gerdd, tyndra a ddaw o amwysedd y bardd ynglŷn â'i syniad am iaith fel ffin rhyngom a Duw. Ystyriwn y ddau reswm yn eu tro.

A oes cynulleidfa i 'Gweddi'r Terfyn'?

Hyd yn oed pe na bai tyndra syniadol yng ngherdd Saunders Lewis fe fyddai'i pherthynas â chynulleidfa gyfoes yn dal i fod yn anodd. Ac yn fwy na chefndir Cristnogol y gerdd yn gyffredinol, fe fyddai traddodiad arbennig yn y grefydd honno, sef y traddodiad cyfriniol sy'n ffynhonnell syniadau crefyddol megis yr un am 'undod â hanfod y Duwdod', yn peri cryn anhawster. Fel y dywedodd Saunders Lewis am ei gyfrinwyr: 'Enwau ar y Duwdod yw diddymdra a mudandod iddynt hwy'. Ond y broblem yw: ai yr un ystyr sydd i'r geiriau i fwyafrif llethol y gynulleidfa gyfoes? Nid oedd yr ymateb i gerdd Saunders Lewis hyd yn oed gan grefyddwyr, a minnau'n un ohonynt, yn cynnig ateb addawol i'r cwestiwn. Efallai mewn cyfnod arall, mwy sicr ei gefndir crefyddol, fe fyddai darllenwyr wedi ymateb i'r gerdd *ar unwaith*, fel y mae'n ddiau y gobeithiai Saunders Lewis y gwnaem ninnau.

Mae'n bwysig bod yn glir am natur fy ngofid. Nid dweud yr wyf ei bod yn amhosibl heddiw i ysgrifennu cerddi llwyddiannus sy'n cysylltu Duw â syniadau cyfriniol Saunders Lewis. Dim o gwbl. Ond mae'n dasg anodd. Fel y dywedodd Flannery O'Connor am y darluniau eithafol yn ei storïau sy'n delweddu syniadau clasurol Catholigiaeth: 'Wrth y byddar, mae'n rhaid sgrechian. Ac i'r hanner-dall rhaid tynnu darluniau mawr, brawychus'. Ond nid yw cerdd Saunders Lewis yn gwneud hynny. Fel y *clywsom*, y mae syniadau crefyddol *y tu ôl* i'r gerdd, ond ni *welsom* (y rhan fwyaf ohonom) fod syniadau o'r fath *yn y gerdd*. Mae ein cyfnod yn galw am ymdrech fwy echblyg, neu am ymdrech uniongyrchol i gyfleu ystyron crefyddol. Beth bynnag, pan â problem cyfathrebu mewn cerdd yn rhy eithafol, pan yw'r gerdd yn *rhy* dywyll (nid yr un peth yw cerdd anodd), onid yw hynny'n effeithio ar ansawdd y gerdd? Teimlaf fod hynny wedi digwydd yn achos 'Gweddi'r Terfyn'.

Tyndra syniadol ac ansawdd y gerdd

Yng ngolau'r esboniad a roddwyd gan Saunders Lewis o'i gerdd, gwelir tyndra syniadol rhwng ei diweddglo a'r gweddill ohoni. Mae'r tyndra yn effeithio'n ddrwg ar ansawdd ac effeithiolrwydd y gerdd. Dechreuwn ddangos hyn drwy edrych ar esboniad Saunders Lewis o weddi'r terfyn, y modd yr ydym yn mynd yn fud at y mud:

> Sut felly y mae mynd at Dduw? Ateb Tauler a Suso a Ruysbroeck yw bod yn rhaid mynd drwy ddisgyblaeth lem gweddi. Dechrau gyda geiriau a delweddau. 'Cymdeithas ei ddioddefiadau ef' ac ymlaen heibio i eiriau a delweddau i dawelwch a mudandod gweddi undeb, nid hyd yn oed undeb â natur ddynol Crist, ond â hanfod y Duwdod. Y mae rhai diwinyddion Catholig wedi amau a ellir hynny yn y byd hwn. Ond y mae eraill, a'r gweddïwyr mawr yn eu plith, yn credu iddynt brofi hynny. Y mae Morgan Llwyd yn dweud mai'r un yw'r profiad hwn â phrofiad marw. Rhoes hynny i minnau linell olaf y gerdd, sef y gall marw fod i bob truan ŵr yn brofiad tebyg: mynd yn fud at y mud, a bod marw ei hun felly yn weddi, gweddi'r terfyn.[34]

Mae'n glir o'i sylwadau fod Saunders Lewis yn gweld yng ngweddi'r terfyn ffordd ddigonol, nid ffordd annigonol, o fynd at Dduw. Dywedir mai profiad y tu hwnt i eiriau a delweddau ydyw. Popeth yn iawn, ond ni all hynny roi unrhyw sail i honiad cyffredinol am annigonolrwydd iaith fel y cyfryw. Rhaid dysgu'r wers unwaith eto, drwy bwysleisio fod posibilrwydd profiad cyfriniol yn dibynnu ar amgylchfyd ieithyddol crefydd. Fel y mae Saunders Lewis ei hun yn pwysleisio, 'rhaid mynd drwy ddisgyblaeth lem gweddi'. Heb y berthynas rhwng y profiad a disgyblaeth o'r fath, nid profiad crefyddol mohono. Nid rhywbeth unigol, preifat, digysylltiad yw'r profiad. Yr oedd yr Apostol Paul yn benderfynol fod rhaid profi'r ysbrydion i weld ai o Dduw yr oeddynt. Mewn geiriau eraill, nid oes hunangyfiawnhad i'r profiad. Am y rheswm rhesymegol hwn, ni all Saunders Lewis ddweud, fel y gwna wrth ddiweddu ei esboniad o weddi'r terfyn, fod pob marw ynddo'i hun, felly, yn weddi, gweddi'r terfyn. Nid yw 'pob marw ei hun' yn gyfystyr â 'marw i'r hunan'. Heb 'marw i'r hunan', nid yw marw yn weddi'r terfyn. At hynny, os yw iaith fel y cyfryw yn annigonol i sôn am brofiadau cyfriniol, beth a ddywed Saunders Lewis am y cyfrolau trwchus gan gyfrinwyr sy'n sôn am eu profiadau er mwyn i eraill ddysgu ganddynt sut i nesáu at Dduw? Oherwydd yr ystyriaethau hyn, byddai honni fod profiadau cyfriniol dieiriau yn dangos annigonolrwydd iaith, mor ddryslyd â dadlau bod seibiannau heb nodau yn dangos annigonolrwydd y miwsig. Heb y miwsig, nid oes arwyddocâd i'r seibiannau. Heb iaith crefydd, nid oes arwyddocâd i brofiadau cyfriniol.

Yn olaf, rwyf am ddangos paham fod tyndra anffodus dros ben rhwng diweddglo 'Gweddi'r Terfyn' a gweddill y gerdd. Y mae'n amlwg yn niweddglo'r gerdd, mai ffordd yr ymwacâd, marw i'r hunan, yw'r ffordd at Dduw; ymwacâd yn ei berffeithrwydd a welir, yn ôl Saunders Lewis, yn y profiad cyfriniol o undod â hanfod y Duwdod. Fel y dywedodd: 'Y mae rhai diwinyddion Catholig wedi amau a ellir (cael profiad o'r fath) yn y byd hwn.'[35] A phwy all wadu fod rhesymau da dros eu hamheuon? A all unrhyw un 'lwyr' ymwacáu o'r hunan? Beth bynnag am hynny, mae'n amlwg fod Saunders Lewis yn credu fod profiadau o'r fath yn bosibl. Felly, yn niweddglo'r gerdd, ymwacáu yw'r ffordd at Dduw yn ddi-ddadl.

Ond yng ngweddill ei gerdd, y mae'n trafod yr Ymgnawdoliad fel gweithred o ymwacáu ar ran Iesu ei hun; fodd bynnag, *nid ymwacâd sy'n ein harwain at Dduw ydyw*, yn gymaint ag ymwacâd sydd, yn ôl Saunders Lewis, *yn codi ffin rhyngom a Duw*. Mae popeth a ddywed Iesu am Dduw yn annigonol, oherwydd iddo ddod i'n byd ni. Mae'n bwysig sylwi fod y cyfrinydd, yn ôl Saunders Lewis, yn mynd heibio i 'hyd yn oed undeb â natur ddynol Crist' at 'undod â hanfod y Duwdod'. Ond beth am farwolaeth Crist? Beth am Grist Mab Duw, a datganiadau'r Eglwys ddaearol ynghylch ei Atgyfodiad a'i Esgyniad? Iaith annigonol? Yn ei esboniad ar ei gerdd mynnodd Saunders Lewis mai'r credoau hyn yw ein gwarant fod ystyr i'r bydysawd, ac mae'n amlwg nad gwarant annigonol oedd ganddo mewn golwg.

Mae rhywbeth wedi mynd o'i le yn ddifrifol rhwng y diweddglo a gweddill 'Gweddi'r Terfyn'. Os deallaf un o gredoau sylfaenol y Gristnogaeth yn iawn, nid creu bwlch rhyngom a Duw a wna'r Ymgnawdoliad ond cymodi dyn â Duw trwy ddatguddio mai ffordd ymwacâd *yw'r* ffordd at Dduw. Gellid edrych ar y creu dwyfol fel gweithred o ymwacâd, sef Duw yn caniatáu i rywbeth ar wahân iddo Ef ei hun fodoli. Ac y mae'r Gristnogaeth yn galw arnom ninnau i ymwacáu o'r fyfiaeth sy'n dod rhyngom a Duw. Yn ôl dysgeidiaeth yr Eglwys, datguddiwyd hanfod ymwacâd i ni yn aberth Iesu ar y groes. Ac os deallaf Gatholigiaeth yn iawn, dilynwn Grist trwy gyfrwng yr offeren sanctaidd. Gesyd yr offeren ffiniau ystyrlonrwydd sy'n dangos, i gredinwyr, y modd i gydgyfranogi o aberth Crist – yr ymwacâd er eu mwyn. Ei ymwacâd ef yw'r patrwm ar gyfer ein hymwacâd ninnau. Y mae'n syn nad oes gan gerdd Saunders Lewis ddim i'w ddweud am yr ymwacâd dwyfol, yn enwedig o gofio pwysigrwydd yr offeren iddo – y rheswm a roddodd dros ei dröedigaeth i'r Ffydd Gatholig.

Yn ôl y Gristnogaeth, byddai cysylltiad agos rhwng yr ymwacâd yn yr Ymgnawdoliad a'r hyn a ddywed Saunders Lewis am weddi'r terfyn. Ond yn ei gerdd, nid felly y mae. Ymwacâd yw'r ffordd at Dduw yng ngweddi derfynol y gerdd, ond ffrwyth yr Ymgnawdoliad, ar y llaw arall, yw'r iaith annigonol ar ein gwefusau, ac ar wefusau Crist ei hun, sy'n ffin rhyngom a Duw. Oherwydd fod ynddi dyndra syniadol mor sylweddol, rhaid i hynny effeithio ar ansawdd ac effeithiolrwydd y gerdd. Rhaid i mi ddod i'r casgliad, felly, nad cerdd lwyddiannus yw 'Gweddi'r Terfyn'. Nid peth hawdd yw dod i'r casgliad hwn, ond mae cysur o gofio i'r bardd ei hun ddweud, yn 1941, yn ei ragair i *Byd a Betws*, fod ei gerddi wedi cael eu beirniadu 'weithiau'n llym, oblegid eu syniadau, – a dyna'n union y math o feirniadaeth sy'n werthfawr gennyf'.[24]

---

[1] Saunders Lewis, 'Gweddi'r Terfyn', *Y Traethodydd,* Cyf. 128, Hydref 1973, 241.

[2] Aneirin Talfan Davies, 'Ar Ymyl y Ddalen', *Barn*, 134, Rhagfyr 1973, 55-6.

[3] 'Hwnt Ac Acw gyda Trefor', *Y Tyst*, 14 Mawrth 1974, 3. Ceisiais ateb 'Trefor' mewn cyfres o dair erthygl ar 'Iaith a Chrefydd' yn *Y Tyst*, 2, 9, 23 Mai 1974 – sef 'Carchar Geiriau', 'Terfyn heb Dduw' a 'Gweddi'r Terfyn'. Newidiais beth o'r defnydd yma.

[4] Yn R. Geraint Gruffydd (gol.), *Cerddi Saunders Lewis* (Caerdydd: Gwasg Prifysgol Cymru, 1992), 53, ceir fersiwn diwygiedig o'r gerdd, e.e., 'yr hil' yn lle 'bodolaeth'; 'ynghyd' yn lle 'atgo'.

[5] Aneirin Talfan Davies, op. cit.

[6] Leo Tolstoy, *The Death of Ivan Ilych and Other Stories* (Signet Classics, New American Library, 1960) 97.

[7] Am ymdriniaeth bellach â'r tueddiadau hyn, gyda golwg ar gwestiynau am ystyr bywyd, gweler Ilham Dilman a D. Z.

Phillips, *Sense and Delusion* (London: Routledge and Kegan Paul, 1971).

[8] Fersiwn 1992: 'ddison' yn lle 'gyfan'; 'olrhain' yn lle 'gyrraedd'; dim atalnod ar ôl 'mudandod'.

[9] *Detholiad o Gerddi*, 46.

[10] Aneirin Talfan Davies, op. cit.

[11] *Detholiad o Gerddi*, 46.

[12] ibid.

[13] *Philip Larkin: Collected Poems*, 165.

[14] Wallace Stevens, 'Sunday Morning' yn *Collected Poems*, 30-34.

[15] Saunders Lewis, 'Am "Weddi'r Terfyn"', *Y Tyst,* 23 Mehefin 1974, 1.

[16] ibid.

[17] 'Gweddi'r Terfyn', *Cerddi Saunders Lewis*, 53.

[18] Aneirin Talfan Davies, op. cit.

[19] ibid.

[20] 'Gweddi'r Terfyn', op. cit.

[21] Saunders Lewis, 'Am "Weddi'r Terfyn"', op. cit.

[22] ibid.

[23] ibid.

[24] Ian Robinson, *The Survival of English* (Cambridge: Cambridge University Press, 1973), 23-4, 36.

[25] ibid.

[26] 'Gweddi'r Terfyn'. Fersiwn 1992: 'drigfannau'.

[27] Saunders Lewis, 'Am "Weddi'r Terfyn"', op. cit.

[28] 'Hwnt Ac Acw gyda Trefor', op. cit.

[29] Gweler ôl-nodyn 8.

[30] Aneirin Talfan Davies, op. cit.

[31] D. Z. Phillips, 'Gweddi'r Terfyn', *Y Tyst,* 23 Mai 1974, 5.

[32] Gweler *Seren Cymru*, 18 Ionawr 1974.

[33] Saunders Lewis, 'Am "Weddi'r Terfyn"', op. cit.

[34] ibid.

[35] ibid.

[36] Gweler Dyfnallt Morgan, 'Waldo Williams' yn Robert Rhys (gol.), *Waldo Williams*. Cyfres y Meistri 2 (Abertawe: Christopher Davies, 1981), 237.

'WRTH LUNIO DIAGNOSIS O SYMTOMAU DY GLEFYD'

Wrth edrych ar hanes athroniaeth gwelwn sawl ymgais i greu system holl-gynhwysfawr allan o'r amrywiaeth sydd o dan ein trwynau. Ond trwy gydol y traethawd rwyf wedi pwysleisio traddodiad arall mewn athroniaeth, traddodiad sy'n gwneud myfyrio'n syniadol ar y byd yn ei holl amrywiaeth yn ganolog. Clywir y traddodiad hwn yn neialogau cynnar Platon, yng ngweithiau ffugenwol Kierkegaard, ac yn y gwahanol leisiau y mae Wittgenstein yn gwrando arnynt wrth ymsynio ag ef ei hun. Dyma athroniaeth ddiduedd; nid athroniaeth sy'n barnu ac yn honni ateb gwahaniaethau, ond athroniaeth sydd am wneud *cyfiawnder syniadol* â'r cytundebau a'r anghytundebau, ac â'r frwydr rhyngddynt a welir yn y byd. Trwy frwydro yn erbyn dryswch rhydd athroniaeth ddarlun, ar yr un pryd, o gymhlethdod realiti.

Dadleuais, hefyd, fod beirniadaeth lenyddol ddiduedd yn bwysig mewn diwylliant. *Rhaid i gylch ein gwerthfawrogiad fod yn ehangach na chylch ein gwerthoedd personol.* Beirniadaeth unllygeidiog yw'r feirniadaeth honno sy'n gwerthfawrogi un safbwynt yn unig, ac sy'n honni bod rhaid dangos nad oes sail i unrhyw safbwynt arall. Fel y gwelsom, ar ei gwaethaf fe all agwedd felly edrych ar bob anghytundeb fel brwydr yn erbyn ideoleg. Wrth gwrs, safbwynt rhywun arall yw ideoleg, nid ein safbwynt ni ein hunain. Y canlyniad yw bod y crefyddwr yn sôn am ideoleg secwlar, a'r meddyliwr secwlar yn sôn am ideoleg grefyddol. Mae'r naill ochr, fel y llall, yn honni fod ganddynt *wybodaeth* am yr ochr arall, bod ganddynt *ddiagnosis* o *glefyd* pobl eraill. Onid bardd felly oedd Gwenallt wrth iddo edrych ar ei wlad?:

> ... Wrth lunio diagnosis o symtomau dy glefyd
> Ni glywwn ei wres yn ein pennau ni hefyd.

> ... Y mae'r Meddyg gwyn wrth yr atgas operasiwn
> Yn theatr drugarog, atgyfodus Ei Basiwn.[1]

1. Cyffes ac Esboniad

Ddeuddydd ar ôl Nadolig 1969, daeth cynulleidfa fawr i'r Tabernacl, Capel y Methodistiaid Calfinaidd yn Aberystwyth, i wasanaeth angladdol Gwenallt. Meddai J. E. Meredith am y diwrnod hwnnw:

> Roedd pobl yno o bob cwr o'r wlad, yn cynrychioli llawer agwedd ar ein bywyd, a theimlad dyn wrth edrych arnynt oedd: 'Y mae *Cymru* yma'. Y Gymru Gymraeg yn talu ei theyrnged ddwys a diolchgar i fardd mawr ac i un y mae'n anodd peidio â'i ystyried fel bardd Cristionogol mwyaf Cymru er dyddiau Williams Pantycelyn ac Ann Griffiths.[2]

Ond yn ogystal â'i farddoniaeth, cawn gan Gwenallt yn ei ysgrif, *Credaf*, un o draethodau hunanfywgraffiadol mwyaf yr iaith Gymraeg. Ac wrth edrych ar ei gerddi a'i ysgrif, cawn nid yn unig gerddi Cristnogol ond ymgais hefyd i ddinoethi'r safbwyntiau secwlar a goleddwyd ganddo cyn ei dröedigaeth. Wrth ddweud hynny, siawns na'n hatgoffir o ddadleuon Cornelius Van Til a Bobi Jones a drafodwyd eisoes. Eu dadl oedd fod gan y credadun wybodaeth am yr anghredadun oherwydd ei fod, cyn ei dröedigaeth, yn yr un cyflwr â'r dyn naturiol. Dadleuais mai ffolineb y ddadl oedd meddwl am y crediniwr fel un a gawsai brofiad o *bob* safbwynt cyn ei dröedigaeth. Ond o leiaf gellid dadlau, yn achos Gwenallt, iddo ef ei hun ddinoethi'r safbwyntiau yr oedd, fel mater o ffaith, wedi eu harddel. Dywed J. E. Meredith am ei daith yn ôl o anffyddiaeth at Gristnogaeth:

> Ailafaelodd ef yn y traddodiad hwn; adweithiodd yn gryf yn erbyn Rhamantiaeth seciwlar dechrau'r ganrif. Cefnodd yn llwyr ar y rhai a oedd yn gwadu'r posibilrwydd o siarad yn synhwyrol am y goruwchnaturiol, ar y rhai a gyhoeddai mai anffyddiaeth oedd yr unig safbwynt rhesymegol. A gwrthwynebai yr un mor bendant 'anffyddwyr Cristnogol' ... Tristâi Gwenallt yn ddirfawr wrth weld rhai a'u galwai eu hunain yn Gristionogion yn ceisio dileu y peth sylfaenol a chwbl hanfodol mewn Cristionogaeth – yn ceisio llunio corff o ddiwinyddiaeth heb Dduw.[3]

Pa ystyriaethau a arweiniodd Gwenallt yn ôl at Gristnogaeth? Wrth gwrs, fel Cristion, byddai am sôn am weithgarwch Duw yn ei fywyd. Ond carwn edrych ar yr hyn a ddinoethwyd, yn ei dyb ef, wrth iddo ddechrau amau agweddau secwlar at fywyd.

Yn y cyfnod cyn y Rhyfel Byd Cyntaf, cafodd streic 1910 effaith fawr ar Gwenallt. Gwelodd ochr erchyll cyfalafiaeth a barnodd mai 'y tu allan i'r Eglwys, yn y Blaid Lafur a'r mudiadau cymdeithasol, yr oedd y gwir Gristnogion'[4] O dipyn i beth daeth Gwenallt i edmygu anffyddiaeth fwyfwy, ac ymatebodd i ddysgeidiaeth comiwnyddiaeth. Meddai: 'Yr oedd Marcsiaeth i ni yn llawer gwell efengyl na Methodistiaeth'.[5] Yn angladd ei dad, a losgwyd yn golsyn mewn damwain ofnadwy yn y gwaith dur, dywedodd y gweinidog mai ewyllys Duw oedd hynny. Meddai Gwenallt:

> ... tywelltais oddi mewn i mi holl regfeydd yr 'haliers' ar ei bregeth ac ar ei Dduw, a phan ganasant ar lan y bedd 'Bydd myrdd o ryfeddodau' cenais yn fy nghalon 'The Red Flag'.[6]

A phan oedd yn y carchar am ei fod yn heddychwr yn ystod y Rhyfel Byd Cyntaf, ffydd Farcsaidd a'i cynhaliodd, a gorfoleddodd wrth glywed am y chwyldro yn Rwsia.

Ond ar ôl i'r Blaid Lafur ffurfio llywodraeth yn 1924, siomwyd Gwenallt am na sylweddolwyd delfrydau sosialaeth. Ni ragwelsai Marx y byddai'r Undebau yn bargeinio â'r meistri gwaith, ac o ganlyniad y ceid gweld gweithwyr medrus yn dod yn ddosbarth breintiedig. Adwaith Gwenallt oedd:

> Wrth ddwyn i gof y streiciau, gwelwn mai streiciau oeddynt dros fwy o gyflog a llai o oriau gwaith, amcanion cywir a chyfiawn … ond ni chafwyd streic i sefydlu Sosialaeth … Dangosodd Marx fod hunan-les yn llechu y tu ôl i ddelfrydau'r *bourgeois*, ac yr oedd yn iawn, ond a allai hunan-les lechu y tu ôl i ddelfrydau'r Comiwnyddion?[7]

Yn y diwedd, daeth Gwenallt i gasgliad pendant iawn:

> Ni pherthynai na Marx nac Engels na Lenin ychwaith i'r proletariad, ond meddylwyr *bourgeois* oeddynt, a syniadau *bourgeois* y ddeunawfed ganrif oedd y syniadau anffyddol a fynnai Engels eu lledaenu ymhlith y gweithwyr. Dysgodd Rousseau ac eraill i ni fod y natur ddynol yn drwyadl dda, ac y gallai dyn, yn ei rym a'i allu a'i wybodaeth ei hun, adeiladu cymdeithas gyfiawn, berffaith. Ond gwelais fod un peth yn gyffredin i gyfalafwyr ac i Gomiwnyddion – hunan-les. Yr hunan oedd yr huddygl ym mhob potes.[8]

Am gyfnod byr, ildiodd Gwenallt ei hun i esthetigrwydd a rhamantiaeth yr hunan, mudiadau a rôi berffaith ryddid i'r unigolyn ymgolli ym mhleser y foment. Ond ymhlith y rhai a chwenychai'r fath ryddid, darganfu un a oedd yn wahanol i'r lleill, sef Baudelaire:

> … darganfu Baudelaire un peth pwysig – pechod, y pechod gwreiddiol. 'Nid gwir wareiddiad', meddai Baudelaire, 'yw

darganfod nwy ac ager a'r byrddau ysbrydegol, ond dileu
olion y pechod gwreiddiol.' Y mae'r neb a genfydd ei
bechod ei hun yn hanner Cristion.[9]

O'r fan hon y dechreuodd taith Gwenallt yn ôl at y
Gristnogaeth, Cristnogaeth a oedd yn gyfuniad o gorff ac ysbryd,
amser a thragwyddoldeb, profiadau cefn gwlad a phrofiadau byd
diwydiant, dyneiddiaeth Dafydd ap Gwilym a diwinyddiaeth
Pantycelyn. Ond yr hyn sy'n bwysig i ni ei sylweddoli yw fod
Gwenallt yn dod at *Gristnogaeth gan hawlio ei fod wedi llunio
diagnosis o symtomau safbwyntiau anffyddol,* ac iddo wrth wneud
hynny ddatguddio mai *clefydau* ydynt. O ganlyniad, ceir cyffes
ffydd gref a phendant iawn ganddo:

> Y mae Cristionogaeth uwchlaw pob diwylliant, pob
> cenedlaetholdeb a gwareiddiad, ond dylai hi fod ynddynt
> fel y lampau ym mhiseri Gideon. Nid yr Iesu Sosialaidd
> mohono, nid y Crist Rhyddfrydol, y gorau o'r arwyr a'r
> mwyaf o'r merthyron, ac nid myth y Comiwnyddion, ond
> y Duw-ddyn. Nid Absoliwt yr Idealwyr, y Pantheistiaid,
> a'r Theophaniaid, ond 'delw y Duw anweledig', a 'Mab y
> dyn'. Ni cheir yn ei Efengyl Ef y ddeuoliaeth rhwng y byd
> hwn a'r byd arall, rhwng cnawd ac ysbryd, rhwng gweddi
> a gweithgarwch. 'Fy Nheyrnas i nid yw o'r byd hwn' a
> 'Teyrnas nefoedd yn eich mysg chwi y mae'. Y mae'r
> Deyrnas yn tyfu fel hedyn mwstard yn y byd hwn, ac fe
> ddaw hi hefyd fel lleidr o nos dirgelwch y byd arall. Nid
> ffydd mewn datblygiad dynol yw Cristionogaeth, ond cred
> mewn Datguddiad hanesyddol, goruwch-hanesyddol. Nid
> datrys problemau a wnaeth y Gwaredwr, na dadansoddi
> dirwedd na seic-dreiddio profiadau crefyddol, ond *gwneuthur*
> ewyllys ei Dad.[10]

2. Daliadau Absoliwt

Mae unrhyw sôn am 'ddaliadau absoliwt' yn gwneud llawer o feirniaid llenyddol cyfoes yn nerfus.[11] Wrth glywed Gwenallt yn dweud fod Cristnogaeth 'uwchlaw pob diwylliant, pob cenedlaetholdeb a gwareiddiad', mae eu nerfusrwydd yn debygol o gynyddu. Ac wrth edrych ar y derbyniad a gafodd cerddi Gwenallt, onid oes sail i'w nerfusrwydd? Dywedodd y *Times Literary Supplement* am gyfrol olaf Gwenallt, *Y Coed*: 'He has been the most truly national poet that Wales has produced this century'.[12] Mae J. E. Meredith am ddweud am Gwenallt yr hyn a ddywedodd T. S. Eliot am W. B. Yeats:

> ... he was one of those few whose history is the history of their own time, who are part of the consciousness of an age which cannot be understood without them.[13]

Yn ôl edmygwyr Gwenallt, y mae'n llwyddo yn ei gerddi i ddileu ffiniau nad oeddynt, ym marn y mwyafrif, yn bosibl i'w croesi: y ffin rhwng Cymru cefn gwlad a Chymru'r trefi diwydiannol; y ffin rhwng gwerthoedd Sosialaeth a gwerthoedd Cristnogol; y ffin rhwng cnawd ac ysbryd; a'r ffin rhwng y tymhorol a'r tragwyddol. Er fod dileu'r ffiniau yn ymddangos yn wyrth i edmygwyr Gwenallt, y maent yn honni mwy ar ei ran. Y mae unoliaeth yn bosibl, medd llawer o edmygwyr Gwenallt, oherwydd iddo ef adlewyrchu'r unoliaeth sy'n perthyn i'r Cymry, ac yn wir i realiti fel y cyfryw. Nid yw'n syndod, felly, clywed Gwynn ap Gwilym yn dweud fod hanes barddoniaeth Gymraeg yn fynegiant o werthoedd sylfaenol y Gristnogaeth:

> Fe feirniadwyd beirdd Cymraeg yr ugeinfed ganrif droeon am fethu ymateb i'r amgylchiadau a oedd yn llywio'r gymdeithas yr oeddynt yn byw ynddi. Dengys y flodeugerdd hon nad gwir hynny. Fe fu i'r beirdd ganu o dan ddylanwad digwyddiadau hanesyddol mawr y ganrif – y Rhyfel Byd

Cyntaf, dirwasgiad y Tridegau, yr Ail Ryfel Byd, adfywiad cenedlaethol y Chwedegau, ac argyfwng cyffredinol gwareiddiad, ac achosodd y pethau hyn i'r mwyafrif mawr ohonynt ddychwelyd at eu gwreiddiau fel Cymry ac at ganonau'r Ffydd Gristionogol.[14]

Mae'n anodd osgoi natur feddiangar iaith Gwynn ap Gwilym. Wrth i'r beirdd ddychwelyd at ganonau'r ffydd Gristnogol, dywedwyd eu bod yn dychwelyd at eu gwreiddiau ar yr un pryd. Ond y mae Gwynn ap Gwilym yn cyfaddef nad oedd y beirdd yn adlewyrchu eu cymdeithas wrth wneud hynny, oherwydd bydol a phaganaidd oedd y gymdeithas honno. Yn ôl ei ddadl, y beirdd Cristnogol yw'r rhai sy'n parchu eu gwreiddiau a'u natur fel Cymry, tra bod mwyafrif y gymdeithas yn eu bradychu drwy eu ffordd o fyw. Arbedwyd y beirdd Cristnogol rhag teithio'r llwybr comiwnyddol, neu lwybr seicolegol, myfiol T. H. Parry-Williams. Yn hytrach, meddai Gwynn ap Gwilym:

Yr oedd naws broffwydol, genhadol … i'r canu Cymraeg mwyaf arwyddocaol wedi'r Ail Ryfel Byd. Cyfleu neges oedd y nod …[15]

Ac fe ddywedodd Gwenallt ei hun:

Os oes un peth yn wir am farddoniaeth Gymraeg, y mae hi yn farddoniaeth Gristnogol, un o'r barddoniaethau mwyaf Cristnogol yn Ewrop.[16]

Ond os gweledigaeth y lleiafrif oedd gweledigaeth y beirdd Cristnogol, gweledigaeth brin ei chyhoedd, mae'n ymddangos mai *yn ei gerddi* yn unig, ac nid ym mhrofiadau ei genedl fel y cyfryw, y llwyddodd Gwenallt i greu unoliaeth. Ym mha ystyr, felly, y mae modd ei alw'n fardd cenedlaethol, oherwydd fe wyddai Gwenallt yn dda nad dyna'r neges a oedd yn ennill ymlyniad y bobl. Yn y bennod gyntaf, cyfeiriais at feirniadaeth Gwynn ap Gwilym ar foesoli'r Bardd Newydd. Yr oedd yn ymwybodol, hefyd, o awgrym profoclyd Syr Thomas Parry wrth ystyried chwilota seicolegol Parry-Williams, sef fod Bardd Newydd Newydd bellach yn y tir. Ond wrth glywed am swyddogaeth broffwydol y bardd, ei fynegiant crefyddol o wir natur a thras y Cymry, a oes rheswm dros fod yr un mor brofoclyd ac awgrymu bod Bardd Newydd Newydd Newydd gennym?

Y mae un elfen arall sy'n ganolog i'r stori os ydym am ddeall yr adwaith amodol, os nad anffafriol, i waith Gwenallt a beirdd Cristnogol eraill. Hyd yn hyn, rydym wedi cydnabod nad y neges Gristnogol yw'r unig neges yn ein diwylliant. Ond nid dyna ddiwedd y stori. Rhaid ychwanegu, fel y gwelsom, fod y beirdd Cristnogol am ddweud mai un stori yn unig sy'n wir, *oherwydd gwyddant hwy fod pob stori arall yn ddi-sail.* Gan fod y wybodaeth hon ganddynt, gallant ddweud mai ganddynt hwy'n unig y mae *daliadau absoliwt.* Gwelir ar waith yma y rhagdybiaeth Galfinaidd mai gwybodaeth wedi'i chelu yw pechod. Oherwydd hynny, gwerthoedd ymddangosiadol yn unig yw gwerthoedd pob stori secwlar. O dan yr wyneb, os wynebwn y ffaith, y mae'r gwirioneddau Cristnogol.

Mae'n hawdd deall paham y byddai beirniad llenyddol nad yw'n Gristion, yn adweithio'n gryf yn erbyn yr hyn a wêl fel agwedd nawddoglyd y Cristion tuag ato. Fel y gwelsom, y mae rhai beirniaid Cristnogol hyd yn oed yn barod i ddweud wrth anghredinwyr nad ydynt am drafod y pethau pwysicaf gyda hwy. *Cyhoeddi* yn unig a wnânt. Mae'r gwrthod trafod o leiaf yn gyson, oherwydd honiad Calfinydd o fath arbennig yw fod ganddo'r wybodaeth ofynnol am yr anghredadun yn barod. Felly, ni all unrhyw beth a ddywed yr anghredadun wneud unrhyw wahaniaeth.

Y cwestiwn canolog yw: a oes rhaid cymryd yr agwedd hon at eraill hyd yn oed os yw'n ddaliadau yn ddaliadau absoliwt? Ac wrth ymateb i agwedd nawddoglyd Cristion o fath arbennig, a oes rhaid dod i'r casgliad nad oes modd i unrhyw un, boed grediniwr neu anghrediniwr, siarad am ddaliadau absoliwt?

O safbwynt barddoniaeth, mae canlyniad eironig i'r honiadau crefyddol, cyffredinol , sef nad oes lle i R. Williams Parry nac i T. H. Parry-Williams y tu mewn i'r fath fframwaith. A fyddai'r beirniaid Cristnogol yn fodlon dweud am y cewri hyn eu bod hwy'n gwybod beth yw'r gwirionedd sydd ynghladd yn eu cerddi? I fod yn gyson, oni fyddai'n rhaid iddynt fod yn barod i ddweud hynny? Ac nid oes dihangfa i'w chael yn yr apêl at ras cyffredinol Duw, oherwydd ni fyddai'n esbonio'r elfennau gwrth-grefyddol yn eu cerddi. Ac onid cryfder rhai o gerddi'r ddau fardd yw eu parodrwydd i ofyn cwestiynau am y Ffydd a dderbyniwyd, efallai, yn rhy hawdd gan y mwyafrif, o leiaf o ran ei geiriau, os nad o ran y Gair? Mae'n glir nad ydym, hyd yn hyn, wedi dod i ddeall y tyndra sydd rhwng ymatebion edmygwyr, amheuwyr, ac anghredinwyr i neges farddonol Gwenallt.

3. Sŵn yr utgorn a'r bib fechan

Beth fyddai adwaith Cristnogion i'r anawsterau a godwyd yn rhan flaenorol y bennod? Mae'n debyg mai apelio a wnaent at gyfrifoldeb bardd Cristnogol. Wedi'r cwbl, os yw'r bardd yn Gristion pa ddewis sydd ganddo ond canu yn ei gerddi yn ôl fel mae'r Ysbryd yn ei symud? Meddai J. E. Meredith wrth gymharu Gwenallt ac R. S. Thomas:

> Dywedodd un o'i gyfeillion, y bardd R. S. Thomas, ei fod ef yn chwarae ar bib fechan, tipyn o'r neilltu i'r ffordd fawr. Nid felly Gwenallt. Am gyfnod go hir fe ganodd ef ei utgorn ar ganol priffordd ein bywyd cyfoes ac ar ganol priffordd profiad calon dyn, yn dinoethi ac yn chwipio, yn dwysáu ac yn ysbrydoli. Gadawodd ei ôl yn drwm ar ein bywyd, yn drymach efallai na neb arall o feirdd ein cyfnod.[17]

Ac onid hyn, yn ôl y Cristion, yw'r alwad ar bob Cristion yn ei fywyd, oherwydd fel y rhybuddiodd Paul y Corinthiaid:

Canys os yr utgorn a rydd sain anhynod, pwy a ymbaratoa i ryfel? Felly chwithau oni roddwch â'r tafod ymadrodd deallus, pa wedd y gwybyddir y peth a leferir? canys chwi a fyddwch yn llefaru wrth yr awyr. Y mae cymaint, ysgatfydd, o rywogaethau lleisiau yn y byd, ac nid oes un ohonynt yn aflafar. Am hynny, oni wn i rym y llais, myfi a fyddaf farbariad i'r hwn sydd yn llefaru, a'r hwn sydd yn llefaru a fydd i mi yn farbariad (1 Corinthiaid 14: 8-11.)

Wrth edrych ar ein diwylliant, y mae pethau wedi cymhlethu cryn dipyn. Gellir dweud gyda mwy fyth o argyhoeddiad, 'Y mae cymaint, ysgatfydd, o rywogaethau lleisiau yn y byd, ac nid oes un ohonynt yn aflafar'. Ond nid yw'r lleisiau yn hollol ar wahân i'w gilydd. I'r gwrthwyneb, maent yn effeithio ar ei gilydd ac ar brydiau yn cystadlu â'i gilydd. Ac oherwydd y gystadleuaeth rhwng y lleisiau y dywedodd R. S. Thomas mai'r cwestiwn iddo ef oedd sut y gellir siarad yn ystyrlon am Dduw yn yr ugeinfed ganrif. Nid dewis, fel bardd, cael problem o'r fath i'w hwynebu a wnaeth. Y broblem a'i hwynebai fel bardd oedd sut i rymuso'i lais a sut i osgoi bod yn destun sbort i'r deall wrth geisio gwneud hynny. Rhaid oedd iddo dderbyn mai priffyrdd ei ddiwylliant oedd priffyrdd gwyddoniaeth, technoleg, ac iaith busnes rhyngwladol. Ac yn wyneb hynny sylweddolai ei fod 'yn chwarae ar bib fechan, tipyn o'r neilltu i'r ffordd fawr'. Tybed, yng ngoleuni sylweddoliad R. S. Thomas, nad oedd J. E. Meredith yn hawlio gormod wrth ddweud am Gwenallt, hyd yn oed pan oedd ei awen ar ei gorau, iddo ganu ei utgorn 'ar ganol priffordd ein bywyd'? Fe ganodd utgorn yn sicr, ond ar ganol priffordd ein diwylliant? Beth am farn J. E. Meredith fod Gwenallt wedi gadael ei ôl 'yn drwm ar ein bywyd, yn drymach efallai na neb arall o feirdd ein cyfnod'? Wrth siarad am 'ein bywyd', ac am 'ein cyfnod', at beth yn union y mae'n cyfeirio ato? Cyhoeddwyd ei draethawd yn 1974. Tybed faint o gyfiawnhad a oedd i'w farn y pryd hwnnw? A fyddai'r un farn yn bosibl chwech ar hugain o flynyddoedd yn ddiweddarach, ar ddiwedd y ganrif? Neu ai mater yn unig o Gristion yn siarad â Christnogion eraill yw sylwadau J. E. Meredith?

Wrth gwrs, wrth ysgrifennu at yr Eglwys yng Nghorinth, rhybuddio'r Cristnogion a wnâi Paul i fod yn barod i gyhoeddi neges yr Efengyl yn glir. Ond wrth addasu'r sylwadau at fyd barddoniaeth gwelwn fod anawsterau dychrynllyd yn ein hwynebu, os ydym am sôn am ganu utgorn yr awen. Ar ddechrau'r unfed ganrif ar hugain, wrth gyflwyno'r casgliad cyflawn o gerddi Gwenallt, traethu a wna Christine James nid am 'ganu utgorn ar briffordd ein bywyd' ond am Gymru ôl-Gristnogol:

> Cynulleidfa ddarllen dra gwahanol sydd yng Nghymru heddiw, ar ddechrau'r unfed ganrif ar hugain … Trwy gydol yr ugeinfed ganrif, a chyda chyflymdra cynyddol yn y cyfnod ar ôl yr Ail Ryfel Byd, bu'r dreftadaeth ddiwylliannol a chrefyddol Gymreig a Chymraeg gyfoethog a etifeddodd Gwenallt a chynifer o'i gyfoedion yn graddol golli ei thir, a'i disodli gan ddiwylliant arall, cwbl wahanol.[18] Eithriadau prin bellach, a barnu yn ôl y myfyrwyr sydd yn cyrraedd adrannau Cymraeg Prifysgol Cymru, yw'r bobl ifainc hynny sydd yn hyddysg yn 'Y Pethe'. Caeodd y capel a darfu am yr ysgolion Sul, ac o'r herwydd, nid oes gan ddarllenwyr ifainc heddiw yr wybodaeth ysgrythurol ac emynyddol a ganiatâ iddynt synhwyro a gwerthfawrogi'r adleisio neu barodïo ar adnod a phennill sydd yn rhan mor amlwg o waith Gwenallt…

> Yn yr un modd, mae strwythur economaidd, diwydiannol a gwleidyddol Cymru yn dra gwahanol bellach i'r hyn ydoedd yn niwedd oes Gwenallt, heb sôn am y sefyllfa a oedd ohoni yn y cyfnod rhwng y ddau ryfel byd, dyweder. Os yw Cymru bellach yn wlad ôl-Gristnogol, mae hefyd yn ôl-ddiwydiannol ac i raddau helaeth hefyd yn ôl-amaethyddol,

gan beri bod llawer o'r ddeinameg gymdeithasol a yrrai waith mwyaf pwerus Gwenallt wedi pylu erbyn hyn. Caeodd y pyllau-glo, diflannodd y tipiau, bu chwalu difrifol ar gymdeithas cefn-gwlad; termau hanesyddol digon dieithr yw y Dirwasgiad Mawr a Sosialaeth Ryngwladol bellach, ac i ddarllenwyr na chawsant eu geni tan yr 1970au neu'r 1980au, mae digwyddiadau cenedlaethol eu pwys fel boddi Capel Celyn a thrychineb Aber-fan mor ddieithr bell â chwymp Llywelyn a gwrthryfel Owain Glyndŵr.[19]

Wrth gyflwyno dramâu Saunders Lewis, dywedodd Ioan Williams fod ei brofiad 'o gyflwyno'r dramâu i bobl ifainc wedi fy mherswadio na ddylid cymryd yn ganiataol y wybodaeth fwyaf sylfaenol, yn arbennig am faterion Beiblaidd ac Ysgrythurol'.[20] Ac meddai Christine James: 'Dyna'n union yr ystyriaethau a'r amcanion a'm gyrrodd innau wrth baratoi'r golygiad hwn o gerddi Gwenallt'.[21]

Dan yr amgylchiadau a ddisgrifir, nid wyf yn amau am foment fod meddu'r wybodaeth a nodir gan Christine James a Ioan Williams yn amod deall cynnyrch Gwenallt a Saunders Lewis, ond a ydyw'n amod digonol? Wedi'r cyfan, mae yna wahaniaeth rhwng chwerthin wrth glywed jôc, a chael esboniad ar y jôc am nad achosodd chwerthin. A bwrw ein bod yn deall yr esboniad, nid yw'n dilyn y byddwn yn cytuno fod y jôc yn un ddigrif. Ond cyn penderfynu'r mater hwnnw, hyd yn oed, fe gwyd y cwestiwn o lwyddiant neu fethiant yr esboniad sy'n egluro ystyr y jôc. Ac os gall jôcs beri'r fath anhawster, mae'r sefyllfa'n ganwaith mwy anodd wrth ymdrin ag ystyron crefyddol. I ba raddau y mae hi'n bosibl canu utgorn Cristnogol 'ar ganol priffordd ein bywyd' cyfoes? Rhaid oedd i Kierkegaard agor ffordd *anuniongyrchol* yn ei weithiau ffugenwol er mwyn atgofio'i gynulleidfa am ystyron crefyddol. Ac onid ffyrdd anuniongyrchol o wneud hynny a gawn ym marddoniaeth T. S. Eliot ac R. S. Thomas hefyd? Mae peth trafod ynghylch y cwestiwn pa un ai R. S. Thomas ai Geoffrey

Hill[22] yw'r bardd crefyddol mwyaf yn yr iaith Saesneg ers Eliot. Diddorol, felly, yw barn J. E. Meredith mai Gwenallt 'oedd Eliot Cymru yn ein canrif ni', oherwydd i'r ddau, er bod gwahaniaethau mawr rhyngddynt, fynegi eu meddyliau dyfnaf 'ar berthynas y tragwyddol ag amser, ar hanes, ac ar dynged dyn.'[23] Ond os am gyfleu ystyron crefyddol mewn barddoniaeth heddiw, ai â phib fechan neu utgorn yr ydym yn debygol o wneud hynny? Ai dyna paham, tybed, y dywedodd Rowan Williams am ei farddoniaeth ei hun: 'I dislike the idea of being a religious poet. I would prefer to be a poet for whom religious things mattered intensely'?[24] Beth bynnag am hynny, os nad oes grym yn y llais crefyddol, 'myfi a fyddaf farbariad i'r hwn sydd yn llefaru a'r hwn sydd yn llefaru a fydd i mi yn farbariad.' Ac oni welsom ganlyniadau o'r fath yn yr amrywiol ymatebion cyfoes i waith Gwenallt?

4. Beirniadaeth a'r Ysfa am Gyffredinolrwydd

Wrth edrych ar yr ymatebion i gerddi Gwenallt gwelwyd yr ysfa am gyffredinolrwydd yn natur y dadlau. Ond mae'r ymatebion eu hunain yn amrywiol iawn, ac ni ellir dweud yr un peth am bob un ohonynt. Rhaid ystyried pob un yn unigol. Daw rhai ohonynt o law John Rowlands,[25] ond rhaid cyfaddef nad peth hawdd yw penderfynu beth yn union yw natur ei feirniadaeth, oherwydd ceir tuedd i lithro o un math o feirniadaeth i un arall. Mae'n amlwg fod John Rowlands wedi syrffedu ar gerddi crefyddol. Ond am ba reswm? Dywed wrthym:

> Nid galw yr wyf am yr hen agnosticiaeth nerfus galonrwygol, ond yn hytrach am farddoniaeth ddigrefydd a all droi'i golygon ar fywyd fel y mae. 'Fel y mae'? Sylweddolaf fod y gosodiad yn un amwys. Gwn hefyd nad robotiaid yn ymateb i ryw alwad fel hon mo'r beirdd.[26]

Ond os yw John Rowlands yn sylweddoli fod yr apêl at

bethau 'fel y maent' yn amwys, paham na wna ymdrech i egluro'r amwysedd cyn cychwyn? Mae'r amwysedd yn bresennol, hefyd, yn ei apêl at y beirdd. Fel y gwelsom eisoes,[27] un o'i gwynion yn erbyn agwedd y Cymry at eu beirdd, yw eu bod yn tueddu i edrych arnynt fel proffwydi neu arweinwyr y genedl. Ond wrth apelio am farddoniaeth ddigrefydd, mae fel petai'n apelio am broffwydi ac arweinwyr gwahanol – proffwydi ac arweinwyr hiwmanistaidd – dyna i gyd. Ar yr un pryd, mae'n hanner sylweddoli nad yw am i'r beirdd fod yr hyn fyddent pe baent yn ateb ei apêl! Yn anffodus, mae'r amwysedd yn tueddu i redeg drwy'r holl ddadleuon. Serch hynny, mae'n rhaid i mi wahaniaethu rhwng ei sylwadau.

Yn gyntaf, awgrymir ar brydiau na *all* cerddi crefyddol fod yn ystyrlon am nad yw credoau crefyddol, fel y cyfryw, yn ystyrlon. Dywedaf *awgrymir,* oherwydd mae John Rowlands yn sôn am Gwenallt, trwy gyfrwng ei Gristnogaeth, yn 'asio gwahanol elfennau Cymru wrth ei gilydd mewn patrwm hanesyddol cyfannol' heb i'w grefydd fod yn bietistaidd o gwbl:

> Y mae rhychwant y Groes yn llawer mwy
> Na'u Piwritaniaeth a'u Sosialaeth hwy,
> Ac y mae lle i ddwrn Karl Marcs yn Ei Eglwys Ef:
> Cydfydd fferm a ffwrnais ar Ei ystad,
> Dyneiddiaeth y pwll glo, duwioldeb y wlad:
> Tawe a Thywi, Canaan a Chymru, daear a nef.[28]

Cwyn John Rowlands yw '[na] wireddir mo'r cyplysu hwn yn llawer o'i gerddi.'[29] Ond y mae'r cyhuddiad yn dibynnu, yn rhesymegol, ar y gred ei fod *wedi* llwyddo i wneud hynny yn rhai o'i gerddi beth bynnag. Felly, mae'r honiad cyffredinol fod diffyg ystyr yn ei gerddi yn amhriodol. Ar y llaw arall, ceir awgrymiadau y byddai pob cerdd yn ymddangos yn anystyrlon pe baem yn talu sylw i ddamcaniaethau Marx a damcaniaethau eraill sy'n dangos ôl ei ddylanwad. Beirniadais rai ohonynt yn y drydedd bennod wrth ddadlau nad gwell damcaniaethau sydd eu heisiau, eithr talu sylw i iaith heb apelio at ddamcaniaeth. Oherwydd nid yw'r beirniaid llenyddol, gan amlaf, yn dadlau'n fanwl dros ddadansoddiadau neo-Marcsaidd. Nid dyma'r lle i mi wneud hynny, ond gwneuthum hynny mewn man arall.[30]

Fodd bynnag, wrth edrych yn ôl dros benodau'r traethawd cawn lawer enghraifft o gerddi crefyddol. Ceisiais drafod yr ystyr sydd iddynt. Ni wn sut y byddai'r beirniaid llenyddol Cymraeg yn mynd ati i ddangos nad oes ystyr yn yr un ohonynt, ond dyna'r dasg y buasai raid iddynt ei chyflawni pe mynnent ddal at ddamcaniaeth gyffredinol am ddiffyg ystyr mewn crefydd.

Mae ail feirniadaeth John Rowlands yn wahanol, sef nad yw cerddi crefyddol yn golygu fawr o ddim i lawer o bobl heddiw, yn enwedig yr ifainc. Nid wyf yn amau'r ffaith. Ond pa beth yr ydym i gasglu ohoni? Gwelsom Christine James eisoes yn y bennod hon, yn sôn am Gymru fel gwlad ôl-Gristnogol. Wel? Ai'r syniad yw na ddylai bardd crefyddol geisio llunio cerddi mewn hinsawdd o'r fath? Wrth gwrs, fe fydd hi'n anodd gwneud hynny. Onid oedd Gwenallt yn sylweddoli hynny?:

> Nid oes gan na chrefydd na chelfyddyd mwyach iaith,
> Nid yw hi ond dyn yn hel iddo'i hunan glecs.
> Cystrawen yr atom ydyw cystrawen ein byd,
> A gramadeg y bydysawd oll ydyw x[31]

Efallai fod Gwenallt yn rhai o'i gerddi diweddarach yn gwneud pethau'n rhy hawdd iddo'i hun, a'i Gristnogaeth yn dirywio'n fformiwla i gloi ei gerdd. Byddai beirniadaeth o'r fath yn berthnasol i gerddi secwlar hefyd. Ond y mae John Rowlands am fynd ymhellach. Ei gŵyn yn erbyn cerddi crefyddol yw nad ydynt yn taro 'nerf y Gymru go iawn'.[32] Ond, wrth gwrs, esiampl ddybryd a geir yma o ragdybio'r casgliad. Peth hawdd oedd i Hywel D Lewis[33] a Dafydd Densil Morgan[34] feirniadu'r dull hwn o ddadlau.

Fel y gwelsom yn y bedwaredd bennod, mae'n hawdd

i grefyddwyr siarad yn nawddoglyd am eraill, ond nid yr ateb yw siarad yr un mor nawddoglyd amdanynt hwy. Fel y dywed Densil Morgan: 'Gwaith bardd yw ymateb i realiti ni waeth beth yw'r realiti hwnnw, boed secwlar neu grefyddol.' Ond gwaith darllenwyr gofalus yw rhoi sylw i'r cerddi mewn ymdrech i weld yr hyn sydd ganddynt i'w ddweud. Ysywaeth, y mae natur yr anghytuno llenyddol cyfoes yn rhwystro'r gwaith gofynnol hwnnw. Yn hytrach, cawn ein hunain mewn awyrgylch afiach sy'n cymell meddwl mai dim ond credinwyr sy'n deall cerddi crefyddol, tra mae anghredinwyr naill ai'n methu gweld ystyr ynddynt, neu'n gwadu fod ystyr ynddynt i'w weld. Sylwer ar deitlau'r gwahanol gyfraniadau sy'n cynnal yr anghytuno! Mae John Rowlands yn sôn am 'Ein Duwiol Brydyddion'. Teitl ateb Densil Morgan yw 'Ein Didduw Sylwebyddion', a theitl cerdd ar y mater gan Alan Llwyd yw 'Ein Didduw Academyddion'.[35] Y tu mewn i fframwaith o'r fath nid oes fawr o fyfyrdod syniadol i'w weld, er yr holl siarad am syniadaeth y cerddi. Fel y dywedais eisoes, mae posibilrwydd myfyrdod o'r fath yn dibynnu ar ein gallu i ehangu cylch ein gwerthfawrogiad y tu hwnt i gylch ein gwerthoedd personol. Byddai modd wedyn i grediniwr weld sut y mae'r byd yn edrych i'r anghrediniwr, ac iddo yntau yn ei dro werthfawrogi golwg grefyddol ar y byd.

Mae'r trydydd math o feirniadaeth a geir gan John Rowlands ac eraill yn wahanol eto; beirniadaeth ydyw ar gerddi crefyddol arbennig, gan gynnwys rhai o gerddi Gwenallt. Nid oes unrhyw wrthwynebiad yn y byd i feirniadaeth o'r fath. I'r gwrthwyneb, mae'n rhan hanfodol o feirniadaeth lenyddol. Edrychwn ar dair esiampl o gerddi sy'n rhoi achos i ni godi cwestiynau yn eu cylch.

5. Tair cerdd

'Y Gristionogaeth'

Yn gyntaf, ystyriwn yr anghytundeb rhwng John Rowlands[36] a Densil Morgan[37] ynglŷn â'r gerdd 'Y Gristionogaeth' a ymddangosodd yn *Ysgubau'r Awen* Gwenallt. Anela John Rowlands gwynion cyffredinol yn erbyn y Gristnogaeth yn ôl Densil Morgan, sef 'ei bod yn annigonol fel ffilosoffi yn wyneb holl gymhlethdodau byw yn y byd presennol, ac yn achos y beirdd "yn ddihangfa ry hawdd ei chael ... yng nghyfyngder y byd modern".'[38] Ai arwain y mae'r Gristnogaeth:

> 'at y math o esmwythyd sy'n glustog rhag realiti bywyd, yn hytrach nag arwain at onestrwydd ymateb yn wyneb realiti'?[39]

Ystyriwn y cyhuddiadau hyn mewn perthynas â'r gerdd 'Y Gristionogaeth'. Yn ôl John Rowlands, Cristnogaeth galed a didostur a geir ynddi, heb fawr o gyplysu rhwng daear a nef. Y mae agwedd y bardd yn ymosodol ac unochrog:

> Nid yw ei berorasiwn ar ddiwedd 'Y Gristionogaeth' yn dangos llawer o gynghanedd rhwng daear a nef, oherwydd bron nad yw'n llawenhau yn ninistr y byd gweledig.[40]

Rhaid gwahaniaethu rhwng dwy elfen wahanol yn y feirniadaeth hon. Yn gyntaf, cawn yr elfen fwyaf eithafol, sef bod Gwenallt yn ei gerdd yn llawenhau ymron yn ninistr y byd gweledig. Yr ail elfen yw'r cyhuddiad nad yw'r perorasiwn ar ddiwedd y gerdd yn foddhaol. Nid oes gennyf gydymdeimlad â'r elfen gyntaf yn y feirniadaeth, ond rwy'n cydymdeimlo'n fawr â'r ail elfen.

Mae'r elfen gyntaf yn anwybyddu cyd-destun y gerdd. Mae Densil Morgan yn iawn i bwyntio allan mai cerdd escatolegol ydyw. Mae Gwenallt am wynebu un o gwestiynau mwyaf anodd y Gristnogaeth – beth a allai Cristion ei ddweud, yn gwbl onest hynny yw, pe bai ein pechodau yn erbyn cyd-ddyn (ac nid yw Gwenallt yn eithrio'i hun) yn arwain at ddinistr llwyr? Beth allai Cristion ei ddweud, dan y fath amgylchiadau, heb ddweud celwydd? Nid oes a wnelo llawenydd ddim â chwestiwn mor ofnadwy:

> A ddaeth Dy awr, O! Dduw , Dy awr ofnadwy Di?
> Ai cyflawnder yr amser yw yn ein hoes a'n heinioes ni?[41]

Ac ar ddiwedd y gerdd cais Gwenallt wneud cyfiawnder ag escatoleg Gristnogol. Dywed John Rowlands am yr escatoleg hon:

> Mae holl strwythur syniadol y gerdd yn wyrdroëdig i mi, ac i lawer o Gristnogion gobeithio.[42]

Mae Densil Morgan yn dweud mai'r ateb crefyddol i ddinistr yw rheswm John Rowlands dros ddweud hyn:

> Yr hyn na fyddai'n wyrdroëdig ... yw dyneiddiaeth. Yr hyn sy'n wyrdroëdig yw defnydd y bardd o'r eschatoleg Gristnogol i ddweud rhywbeth am gyflwr y dyn modern. Dyma ni wedi symud ymhell o orddefnydd y beirdd cyfoes o ddelweddaeth y Ffydd i ymosod ar hanfod y Ffydd, sef ei hathrawiaeth am dynged dyn.[43]

Tybed? Efallai mai'r hyn sy'n peri anesmwythyd i John Rowlands yw *dealltwriaeth arbennig o escatoleg*. Gan faddau iddo eithafrwydd ei ddadleuon, ar brydiau, onid y ddealltwriaeth arbennig hon sy'n ei daro 'yn erchyll', yn 'eithafol o ddi-chwaeth', ac yn 'sadistiaeth'? Wedi'r cyfan, wrth obeithio y byddai llawer o Gristnogion yn cytuno ag ef, nid oes awgrym y byddent fel canlyniad yn peidio â bod yn Gristnogion ac yn troi'n hiwmanistiaid. Nid oes awgrym, hyd yn oed, y byddent yn rhoi'r gorau i gredoau escatolegol.

Meddai Densil Morgan:

> Mae'r Wledd Nefol yn y futhos Gristnogol yn ddelwedd am gyflawnder y fendith a addawyd i ni yn nyfodiad buddugoliaethus Teyrnas Dduw. Mae symboliaeth y cymun neu'r swper sanctaidd yn arwyddo'r un peth: 'Yn wir, yn wir meddaf i chwi, oni fwytewch gnawd Mab y Dyn, ac oni yfwch ei waed Ef, nid oes gennych chi fywyd ynoch' (*Ioan* 6. 53) ... 'Bendigedig yw y rhai a elwir i swper neithior yr Oen' *(Datguddiad* 19.9).[44]

Nid gwadu'r geiriau hyn yw fy mwriad, ond holi beth yw eu hystyr. Ac fel y gwyddom mae yna dyndra, nid yn unig ymhlith Cristnogion, ond yn y Beibl ei hun, ynglŷn â'r ystyr hwnnw. Beth a olygir wrth 'ddyfodiad buddugoliaethus Teyrnas Dduw'? Wedi'r cyfan, dal i gamddeall wna'r disgyblion cyn y Pentecost. Ar adeg ei ymddangosiad olaf ar ôl yr Atgyfodiad, dal i holi y maent: 'Arglwydd ai y pryd hwn y rhoddi drachefn y frenhiniaeth i Israel' (*Actau* 1:6).[45] Roeddent yn disgwyl teyrnas ar y ddaear a oedd i *barhau am byth*, syniad sydd ynddo'i hun yn ddiystyr. Ac y mae tyndra rhwng y syniad o Ailddyfodiad Iesu i fod yn frenin ar deyrnas o'r fath, a'r syniad am deyrnas nad yw o'r byd hwn. Wrth bregethu am deyrnas dragwyddol, onid oedd Iesu yn pregethu yn erbyn y syniad arall o deyrnas?[46] Ac yn y deyrnas dragwyddol, yr unig fuddugoliaeth fydd buddugoliaeth cariad, buddugoliaeth sy'n bosibl er i'r byd wneud ei waethaf yn erbyn pobl, gan gynnwys eu distryw. Ac yn ganolbwynt y Gristnogaeth mae datguddiad o gariad Duw ar y Groes. Ond mae pris y datguddiad yn dra uchel – 'yr hwn a dorrir trosoch'. Rhaid cymryd y syniad o aberth o ddifrif – fe'i drylliwyd nes gweiddi ohono ar ei Dduw a gofyn iddo paham y'i gadawodd. Beth, gan hynny, i'r Cristion yw bwydo arno – ar ei gnawd a'i waed – ond dweud mai gyda chariad Duw y mae'r gair olaf? Nid arnom ni ond ar Dduw y dylai'r pwyslais fod yn ôl y syniad hwn o escatoleg. Rhaid cofio mai Gwledd yr Oen yw'r wledd nefol, ac nid clwyfau sydd wedi gwella yw clwyfau'r Crist Atgyfodedig.

Dywedodd T. S. Eliot am 'In Memoriam' Tennyson fod pwyslais y bardd ar gwmni dynion yn hytrach nag ar berthynas â Duw. Perthynas â Duw yw'r bywyd tragwyddol. Ac os â'r byd i ddistryw, barn cariad fydd barn Duw – hynny yw, yr hyn a ddigwyddodd i gariad yn ein mysg fydd y farnedigaeth. Ond i mi, mae perorasiwn Gwenallt yn debycach i obeithion Tennyson. Meddai:

> Ardderchoced a fai hedeg uwch y drwg i'w uchderau Ef,
> Lle mae'r Oen yn wledd a gweddill yn nhai eryrod y nef.[47]

Ond, fel y gwelsom yn y ddegfed bennod wrth drafod cerdd Parry-Williams, 'Nef', nid mater o 'hedeg uwch y drwg' yw ymateb y Cristion i'r Farn derfynol, ond mater o ddyheu, dyheu'n onest am weld ei fywyd a'i farwolaeth yng ngolau ewyllys Duw, ac ymawyddu i ddweud am ei fywyd, pa mor annheilwng bynnag ydyw, 'Dy ewyllys di a wneler'.[48] Bywyd a marwolaeth yn atebol i'r tragwyddol, ac ymdrechu i gredu, beth bynnag a ddigwydd, mai'r pethau o dragwyddol bwys sy'n cyfrif. Ac os daw dinistr, efallai mai pris ymlynu wrth y tragwyddol fydd colli ymwybyddiaeth ohono – 'yr hwn a dorrir trosoch'. Beth sy'n aros mewn amgylchiadau eithafol o'r fath? Yr ateb yw: stori'r ffyddlondeb a'r cariad. Dim byd mwy, na dim byd llai chwaith! Ond yn niweddglo 'Y Gristionogaeth' nid oes ffydd yn eglur yn natur y tragwyddol. Yn hytrach, er mai gor-ddweud yw hyn efallai, cawn fwy o awgrym yn niweddglo Gwenallt o 'ganlyniad hapus er gwaetha'r erchyllterau' – syniad sy'n methu cymryd yr erchyllterau o ddifrif:

Gwân dy holl epil â'r gynnau,
â'r bom maluria di'r byd,
Poera dân o bob peiriant,
a fflam a phlwm o bob fflyd,
Diwreiddia di dy wareiddiad,
a phan fo'r ddaear fel braenar briw
Down â haul o'r byd anweledig,
down â'r gwanwyn o ddwylo Duw.[49]

Newid Byd

Mae rhai ffrindiau sy'n anghytuno â mi ar y materion hyn yn barod bob amser i ddyfynnu Paul i mi: 'Os yn y byd yma yn unig y gobeithiwn yng Nghrist, truanaf o'r holl ddynion ydym ni.' (*1 Corinthiaid* 15: 19). Ond beth yw gobeithio yng Nghrist yn y byd hwn, a gobeithio yn y Crist tragwyddol? Onid credu yng Nghrist y byd hwn a wnaeth yr Iddewon, wrth ddisgwyl am waredigaeth Israel? Ac ai credu yn y Crist tragwyddol yw credu yn y tragwyddol fel lle arall sy'n debyg, i raddau, i'n byd ni, ond ei fod yn anweledig? Onid credu yn y pethau tragwyddol yw credu mewn bywyd y tu hwnt i'r byd hwn? Dyna pam y cytunaf yn llwyr â beirniadaeth John Rowlands ar y gerdd 'Newid Byd'. Mae'r bardd yn myfyrio ar y ffaith fod pethau wedi gwaethygu er y dyddiau cyn y Rhyfel Byd Cyntaf, ond erbyn diwedd y gerdd mae'n wynebu'r ffaith fod gan ddyn y gallu i ddistrywio'r byd. Ond hyd yn oed wedyn, yn ôl y bardd, nid oes rhaid i'r Cristion ofidio:

Ie, rhyw bwt o ddyfodol sydd i'n byd,
Canys daeth y diwedd yn agos atom
Gyda'r rhocedi llyw a'r bom;
A hefyd daeth dydd barn:
Ond ni orbrydera'r Cristion ar ganol ei waith a'i weddi,
Canys ni wna rhyfel atomig
Ond ei chwythu ef adref cyn ei bryd.[50]

Po fwyaf y darllenir y llinellau hyn, mwya'n y byd y rhyfeddir
at eu diffyg chwaeth, nid yn unig oherwydd natur y syniad sydd
ynddynt am 'gartref' i'r Cristion a'r diffyg difrifwch ynghylch
marwolaeth (meddylier am farwolaeth plant!), ond, yn fwy na
dim, oblegid goblygiadau'r hyn a ddywedir am y meirw nad ydynt
yn Gristnogion. Does dim ond dydd barn yn eu haros hwy – 'A
hefyd daeth dydd barn'. Gorffennais lyfr ar broblem drygioni yn
weddol ddiweddar gan ddweud y gall deallusion, drwy'r ffordd y
maent yn trin drygioni, ychwanegu at faint y drygioni sydd yn y
byd.[51] Mae arnaf ofn fod y rhybudd hwnnw'n berthnasol iawn i
linellau ofnadwy Gwenallt. Mae'n anodd credu mai'r un bardd a
ysgrifennodd y llinellau hyn am ffawd ei bobl:

> Ac erbyn hyn nid oes yno ond coed,
> A'u gwreiddiau haerllug yn sugno'r hen bridd:
> Coed lle y bu cymdogaeth,
> Fforest lle bu ffermydd,
> Bratiaith Saeson y De lle bu barddoni a diwinydda,
> Cyfarth cadnoid lle bu cri plant ac ŵyn.
> Ac yn y tywyllwch yn ei chanol hi
> Y mae ffau'r Minotawros Seisnig;
> Ac ar golfenni, fel ar groesau,
> Ysgerbydau beirdd, blaenoriaid, gweinidogion ac athrawon
>   Ysgol Sul
> Yn gwynnu yn yr haul,
> Ac yn cael eu golchi gan y glaw a'u sychu gan y gwynt.[52]

Cafodd Kierkegaard ddylanwad mawr ar Gwenallt mae'n
debyg, ond, os felly, anghofiodd un o'i wersi pwysicaf mewn
cerddi fel 'Y Gristionogaeth' a 'Newid Byd'. Dyma'r hyn a
ddywedodd Kierkegaard am dragwyddoldeb. Wrth ddarllen ei
sylwadau meddyliwch, ar yr un pryd, am syniad Gwenallt am y
bom atomig yn chwythu Cristnogion adref cyn pryd. Meddai
Kierkegaard:

And yet eternity is not like a new world, so that one who had lived in time according to the ways of time and of the press of busyness, if he were to make a happy landing in eternity itself, could now try his luck in adopting the customs and practices of eternity. Alas, the temporal order and the press of busyness believe, that eternity is so far away. And yet not even the foremost professional theatrical producer has ever had all in such readiness for the stage and for the change of scenes, as eternity has all in readiness for time: all – even to the last detail, even to the most insignificant word that is spoken; has all in readiness in each instant – although eternity delays.[53]

Yn ei gerdd, 'The Kingdom', roedd R. S. Thomas o dan ddylanwad Kierkegaard hefyd:

> ... It's a long way off, but to get
> There takes no time and admission
> Is free, if you will purge yourself
> Of desire and present yourself with
> Your need only and the simple offering
> Of your faith, green as a leaf. (p.233)

Ac eto, meddai:

But I firmly believe this, that eternity is not something out there, not something in the future, it is close to us, it is all around us and at any given moment one can pass into it; but there is something about our mortality, the fact that we are time-bound creatures, that makes it somehow difficult if not impossible to dwell, whilst we are in the flesh, to dwell permanently in that, in what I would call the Kingdom of Heaven.[54]

Promethews

Efallai mai'r hyn sydd ei eisiau'n fwy na dim mewn cerddi fel 'Y Gristionogaeth' a 'Newid Byd' yw *tosturi*. Ac fe geir yr esboniad, i raddau, yn y gerdd 'Promethews'. Yn y gerdd hon mae Gwenallt, wrth gwrs, yn defnyddio'r chwedl Roegaidd am Promethews, un o'r duwiau a lwyddodd i greu dyn o bridd. Ond er mwyn bywhau ei greadigaeth, rhaid oedd iddo ddwyn tân o'r nefoedd. Yn gosb am ei ladrad fe'i clymwyd wrth graig gan Zews, pennaeth y duwiau, a thra byddai'n gaeth byddai eryr wrthi'n pigo ei iau. Dyna fu ei ffawd tan i Ercwlff ei achub. Beth a wnawn o ddefnydd Gwenallt o'r stori? Rwyf am edrych ar ymdriniaeth Derec Llwyd Morgan â'r gerdd. Dyma'r pennill agoriadol:

> Bendith, Bromethews, oedd dwyn dy dân
> Â'th gorsen o'r haul i'n byd,
> A'i wasgaru ef ar hyd y ddaear ddwl
> Yn aelwydydd cysegredig a chlyd.[55]

Er fod y tân heb amheuaeth yn fendith, gofyn Derec Llwyd Morgan:

> ... onid oes awgrym o afradlonedd anfad yn y berfenw 'gwasgaru'? – achos ar ôl y gwasgaru, gwneir y ddaear yn 'ddwl.'[56]

Ni welaf sail i dybiaeth o'r fath. Mae'r weithred o wasgaru'r fendith yn fynegiant o ryddid y rhodd, ac onid *cyn*, ac nid ar ôl y gwasgaru, y mae'r byd yn ddwl? Y rhodd sydd yn gwneud y gwahaniaeth. Erbyn yr ail bennill, yn ôl Derec Llwyd Morgan:

> ... yr ydym yn amau bwriad Promethews ... ac yn drwgdybio purdeb y tân ... Trowyd y fendith yn felltith.[57]

> Y crefftau a roddaist i ddynol-ryw
> A'r offer a luniaist â'i wres:

Ond cychwyn dy felltith oedd rhoi yn ei llaw
Yr arfau haearn a phres.

Yn anffodus, yn yr ail bennill, nid yw Gwenallt yn gwneud
cyfiawnder â'r stori wreiddiol. Nid mater o roi rhai pethau da – y
crefftau, ac wedyn rhoi pethau drwg – yr arfau, yw pwynt rhodd
Promethews. Paham y mae Zews yn ddig wrtho? Oherwydd
iddo sylweddoli beth oedd arwyddocâd rhoi tân i'r ddaear. Nid
tân pur a fyddai yno. Mae'r duwiau yn gweld creu rhywbeth ar
wahân iddynt hwy, sef dyn. Ac *yn y tân* a roddwyd iddo mae
posibilrwydd daioni a drygioni. Gall tân ein cynhesu neu ein
distrywio; gall oleuo neu losgi. Dylid edrych ar y berthynas rhwng
Zews a Promethews fel gwahanol agweddau ar y dwyfol. Mae i
fywyd bosibiliadau bendith a melltith. Ac felly, er bod rhodd y
duwiau yn fendith i ddyn (ni fyddai bywyd dynol hebddi), mae
melltith arni hefyd oherwydd hanes amherffaith a fydd iddi yn
nwylo dynion. Gan hynny, wrth roi'r fendith (sef bywyd) mae'r
duwiau'n tosturio yr un pryd oherwydd cyflwr y byd a ddaw i
fod. Ond ysywaeth, erbyn trydydd pennill cerdd Gwenallt, mae'r
elfen ddofn hon yn y stori wreiddiol ar goll yn llwyr:

Yr ysbryd a ysgymunaist o fathemateg dy fyd,
Ac addoli dy dân fel duw:
A doniau dy grefydd dechnegol i ni
Ydyw'r bomiau a'r rhocedi llyw.

Yn y cyfwng hwn, dywed Derec Llwyd Morgan:

... gwelwn yn glir mai cythraul yw Promethews sydd
yn y gerdd – gwyddonydd ydyw a drodd yr awen lân yn
fedrusrwydd dieflig, gwyddonydd sy'n gwneud 'crefydd' o'i
gamp.[58]

Y gwir yw fod pethau'n mynd braidd yn ddryslyd erbyn
hyn, oherwydd ni allwn ddweud mai cythraul yw Promethews
a defnyddio'i statws gwreiddiol fel duw ar yr un pryd. Ac mae'n

anodd sôn amdano fel un 'a drodd yr awen lân yn fedrusrwydd dieflig' gan mai ef, hefyd, yw rhoddwr yr awen lân yn y lle cyntaf. Pan ddeuwn at y pedwerydd pennill cawn ddarlun, yn ôl Derec Llwyd Morgan, o'r Promethews:

> ... a ollyngodd y bomiau atomig ar ... Hiroshima a Nagasaci. Ond cofier mai dawn ein pechod ni yw ei ddawn. Ac yn gymwys fel y pigodd yr eryr iau Promethews yn y chwedl, pigir ein cydwybod a'n calon ni heddiw gan y 'pryder a'r ofn' na allwn reoli'n creadigaethau.[59]

> Wrth ymbelydr-losgi yn Asia y ddwy dref
> Erchyll oedd dy orchest a gau;
> Ac fel yr eryr gynt y mae'r pryder a'r ofn
> Yn brathu beunydd dy iau.

Wrth gwrs, rwy'n sylweddoli nad dilyn y chwedl yn glòs y mae Gwenallt, ond fy nadl i yw fod pethau tra phwysig yn mynd ar goll o ganlyniad. Nid am gamddefnyddio'r doniau y mae Zews yn cosbi Promethews, ond am ei gwneud hi'n bosibl i gamddefnyddio bendithion. Pryderu wna'r duwiau am y cyflwr dynol fel y cyfryw. Ac erbyn y pennill olaf mae'r tyndra sydd yn nefnydd Gwenallt o'r chwedl yn mynd yn drech nag ef:

> Bendith, Bromethews, oedd dwyn dy dân
> O'r haul i'n byd, ond, clyw,
> Ni elli di gadw er dy gynadleddau i gyd
> Dy dân yn ddiogel heb Dduw.

Yn awr, y mae'r tân yn fendith unwaith eto. Ac ym mha fodd y gellir dweud nad yw'r tân, y fendith, yn ddiogel heb Dduw gan mai duw a roddodd y tân yn y lle cyntaf? Yn ôl Derec Llwyd Morgan, plethodd Gwenallt y chwedl Roegaidd a stori Genesis ynghyd yn ei gerdd, er mai rhoi dawn i ddyn a all droi'n fendith a wnaeth Promethews, tra yn Genesis mae Satan yn llygru'r doniau da a roddwyd gan Dduw. Gofyn ac ateb ei gwestiwn ei hun a wna Derec Llwyd Morgan wrth gloi:

> Beth a wneir o'r fath bennill? Ei adael sydd orau, ac edmygu
> ei gymhlethdod cain. Y bardd yn ei weithdy a'i saernïodd,
> nid diwinydd y gell.[60]

Rhaid dweud mai enghraifft o 'redeg i ffwrdd' yw'r ateb
hwn yn fy marn i. Os arhoswn gyda'r chwedl wreiddiol gwelwn
bosibiliadau dyfnach i'r gymhariaeth â'r Gristnogaeth. Os yw'r
duwiau'n llawenhau ac yn tristáu ar yr un pryd wrth greu bywyd
dynol, cawn fod 'tosturi' yn rhan annatod o'r dwyfol. Nid ceisio
ymberffeithio yw unig obaith dyn am waredigaeth; camp uwch
yw derbyn i'w enaid, heb ofn, y tosturi dwyfol mewn perthynas
â'i gyflwr ef ei hun ac yn ei berthynas ef ag eraill. Yn y chwedl,
rhaid i Io gael ei ffrwythloni gan Zews. Rhaid i'r dynol dderbyn y
dwyfol.[61] Ac yn y Gristnogaeth, mae'r dwyfol yn dod i'r byd ym
mherson Crist. Nid dyna a geir yng ngherdd Gwenallt, ond credaf
ei fod wedi anwybyddu elfennau pwysig yn y chwedl wreiddiol
– elfennau, gyda llaw, na fyddai'n agored i feirniadaeth John
Rowlands y ceisiais ddangos yn gynt bod modd ei chyfiawnhau
i raddau.

Un ôl-nodyn wedi trafod y tair cerdd. Yn un o gerddi mwyaf
Parry-Williams, 'Awen', mae'n dod i gasgliad rhyfedd ynghylch
'cyfrinach ei Gelfyddyd Gain':

> A phan fo'r cyrchu ati hi'n dwysáu,
> > A'r ysfa weld yn angerddoli trem
> Y llygaid sydd gan hud yn gwrthod cau
> > Wrth syllu arni yn ei glendid gem,
> Ond odid na chanfyddir nad yw hi
> > Yn ddim ond ffynnon fach o ddagrau'n lli.[62]

Fel y gwelsom, barn rhai yw mai rhyw ymdeimlad llethol o
oferedd a diddymdra a fynegir yn ei gerddi ar y cyfan. Ond i mi,
yr hyn sy'n rhedeg drwy ei waith yw rhyw dosturi a thrugaredd

at yr hen fyd a'r rhai sy'n trigo ynddo. Dywedodd R. S. Thomas pe beirniedid ei waith ef ei hun o safbwynt y safonau uchaf, y byddai'n euog o brinder tosturi at ddynion. Credaf fod tosturi o'r fath i'w weld yn y creadigaethau mwyaf. Dywedodd Simone Weil fod gwaith awdur yr *Iliad* yn fynegiant o dosturi goruwchnaturiol. Ni all y darllenydd wybod at ba ochr o'r frwydr y mae'r awdur yn tynnu. Fy awgrym i yw fod yr artist, wrth ddangos tosturi at y byd yn ei waith, yn cyflawni gweithred o ymwacâd. Ac i Simone Weil gweithred o ymwacâd dwyfol yw'r creu, nid prawf neu arddangosiad o bŵer. Yn y golau hwn mae'n werth edrych yn fanylach ar y gymhariaeth rhwng chwedl Promethews a stori'r creu yn y Ffydd Gristnogol.

Fy nadl, felly, yw fod Gwenallt mewn cerddi fel 'Y Gristionogaeth' a 'Newid Byd' yn dangos diffyg tosturi o ran y modd y mae'n trafod y Gristnogaeth. Hynny yw, mae ei awydd i gyhoeddi neges efengylaidd yn ei arwain i ysgrifennu'n anystyriol am erchyllterau bywyd a marwolaeth pobl drwy drychineb. Wrth ymateb i'w waith byddai'n dda pe bai diwinyddion yn rhoi peth sylw i'r ansawdd amrywiol sydd i'w gerddi. Hyd yn oed o safbwynt apologia, dim ond ar ei ennill y bydd cynnwys datguddiad os dangosir yn ogystal esiamplau ohono wedi'i wyrdroi.

Ond, wrth gwrs, byddwn innau yr un mor euog o'r ysfa i gyffredinoli pe bawn yn rhoi sylw i ddiffyg tosturi yng ngwaith Gwenallt heb gydnabod ei fod yn tosturio'n gofiadwy wrth gyflwr dyn yn llawer o'i gerddi. Er enghraifft, y mae'n cyplysu caledwaith beunyddiol gweithwyr y de a adwaenai mor dda â'r gweddnewidiad sy'n digwydd yng nghyd-destun y ffydd Gristnogol. Nid pobl *wahanol* yw'r gweithwyr ar y Sul. Nid dweud mae Gwenallt fod y Sul yn cyfrif mwy iddynt na'u diwrnodau gwaith. Rhamantiaeth grefyddol wag fyddai hynny. Yn hytrach, mynegi gweledigaeth y mae o weld y gweithwyr yng ngolau'r hyn a bregethir a'r emynau a genir ar y Sul:

Mor wag dy lowyr yn eu dillad gwaith
A llwch y glo yn fwgwd ar eu pryd,
Arian papur y gyfnewidfa faith,
Allforion ym mhorthladdoedd gwanc y byd:
Codasant, yng ngwrthryfel cig a gwaed,
Fandrel a rhaw i daro duw eu hoes,
Ond hoeliwyd hwy'n dynnach, ddwylo a thraed,
A rhoddi mwy o sment wrth fôn eu croes.
Y Sul a rydd amdanynt ddillad glân
Ac yn eu hwyneb olau enaid byw,
Ac yn y cysegr clywir yn eu cân
Orfoledd gwerin bendefigaidd Duw;
Tynnir y caets o waelod pwll i'r nef
Â rhaffau dur Ei hen olwynion Ef.[63]

Nid dilorni gwrthryfel yn erbyn y gyfalafiaeth sy'n dibrisio bywyd y mae Gwenallt. Fel y gwelsom eisoes, fe gredai yng nghyfiawnder yr achos. Ond daeth i gredu fod ffydd yr Efengyl yn bwysig i ysbryd y gwrthryfel. Un elfen yn y pwyslais crefyddol yw gofyn beth sydd gan secwlariaeth i'w ddweud pan fo gwrthryfel yn methu, neu pan fo canlyniadau gwelliant materol yn rhannu gweithwyr yn erbyn ei gilydd yn hytrach na'u huno. A oes unrhyw beth ar ôl wedyn? I Gwenallt, nid oes pŵer ar ôl i dynnu dynion o waelod unrhyw bwll. I wneud hynny, rhaid troi at yr hyn sydd i'w glywed gan 'Orfoledd gwerin bendefigaidd Duw'.

Nid dyna'r unig foddion a oedd gan y diwylliant, wrth gwrs, i godi dynion o waelod pwll eu cyflwr. Roedd breuddwydion secwlar am fyd newydd yn ymgynnig hefyd. Tybed i ba raddau y mae rhai ymatebion anffafriol i gerddi Gwenallt i'w priodoli i adwaith ffyrnig yn erbyn gwerthoedd crefyddol? Ac i ba raddau y mae eithafrwydd yr ymateb, ar brydiau, yn gydnabyddiaeth anuniongyrchol o gryfder ei ganu? Beth pe bai damcaniaeth gennym a allai ddangos nad oedd Gwenallt wedi cefnu'n llwyr ar werthoedd secwlar wedi'r cyfan, a'i fod yn rhai o'i gerddi yn bradychu'n anymwybodol ei euogrwydd am ymbellhau oddi wrthynt yn gynnar?

6. Damcaniaeth A'r Hyn Na Ddywedwyd

Yn y drydedd bennod, edrychais ar rai o'r damcaniaethau am iaith a ddaeth i Gymru o'r Cyfandir a'r Unol Daleithiau, ac a ddylanwadodd ar rai beirniaid llenyddol Cymraeg. Heb wadu fod pethau diddorol yn codi o'r ystyriaethau hyn, wrth fynd heibio fel petai, fy nghasgliad oedd fod athroniaeth a beirniadaeth lenyddol yn well heb ddamcaniaethau. Dod â'n hiaith yn ôl o'i defnydd damcaniaethol i'w defnydd cyffredin ddylai fod ein bwriad.

Pe byddem am gerdd sy'n fynegiant o barch ac edmygedd Gwenallt o ddiwylliant gweithwyr y De, byddai'n anodd dewis gwell cerdd na 'Colomennod':

Bugeiliai'r gweithwyr eu clomennod gyda'r hwyr,
   Wedi slafdod y dydd, ar y bryn,
Pob cwb â'i lwyfan yn nhop yr ardd
   Yn gollwng ei gwmwl gwyn.

Fe'u gyrrid i Ogledd Cymru ac i Loegr
   A'u gollwng o'r basgedi i'r ne',
Ond dychwelent o ganol y prydferthwch pell
   At ein tlodi cymdogol yn y De.

Amgylchynent yn yr wybr y pileri mwg
   Gan roi lliw ar y llwydni crwm;
Talpiau o degwch ynghanol y tawch;
   Llun yr Ysbryd Glân uwch y cwm.

Yr Ysbryd Glân yn santeiddio'r mwg,
   A throi gweithiwr yn berson byw,
Y gyfundrefn arian yn treiglo yn nhrefn gras
   A'r undebau yn rhan o deulu Duw.[64]

Fel gan T. S. Eliot, gwneir cais sy'n llwyddo fel barddoniaeth i fynegi cydymdreiddiad yr ysbrydol a'r materol a gwneir hynny drwy gyfrwng sefyllfa hollol gyffredin, sef yr arfer ymhlith gweithwyr y De o gadw colomennod. Sylwer, hefyd, fod y croestoriad yn arddel perthynas rhwng crefydd ac undebaeth. Ar sail cerdd o'r fath, byddai'n amhosibl priodoli i Gwenallt, yn gyffredinol, unrhyw amwysedd neu dyndra rhwng ei ffydd grefyddol a'i werthoedd politicaidd. Ar y llaw arall, efallai fod rhai o'i gerddi yn mynegi amwysedd o'r fath. Dywedwyd fod hyn yn wir am y gerdd 'Y Meirwon'. Yr hyn sydd o ddiddordeb yw'r rhesymau *damcaniaethol* dros ddweud hynny. Y mae'n anodd rhoi un enw pendant ar y ddamcaniaeth dan sylw, oherwydd rhyw gyfuniad ydyw o'r hyn a elwir 'Yr Hanesyddiaeth Newydd', 'neo-Marcsaeth Ewropeaidd', a syniadau Raymond Williams. Ond i'n pwrpas ni y mae'n bwysicach pwysleisio canlyniadau ymarferol y syniadau damcaniaethol.

Fel y gwelsom yn y drydedd bennod, mae'r pwynt canolog yn ymwneud â'r berthynas rhwng cerdd a'r diwylliant ehangach. Y mae rhyw fath o gydymdreiddiad rhwng y ddau sy'n golygu y byddai'n ddiystyr i wadu *unrhyw* berthynas rhwng cerdd a'i chefndir. Heb ei chefndir ni fyddai cerdd ar gael i'r darllenydd. Ond mae a fynno'r cwestiwn hollbwysig â *natur* y berthynas rhwng y cefndir a'r gerdd. Fel y gwelsom, perthynas farwaidd yw canlyniad y modd y mae Causabon, yn *Middlemarch* George Eliot, yn priodi ei gefndir ef â'r darluniau yn yr oriel. Pa fath o berthynas, felly, a wêl y beirniad M. Wynn Thomas rhwng cerdd Gwenallt, 'Y Meirwon', a'r cefndir hanesyddol? Dyma'r rhagdybiaeth sylfaenol sydd wrth gefn ei feirniadaeth, rhagdybiaeth a ddaw o waith y Ffrancwr, Pierre Macherey[65]:

> ... ymosododd ar y rhactyb cyffredin fod gwaith llên yn undod organig a phob rhan ohono yn cydymdreiddio fel nad oes modd ei isrannu. Yn hytrach dadleuodd mai

gwneuthuryn wedi ei lunio o ddefnyddiau cymdeithasol yw gwaith o'r fath, a chan fod ymagweddiadau cymdeithasol yn anghyflawn ac yn bleidiol, mae ôl eu hannigonolrwydd hwy – ac ôl y gweddau hynny ar realiti cymdeithasol na allant hwy eu hesbonio – i'w weld yn y gwaith. Eithr nid yn yr hyn a ddywedir yr ymddengys, ond yn y ffordd y mae'r gwaith, yn ddiarwybod i'r awdur, yn tynnu sylw at yr hyn a adawyd allan. O'r herwydd, pwysleisiodd Macherey y dylid chwilio am y bylchau, yr anghysondebau, a'r elfennau ymwahanol sy'n arwyddo 'isymwybod cymdeithasol' y testun, sef y gwirioneddau cymdeithasol na ellir eu cysoni â'r 'esboniadau' y mae'r testun yn eu cynnig.[66]

Rhaid dweud ei bod hi'n anodd gwybod ble i ddechrau gyda'r dryswch syniadol a rhesymegol sydd yn y ddamcaniaeth hon. Mae'n ein hatgoffa o'r ddrwgdybiaeth wrth-athronyddol a welsom yn y bennod gyntaf, a rhybuddion T. Gwynn Jones a T. H. Parry-Williams yn erbyn trin cerdd fel darn o athroniaeth, ac yn erbyn edrych am gysondeb o gerdd i gerdd yng ngwaith bardd fel petai'n cynnig system athronyddol i ni. Mae'n amlwg, ar sail yr hyn a ddywed M. Wynn Thomas amdano, fod angen y rhybuddion hyn ar Macherey o leiaf.

Yn gyntaf, dyna'r honiad mai 'gwneuthuryn wedi ei lunio o ddefnyddiau cymdeithasol' yw gwaith llenyddol. Yr hyn sydd ei eisiau arnom mewn diffiniad o'r fath yw rhyw ymwybyddiaeth o gyfraniad y gwaith llenyddol *fel y cyfryw*. Os nad ydym yn ofalus, gwnawn gerdd, er enghraifft, yn ddim ond *ffwythiant* o'r defnyddiau cymdeithasol. Nid oes sôn am yr elfen greadigol sydd mewn cerdd, nac am bwysigrwydd iaith cerdd, nac am y *modd* mae cerdd yn *dweud* rhywbeth wrthym. Pa fath o symudiad sydd i ddigwydd rhwng y defnyddiau cymdeithasol a chreu cerdd? Nid addurn o beth yw cerdd, nid rhyw atodiad i ddefnyddiau cymdeithasol. Gwn yn dda na fyddai M. Wynn Thomas am goleddu casgliadau o'r fath, ond onid ydynt yn ganlyniadau i'r ddamcaniaeth y mae'n ei choleddu?

Yn ail, pa ystyr sydd i ddweud fod ymagweddau cymdeithasol yn *anghyflawn*? Mae'r dywediad yn rhoi'r argraff fod rhyw fath o ddiffyg yn bod. Wrth gwrs, mewn cyd-destunau arbennig mae'r gwahaniaeth yn ddigon ystyrlon. Gellir dweud fod atebion ar ffurflen yn anghyflawn oherwydd fod yna gwestiynau sydd heb eu hateb. Gellir dweud fod cyraeddiadau rhywun yn anghyflawn oherwydd na chyrhaeddodd neu na sylweddolodd y gallu sydd ganddo. Mewn cyd-destunau o'r fath mae'r defnydd o 'anghyflawn' yn ystyrlon, oherwydd mae syniad gennym o'r hyn a feddylir wrth 'gyflawnder'. Ond wrth alw ' ymagweddau cymdeithasol' yn anghyflawn, nid oes syniad yn y byd gennym o'r hyn a feddylir wrth 'cyflawnder'. Ac os nad oes syniad gennym o ystyr 'cyflawnder' nid oes modd i ni alw rhywbeth yn 'anghyflawn' yn y cyd-destun hwnnw. Yr hyn a geir mewn unrhyw gymdeithas yw clwstwr o wahanol fudiadau, rhai'n agosach at ei gilydd nag eraill. Maent yn effeithio ar ei gilydd drwyddi-draw mewn ffyrdd di-rif, rhai ohonynt yn cydweithio, eraill yn cystadlu yn erbyn ei gilydd. Ac wrth gwrs, fel arfer mae unigolyn yn ymwneud â mwy nag un mudiad. Ar brydiau gall y ffaith hon greu problemau yn ei fywyd; er enghraifft, gall greu problem rhwng ei waith a'i fywyd teuluol, ond ar brydiau eraill gall gyfoethogi ei fywyd. Ond yn gymdeithasol neu'n bersonol, nid yw'r modd y mae mudiadau yn dylanwadu ar ei gilydd yn rhywbeth systematig o gwbl.

Ni ddylai fod yn syndod nad oes damcaniaeth sy'n esbonio popeth, oherwydd nid yw bywyd yn ddamcaniaeth. Ond y pwynt pwysig i'w wrthgyferbynnu â damcaniaeth Macherey yw'r *ffaith nad yw gwahanrwydd mudiad, o'i gymharu â mudiad arall, yn golygu ei fod yn fudiad anghyflawn.* Mae gwerthoedd a diddordebau arbennig ym mhob mudiad. Gan hynny, ai gwerthoedd a diddordebau anghyflawn ydynt? Beth yn y byd a olygir wrth werthoedd a diddordebau cyflawn? Meddylier am fudiadau heddwch a mudiadau militariaeth? A ydynt yn anghyflawn oherwydd eu bod hwy'n wahanol? Beth fyddai cymeriad mudiad cyflawn? Mudiad heddychol/militaraidd? Unwaith yr edrychwn ar yr hyn sydd o dan ein trwynau, dylai atyniad y ddamcaniaeth ddiflannu'n weddol rwydd. Os na ddigwydd hynny ni ddylid chwilio, yn ôl Wittgenstein, am rwystrau diwylliannol. Mae'r pwyntiau'n ddigon eglur. Diffyg *ewyllys* yw'r gwir rwystr, sef amharodrwydd i ollwng gafael ar ymlyniad wrth ffordd ddamcaniaethol o feddwl.

Mae'r mater dan sylw o'r pwysigrwydd mwyaf i astudiaethau llenyddol. Mae gwahaniaeth mawr rhwng cerddi. Mae hynny'n berffaith glir i bawb. Ond, unwaith eto, nid yw'r ffaith fod cerdd yn wahanol i un arall yn golygu ei bod yn anghyflawn. Neu, wrth gwrs, nid cerdd anghyflawn yn ystyr Macherey (beth bynnag yw'r ystyr hwnnw) yw cerdd anorffenedig, fel rhai o gerddi Gwenallt. Felly, nid yw cerdd yn anghyflawn drwy fod yn gerdd grefyddol. Rhyfeddwn at Shakespeare, nid oherwydd iddo roi darlun 'cyflawn' i ni ond oherwydd ei allu rhyfeddol i ddangos i ni gymaint o amrywiaeth sydd yn y byd. Mewn gweithred o ymwacâd artistig, mae'n gadael i'r byd hwnnw fod yr hyn ydyw.

Yn drydydd, oherwydd y dybiaeth hollol ddryslyd mai dweud rhywbeth arbennig yw bod yn *bleidiol*, daw'r ddamcaniaeth i'r casgliad fod cerdd yn fethiant am ei bod yn methu ag egluro'r hyn y mae'n ei anwybyddu. Mae'r dryswch yn cynyddu'n gyflym. Dweud rhywbeth pendant a wna darn o lenyddiaeth, hyd yn oed os y pwrpas yw dangos, fel y gwnaeth Beckett a Larkin, pa mor anodd ydyw cyfathrebu â'n gilydd. Nid esboniad yw cerdd, ac yn sicr nid cais i esbonio popeth gyda'r canlyniad ei bod yn gadael rhywbeth allan! Tybed a yw M. Wynn Thomas yn hanner sylweddoli hyn, wrth iddo ddefnyddio'r gair 'esboniadau' rhwng dyfynodau. Beth yw'r gwahaniaeth rhwng 'esboniadau' ac esboniadau?

Yn bedwerydd, dywedwyd fod yr 'esboniad' mewn cerdd yn anghyson â'r gwirioneddau cymdeithasol nad yw'r gerdd yn sôn amdanynt. Byddai dryswch o'r fath yn cefnogi'r ddadl ganlynol. Dyweder fod cerdd yn mynegi gwerthoedd heddychol. O reidrwydd, nid yw'n mynegi gwerthoedd militaraidd wrth wneud hynny. Felly, nid yw'r esboniad a geir yn y gerdd yn gyson â'r gwirioneddau cymdeithasol nad yw'n eu trin. Mae'r casgliad yn chwerthinllyd wrth gwrs. Wrth wraidd yr anawsterau i gyd y mae'r hen feirniadaeth ar resymeg Hegel, sef nad oes modd dweud dim os na ddywedwn y cyfan!

Yn bumed, dywed y ddamcaniaeth ein bod drwy edrych ar yr hyn na ddywed cerdd yn datguddio ystyr ynddi sy'n ddiarwybod i'r awdur. Yr hyn a ddatguddir wrth wneud hynny yw 'isymwybod cymdeithasol y testun'. Dyma greu mwy o ddryswch eto, mae arnaf ofn, drwy anwybyddu rhesymeg y syniad o'r 'isymwybod'. Gwelir cymysgu, hefyd, rhwng bod yn ddiarwybod a bod yn isymwybodol o rywbeth. Gellid dweud yn weddol bendant y gallai bardd, fel Gwenallt, gael ei ddehongli mewn modd arbennig nad oedd wedi gwawrio arno ef. Ond peth gwahanol fyddai dweud fod dehongliad o'r fath yn bod yn isymwybod y bardd ac mai hwnnw yw gwir ystyr y gerdd. I ddangos priodoldeb cyhuddiad o'r fath, byddai rhaid tadogi nodweddion ar y bardd, neu ar ei gerddi, fel cyfiawnhad dros ddweud hynny. Ond nid dyna sy'n digwydd yn ôl y ddamcaniaeth. Y mae'r apêl at yr hyn *nas dywedwyd*, naill ai ar yr wyneb neu mewn rhyw ffordd arall yn y gerdd. Gan hynny, mae'r apêl at ystyr isymwybodol yn mynd ar chwâl. Cais i guddio'r anawsterau rhesymegol yw sôn am 'isymwybod cymdeithasol'. Gwnaed sylwadau doniol gan Rowan Williams ar y duedd ddamcaniaethol i fynd y tu ôl i'r testun wrth awgrymu mai arwyddocâd y testun yw'r hyn na ddywedir ynddo:

> Philosophies, life-systems, structures for making sense of the world, are necessarily adversarial, necessarily grouped in patterns of opposition or mutual exclusion, so that the arrival of x means the suppression of y. Thus, even if evidence for a counter-position is lacking, we can construct a fair amount

of it by working out what the received account does not say or denies. And if the contemporary reader finds difficulty with a text – as we expect a contemporary reader *will* – there is always a bit of a temptation to suppose that the voice suppressed in the background of a text is a voice less unlike my own than the voice represented in the text itself. It used to be said that earlier modern readers of traditional, including biblical, texts looked down a well and saw there the reflection of their own faces; for the late modern and post-modern reader, it is more a matter of looking for such a reflection in the opposite of what is immediately seen, as if the text were a photographic negative of the reader's face.[67]

Mae M. Wynn Thomas yn ymwybodol o beryglon ei ddamcaniaeth. Mae'n cyfaddef bod Macherey 'ei hun fel petai am ddefnyddio'r dull hwn o ddadansoddi testun llên er mwyn dryllio'r rhith a dadlennu'r twyll sydd, yn ei farn ef, ymhlyg yn y gwaith'.[68] Ac wrth gwrs, gwelsom hyn yn digwydd ar raddfa eang iawn ym myd beirniadaeth lenyddol, gan gau'r drws, o ganlyniad, ar bosibilrwydd myfyrio'n syniadol ar wahanol destunau. Ond er hyn i gyd, cred M. Wynn Thomas fod modd mwy cydymdeimladol o ddefnyddio'r ddamcaniaeth. Dyna yw ei nod wrth drin cerdd Gwenallt, 'Y Meirwon'. Ond faint o gydymdeimlad a welir yn ei ymdriniaeth? Geiriau cyntaf ei ddadansoddiad yw'r rhain:

> ... mae arwydd o'r cychwyn nad yw Gwenallt yn esmwyth ei feddwl ynghylch ei berthynas â'r ardal a fu'n feithrinfa iddo.[69]

Ei reswm dros ddweud hyn yw'r ffaith fod Gwenallt, yn y pennill cyntaf, yn cyfeirio at 'un o bentrefi'r De' yn hytrach nag at Bontardawe lle cafodd ei eni. Mae'r beirniad am wybod 'pam felly y ceir y cyfeiriad amhendant, anghynnes, od hwnnw'. Erbyn hyn yr oedd Gwenallt wedi symud o'r Alltwen i Aberystwyth, ac meddai'r beirniad: 'Na, nid pellter daearyddol sy'n cael ei arwyddo ... ond pellter seicolegol, pellter cymdeithasol, pellter diwylliannol ... ac yr oedd wedi ymddieithrio hefyd oherwydd ei fod wedi ymfudo nid yn unig i ardal wahanol ond hefyd i ddosbarth gwahanol.'[70]

Dyma duedd o'r dechrau, yn fy nhyb i, i wasgu cefnfor allan o glwtyn gwlyb. Dyma ddechrau cerdd Gwenallt:

> Bydd dyn wedi troi'r hanner-cant yn gweld yn lled glir
>   Y bobl a'r cynefin a foldiodd ei fywyd e',
> A'r rhaffau dur a'm deil dynnaf wrthynt hwy
>   Yw'r beddau mewn dwy fynwent yn un o bentrefi'r
>   De.[71]

Y mae'r bardd i ddechrau yn adrodd stori hunanfywgraffiadol sy'n agor â chyfeiriad cyffredinol cyn mynd ymlaen i roi'r manylion i ni. Mae'n syndod fod damcaniaeth am bellterau seicolegol, cymdeithasol a diwylliannol yn cael ei hadeiladu ar sail agoriad mor ddiniwed. Ar ben hyn, daw'r awgrym gor-syml fod y newidiadau dwys hyn yn ei fywyd yn cyfateb i newid dosbarth cymdeithasol. Mae un elfen a ddylai daro dyn yn beth digrif dros ben mewn dadansoddiadau academaidd o'r math hwn. Mae'r mwyafrif ohonynt yn ymlynu wrth werthoedd a berthyn i'r chwith gwleidyddol, rhai yn fwy eithafol felly na'i gilydd. Ond os yw newid dosbarth, neu berthyn i ddosbarth yn golygu gwerthoedd arbennig, dylai eu hymlyniad hwy wrth werthoedd y dosbarth gweithiol fod yn ddirgelwch llwyr! (Gyda llaw, cafodd Marcsiaeth gryn drwbl i benderfynu pwy oedd i gyfrif fel 'gweithwyr'!)

Â M. Wynn Thomas rhagddo i ddadlau fod y cyfeiriad at 'rhaffau dur', yn hytrach nag at 'wreiddiau', yn arwydd o ddelwedd 'amwys sy'n awgrymu ar y naill law fod y cysylltiad rhyngddo a'r cefndir hwn yn gadarn ac ar y llaw arall ei bod hefyd yn berthynas gaethiwus'.[72] Ond, unwaith eto, mae'r ddelwedd a ddewiswyd yn perthyn yn naturiol i ddiwydiant y gwaith dur neu'r pwll glo, fel y gwelwyd eisoes yn y soned i 'Sir Forgannwg':

... Ac yn y cysegr clywir yn eu cân
Orfoledd gwerin bendefigaidd Duw;
Tynnir y caets o waelod pwll i'r nef
Â rhaffau dur Ei hen olwynion Ef.[73]

Ond, yn ôl M. Wynn Thomas sy'n dilyn Macherey, mae'r gerdd 'Y Meirwon' yn cyfeirio at 'olion yr hyn *na* fedrai'r bardd ei hun ei weld'.[74]

Oherwydd y newid yn syniadau Gwenallt y mae'n credu fod anghysondebau i'w gweld yn y llinellau canlynol:

... Yno y dysgasom uwch cloriau wedi eu sgriwio
cyn eu pryd
Golectau gwrthryfel coch a litanïau trais.

Nid yr angau a gerdd yn naturiol fel ceidwad cell
Â rhybudd yn sŵn cloncian ei allweddi llaith,
Ond y llewpart diwydiannol a naid yn sydyn slei,
O ganol dŵr a thân, ar wŷr wrth eu gwaith.

Yn ôl M. Wynn Thomas, oherwydd na choleddai Gwenallt mwyach:

... gredo sosialaidd danbaid, gan ddisgwyl am chwyldro cymdeithasol ffyrnig ... nad oedd gan athrawiaeth Gristnogol oddefol ... ddim digonol i'w ddweud wrth ddioddefaint erchyll y dosbarth gweithiol ... mae'n llunio delwedd estynedig sy'n newid y darlun o fyd diwydiant yn llwyr ... nid oes sôn am y gwrthdaro rhwng dosbarth a dosbarth nac am greulondeb dyn at ddyn. Yn hytrach defnyddir ffigurau elfennaidd ac anifeilaidd sy'n creu'r argraff fod dynion ar goll yng ngwyll rhyw fath o jyngl cyntefig annealladwy.[75]

Unwaith eto, nid yw llinellau Gwenallt yn cyfiawnhau adeiladwaith damcaniaethol o'r fath. Un o'r gwirioneddau cyfarwydd am dröedigaeth Gwenallt yw iddo sylweddoli nad oes rhaid i'r Gristnogaeth fod yn oddefol yn wyneb dioddefaint dynion. Fe'i hargyhoeddwyd fod 'yr undebau yn rhan o deulu Duw' ('Colomennod') a bod 'lle i ddwrn Karl Marcs yn Ei Eglwys Ef' ('Sir Forgannwg a Sir Gaerfyrddin'). Nid byd annealladwy, ac nid jyngl cyntefig yw cyflwr dynion, yn ôl Gwenallt. Mae'n gwahaniaethu rhwng y farwolaeth a ragwelwn a'r angau diwydiannol a ddaw fel 'llewpart sydyn slei' i dorri'n fyr fywydau dynion drwy ddamwain neu afiechyd. Ni wn sut y gall M. Wynn Thomas ddweud nad oes sôn am greulondeb dyn at ddyn yn y gerdd, oherwydd drwyddi y mae tosturi aruthrol wrth ddynion sy'n ysglyfaeth i beirianwaith diwydiant. Tosturir hefyd wrth y gweddwon sy'n derbyn 'arian y gwaed' ar ôl marwolaeth eu gwŷr, a syndod i mi oedd gweld M. Wynn Thomas yn dadlau, er gwaethaf y cydymdeimlad â'r gwragedd wrth iddynt roi rhosynnau 'silicotig' a lili 'mor welw â'r nwy' ar feddau eu gwŷr, fod derbyn 'arian y gwaed', yn:

> ... annatod glwm [â'r] cof am Jiwdas yn bradychu Crist am ddyrnaid o arian, ac felly ceir awgrym (anfwriadol) croes, sef fod y gwragedd yn bradychu'r egwyddorion gwleidyddol a chymdeithasol y credai eu gwŷr ynddynt, drwy dderbyn arian fel tâl am gadw'n fud.[76]

Y mae'n cytuno fod Gwenallt wedi troi ei gefn ar *ddamcaniaeth* sosialaeth. Yn eironig, y mae'r dadansoddi sy'n deillio o'r fath ddamcaniaeth – dadansoddi sy'n ein gorfodi i ystyried gweithred y gweddwon sy'n derbyn 'arian y gwaed' er mwyn byw a gofalu am eu plant, yn frad – yr union fath o ymagwedd y byddai Gwenallt wedi cefnu arno! Ni wnâi fyth ddyrchafu damcaniaeth ar draul tosturi yn y fath fodd. Trist yw darllen ei fod yn gwneud hynny'n anymwybodol. Dyma ddiweddglo'r gerdd:

> Diflannod yr Wtopia oddi ar gopa Gellionnen,
>   Y ddynoliaeth haniaethol, y byd diddosbarth a di-ffin;
> Ac nid oes a erys heddiw ar waelod y cof

Ond teulu a chymdogaeth, aberth a dioddefaint dyn.

Yn ôl M.Wynn Thomas mae'r bardd yn cyfeirio:

… nid yn unig at gopa'r bryn gyferbyn â'r Allt-wen ond hefyd at hen gapel yr Anghydffurfwyr a welir ar y bryn hwnnw. Gwerthoedd y capel a orfu … Eto fyth awgryma'r enw 'Gellionnen' mai gwerthoedd brodorol yw'r gwerthoedd hynny… oherwydd wedi'r cyfan breuddwyd sosialaidd oedd breuddwyd y rhai y mae ef yn cofio amdanynt orau … ac i'r graddau ei fod ef bellach wedi cefnu ar y freuddwyd honno y mae hefyd, ar yr un pryd, wedi ymwahanu oddi wrth ei fagwrfa.[77]

Gwelir anghysondeb lle nad yw'n bod mewn gwirionedd. Dod *yn ôl* at ei fagwraeth grefyddol a wnaeth Gwenallt drwy ei dröedigaeth a gweld, ar yr un pryd, fod rhai syniadau comiwnyddol a sosialaidd yn ddiystyr. Yn eu lle rhoddir sylw, nid i'r ddynoliaeth haniaethol, ond i'r aberth a'r dioddefaint yn eu *harbenigrwydd*, gan dosturio wrthynt. Dywed M. Wynn Thomas:

… mae dilyn awgrymiadau a chyfarwyddiadau Macherey yn golygu ei bod yn rhaid i ddyn ddarllen gwaith llên mewn ffordd sydd yn fwriadol groes i'r graen …Y mae Macherey ei hun yn tueddu weithiau i ymgymryd â'r gwaith hwn mewn ysbryd ymosodol, dialgar, fel petai am rwygo'r hud a lledrith geiriol a wewyd i orchuddio'r gwirionedd, ac am ddinoethi'r twyll a'r hunan-dwyll sy'n ymguddio drwy'r cyfan.[78]

Rhaid i'r darllenydd farnu i ba raddau y mae'i ddadansoddiad ef yn syrthio i'r un bai ar brydiau. Er enghraifft, dylem ofyn i ba raddau y mae'r apêl at yr 'isymwybod gwleidyddol' sydd i ddatguddio i ni, yng ngherddi Gwenallt, 'y wedd honno ar realiti'r gymdeithas y magwyd Gwenallt ynddi na all ymagweddiad yr eglwyswr canol-oed, dosbarth-canol ddygymod â hi',[79] yn fynegiant o ymddygiad nawddoglyd (anfwriadol, wrth gwrs!) ar ran y beirniad.

Mae'n amlwg nad oes gennyf lawer o barch at yr hyn a ddywedwyd gan M. Wynn Thomas am yr 'hanesyddiaeth newydd'. Mae atgof gennyf o'r M. Wynn Thomas ifanc yn darllen papur i ni yn y Gymdeithas Athronyddol yn Abertawe ar destun megis 'Drygioni yn y Nofel'. Cyfeiriodd mewn un man at y rheswm paham na chawn drafodaeth ddofn ar ddrygioni gan Edgar Allen Poe. Os oedd anghenfil yn y Rue Morgue, roedd *esboniad* arno hefyd. Ei awgrym oedd nad *esboniad* oedd eisiau wrth wynebu drygioni eithafol. Dilyn ei drwyn yn ddeallus a wnâi M. Wynn Thomas wrth ddweud hynny. Credaf fod mwy o les mewn gwneud hynny na chael ein denu gan ddamcaniaethau cyffredinol am lenyddiaeth.

Ar ddiwedd ei erthygl, ac yn ei ysgrif ar 'Meddwl Cymru: Hanes Ein Llên', mae M. Wynn Thomas yn pwysleisio'r ochr arall i'r geiniog, 'sef fod yn rhaid inni ddeall gwerth ac arwyddocâd llenyddiaeth yn iawn cyn y gallwn lawn fesur hanes'.[80] Ni chlywsom lawer am y wedd hon ar bethau yn ei ddadansoddiad o gerdd Gwenallt. Ond os cytunwn fod copa Gellionnen yn y gerdd yn cynnwys cyfeiriad at hen gapel yr Anghydffurfwyr, onid oes rhaid i ni gyfaddef mai'r hyn y mae Gwenallt am ei ddweud yw, nid fod gwerthoedd y capel wedi mynd heibio ond, yn hytrach, mai yn nhermau'r gwerthoedd hynny y datguddir y dryswch a oedd yn y freuddwyd secwlar am 'Y ddynoliaeth haniaethol, y byd diddosbarth a di-ffin'? Meddai D. Densil Morgan am ddiweddglo'r gerdd:

> The theological theme, though understated, is patent. Utopia was the secular ideal of an equitable society achieved through human striving apart from divine grace. Its presupposition was man's innate goodness and capacity for perfection. It was a myth, but unlike the Christian myth of creation, fall and redemption, it could never square with reality because it rejected the fact of human depravity.[81]

Ni ddywedais ddigon eto am ffaith hollbwysig i Gwenallt, sef *pechod dyn*. Os nad oedd yr Iwtopia secwlar yn cyfateb i realiti, mae'n amlwg fod Densil Morgan o'r farn bod pechod yn cyfateb i realiti. Cyn cloi'r bennod hir hon, rhaid felly wynebu'r cwestiwn am ystyr yr apêl at realiti yn y cyd-destun hwn.

7. Pwy Biau'r Hunan?

Cythruddir rhai beirniaid secwlar gan farddoniaeth Gwenallt, oherwydd ni fodlonai ar fynegi'r ffydd Gristnogol yn ei gerddi yn unig. Ar yr un pryd, yr oedd am ddinoethi ffyrdd secwlar o fyw. A phe gofynnid am ei hawl i wneud hynny, byddai'n ateb yn bur debyg i'r ffordd y gwelsom Cornelius Van Til a Bobi Jones yn ateb y cwestiwn yn y bedwaredd bennod, sef drwy gyfeirio at ei ddarganfyddiad o bechod fel categori sylfaenol mewn bywyd. Ar sail yr apêl at bechod, mae Van Til a Bobi Jones am ddweud mai gan y credadun y mae'r wybodaeth am yr anghredadun. Ac i'r graddau yr oedd Gwenallt yn apelio at y modd y mae pechod yn dinoethi ymddangosiadau arwynebol, y mae'n debyg iddynt. Un o'r delweddau mwyaf pwerus yng ngherddi Gwenallt, yn ôl Rowan Williams, yw ei weledigaeth o'r ddynoliaeth:

> ... reduced almost to animality (echoes of King Lear), scenting the redeeming blood from far off and howling with longing – one of Gwenallt's most outrageous and unforgettable images.[82]

Ond rhaid cofio mai canlyniad dinoethi yw'r ymddarostwng sy'n peri i fodau dynol udo am y gwaed a'u prynodd:

> Pan dynnwn oddi arnom bob rhyw wisg,
> Mantell parchusrwydd a gwybodaeth ddoeth,
> Lliain diwylliant a sidanau dysg;
> Mor llwm yw'r enaid, yr aflendid noeth:

Mae'r llaid cyntefig yn ein deunydd tlawd,
Llysnafedd bwystfil yn ein mêr a'n gwaed,
Mae saeth y bwa rhwng ein bys a'n bawd
A'r ddawns anwareiddiedig yn ein traed.
Wrth grwydro hyd y fforest wreiddiol, rydd,
Canfyddwn rhwng y brigau ddarn o'r nef,
Lle cân y saint anthemau gras a ffydd,
Magnificat Ei iechydwriaeth Ef;
Fel bleiddiaid codwn ni ein ffroenau fry
Gan udo am y gwaed a'n prynodd ni.[83]

Fel y gwyddom, y mae dwy weledigaeth sylfaenol wahanol o
gyflwr cyntefig y ddynoliaeth yn bod. Ar y naill law, gwelir dyn
fel un sy'n sylfaenol dda a gwyrdroad ohono yw'r drwg. Ar y llaw
arall fe'i gwelir yn hanfodol anifeilaidd, mewn cyflwr sy'n rhaid
i ddaioni dorri i mewn iddo rywsut o'r tu allan. Os gofynnwn
pa weledigaeth sy'n gywir, neu'n wir, pa fath o gwestiwn
ydyw? Ai dwy ddamcaniaeth neu dybiaeth sydd gennym? Wrth
i Gwenallt lunio diagnosis o symtomau'n clefyd, i ba raddau y
mae cymhariaeth â meddygon yn anghytuno ynghylch clefyd
corfforol yn ddilys? Yn yr ail gyd-destun, mae'n bwysig fod yma
wahaniaeth rhwng y clefyd a'r diagnosis. Heb wahaniaeth o'r
fath ni fyddai'n bosibl dweud fod y naill ddiagnosis yn gywir a'r
llall yn anghywir. Ond ai felly y mae gyda diagnosis o'r math a
welwn yng ngherddi Gwenallt? Rhoddaf y mater mewn modd
profoclyd: ai diagnosis Gwenallt sy'n dibynnu ar natur ein clefyd,
neu ai natur ein clefyd sy'n dibynnu ar ei ddiagnosis ef? A ydym
yn credu yng Nghrist oherwydd ei fod ef yn cyfateb i'r hyn sy'n
wir, neu ai derbyn a wnawn, fel hanfod yr hyn sy'n wir, yr hyn a
welwn yng Nghrist?

I lawer o edmygwyr efengylaidd Gwenallt, byddai'r ail ddewis
yn annerbyniol. Iddynt hwy, ymddangosai fel safbwynt sy'n
gwneud credu neu anghredu yn fater o ddewis mympwyol yr
unigolyn; gwneud credu yn rhywbeth goddrychol yn hytrach nag

yn rhywbeth gwrthrychol. Dylanwadwyd yn drwm ar Gwenallt gan Kierkegaard a Barth. Mae'n ddiddorol sylwi, felly, fod y ddau ddiwinydd o blaid yr ail ddewis uchod. Iddynt hwy, nid yw'r gwirionedd yng Nghrist yn wir yn ôl safonau o wirionedd sy'n annibynnol arno, ond, yn hytrach, *Crist ei hun* sy'n ddatguddiad o'r gwirionedd. Dyna pam nad yw Kierkegaard, na neo-uniongrededd Barth, yn dderbyniol iawn gan ffwndamentalwyr (categori mwy cyfyng na'r efengylwyr). Mae'r ffwndamentalwyr, o dan ddylanwad gwyddoniaeth, yn pwysleisio syniad arbennig o wrthrychedd, ac yn drwgdybio fod Kierkegaard a Barth, fel Kant, am osod crefydd mewn categori ar wahân i'r 'gwrthrychol'. Yr hyn y dylem ei wneud yw ailedrych ar syniad unllygeidiog y ffwndamentalwyr am wrthrychedd.

Efallai y bydd cymhariaeth â Freud o help. Fel y gwyddom, syniad gwreiddiol Freud oedd mai cymhellion rhywiol sydd wrth wraidd pob gweithgaredd dynol. Lluniodd ddiagnosis o'n clefyd. Nid wyf am fynd i fanylion yma ynghylch syniadau fel yr 'Oedipus Complex', ond roedd Freud, heb amheuaeth, yn ystyried ei ddiagnosis yn ddiagnosis gwyddonol. Ond ai dyna oedd ei weledigaeth? Yn ei gyhoeddiadau pwysleisiodd gymaint y gwrthsafai ei gleientiaid ei ddiagnosis ond cymerai hynny fel arwydd ei fod yn agosáu at y gwirionedd. Mewn llythyr at ffrind cyfaddefodd, hefyd, pa mor ddeniadol iddynt oedd ei esboniadau rhywiol ar eu cyflwr. Ymffrostiai fod gwragedd moethus Vienna yn gadael ei ystafell wedi'u cynhyrfu, gan ddatgan, 'Does neb wedi dweud y fath bethau wrthyf o'r blaen'. Ymhlith athronwyr roedd cryn ddadlau am statws rhesymegol y diagnosis Freudaidd. Ai *disgrifiad* oedd o gyflwr ei gleientiaid, neu o natur eu breuddwydion, neu a oedd yn wir yn cynnig ffordd arbennig o edrych ar eu bywydau? Tueddaf i gredu'r ail safbwynt am ddiagnosis Freud, ond ni ddylem ruthro i'r casgliad fod hyn yn gwneud popeth yn oddrychol. Wedi'r cwbl, darganfuwyd gwirionedd pwysig amdanynt eu hunain gan gleientiaid Freud, sef pa mor barod oeddynt i dderbyn esboniadau Freudaidd ar eu cyflwr. Ac fe aeth y derbyn hwnnw'n rhan o'u bywydau. Felly yr oedd pethau iddynt mewn bywyd, unwaith y derbynient ddiagnosis Freud. Ac onid yw'r un peth yn wir am ein parodrwydd i dderbyn diagnosis Marcsaidd o'n bywydau? Beth felly am y diagnosis Cristnogol?

Wrth lunio diagnosis o symtomau dy glefyd
Ni glywwn ei wres yn ein pennau ni hefyd.

... Y mae'r Meddyg gwyn wrth yr atgas operasiwn
Yn theatr drugarog, atgyfodus Ei Basiwn.[84]

Mae'r pechadur am wrthod cydnabod ei fai. Mae'n rhaid iddo yntau ildio a phlygu o flaen y Crist. Unwaith y mae'n ei dderbyn, gwêl ei fywyd yn nhermau'r Crist byw. Nid goddrychiaeth yw hyn, ond derbyn trefn gras.

Ond erys y cwestiwn am y berthynas, a'r anghytundeb rhwng y goleuadau sydd am oleuo'n gyrfa – golau Freud, golau Marx, golau Crist. Fel y dywedodd Simone Weil, nid drwy syllu arno yr ydym yn mesur gwerth golau, ond drwy edrych ar yr hyn y mae'n ei oleuo. Mae Freud, Marx a Christ yn goleuo bywyd mewn ffyrdd gwahanol iawn. Efallai na fydd rhywun sy'n dilyn un ohonynt byth yn ystyried y lleill. Ond os ceir trafodaeth rhyngddynt, nid mater o oleuo *un* cornel tywyll sy'n gyffredin iddynt i gyd fydd hi wedyn ond, yn hytrach, fe fydd pob un yn ôl ei anawsterau'n holi, 'Pam 'rych chi'n pwysleisio hynny?' – 'Beth am hyn?' – 'Beth am y peth arall?' – ac yn y blaen. Nid setlo dadl a wna'r athronydd; egluro'i natur yw ei gais bob amser.

[1] Christine James (gol.), 'Y Genedl', *Cerddi Gwenallt*, 103.

[2] J. E. Meredith, *Gwenallt: Bardd Crefyddol* (Llandysul: Gwasg Gomer, 1974), 9.

[3] ibid., 41-2

[4] Gwenallt, 'Credaf' yn J. E. Meredith, *Gwenallt: Bardd Crefyddol*, 56

[5] ibid., 60.

[6] ibid., 61.

[7] ibid., 65-6.

[8] ibid., 66-7.

[9] ibid., 68.

[10] ibid., 75.

[11] Gwelsom hyn yn y drydedd bennod wrth i ni drafod 'Gwerthoedd'. Gweler tt.63-71.

[12] *Times Literary Supplement*, 11 Medi 1969.

[13] T. S. Eliot, *On Poetry and Poets* (London: Faber and Faber, 1957), 262.

[14] Gwynn ap Gwilym, 'Rhagymadrodd' i *Blodeugerdd Barddoniaeth Gymraeg Yr Ugeinfed Ganrif,* xlvii.

[15] ibid., xlv.

[16] J. E. Meredith, op. cit., 41.

[17] ibid., 37.

[18] Cymh. Gwynn ap Gwilym, 'Yr oedd naws broffwydol, genhadol … i'r canu Cymraeg mwyaf arwyddocaol wedi'r Ail Ryfel Byd. Cyfleu neges oedd y nod …', op. cit., xlv. Fi biau'r ôl-nodyn.

[19] Christine James, 'Rhagymadrodd', op. cit., xlix-l.

[20] Ioan M. Williams (gol.), *Dramâu Saunders Lewis. Y Casgliad Cyflawn. Cyfrol I* (Caerdydd: Gwasg Prifysgol Cymru, 1996), x.

[21] op. cit., 1.

[22] Gwelir barn Rowan Williams yn ei adolygiad ar D. Z. Phillips,

R. S. Thomas, *Poet of the Hidden God* yn *Philosophical Investigations*, Vol. II, No. 4, October 1988, 336-9.

[23] op. cit., 14.

[24] Ar glawr cefn Rowan Williams, *The Poems of Rowan Williams* (Oxford: The Perpetua Press, 2002).

[25] Gweler 'Ein Duwiol Brydyddion', *Weiren Bigog,* 1 Awst 1985, 3-15; *Taliesin,* Cyf. 64, Hydref 1988, 80-88; *Cnoi Cil ar Lenyddiaeth,* Rhan 1 a Phennod 7; 'Rhagymadrodd' i *Sglefrio ar Eiriau.*

[26] John Rowlands, 'Ein Duwiol Brydyddion', op. cit.

[27] Gweler Pennod II.

[28] *Cerddi Gwenallt,* 152.

[29] John Rowlands, *Cnoi Cil Ar Lenyddiaeth,* 71.

[30] Gweler D. Z. Phillips, *Religion and the Hermeneutics of Contemplation* (Cambridge: Cambridge University Press, 2002).

[31] *Cerddi Gwenallt,* 303.

[32] John Rowlands, 'Ein Duwiol Brydyddion', op. cit.

[33] Hywel D. Lewis, 'Byd Crist a byd Cristion', *Barddas,* Rhif 101, Medi 1985.

[34] Dafydd Densil Morgan, 'Ein Didduw Sylwebyddion', *Barddas,* Rhif 103, Tachwedd 1985.

[35] Alan Llwyd, 'Ein Didduw Academyddion', *Barddas,* Rhif 101, Medi 1985.

[36] Gweler John Rowlands, *Taliesin,* Cyf. 64, Hydref 1988 a *Cnoi Cil ar Lenyddiaeth.*

[37] D. Densil Morgan, '"Y Gristionogaeth": Ateb i John Rowlands', *Taliesin,* Cyf. 66, Mawrth 1989, 80-85.

[38] ibid., 80.

[39] ibid., 81.

[40] John Rowlands, *Cnoi Cil ar Lenyddiaeth,* 71.

[41] *Cerddi Gwenallt,* 73.

[42] op. cit.

[43] op. cit., 83.

[44] ibid., 82.

[45] Rwy'n ddiolchgar i Walford Gealy am dynnu fy sylw at yr adnod. Ni ddylid cymryd yn ganiataol y buasai'n cytuno â'm dadl drwyddi-draw.

[46] Gweler Rush Rhees, *On Religion and Philosophy*, golygwyd gan D. Z. Phillips: 'Difficulties with Christianity IV', 356, am drafodaeth wych ar y tyndra

[47] *Cerddi Gwenallt*, 73.

[48] Gweler Rhees, op. cit., 'Death and Immortality', 234-237.

[49] *Cerddi Gwenallt*, 74.

[50] ibid., 203.

[51] Gweler D. Z. Phillips, *The Problem of Evil and the Problem of God* (London: S.C.M. Press, 2004).

[52] *Cerddi Gwenallt*, 149.

[53] Søren Kierkegaard, *Purity of Heart*, cyf. Douglas Steere (New York: Harper Torchbooks, 1938), 106-7.

[54] R. S. Thomas, 'Priest and Poet' yn *Poetry Wales*, Spring 1972, 56.

[55] *Cerddi Gwenallt*, 265.

[56] Derec Llwyd Morgan, '"Promethews" gan Gwenallt', *Y Traethodydd*, Cyf. 124, 1969, 87.

[57] ibid.

[58] ibid., 88.

[59] ibid.

[60] ibid., 89.

[61] Wrth drafod chwedl Promethews 'rwyf wedi bod yn ailadrodd trafodaeth wych Peter Winch yn 'What Can Philosophy Say To Religion?' yn D. Z. Phillips (gol.), *Faith and Philosophy*, October 2001.

[62] *Casgliad o Gerddi T. H. Parry-Williams* (Llandysul: Gwasg

Gomer, 1987), 101.

[63] *Cerddi Gwenallt*, 113.

[64] ibid., 144.

[65] *A Theory of Literary Production*, cyf. Geoffrey Wall (London: Routledge and Kegan Paul, 1978). Cyhoeddwyd *Pour une theorie de la production litteraire* yn 1966

[66] M. Wynn Thomas, 'Pwys Llên a Phwysau Hanes', 14.

[67] Rowan Williams, 'Looking for Jesus and Finding Christ' yn D. Z. Phillips a Mario von der Ruhr (goln.), *Biblical Concepts and Our World* (Basingstoke: Palgrave, 2004), 141-2.

[68] op. cit., 14.

[69] ibid., 15.

[70] ibid.

[71] *Cerddi Gwenallt*, 139.

[72] op. cit., 15.

[73] *Cerddi Gwenallt*, 113.

[74] op. cit., 15.

[75] ibid., 16.

[76] ibid., 17.

[77] ibid., 18-19.

[78] ibid., 19.

[79] ibid., 17.

[80] ibid., 20.

[81] D. Densil Morgan, 'Gwenallt: Poet of Flesh and Spirit' yn Donald Allchin, D. Densil Morgan, a Patrick Thomas, *Sensuous Glory: The Poetic Vision of D. Gwenallt Jones* (Norwich: Cantebury Press, 2000), 61.

[82] Rowan Williams, 'Foreword' i *Sensuous Glory: The Poetic Vision of D. Gwenallt Jones*, vii.

[83] *Cerddi Gwenallt*,103.

[84] ibid., 217.

PENNOD XIII

A OES BENDITH?

1. Tu hwnt i esboniad

Yn y ddegfed bennod, pwysleisiais y gwahaniaeth sylfaenol rhwng darluniau datguddiol neu ddadlennol ar y naill law, a darluniau disgrifiadol ar y llaw arall. O'r ddeunawfed ganrif ymlaen, gyda'r cynnydd yn statws gwyddoniaeth, gwelwyd tuedd i drin credoau crefyddol fel darluniau disgrifiadol, fel tybiaethau'n cystadlu â thybiaethau gwyddonol. Roedd rhaid dewis rhwng Darwin a Genesis. Esboniadau cystadleuol oeddynt.

Fel y gwelsom eisoes, nid y ddeunawfed ganrif a welodd ddechrau tuedd o'r fath. Gwelodd Lwcretiws dyndra rhwng crefydd a naturoliaeth. Iddo ef, tyndra rhwng dau fath o *ddamcaniaeth* ydoedd. Dadleuodd ar sail ei aeddfedrwydd fel esboniwr, fod esboniadau naturiol yn dangos mor hollol amherthnasol i fywyd oedd credu yn y duwiau. Roedd yn amlwg iddo fod llunio esboniad naturiol i ffenomen taranau yn well nag unrhyw apêl at ewyllys Iau. A barn llawer yn ein diwylliant ni heddiw yw fod gwyddoniaeth wedi diorseddu crefydd.

Nid wyf am ddadlau, mewn gwagle, am y berthynas a *ddylai* fod rhwng crefydd a gwyddoniaeth. Mae'n dibynnu ar y math o grefydd sydd yn y tir. Er enghraifft, os yw'r credadun o'r farn fod y Beibl wedi profi oedran y ddaear, a bod daearegwr, ar y llaw arall, yn gallu dangos fod oedran ffosilau yn hŷn o lawer, mae tyndra real rhyngddynt. I fod yn fwy profoclyd, i ba raddau y mae credu mewn bywyd ar ôl marwolaeth yn dibynnu ar feddwl am gredoau crefyddol fel darluniau disgrifiadol? A yw ymchwil i ffenomenau seicig yn berthnasol i'r gred mewn bywyd tragwyddol? Byddai llawer yn rhoi ateb cadarnhaol i'r cwestiynau hyn. Ond dadlau rwyf i yn hytrach nad oes rhaid gweld y berthynas rhwng naturoliaeth a chrefydd yn y fath fodd, ac eto gall fod tyndra rhyngddynt. *Eithr nid tyndra rhwng dwy ddamcaniaeth ydyw, ond tyndra rhwng dwy weledigaeth o'r byd.* Ond pa fath o weledigaeth a geir yma?

Wrth edrych ar y darluniau datguddiol a welsom trwy gydol yr astudiaeth sylweddolwn nad esboniadau ar fywyd ydynt, ond ymatebion i fywyd *ar ôl* derbyn pob esboniad arferol. Er enghraifft, mae'r fam a gollodd ei phlentyn mewn damwain, er iddi gael esboniad llawn ar yr hyn a ddigwyddodd, yn dal i ofyn, 'Paham yr oedd rhaid i hyn ddigwydd?' Nid esboniad arall sydd arni eisiau (mae'r esboniadau ganddi yn barod) *yn gymaint ag ystyr sydd y tu hwnt i bob esboniad.* Drachefn: bydd modd esbonio marwolaeth pob un ohonom, ond nid esboniad o'r fath sydd arnom ei angen er mwyn dod i delerau ag angau.

Ceir enghraifft o'r math o ymateb a geir mewn darlun datguddiol o fywyd yn ymateb Horas i her Lwcretiws. Esboniad ar y tywydd sydd ei eisiau, meddai Lwcretiws, er mwyn esbonio taranau, nid apêl at ewyllys Iau. Her Lwcretiws i grefyddwyr oedd iddynt ddangos Iau iddo yn taranu pan oedd y ffurfafen yn glir. Cynnig gweledigaeth wahanol a wnaeth Horas wrth ateb Lwcretiws. Dywedodd ei fod am gyfnod hir yn ei fywyd wedi meddwl fel yntau, ond ei fod wedi newid ei feddwl. Mae'n wir, meddai Horas, mai o'r cymylau y mae Iau yn taranu fel arfer, ond ambell waith mae'n taranu pan yw'r ffurfafen yn glir. Gall Iau godi'r di-nod i fyny, a darostwng y cedyrn i'r llawr. Hyd yn oed yn hafddydd ei frenhiniaeth fe all Ffawd gipio'r goron oddi ar ben brenin, a'i gosod ar ben rhywun arall – a dyna Iau yn taranu o ffurfafen glir.

Tarddodd y syniad fod bywyd yn nwylo'r duwiau o brofiadau o'r fath, a barai feddwl mai mater o hap a damwain oedd byw. Sylwch nad yw'r ymateb *yn dilyn* y gred wreiddiol ym modolaeth y duwiau. I'r gwrthwyneb, mae'r gred wedi'i gwreiddio yn yr ymateb i hap a damwain mewn bywyd – ymateb sy'n gweld y ddynoliaeth ar drugaredd Ffawd ddireswm. Yr oedd gwadu hyn, gwadu'r duwiau, yn falchder ar ran dyn, a'r enw a roddwyd arno oedd *hubris*. 'Hubris' a wnaeth i Oidipos wrthod cydnabod y gallai ef fod yn felltigedig ymhlith dynion.

Yn y ffydd Gristnogol try'r syniad o ffawd ddireswm, a all fod yn hael neu'n greulon, yn syniad am y byd fel rhodd rasol Duw. Ond yma, hefyd, cydnabyddir fod y glaw yn disgyn ar y cyfiawn a'r anghyfiawn. Gall y ffurfafen ymddangos yn ddifater. Ac felly y mae hi i R. Williams Parry a thrigolion Ffridd Felen Kate Roberts. Y mae difaterwch y ffurfafen yn dangos mor fympwyol yw ffawd. Ond wrth edrych ar yr *un* ffurfafen, ac wrth gytuno ei bod yn ddifater, y mae R. S. Thomas mewn un ystyr yn dod i gredu yng nghariad a gras y Duwdod. Ar y llaw arall, mae'n cyfaddef nad yw'r gred yn un boblogaidd ac na fydd y ffordd sy'n arwain ati yn apelio at y lluoedd. Serch hynny, meddai'r bardd, mae'r gred a'r ffordd ati yn real:

> To the pot-holing few there is a way
> in along passages that become
> narrower and narrower,
> that lead to the chamber
> too low to stand up in,
> where the breath condenses
> to the cold and locationless
> cloud we call truth. It
> is where I think. ('Inside')[1]

Y peth cyntaf y mae'n rhaid i ni ei wneud os am ddod at brofiad o'r fath, medd R. S. Thomas, yw gwrthod edrych am ryw esboniad hollgynhwysfawr ar fympwyon bywyd. Wrth iddo daflu ei ofynion am esboniad i'r nefoedd, ni ddaw ateb yn ôl:

> ... There was one being
> would not reply. God,
> I whispered, refining
> my technique, signalling
> to him on the frequencies
> I commanded. But always
> amid the air's garrulousness
> there was the one station
> that remained closed. ('One Way')

Ar sawl adeg yn ystod ei fywyd, hyd y diwedd, mae'r distawrwydd hwn, absenoldeb esboniad, yn peri trafferth iddo. Ond ar brydiau eraill mae'n ffarwelio â'r syniad fod rheswm dwyfol, esboniadol y tu cefn i bopeth; y mae'r bardd yn cefnu ar yr awydd am esboniad.

Wrth edrych ar gyflwr crefydd yn ein diwylliant, gwelwn o leiaf un gwahaniaeth sylfaenol rhwng credoau crefyddol. Mae un math o grefydd yn disgwyl am *ganlyniadau arbennig* mewn bywyd, neu am ganlyniadau arbennig ar ôl marwolaeth. Ac oni ddaw'r canlyniadau hynny i fod, yna fe anwireddir y ffydd. Dyma'r math o gred sydd mewn darluniadau disgrifiadol. Ond y mae cred grefyddol o fath gwahanol sydd wedi'i seilio ar ystyron crefyddol fydd yn cynnal y credadun *beth bynnag a ddigwydd*. Yr anhawster yw fod modd i'r un geiriau fynegi'r naill gred a'r llall. Fel y gwelsom, y mae gwahanol gredoau ym marddoniaeth T. H. Parry-Williams ac R. S. Thomas. Ac fel y gwelwn yn y bennod hon, mae anghytuno ynglŷn â natur y credoau crefyddol sydd ym marddoniaeth Waldo Williams. Mae modd dehongli'r un geiriau mewn ffyrdd tra gwahanol i'w gilydd. Ffeithiau yw'r rhain sy'n adlewyrchu cyflwr ein diwylliant.

2. Absenoldeb

Er bod syniad o fywyd fel rhodd (ac felly rhyw syniad o
Dduw) yn rhai o gerddi T. H. Parry-Williams, gwelwn hefyd yn
rhai o'i gerddi eraill, gan gynnwys y rhai mwyaf enwog, syniad o
ddiddymdra ar ben y daith sydd fel petai'n negyddu unrhyw ystyr
i realiti, gan gynnwys realiti dwyfol y tu hwnt i angau. Ein cartref
terfynol yw '[t]wllwch diedifar y tu hwnt'. A llithro wnawn 'i'r
llonyddwch mawr yn ôl'. Mae rhyw absenoldeb yn teyrnasu dros
y diwedd. Ond byddai'n ddiddorol gofyn pa fath o 'bresenoldeb'
a fyddai ei eisiau i wneud gwahaniaeth i Parry-Williams. Yr hyn
sy'n ddiddorol yw fod y syniad o Dduw a ddengys R. S. Thomas
i ni yn codi o fyfyrio ar y syniad hwn o absenoldeb. Absenoldeb
yw diwedd pethau i Parry-Williams, ond dechrau pethau ydyw
i R. S. Thomas. Iddo ef, mae arwyddocâd yn nistawrwydd y
ffurfafen, yn y mudandod sy'n wynebu'r awydd am esboniad.
Chwedl R. S. Thomas:

> It is this great absence
> that is like a presence, that compels
> me to address it without hope
> of a reply ... ('The Absence')

Ond os yw dyn yn siarad am absenoldeb sydd megis presenoldeb,
yn siarad am gyfarch heb obaith am gael ateb, y tebygolrwydd yw
y bydd deallusion yr academi yn gwneud sbort am ei ben. Mae
R. S. Thomas yn ymwybodol o hyn:

> In the silence
> that is his chosen medium
> of communication and telling
> others about it
> in words. Is there no way
> not to be the sport
> of reason? ... ('The New Mariner')

Gwelsom yn y tyndra mewnol sydd yng ngherdd Saunders Lewis, 'Gweddi'r Terfyn', pa mor anodd yw siarad yn ystyrlon am y pethau hyn.

Ond cyn dod i'r casgliad fod siarad felly yn nonsens llwyr, dylem feddwl am amgylchiadau cyfarwydd yn ein profiad. Onid yw arwyddocâd cadair wag yn dibynnu ar yr un sy'n absennol? Hynny yw, absenoldeb unigolyn sy'n rhoi'r arwyddocâd *presennol* i'r gadair. Meddai Simone Weil am yr ymadawedig: 'Mae ei absenoldeb yn real iawn. O hyn ymlaen, dyma fel y bydd yn ymddangos.' Meddyliwch am feirdd fel Gwyn Thomas a Dafydd Rowlands yn cofio T. H. Parry-Williams, a'r ffordd y mae ei absenoldeb yn gwneud gwahaniaeth iddynt. Ac oni ddywedodd Iesu fod yn rhaid iddo fynd ymaith cyn y medrai ddod yn ôl at ei bobl? Ac os gofynnwn am ddull ei ymddangosiad, onid yr ateb Cristnogol yw: fel ysbryd popeth; ysbryd gras a chariad? Yn y Gristnogaeth mae'r Groes yn datguddio'r hyn sy'n wir o dragwyddoldeb, sef fod popeth yn rhodd. Duw y Rhoddwr yn datguddio'i rodd fwyaf – sef aberth ei unig-anedig Fab.

Mae'n anodd cyfleu'r syniad hwn o rodd ddwyfol yn athroniaeth crefydd gyfoes. Fe ddywed sawl athronydd a diwinydd: 'Yn ôl eich safbwynt chi, agwedd ddynol at y byd yn unig yw gweld pethau fel rhodd. Rhaid wynebu'r ffaith na allwn sôn am rodd heb roddwr, ond mae'r rhoddwr yn absennol yn eich dadansoddiad'. Wel, beth yw natur y Rhoddwr? Mae'r meddylwyr cyfoes wedi anghofio rhybudd Acwinas nad sylwedd o unrhyw fath yw Duw – nid sylwedd materol na sylwedd anfaterol. Yn sicr, nonsens yw meddwl am Dduw fel gwrthrych empeiraidd. Mae'r dybiaeth yn nonsens hyd yn oed os ydym am ddeall duwiau'r Groegiaid. Ond onid nonsens hefyd yw meddwl am Dduw fel 'ymwybyddiaeth bur'? Rhaid dod yn ôl at y syniad o ysbryd, heb droi'r 'ysbryd' yn sylwedd; heb droi Duw yn 'ddyn anweledig' diwinyddiaeth.

Os dywedaf fod Dafydd Wigley yn gyn-arweinydd Plaid Cymru, gallaf ei adnabod heb wybod hynny, ond nid felly y mae'r berthynas rhwng 'gras' a 'Duw'. Gair arall am 'Dduw' yw 'gras'. Mae'r berthynas rhyngddynt, yn y Gristnogaeth, yn berthynas fewnol, syniadol, fel y berthynas rhwng 'breichiau – coesau – wyneb – corff' a bod dynol. Realiti gras yw realiti Duw. Dim ond drwy sylweddoli *absenoldeb* Duw, fel sylwedd o unrhyw fath, y deuwn i weld ym mha ystyr y gall fod yn *bresennol* fel ysbryd gras a chariad.

Felly, nid trigfan ymhlith trigfannau yw trigfan Ysbryd Duw. Os edrychwn amdano, yna fe fydd yn absennol. Fel y dywed R. S. Thomas am Abercuawg, nid man ymysg mannau ydyw, ond lle ysbrydol a all roi ystyr i bob man – trigfan ysbrydol ydyw. Ac onid dyna 'ynys' Waldo Williams hefyd? Nid y Ddinas Emrallt, nid yr 'Ynys Dawel dros y lli' a welodd Elfed yng ngolau'r hwyr, ond arwyddocâd dwyfol, purdeb, sydd wrth fod y tu hwnt i bopeth byw, yn medru rhoi arwyddocâd tragwyddol i fodolaeth:

> Tu hwnt i Kerguelen mae'r ynys
> Lle ni safodd creadur byw,
> Lle heb enw na hanes,
> Ac yno yn disgwyl mae Duw .[2]

'Ond', meddai'r athronwyr, 'ym mha ystyr y mae gan realiti dwyfol, yn ôl eich dadansoddiad chi, unrhyw fath o annibyniaeth mewn perthynas â ni?' Wrth gwrs, nid y math o annibyniaeth sydd i un sylwedd mewn perthynas â sylwedd arall yw'r math o annibyniaeth sydd i'r Duwdod. Serch hynny, yn yr adroddiad a roddais y mae i'r dwyfol annibyniaeth. Yn gyntaf, y mae'n realiti arallfydol yn yr ystyr ei fod y gwrthwyneb i fydolrwydd. Yn ail, ni all bodau meidrol gofleidio realiti o'r fath yn ei gyfanrwydd. Yn drydydd, gellir gwneud camgymeriad ynghylch realiti dwyfol trwy, er enghraifft, ildio i eilunaddoliad; byddai gwneud Duw yn sylwedd yn gamgymeriad dybryd. Yn bedwerydd, mae'r Cristion yn atebol i'r realiti dwyfol ac mae'n gwybod pan yw ar grwydr oddi wrtho.

3. Natur Fel Rhodd

Eisoes yn y bennod gwelsom sut y mae R. S. Thomas, yn ei gredoau crefyddol, yn mynd y tu hwnt i gyfeiriadau Parry-Williams at 'y llonyddwch mawr' sydd ar derfyn bywyd. Mewn modd tebyg y mae am fynd y tu hwnt i agwedd R. Williams Parry at y byd naturiol. Meddai Williams Parry:

> Mi gefais goleg gan fy nhad,
> A rhodio'r byd i wella'm stad;
> Ond cefais gan yr hon a'm dug
> Fy ngeni'n frawd i flodau'r grug.[3]

Yn ei farn ef:

> Nid bywyd yw Bioleg:
> Mi af yn ôl i'r wlad.[4]

I Williams Parry, fel y dywedodd Hugh Bevan:

> 'Rhyfedd yw gweld … Rhyfedd yw gwrando…' Fe'i cynhyrfir yn ddwys gan gyfoeth sŵn a lliw'r cread a dotia ar firaglau'r synhwyrau, yn enwedig fel Bardd yr Haf.[5]

Ond nid wyf wedi anghofio yr ochr arall sydd i geiniog profiad Williams Parry, sef ei ymwybod â darfodedigrwydd popeth ym myd natur:

> Dyfod pan ddêl y gwcw,
> Myned pan êl y maent,
> Y gwyllt atgofus bersawr,
> Yr hen lesmeiriol baent;
> Cyrraedd, ac yna ffarwelio,
> Ffarwelio, – Och! na pharhaent[6]

Fel y dywed R. Gerallt Jones:

Y mae dau beth yn cydredeg trwy farddoniaeth Williams Parry: rhyfeddod at wyrth a dawn bywyd, ac ofn marwolaeth.[7]

Ac ym marn llawer, y ffaith syml hon yw'r rheswm pam mai Williams Parry, iddynt hwy, yw'r mwyaf ymysg beirdd Cymru. Ond er fod R. S. Thomas hefyd yn cydnabod cydrediad y ddwy elfen ym myd natur, y mae ef am holi a oes modd mynd y tu hwnt iddynt i weld y cyfan fel rhodd ddwyfol. Ac nid yw'r ffordd ymlaen yn hawdd iddo:

> Is there a blessing? Light's peculiar grace
> In cold splendour robes this tortured place
> For strange marriage. Voices in the wind
> Weave a garland where a mortal sinned.
> Winter rots you; who is there to blame?
> The new grass shall purge you in its flame.
>
> ('Song at the Year's Turning')

Rhaid ein puro yn y tân cyn y medrwn weld y byd naturiol fel rhodd rasol. I hynny ddigwydd, rhaid marw i'r hunan. Nid dyn yw canolbwynt y cread. Felly, nid agwedd ddynol at y byd a geir ym marddoniaeth R. S. Thomas. Nid aberthem ein hunain er ein lles ein hunain, ac nid yw'n ystyrlon sôn am ddynolryw fel rhoddwr ein natur i ni nac fel rhoddwr bodolaeth. Nid cydnabod ein hunain a wnawn wrth gydnabod y rhodd, ond cydnabod Duw grasol. Mae posibilrwydd gweld y byd naturiol fel rhodd yn fath o eiriolaeth i'r credadun, oherwydd fe'i gwna'n bosibl iddo fod yn enaid o flaen Duw. Mae'r gweld yn *creu'r* posibilrwydd o fod yn enaid o fath arbennig. Dyma'r syniad wedi'i fynegi yn un o gerddi Waldo Williams, 'Odidoced Brig y Cread':

> Fry o'm blaen yn sydyn neidiodd
> Seren gynta'r nos i'r nen,
> A'i phelydriad pur ni pheidiodd

Rhwyll i'm llygaid yn y llen.
O! ddisgleirdeb, fel eiriolaeth,
Dros y pererinion blin
Ac anwyliaid eu mabolaeth
Yn ymrithio yn ei rin.
Ie, yr un gorchymyn ydoedd
Cychwyn sant y gwaeth a'r gwell;
Rhoed treftadaeth i'n hysbrydoedd
Yma'n agos fel ymhell. ('Odidoced Brig y Cread')

Yng ngherddi Williams Parry, ymuniaethir â byd natur drwy ryfeddod a thristwch. Yng ngherddi Waldo Williams, mae modd gweld natur fel rhodd sy'n eiriol dros bererinion blin ac yn creu treftadaeth ysbrydol iddynt; y math o dreftadaeth sy'n gwneud hi'n bosibl i R. S. Thomas ddweud:

… I walked on,
Simple and poor, while the air crumbled
And broke on me generously as bread.

('The Moor')

Nid dadlau a wna R. S. Thomas a Waldo Williams y gellir, ar sail y pethau da sy'n digwydd, ddod i gasgliad ynghylch daioni Duw. I'r gwrthwyneb, rhyfeddu a wnânt at y greadigaeth a'i derbyn fel gras sy'n ei gwneud yn bosibl iddynt ymateb i beth bynnag a ddaw – boed ddaioni neu ddrygioni. Nid dadlau y maent ar sail ffeithiau i gyfiawnhau rhoi mawl i Dduw, ond dangos y maent modd y gall rhyfeddu at y byd a'i foli wneud gwahaniaeth i'r ffeithiau. Ond beth yw ystyr dweud hyn yn ein perthynas â'n gilydd?

4. Bodau Meidrol Fel Rhodd

Dywedais fwy nag unwaith na all athroniaeth, fel y cyfryw, benderfynu a ddylem gredu yn Nuw ai peidio. Ar y llaw arall, wrth geisio eglurdeb rhaid i athroniaeth wrthwynebu unrhyw ddryswch a ddaw i'r golwg. Nid athroniaeth sy'n penderfynu beth sydd i'w gyfrif yn ddryswch. Yn hytrach, mae'n dangos y dryswch sy'n bod yn ein camddefnydd o syniadau yng nghyd-destun ein gweithgareddau. Er enghraifft, gellir dangos yn y ffordd hon y gwahaniaeth rhwng crefydd ac ofergoeliaeth, fel y gwelsom ym mhenodau pump a saith. Ar ochr hiwmanistiaeth, dryswch pur yw'r syniad fod twf yr hil ddynol i stad o berffeithrwydd terfynol yn anorfod. Yr oedd y gred yn ddryslyd o'r cychwyn, ond gwnaeth dau Ryfel Byd fwy nag unrhyw wrthddadl i'w diorseddu. Ac yn hyn o beth, yr oedd y syniad crefyddol o bechod yn fwy realistig na'r syniad o berffeithrwydd. Ar y llaw arall, gall y gred grefyddol mewn 'diwedd hapus' ar ôl marwolaeth glosio'n agos iawn at obeithion secwlar ar brydiau. Yn yr Unol Daleithiau mae gan grefyddwyr gred ym 'moeseg llwyddiant', sef sicrwydd y bydd Duw yn ateb ein hanghenion hyd yn oed yn y byd hwn. Efallai nad ein hamserlen ni yw amserlen Duw, ond fe gawn bopeth a ddymunwn yn y diwedd – dyna'r gobaith. Yn y bennod hon rwyf am ddangos natur credoau crefyddol tra gwahanol.

Yn y Gristnogaeth mae bodau dynol, fel natur ei hun, yn rhodd ddwyfol, ond bodau ydynt hefyd sy'n dibynnu ar ras dwyfol. Cred hiwmanistiaeth fod adnoddau digonol gennym i fyw'n gytûn â'n gilydd. Ond nid dyna neges y Gristnogaeth. Yr oedd Pedr yn hollol hyderus ynghylch ei allu i gynorthwyo'r Iesu ym mhob amgylchiad. Wrth feddwl felly fe dybiai ei fod yn hunangynhaliol. Roedd yn amhosibl iddo ef wadu'r Iesu. Ac eto, fel y gwyddom, dyna a wnaeth – nid unwaith ond teirgwaith. Fel y dywedodd Simone Weil, fe wadodd Pedr yr Iesu nid trwy dorri ei addewid, ond trwy gadw'r addewid. Roedd yn gwadu fod angen gras arno. Fel y buasai Horas yn dweud, pan ddaeth amser profi Pedr taranodd Iau o ffurfafen glir.

I Gristnogion, pererindod gras yw bywyd; ymdrech ydyw i dderbyn byd natur a bodau dynol fel rhoddion grasol gan Dduw.

O ganlyniad, mae trais yn erbyn eraill yn bechod ysbrydol. Dyma
un o themâu canolog barddoniaeth Gristnogol Waldo Williams:

> Mae rhwydwaith dirgel Duw
> Yn cydio pob dyn byw;
> Cymod a chyflawn we
> Myfi, Tydi, Efe ...⁹

Yn ôl gweledigaeth Waldo Williams, gras a chariad yw'r unig
hollalluogrwydd sydd gan Dduw. Nid yw'n hollalluog mewn
unrhyw ystyr arall. Wrth ddisgwyl am swcwr iawndal o'r nefoedd
yn wyneb trybini bywyd, mae'r ffurfafen, fel y dengys barddoniaeth
R. S. Thomas, fel petai'n wag ac yn ddifater. Dyna'r Duw sydd
wedi marw, er fod llawer heb sylweddoli hynny – Duw swcwr.
Neu, o'i roi'n well, ni fu'r fath Dduw erioed. Y mae llawer o
athronwyr crefydd yn dal i sôn am Dduw o'r fath. O ganlyniad,
rhaid iddynt geisio am esboniad i'r ffaith nad oes swcwr ar gael pan
fo'i angen. Gwaeddant eu hesboniadau tua'r nefoedd, ond dônt
yn ôl yn adleisiau gwag. Mewn cyfnod a welodd yr Holocost, nid
yw'n syndod fod deallusion sy'n arddel theodiciaeth o'r fath yn
dwyn dirmyg ar grefydd. Chwarae â dioddefaint a wna esboniadau
o'r fath.

5. Eiriolaeth

Ar ôl rhoi'n rhesymau dros ddweud fod Duw yn absenoldeb,
a dadlau fod sylweddoli hyn yn angenrheidiol os am ddeall natur
ei bresenoldeb yn y byd, ac ar ôl siarad am natur a bodau dynol
fel rhoddion gras, mae cwestiynau sylfaenol yn dal i'n hwynebu
ar ddiwedd yr astudiaeth hon. Os meddyliwn am Dduw yn y
fath fodd, ym mha ystyr y mae'r Duw hwnnw'n eiriol drosom?
Beth yw cynnwys a sylwedd yr eiriolaeth? A ydyw'n berthnasol,
o gwbl, i'n bywydau ymarferol?

Nid oes amheuaeth gan R. S. Thomas fod rhaid i grefydd fod

yn berthnasol i fywyd er ei waethaf:

> We must dip belief
> Not in dew nor in the cool fountain
> Of beech buds, but in seas
> Of manure through which they squelch
> To the bleakness of their assignations. ('Look')[10]

Ac wrth gwrs, nid at y ffermwyr, yn unig, yr oedd y bardd yn cyfeirio. Beth, felly, y mae'r Gristnogaeth yn ei gynnig o dan amgylchiadau o'r fath? Ai dweud y mae y bydd popeth yn iawn yn y diwedd, dim ond i ni garu Duw a chydnabod ei ras? A yw'r fath optimistiaeth yn gyfystyr â Christnogaeth? Mae rhai yn meddwl felly ac yn credu fod Waldo Williams wedi canu am optimistiaeth o'r fath yn rhai o'i gerddi mwyaf poblogaidd. Hawdd gweld y demtasiwn i feddwl fel hyn wrth ddarllen rhai o linellau'r bardd ac, yn wir, ni fynnwn wadu'r elfen optimistaidd yn ei farddoniaeth. Er enghraifft, yn 'Yr Hen Allt' mae'r bardd yn myfyrio ynghylch y coed a dorrwyd i lawr i'w defnyddio yn y Rhyfel Byd Cyntaf. Mae am ddweud wrthym: 'Wele, mae'r hen allt yn tyfu eto', ac yna, yn niweddglo'r gerdd dywed:

> O'r hen allt fwyn, fe allwn wylo dagrau,
> Mor hyfryd-ffôl dy ffydd yn nynol ryw,
> A'th holl awyddfryd, er pob gwae, yn disgwyl,
> Yn disgwyl awr datguddiad Meibion Duw.[11]

Ond, yn y diwedd, ai ffydd 'hyfryd-ffôl' sydd gan y bardd? Mae Saunders Lewis yn synnu at ei optimistiaeth, 'hyd yn oed am fil blynyddoedd y ddynoliaeth':[12]

> Daw dydd y bydd mawr y rhai bychain,
> Daw dydd ni bydd mwy y rhai mawr,
> Daw'r bore ni wêl ond brawdoliaeth
> Yn casglu teuluoedd y llawr.
> O ogofâu'r nos y cerddasom

I'r gwynt am a gerddai ein gwaed;
Tosturi, O sêr, uwch ein pennau,
Amynedd, O bridd, dan ein traed.[13]

Wrth nodi nad oedd Saunders Lewis yn credu fod darnau fel
hyn 'ymhlith goreuon awen Waldo Williams', dywed Pennar
Davies:

> ... mae'n debyg gennyf fod yr ymddiriedaeth optimistaidd
> yn 'y bychan aneirif', 'plentyn y ddaear', yn un rheswm pam.
> Ond rhaid peidio â barnu 'dyneiddiaeth' Waldo ar wahân
> i'r ffydd addolgar sydd yn sail iddi, yr adnabod sydd, fel y
> dywed mewn cerdd nodedig, yn cydglymu 'myfi' a 'tydi'
> ac 'efe'.[14]

Ond gohirio'r broblem a wna ymateb Pennar Davies. Rhaid
gofyn pa fath o ffydd yw'r 'ffydd addolgar' y mae'n cyfeirio ati. Pa
fath o rwydwaith yw 'rhwydwaith dirgel Duw' sy'n clymu pob
dyn byw? Rhaid bod yn ofalus dros ben wrth ateb y cwestiwn
hwn. Ar y naill law, byddai'n hollol gamarweiniol awgrymu nad
oedd ffrwyth ymdrechion Cristnogion ar y ddaear yn bwysig i
Waldo Williams. Roedd ei heddychiaeth yn gwbl ymarferol, ac
fe gredai fod Cymru ddiarfau, heb iddi ran mewn unrhyw ryfel,
yn obaith hollol realistig. Yr oedd Saunders Lewis yn synnu hefyd
at ei optimistiaeth ynghylch llywodraethwyr gwledydd:

> Gall crafangwyr am haearn ac oel
> Lyfu'r dinasoedd â thân
> Ond ofer eu celwydd a'u coel
> I'n cadw ni'n hir ar wahân ...
> Bydd cyfeillach ar ôl hyn.[15]

Heb ei argyhoeddiadau Cristnogol, meddai Saunders Lewis,
gellid dweud, yn wir, na fuasai Waldo Williams yn fardd o gwbl.
Boed i ni gofio nad cred ddamcaniaethol yw credu fod natur a
bodau dynol yn rhoddion graslon; mae'n golygu ymddwyn tuag

atynt mewn modd arbennig. Yn wir, â'r Beibl mor bell â dweud
fod y dyn sy'n honni ei fod yn caru Duw, ond yn casáu ei frawd,
yn gelwyddog. Felly, ymddengys nad gwrthwynebu dweud mai
crefydd ymarferol yw'r Gristnogaeth a wna Saunders Lewis ond
ymwrthod ag optimistiaeth Waldo Williams ynghylch llwyddiant
ei hymarfer ar y ddaear hon.

Ond unwaith eto, nid yw pethau mor syml â hynny. Os
lluniwn gyswllt agos rhwng credoau a llwyddiant ymarferol, yna
fe gyll y credoau eu pwynt oni ellir dangos eu bod yn llwyddo'n
ymarferol. Os nad yw'r Gristnogaeth yn mynd i lwyddo ar y
ddaear, onid rhyw ffydd hyfryd-ffôl ydyw wedi'r cyfan? Ar y
llaw arall, pe buasai modd sicrhau Waldo Williams nad oedd
y ffydd Gristnogol yn mynd i lwyddo, hynny yw, nad oedd i
ennill calonnau y mwyafrif o drigolion y ddaear, a ddaethai ef i'r
casgliad, o ganlyniad, fod y credoau'n ddiwerth? Ni rôi neb ateb
cadarnhaol i'r cwestiwn. Os felly, nid yw credoau'r Gristnogaeth
yn dibynnu ar lwyddiant o'r fath. Ond, os yw hynny'r wir, gellir
gofyn wedyn ai proffwydo yr oedd Waldo Williams wrth ddatgan
'Daw dydd y bydd mawr y rhai bychain', a 'Bydd cyfeillach ar ôl
hyn'? Fel y dywedais, ni allwn wadu'r elfen optimistaidd, ond ai
dyna i gyd sydd yma? Onid oes modd gweld gosodiadau o'r fath
fel darluniau datguddiol o fath arbennig iawn, sef fel gosodiadau
apocalyptaidd? Mynegi'r *pethau'r olaf* a wnânt, *mynegiant o'r diwedd*
ydynt, ond nid mewn ystyr ddamcaniaethol neu achlysurol. Nid
pethau sy'n *digwydd* bod yn olaf o ran trefn yw'r pethau hyn; y
rhain *yw'r* gwerthoedd y mae credinwyr yn ymddiried ynddynt fel
y pethau sy'n cyfrif yn y diwedd. Gyda gosodiadau apocalyptaidd,
nid llwyddiant sy'n rhoi ystyr i ffydd, ond ffydd sy'n penderfynu'r
hyn sydd i'w gyfrif yn llwyddiant. Dyna sy'n rhoi ystyr i sôn am
'rhwydwaith dirgel Duw' sy'n 'cydio pob dyn byw'. Nid ffrwyth
arolwg yw'r gosodiad, ond ffrwyth ffydd. Onid dyna'r profiad y
mae Waldo Williams yn sôn amdano yn ei gerdd fawr, 'Mewn
Dau Gae'?:

Pwy sydd, ynghanol y rhwysg a'r rhemp?
Pwy sydd yn sefyll ac yn cynnwys?
Tyst pob tyst, cof pob cof, hoedl pob hoedl,
Tawel ostegwr helbul hunan.[16]

Fel y dangosodd Bedwyr Lewis Jones, ar ôl y trydydd pennill nid yw'r bardd yn aros gyda'r profiad personol a gafodd. Mae'n ehangu'r darlun i gofleidio'r holl fyd:[17]

Yr oedd rhyw ffynhonnau'n torri tua'r nefoedd
Ac yn syrthio'n ôl a'u dagrau fel dail pren.

Cytunaf fod y bardd yn benthyca 'delwedd o ddisgrifiad enwog Ioan "o'r Jerwsalem newydd, yn dyfod oddi wrth Dduw i waered o'r nef" yn y bennod olaf o Lyfr y Datguddiad':[18]

Ac efe a ddangosodd inni afon bur o ddwfr y bywyd, disglair fel grisial, yn dyfod allan o orseddfainc Duw a'r Oen. Yng nghanol ei heol hi, ac o ddau tu'r afon, yr oedd pren y bywyd, yn dwyn deuddeg rhyw ffrwyth, bob mis yn rhoddi ei ffrwyth: a dail y pren oedd i iacháu'r cenhedloedd.

Ar y llaw arall, ni chytunaf â Bedwyr Lewis Jones mai darlun o oes aur sydd i ddod a geir yma; o leiaf, ni chytunaf os meddylir am yr oes aur fel un hanesyddol, ddaearol. Cofier mai darlun o'r nef a rydd y bardd i ni; nid darlun disgrifiadol o'r nef, ond darlun datguddiol ohoni. Darlun ydyw sy'n ei ymgynnig ei hun pan baid dyn â bod yn alltud i'w Dduw. Fel y dangosodd Dyfnallt Morgan, mae'r bardd yn sôn am Dduw sy'n herwr (outlaw) ac yn heliwr (hunter).[19]

Dim ond pan sylweddolwn yr hyn nad ydym, ein bod wedi ein halltudio, y sylweddolwn pam mai Brenin Alltud yw'r heliwr sy'n agor ffordd yn ôl i ni. Ond nid yw gwirionedd y ffordd, i'r Cristion, yn dibynnu ar dderbyn y byd hwnnw. Yr oedd Waldo Williams yn glir ar hyn. Mewn sgwrs radio tua diwedd y 1950au, esboniodd paham yr ymunodd â'r Crynwyr:

... ni allaf fi weld penarglwyddiaeth Duw ym myd amser ei hun. Trwy'r oesoedd ceir pethau sydd yn llwyr y tu allan i'w ewyllys yn digwydd i unigolion ... Y mae byd amser yn un cynllwyn yn ei erbyn ef ... Pan edrychwn ar Dduw fel Tad ein hysbrydoedd, gwelwn, ar un llaw, ei fethiannau yn y byd hwn. Ond, ar y llaw arall, teimlwn ryw annibyniaeth ar y byd yn ein hysbrydoedd ni, a chredwn mai oddi wrth Dduw y daw, a'i fod Ef felly yn hollalluog yn nhragwyddoldeb ... Sut y gwyddom nad ydym yn ein twyllo ein hunain? ... Yn y pen draw nid oes gan un a dderbynio'r grefydd fwyaf traddodiadol ddim ond ei brofiad i bwyso arno.[20]

Darlun datguddiol o'r diwedd yn Nuw yw diweddglo 'Mewn Dau Gau' hefyd. Nid oes gwybod pryd y digwydd:

> Diau y daw'r dirháu, a pha awr yw hi
> Y daw'r herwr, daw'r heliwr, daw'r hawliwr i'r bwlch,
> Daw'r Brenin Alltud a'r brwyn yn hollti.

Nid rhagfynegiad yw hyn, ond datguddiad o bethau tragwyddol sy'n goleuo a barnu *unrhyw* gyfnod hanesyddol. Pan ddywed Bedwyr Lewis Jones am wirioneddau'r darlun datguddiol 'na ŵyr neb pryd' y gwireddir y darlun, fe gollir golwg ar y weledigaeth nad oes 'pryd' arbennig iddo – nid amser arbennig yw 'diwedd amser', eithr datguddiad o ystyr unrhyw amser. Yn fy nhyb i, felly, try Bedwyr Lewis Jones y darlun datguddiol yn ddarlun disgrifiadol hanesyddol, pan ddywed:

> Dyna pryd y gwireddir yr oes aur a'r mil blynyddoedd. A'r pryd hynny, pan ddychwel y Brenin i'w stad, bydd y galluoedd biau'r byd yn awr, y galluoedd materol sy'n cynnal gormes a rhyfel, bydd y rheini yn cilio o'i ffordd fel 'brwyn yn hollti'.[21]

Yn ôl darlun Bedwyr Lewis Jones, rhaid gwireddu'r datguddiad yn nhermau digwyddiadau yn y dyfodol. Os felly, gwirionedd achlysurol a geir yn y darlun. Ond mewn darlun apocalyptaidd, mae'r gwirionedd yn y darlun datguddiol. Dyna'r hyn a'i gwna'n wirionedd tragwyddol, yn hytrach na gwirionedd achlysurol i'r credadun. Ac er fod Tony Bianchi yn dangos fod amwysedd yng ngwaith Waldo Williams am natur gosodiadau apocalyptaidd, mae'n pwysleisio'r syniad aeddfed am apocalyps pan ddywed:

> mae trosgynoldeb yn agwedd bwysig ar apocalyps oherwydd mae'n rhaid i'r gweledydd, pan yw'n wynebu argyfwng sydd, i bob golwg, yn anorchfygol, wrth lwybr at wirionedd uwch; yng ngoleuni'r gwirionedd hwnnw gall edrych wedyn ar yr argyfwng fel problem dros dro.[22]

Ond ar ôl dweud hyn, mae Tony Bianchi yn llunio cymhariaeth â chyltau meseianaidd o fathau arbennig, ac mae'n chwilio i'r cysylltiad rhwng argyfyngau hanes a chredoau apocalyptaidd. Cytunaf ag ef y gellir gwneud defnydd tra gwahanol o'r syniad o apocalyps yn y cyd-destunau amrywiol hyn. Ond oherwydd hynny, cred ef fod angen yng Nghymru i:

> benderfynu i ba raddau y mae apocalyps gwleidyddol anhanesyddol a chyfriniol Waldo yn rhagredegydd i gyltau gwledig adweithiol y Gymru gyfoes; neu i ba raddau y camddefnyddir yr apocalyps hwn yn ddybryd gan y carfanau hynny (gellir ei ddefnyddio, fel y Beibl, i gyfiawnhau llu o bechodau). Mae gwir angen dad-fytholegu yn y maes hwn, ac mae hynny'n wir am sawl agwedd ar faterion Cymreig.[23]

Bydd llawer yn dibynnu ar ieithoedd y dad-fytholegu fel y gwelsom wrth drin, yn rhan gyntaf yr astudiaeth, rai o'r damcaniaethau ieithyddol sy'n denu rhai beirniaid llenyddol Cymreig cyfoes. Cred Tony Bianchi 'y deuai Waldo i'r lan yn gymharol iach ar ôl y driniaeth honno'.[24] Nid yw'n rhoi manylion pellach i ni, ond fe ddadleuwn i y byddai hyn yn wir am farddoniaeth apocalyptaidd Waldo. Ond i werthfawrogi oblygiadau eithafol y credoau hyn, rhaid troi at fynegiadau ohonynt ym marddoniaeth R. S. Thomas. Un ffordd o ddangos beth sydd yn y fantol yw gofyn ym mha fodd y gall y datguddiad apocalyptaidd Cristnogol eiriol dros ddioddefwyr daear lawr.

Yn un o'i gerddi, mae R. S. Thomas yn dychmygu Cain yn holi Duw am ei resymau dros dderbyn aberth Abel yn hytrach na'i aberth ef. Wedi'r cyfan, yr oedd Abel wedi lladd anifail, tra oedd Cain yn cynnig aberth o flodau a llysiau. Beth yw ateb Duw?:

> … It was part of myself
> He gave me. The lamb was torn
> From my own side. The limp head,
> The slow fall of red tears – they
> Were like a mirror to me in which I beheld
> My reflection. I anointed myself
> In readiness for the journey
> To the doomed tree you were at work upon. ('Cain')[25]

Yn un arall o'i gerddi y mae Duw yn gwahodd ei fab i edrych ar y ddaear. Ac wrth edrych, fe welodd fryn moel:

> … Many people
> Held out their thin arms
> To it, as though waiting
> For a vanished April
> To return to its crossed
> Boughs. The son watched
> Them. Let me go there, he said. ('The Coming')

Ond er fod Iesu yn dewis mynd i Galfaria, nid mater o ddewis yw ei gri ar y Groes, 'Fy Nuw, fy Nuw, paham y'm gadewaist?' Nid marwolaeth Socrates yw marwolaeth Iesu.

Ym marwolaeth Iesu cawn y datguddiad eithaf o ystyr caru Duw. Nid marwolaeth y merthyron yw marwolaeth yr Iesu. Fe fuont hwy farw yng Nghrist; eithr fe'i haberthwyd ef: 'Hwn yw fy nghorff, yr hwn a dorrir trosoch'. Ond nid yw ei gariad yn cael ei anwireddu oherwydd ei ffawd. Yn yr ystyr hwn, mae'n trosgynnu ei angau. Dyna'r hyn a wêl R. S. Thomas fel offeiriad, ac fel bardd:

> To one kneeling down no word came,
> Only the wind's song, saddening the lips
> Of the grave saints, rigid in glass;
> Or the dry whisper of unseen wings,
> Bats not angels, in the high roof.
>
> Was he balked by silence? He kneeled long,
> And saw love in a dark crown
> Of thorns blazing, and a winter tree
> Golden with fruit of a man's body.

('In a Country Church')

Trwy ddangos beth yw cariad, mae'r aberth yn eiriol drosom. Nid rhyw atodiad o ddiwedd hapus chwaith yw'r Atgyfodiad. Onid dyrchafiad yr Aberth *yw'r* Atgyfodiad? Ac nid clwyfau wedi eu hiacháu yw clwyfau'r Atgyfodedig. Rhaid cofio mai gwledd *yr Oen* sydd yn y darlun apocalyptaidd o'r Wledd Nefol. Mae rhai yn marw yng Nghrist, yn ymwybodol o ystyr eu diwedd. Y mae eraill, o ran eu hysbryd, yn cael eu distrywio gan y byd. Felly, beth sydd ganddynt ar ôl? Yn y Gristnogaeth maent yn gyd-gyfranogion â Christ yn ei aberth ef. Dywedodd Simone Weil ei bod hi'n euog o genfigen bob tro y meddyliai am y Croeshoeliad. Nid yw hynny'n 'bechod' mynych yn ein plith! I'r rhan fwyaf o Gristnogion, mi dybiaf, eu gobaith yw marw yng Nghrist. Ond mae'r gobaith hwn, a'r gobaith anfynych o gael profi o'i wacter ef ar y Groes (gobaith anfynych hyd yn oed ymhlith saint), yn anystyrlon, heb i ni ddeall mai gobaith apocalyptaidd yw'r gobeithion crefyddol hyn ac mai darluniau datguddiol ohonynt a geir yn y credoau crefyddol.

[1] Dyfynnir cerddi R. S. Thomas fel y'u ceir yn R. S. Thomas, *Collected Poems 1945-1990* (London: Phoenix Giants, 1993), os na nodir yn wahanol.

[2] Waldo Williams, *Dail Pren* (Llandysul: Gwasg Aberystwyth, 1957), 84.

[3] Alan Llwyd (gol.), *Cerddi R. Williams Parry: Y Casgliad Cyflawn* (Dinbych: Gwasg Gee, 1998), 17.

[4] ibid., 85.

[5] Hugh Bevan, 'Ystyried R Williams Parry' yn Alan Llwyd (gol.), *R Williams Parry*. Cyfres y Meistri 1 (Abertawe: Gwasg Christopher Davies, 1979), 208.

[6] Alan Llwyd (gol.), *Cerddi R. Williams Parry: Y Casgliad Cyflawn*, 74.

[7] Alan Llwyd (gol.), *R. Williams Parry*. Cyfres y Meistri 1, 234.

[8] Waldo Williams, *Dail Pren* (1957), 82.

[9] ibid., 79.

[10] R. S. Thomas, 'Look' yn *Selected Poems 1946-68*,111

[11] Waldo Williams, *Dail Pren* (1957), 45.

[12] Saunders Lewis, 'Dail Pren' yn Robert Rhys (gol.), *Waldo Williams*. Cyfres y Meistri 2, 268.

[13] Waldo Williams, *Dail Pren* (1957), 68.

[14] Pennar Davies, 'A'r Brwyn yn Hollti' yn Robert Rhys (gol.), *Waldo Williams*. Cyfres y Meistri 2, 188.

[15] Waldo Williams, *Dail Pren* (1957), 72.

[16] ibid., 26.

[17] Gweler Bedwyr Lewis Jones, 'Mewn Dau Gae' yn Robert Rhys (gol.), *Waldo Williams*. Cyfres y Meistri 2, 149-59.

[18] ibid., 157.

[19] Dyfnallt Morgan, 'Thema yn ei Waith', ibid., 244-5.

[20] Gweler Dyfnallt Morgan, ibid., 252-3.

[21] Bedwyr Lewis Jones, op. cit., 159.

[22] Tony Bianchi, 'Waldo ac Apocalyps' yn Robert Rhys (gol.), *Waldo Williams. Cyfrol y Meistri 2*, 306.

[23] ibid., 308-9.

[24] ibid., tud. 309.

[25] R. S. Thomas, 'Cain' yn *Later Poems 1972-1982* (London: Macmillan, 1983), 22.

TAW, SOCRATES?

1. Athroniaeth ac Agwedd y Cyhoedd

Yn y gerdd, 'Taw, Socrates', mae R. Williams Parry yn adrodd hanes diflas ei berthynas â hen gydnabod sy'n meddwl ei fod yn dipyn o athronydd:

> Mae gennyf hen gydnabod sydd yn fwrn
> Ar f'ysbryd pan ddechreuo holi pam ...[1]

Mae rhai beirniaid wedi cyhuddo Socrates o ateb ei gwestiynau ei hunan, yn hytrach na gwrando ar eraill. Mae'r cyhuddiad yn annheg, yn fy marn i, ond y mae fwy na thebyg yn esbonio pam y rhoes R. Williams Parry enw Socrates i'w gydnabod:

> Cans etyb ei gwestiynau yn eu twrn
> Fel y gwna'r Holwyddoreg a'r Rhodd Mam.

A pha fath o gwestiynau oeddynt?:

> Pam y mae'r môr yn las a glo yn ddu,
> Pam y mae dŵr yn wlyb a thân yn boeth,
> Pa fodd na syrth y sêr o'r wybren fry,
> Pa faint o'r rhain a wêl y llygad noeth?

Mewn cyd-destun athronyddol, maent yn gwestiynau digon cyfarwydd. Beth yw statws priodoleddau empeiraidd a phrofiadau synhwyrol? Os rhoddaf fy llaw mewn dŵr claear ar ôl ei rhoi mewn dŵr twym, bydd y dŵr claear yn teimlo'n oer. Ond os gwnaf hynny ar ôl rhoi fy llaw mewn dŵr oer, bydd y dŵr yn teimlo'n dwym. Felly, ai yn y dŵr mae'r oerni ynteu ynof i? Os dywedaf fod y tân yn boeth wrth i mi deimlo'i wres, paham na ddywedaf fod y tân yn boenus? Drachefn, beth yw natur y rheidrwydd achosol sy'n sicrhau nad yw'r sêr yn syrthio? A phan ystyriwn faint o amser y cymer i olau'r sêr ein cyrraedd, ym mha ystyr yr ydym yn 'gweld' y sêr? Onid naïf yw meddwl mai mater syml o weld â llygad noeth ydyw?

Nid fy mwriad yw mynd ar ôl cwestiynau o'r fath, ac nid dyna oedd bwriad y bardd chwaith. Ei unig amcan wrth eu rhestru oedd mynegi ei ddiffyg amynedd â chwestiynau amherthnasol o'r fath:

> Megis pe na bai gennyf ar y gweill
>   Ddigon o ddefnydd gofyniadau fyrdd
> Heb fynd yn ôl i'r ysgol at y lleill
>   A sefyll arholiadau hogiau'r Urdd.

Fe'i ceir fel hyn yn adleisio adwaith cyhoedd bras i athroniaeth; hynny yw, yn lleisio'r 'farn boblogaidd' mai difyrrwch ar gyfer ysgol a choleg ydyw, heb ddim i'w wneud â gofynion ymarferol bywyd pob dydd. Arhosed yn y tŵr ifori. Is-deitl cerdd R. Williams Parry yw 'Yn amser rhyfel o leiaf'. Mae rhyfel yn ein hwynebu â phroblemau go iawn, yn hytrach na chwestiynau addurnol athroniaeth:

> O! Armagedon, sydd yn gwneud y byd
> A'r bywyd hwn yn gwestiwn oll i gyd.

Wrth gwrs, oherwydd ymagweddu at athroniaeth fel rhywbeth sy'n amherthnasol i fywyd go iawn, cawn fod ffin wedi datblygu rhwng yr athronydd a'r cyhoedd. Gwelsom ar ddechrau'r astudiaeth hon fod rhesymau hanesyddol dros ddatblygiad ffin o'r fath yng Nghymru, ond ar ddiwedd yr astudiaeth hoffwn nodi'r ffin sydd wedi datblygu rhwng y cyhoedd ac athroniaeth Wittgenstein a'i ddilynwyr yng Nghymru. Wrth fy nghyflwyno fel ei westai yn ei gyfres deledu, *Credaf,* yr oedd Gwyn Erfyl yn ymwybodol o'r ffin ac yn awyddus, hefyd, i gynnig rhesymau dros ei bodolaeth:

> Dydw i ddim yn siŵr iawn i ble mae'r hanner awr nesaf am fynd â ni! Mae fy ngwestai heno yn athronydd proffesiynol – ac 'rwy'n clywed eisoes rai ebychiadau sy'n dweud, 'Wel, rydym ni'n mynd i gael hanner awr o falu awyr!' achos mae gan athroniaeth gyfoes yr enw yna. Gan ein bod ni'n sôn am athroniaeth, y mae yna mewn gwirionedd ryw ddau draddodiad gwahanol – o Platon i Karl Marx neu Bertrand Russell, o Syr Henry Jones i'r Athro J. R. Jones, sydd yn edrych i'r athronydd am arweiniad, am oleuni. Ond mae yna ysgol arall wedi dod yn ffasiynol yn yr ugeinfed ganrif sydd yn dilorni'r diffiniad yma. Ac yn ei thro, fe gaiff yr ysgol yma ei chyhuddo o ryw fath o *acrobatics* geiriol mewn twr ifori... Rydw i wedi disgrifio dau deip o athronydd: i ba ddosbarth ydych chi'n perthyn?[2]

Gellid dweud mai strategaeth cyfwelydd teledu oedd ar waith – ymgais fwriadol i gynhyrfu tipyn ar y dyfroedd ar ddechrau rhaglen – ac y mae elfen o wirionedd yn hynny. Ond dylwn fod wedi dweud ar y pryd fod darlun Gwyn Erfyl o hanes athroniaeth yn hollol gamarweiniol. Wrth gyfeirio at yr 'arweiniad' y carai weld athroniaeth yn ei roi, arweiniad moesol, crefyddol neu wleidyddol oedd ganddo mewn golwg. Ond o ddilyn hanes cewri athroniaeth y mae'n glir i'w prif bwyslais fod erioed ar 'ddeall' y byd. Ei ddiffyg amynedd â phwyslais o'r fath a arweiniodd Marx i ddweud, wrth gydnabod ei ddiffyg, mai ei fwriad ef oedd *newid* y byd. Y cyfnodau tlotaf yn hanes athroniaeth yw'r rheini pan roir y flaenoriaeth i geisio atebion ymarferol i ofynion y foment, neu 'i anghenion y dydd'. Ceisiai Gwyn Erfyl roi'r argraff mai ffasiwn ddiweddar yw'r awydd i ddeall y byd drwy ddeall yr hyn a ddywedwn, er fod y traddodiad yn hŷn na Socrates. Rhethreg yn unig yw galw traddodiad o'r fath yn 'acrobatics geiriol'. Dyna oedd cyhuddiad Platon *yn erbyn* y Soffyddion wrth iddynt hwy ddadlau mai arfau yw geiriau er mwyn sicrhau ein hamcanion ymarferol.

Wrth gwrs, ar lefel ddyfnach, mae dewis Gwyn Erfyl rhwng trin iaith a rhoi arweiniad a goleuni, yn or-syml. Onid mantais yw deall cyn gweithredu? Ac onid yw deall yn hytrach na chamddeall yn gwneud gwahaniaeth ymarferol? Beth bynnag am hynny, mae'n amlwg fod Gwyn Erfyl am i'r athronydd wneud mwy na'n helpu i ddeall ein byd. Mae am i athroniaeth wneud dewisiadau crefyddol, moesol a gwleidyddol ar ein rhan. I'r gwrthwyneb, 'Taw, Socrates', meddai R. Williams Parry, am na ddisgwyliai gan athronydd gyfarwyddiadau ymarferol, buddiol. 'Llefara Socrates', meddai Gwyn Erfyl, oherwydd i'w ffordd ef o weld pethau roedd hawl gan y cyhoedd ddisgwyl arweiniad pwrpasol gan yr athronydd. Meddai:

> Fe ddywedwn i fod yna genhedlaeth ifanc yn codi, llawer iawn iau na ni, sydd yn edrych ar y 'map' 'rydych chi'n sôn amdano, ac yn gweld bod yna wahanol athroniaethau gwleidyddol – un yn mynd ffordd yma, un arall yn mynd ffordd acw. Mae'r map yn llawn o ffyrdd. Fel athronydd, be ydych chi'n ei ddweud ydy, 'Fy musnes i ydy dangos y map i chi, dangos y ffyrdd i chwi. 'Cerddwch chi i ba ffordd bynnag 'rydych chi ei eisiau.'[3]

Ni wn i a yw Gwyn Erfyl yn meddwl, o ddifrif, y dylid dangos ar sail athronyddol pa blaid wleidyddol y dylid perthyn iddi! Ond wrth i mi ddweud na all athroniaeth, nac unrhyw ddisgyblaeth arall, benderfynu materion o'r fath dros yr unigolyn, dyma sut yr ymatebodd:

> Mae yna rywbeth ofnadwy o greulon i mi, yn y syniad yma, eich bod chi'n eistedd yn ôl fan yna gyda'r aparatws yma

sydd gennych chi i oleuo cenedl, a dweud, 'Dyna fo, rydw i wedi dweud wrthoch chi. Ar ôl dweud hynny rydw i'n eich gadael chi'n llonydd.'[4]

Mae'r darlun o genedl ifanc yn disgwyl i mi roddi arweiniad oherwydd yr aperatws athronyddol sydd gennyf, tra fy mod innau yn fy nghadair yn eu hanwybyddu, yn un digrif! Rwy'n cofio'n gynnar yn fy ngyrfa fel myfyriwr i Rush Rhees ddweud wrthyf, 'Phillips, 'does gen i'r diddordeb lleiaf yn eich enaid'. Cymerodd beth amser i mi werthfawrogi dyfnder ei ymadrodd. Ar ôl hynny, gwelais y drwg ofnadwy sy'n dilyn pan fydd athro'n dymuno bod yn berchen ar eneidiau ei fyfyrwyr. Siaradai Gwyn Erfyl fel petawn yn gwrthod defnyddio rhyw allu sydd gennyf. Ond y gwir amdani yw fod ei ddisgwyliadau'n ddiystyr. A phe bai'n ystyried y mater yn ofalus, byddwn yn disgwyl i Gwyn Erfyl ddod i'r un casgliad. Dyna fydd fy nadl yn rhan nesaf y bennod, wrth i mi ystyried gwleidyddiaeth yn gyntaf, mudiadau cymdeithasol yn ail, ac iaith yn drydydd.

2. Deall ac ystyr

Wrth edrych ar weithiau athronwyr gwleidyddiaeth, gwelwn eu bod yn ddi-ddadl yn cefnogi gwerthoedd gwleidyddol arbennig ac yn dadlau yn erbyn gwerthoedd eraill. Ond ni lwyddodd yr un ohonynt erioed i ddangos fod y gwerthoedd hynny yn seiliedig ar ystyriaethau athronyddol. Sut bynnag, nid dyna oedd nac yw prif amcan yr athronwyr mawr. Yn hytrach na dadlau dros gymdeithas o fath arbennig, dadlau ynglŷn â *natur cymdeithas fel y cyfryw* fu'r gamp iddynt erioed.

Pa fath o realiti sydd i gymdeithas? Yr hyn sy'n gyffredin i sawl athronydd, rhai fel Hobbes, Locke a Rousseau, yw eu bod yn dadlau mai casgliad o unigolion yw cymdeithas, unigolion a oedd ar un adeg yn byw mewn cyflwr cyntefig, cyn-gymdeithasol.

Oherwydd eu hangen am ddiogelwch, cyfiawnder a sicrwydd, roeddent am ymryddhau o'u cyflwr cyntefig, rhyfelgar pan oedd pob cyd-ddyn yn elyn. Y canlyniad fu cytuno ar gyfamod i fyw'n gytûn â'i gilydd, naill ai o dan sofran, neu o dan senedd, neu ryw drefn arall. Damcaniaeth yw hon sy'n ceisio dadansoddi'r syniad o gymdeithas yn nhermau seicoleg a dyheadau'r unigolyn. Gelwir damcaniaeth o'r fath yn Ddamcaniaeth Cyfamod Cymdeithasol.

Y mae dryswch sylfaenol mewn damcaniaeth o'r fath. Y ddadl oedd na ellid cael cytundeb heb Gyfamod Cymdeithasol. Felly, cytunent i ffurfio'r cyfamod. Ond os oedd y gallu ganddynt i gytuno i ffurfio'r cyfamod, ni ellir dadlau fod cytundeb yn dibynnu ar y cyfamod, oherwydd yr oedd y gallu i gytuno ganddynt yn barod. Fe grisialwyd y feirniadaeth hon yn un o'r traethodau mwyaf disglair yn y maes, sef traethawd David Hume, 'Of the Original Contract'. 'Ym mhle y mae'r Cyfamod Gwreiddiol?', gofynnodd Hume. A ydyw'r cyfamod i'w gael mewn unrhyw ddogfen? A yw'n ysgrifenedig ar risgl coeden? Mae'r syniad o gytundeb cyn-gymdeithasol yn rhith, oherwydd mae cytundebau a chyfamodau yn rhagdybio cyd-destun cymdeithasol.

Ni olyga hyn fod y syniad o gytundeb gwreiddiol yn ddiystyr. Oni welir cytundebau o'r fath, nid mewn cytundeb sy'n *rhagflaenu* bodolaeth cymdeithas, ond *yn ein hymatebion gwleidyddol*? Ond y peth pwysig i'w nodi, fel y dengys Hume, yw *bod yr ymatebion yn amrywio*. I rai yn ein hanes yr oedd apêl at ewyllys y brenin yn ddigon; i eraill, yr apêl at awdurdod y senedd oedd o bwys. Mae syniadau am awdurdod yn amrywio. Tasg athroniaeth yw dangos hyn, ond ni all athroniaeth, fel y cyfryw, benderfynu wrth ba fath o wleidyddiaeth y dylai unigolyn ymlynu. Ac wrth gwrs, mewn cyfnod hanesyddol arbennig nid yw'r dewisiadau'n benagored. Er enghraifft, yn ein cymdeithas gyfoes ni nid oes unrhyw rym mewn apêl at y brenin fel yr awdurdod terfynol. Ond wedyn, ceir pleidiau gwahanol y tu mewn a'r tu allan i'r senedd. Ceir gwerthoedd gwahanol y tu mewn i'r pleidiau. Ceir golau gan athroniaeth wrth iddi ddangos *mai anghytundeb rhwng gwerthoedd yw anghytundebau gwleidyddol*. Nid wyf am wadu, wrth gwrs, fod dryswch o bob math mewn gwleidyddiaeth, a'i bod yn ddyletswydd ar athroniaeth i ddangos hynny. Ond ar ôl gwneud hynny, fe fydd gwleidyddiaeth o hyd yn llawn amrywiaeth. Y dryswch wedyn fyddai meddwl fod modd i dechneg athronyddol allu penderfynu pa werthoedd gwleidyddol y dylai'r unigolyn eu harddel.

Gellir cyffredinoli o hyn i ddangos fod yr un amrywiaeth yn nodweddu lliaws o fudiadau cymdeithasol. Ceir mudiadau diwydiannol, diwygiadol, diwylliannol, milwrol, crefyddol ac yn y blaen. Mae mudiadau o'r fath yn dylanwadu ac yn effeithio ar ei gilydd mewn ffyrdd amrywiol, ac wrth gwrs gall unigolion berthyn i fwy nag un ohonynt. Ar ben hynny, rhaid ystyried eu perthynas â'r teulu ac â nodweddion arbennig bywydau unigolion. Dengys athroniaeth mor ddryslyd yw meddwl fod yr un rhesymeg yn rhedeg drwy'r fath gymhlethdod diwylliannol.

O ganlyniad i ystyriaethau o'r fath cefnodd Wittgenstein ar ei syniadau cynnar yn y *Tractatus*, fod undod iaith yn debyg i'r undod a welir mewn calcwlws. Yn ôl y syniad cynnar, wrth ddarganfod rhesymeg byddem yn darganfod ar yr un pryd y ffurf sydd i bob gosodiad. Ond fe welodd Wittgenstein fod amrywiaeth aruthrol mewn iaith. Er mwyn pwysleisio hyn, yn ei *Ymchwiliadau Athronyddol* − cyfrol athronyddol bwysicaf yr ugeinfed ganrif − cymharodd iaith â gemau. Chwaraeir pob math o gemau, ac nid oes un nodwedd sy'n gyffredin iddynt i gyd. Felly y mae gyda gemau iaith. Ond dadleuodd Rush Rhees[5] fod Wittgenstein wedi adweithio'n rhy gryf yn erbyn y gymhariaeth rhwng iaith a chalcwlws. Roedd yn iawn i feddwl *nad undod ffurfiol sydd i iaith*. Ar y llaw arall, anghofiodd yr elfen bwysig yn y gymhariaeth â'r calcwlws, sef *fod perthynas rhwng cyd-destunau ieithyddol yn ein bywyd*. Ond perthynas anffurfiol ac amrywiol ydyw.

Ar ddechrau ei *Ymchwiliadau* mae Wittgenstein yn ystyried

defnydd iaith ar safle adeiladu, lle mae un gweithiwr yn dweud wrth un arall, 'Slaben!', ac mae hwnnw'n rhoi'r slaben iddo. Dywedodd Wittgenstein fod modd synied am iaith heb iddi'r un gair ond y gorchymyn, 'Slaben!'. Dadleuodd Rhees fod hynny'n ddiystyr. Sylweddolodd ef mai rheswm Wittgenstein dros ddweud y gallai'r defnydd o'r gair 'Slaben' fod yn iaith gyflawn oedd ei fod am wadu fod y defnydd yn rhan o fframwaith *ffurfiol* ehangach.

Ond, meddai Rhees, mae'r gorchymyn, 'Slaben!', yn dibynnu ar gysylltiadau anffurfiol a chyd-destunau ieithyddol ehangach. Er enghraifft, mae un gweithiwr yn rhoi gorchymyn, ac mae'r llall yn ei ddeall. Y mae posibilrwydd rhoi a derbyn gorchymyn yn dibynnu ar y ffaith eu bod ar safle adeiladu, lle mae'r gweithwyr yn deall ei gilydd. Mae'n bosibl iddynt drafod ac anghytuno: 'Wyt ti'n siŵr dy fod ti eisiau slaben arall? Bydd slaben arall yn ormod' – ac yn y blaen. Ac wrth gwrs, mae i'r safle adeiladu sy'n gyd-destun i'r digwyddiadau ei arwyddocâd ei hun yng nghyd-destun y gymdeithas ehangach. Mae'r gweithwyr yn dod i'w gwaith yn y bore, ac yn gadael yn yr hwyr. Maent yn dod fel unigolion i'w gwaith ac i bob un ohonynt ei gefndir arbennig ei hun, ac ar ôl diwrnod o waith mae modd trafod anawsterau neu lwyddiant y diwrnod yn y tŷ. Mae undebau'n bod sy'n ymladd dros hawliau'r gweithwyr, ac efallai fod hiwmor a chaneuon arbennig ynghlwm wrth eu bywydau. Gall y berthynas rhwng gwaith a bywyd personol fod, neu beidio â bod, yn broblem. Eto, mae llenyddiaeth a miwsig a chelfyddydau gweledol o fathau arbennig i'w cael yn y gymdeithas, a gall y rheini drachefn effeithio ar fywyd yr unigolyn. Efallai fod yr unigolyn yn grefyddol, yn wrth-grefyddol, neu'n ddifater.

O ganlyniad i'r gwrthdaro rhwng yr holl elfennau hyn, mae pethau hollol annisgwyl yn digwydd wrth iddynt adweithio yn erbyn ei gilydd. Dyna'r ddoethineb sydd yn ateb Humphrey Lyttleton pan ofynnwyd iddo i ble'r oedd jazz yn mynd. Atebodd: 'Pe bawn i'n gwybod, byddwn yno'n barod'. Ond serch hynny, os ydym am dyfu mewn dealltwriaeth ar unrhyw lefel, o'r mwyaf syml i'r dyfnaf, *trwy drafodaeth* â'n gilydd y digwydd hynny, trwy weld y ffordd y bydd rhai pethau yn ymgysylltu â phethau eraill. Ni fydd pawb yn cysylltu pethau â'i gilydd yn yr un modd. Ac fe fydd hi'n anodd trafod gyda phawb. Mae pellter ac agosrwydd rhyngom yn y pethau hyn. Tasg myfyrdod syniadol mewn athroniaeth yw bod yn ffyddlon i'r byd ac i fywyd yn eu holl gymhlethdod.

Wrth ystyried y pwyntiau uchod, mae modd gweld paham y dywedodd Wittgenstein fod dychmygu iaith yn fater, ar yr un pryd, o ddychmygu ffordd o fyw. Ac yn ei waith diweddar, yr oedd ei sylwadau'n debyg iawn i sylwadau Rhees, er fod pwyntiau Rhees yn fwy echblyg. Y pwynt pwysig i'w nodi yw cymeriad bratiog iaith a bywyd. Cyngor athronyddol Wittgenstein oedd: 'Rhaid cadw'r hyn sy'n fratiog yn fratiog'. Dryswch yw gwthio ffurfioldeb ar fywyd.

Wrth edrych ar y sylwadau ynghylch gwleidyddiaeth, mudiadau cymdeithasol, ac iaith, gwelir yn glir nad yw'r athronydd mewn safle breintiedig i benderfynu pa beth y mae unigolion i'w ddweud, na pha werthoedd gwleidyddol neu fudiadau cymdeithasol y dylent eu cefnogi. A deall hyn yw deall y math o olau y gall athroniaeth ei daflu ar ein bywydau ac arnom ein gilydd. Dyna pam fod agwedd cerdd R. Williams Parry, 'Taw, Socrates', agwedd y cyhoedd na wêl fod athroniaeth yn berthnasol i'w bywydau, yn ddryslyd. Mae doethineb i'w gael drwy athroniaeth, ond y doethineb a ddaw drwy ddeall ydyw. Ond nid yw athroniaeth yn berthnasol yn yr ystyr y mae Gwyn Erfyl am iddi fod. Ynglŷn â phroblemau personol, nid yw'r athronydd yn ddiogelach rhagddynt nag unrhyw unigolyn arall, neu'n well na phobl eraill wrth ymgodymu â hwynt. Mae rhaid i mi, fel pob athronydd arall, fyw fy mywyd fy hun. Yn y traethawd hwn, cawsom esiamplau o bobl yn wynebu ffiniau bywyd mewn ffyrdd gwahanol, ac ni all athronydd gymryd eu dyletswydd a'u cyfrifoldeb oddi ar eu hysgwyddau hwy wrth iddynt wneud hynny. Ond wrth fyfyrio, fel y ceisiais wneud, ar eu hymdrechion a'u hatebion, deuwn i ddeall yn well pa fath o ymdrechion ac atebion ydynt.

Ceisiais wneud hynny drwy ystyried natur yr iaith a ddefnyddiwyd gan ein beirdd, ein llenorion a'n beirniaid llenyddol wrth iddynt ymgodymu â chwestiynau moesol bywyd. Dylanwadwyd ar fy null o wneud hynny gan Wittgenstein a Rush Rhees. Fel y dywedais, oherwydd y ffin rhwng athroniaeth a'r cyhoedd ni chafodd athroniaeth o'r fath fawr o ddylanwad ar feddwl y Cymry. Mae'n ffaith eironig, oherwydd yr oedd natur a phwysigrwydd iaith yn ganolog yn chwyldro athronyddol yr ugeinfed ganrif. Gyda'r adfywiad cenedlaethol yn chwedegau'r ganrif, a'r pwyslais ar bwysigrwydd iaith, dylasai'r dylanwad fod yn fawr. Ond caethiwyd dylanwad ysgrifau J. R. Jones y tu mewn i fudiad arbennig. Yr oedd angen eu cyfieithu er mwyn cael trafodaeth ddiwylliannol ehangach. Ac mewn cyd-destun llai, cyfyngwyd fy ngwaith innau ar y cwestiwn i leiafrif sy'n darllen *Efrydiau Athronyddol*.[6] Yna'n ddiweddarach, wrth wynebu ein sefyllfa gyfoes, trodd beirniaid llenyddol yng Nghymru at ddamcaniaethau amheus am iaith a ddaeth o'r Cyfandir a'r Unol Daleithiau. Nid gwrthod gwaith Wittgenstein ar iaith a wnaethant, ond ei anwybyddu. O ganlyniad, gwelsom ddirywiad yn y drafodaeth ar iaith wrth i lawer ddewis y ddamcaniaeth a oedd yn siwtio'u gwerthoedd orau. Pan ddigwydd hynny, nid oes gobaith deall hyd yn oed natur y frwydr rhwng gwerthoedd sy'n digwydd o dan ein trwynau yng Nghymru.

Nid cyfrwng, neu addurn ar fywyd, yw iaith. Pan ddywedodd Coleridge mai dilledyn y meddwl yw iaith, atebodd Wordsworth: 'Na, ymgnawdoliad y meddwl ydyw'. Yr oedd R. S. Thomas yn hoff iawn o ateb Wordsworth. Nid yw hyn yn syndod, oherwydd dywedodd ef fod iaith yn sacrament iddo. Tasg bwysig i athroniaeth mewn perthynas â Chymru heddiw fyddai dangos, wrth fyfyrio ar yr iaith a ddefnyddir, natur yr anghytundeb dwfn a welwn yn rhai o'r dadleuon rhwng ein beirdd, ein llenorion a'n beirniaid llenyddol. Credaf fod cryn ddryswch yn y dadlau, fel y ceisiais ddangos, ond credaf hefyd fod yna wrthdaro real rhwng gwerthoedd sy'n ei gwneud hi'n anodd iddynt gyd-fyw â'i gilydd. Nid sôn am anghytundebau damcaniaethol yr ydym; y mae rhyfel yn cael ei ymladd yn ein gwlad.

Yn ein bywydau personol, ac yn ein hymwybyddiaeth ddiwylliannol, a fedrwn gymryd eglurder yn ben y daith? Na fedrwn, ond mae'n lle ardderchog i ddechrau ac i ymgyrraedd ato. Taw, Socrates? Na. Ein hangen yw gwerthfawrogi fwyfwy y modd yr oedd Socrates yn siarad wrth drafod ag eraill. Fy ngobaith yw y bydd yr ysbryd Socrataidd yn cynyddu yn ein plith, ac y daw dydd eto pan fydd hyd yn oed ein Prifysgolion yn gwerthfawrogi ei bwysigrwydd.

[1] Alan Llwyd (gol.), *Cerddi R. Williams Parry: Y Casgliad Cyflawn*, 136.

[2] Dewi Z. Phillips yn Gwyn Erfyl (gol.), *Credaf*, 79-80.

[3] ibid.

[4] ibid.

[5] Gweler Rush Rhees, *Wittgenstein and the Possibility of Discourse*. Golygwyd gan D. Z. Phillips (Cambridge: Cambridge University Press, 1999).

[6] Gweler D. Z. Phillips, 'Pam Achub Iaith?' yn *Efrydiau Athronyddol*, Cyf. LVI, 1993, 1-12 a 'Fy Nghymydog a'm Cymdogion' yn *Efrydiau Athronyddol*, Cyf. LII, 1989, 18-33.

MYNEGAI ENWAU

Awstin Sant 117, 121

Babel, Isaac 31, 34
Baldwin, Helen 12
Baum, Frank 159
Beardsmore, R. W. 29–30, 34, 79
Beckett, Samuel 110–14, 120,
    146, 185, 297
Bentham, Jeremy 75
Berkeley, George 16
Bevan, Hugh 55–6, 320, 333
Bianchi, Tony 35, 37, 50, 330, 334

Calfin, John 88
Casals, Pablo 75
Coleridge, Samuel Taylor 344
Cynan 160

Davies, Aneirin Talfan 210, 224,
    241–3, 247, 248, 253,
    255–6, 261–2
Davies, Pennar 21–2, 33, 326, 333
Descartes, Rene 149
Dilman, Ilman 6, 20, 262
Duchamp, Marcel 40–1

Edwards, Hywel Teifi 12, 48–9,
    51, 54, 153, 164
Elfed 159, 165, 319
Eliot, George 36–7, 294
Eliot, T. S. 206, 213, 225, 269,
    275, 283, 293, 309
Engels 267
Erfyl, Gwyn 28–9, 32, 34, 51, 63,
    66–7, 79, 337–9, 343, 345
Esslin, Martin 110–1, 120

Evans, Meredydd 12, 134, 136,
    138, 142–4, 146, 223, 226

Faulkner, William 209, 224
Foucault, Michel 74–6
Freud, Sigmund 53, 97, 102, 163,
    165, 176, 203, 307–8

Gealy, Walford 12, 16–9, 33, 311
Geertz, Clifford 72–3
Greenblatt, Stephen 71–2, 74, 80
Griffiths, Evan 124
Gruffydd, R. Geraint 139, 146,
    261
Gruffydd, W. J. 46–7, 51, 70, 161,
    165
Gwenallt 26, 28, 38, 49, 84, 119,
    171, 222, 265–81, 283, 285,
    287–94, 297–306, 309–12
Gwynn ap Gwilym 20, 22, 26–7,
    33, 269–70, 309

Hegel, G. W. F. 84–5, 298
Hill, Geoffrey 275
Hitler, Adolf 75
Horas 314, 323
Hughes, T. Rowland 162, 165
Humphreys, Emyr 174, 176, 203

Iesu 75, 87, 90, 104, 112, 135,
    211–2, 228, 249, 251–5,
    260, 268, 282, 318, 323,
    331
Ifans, Dafydd 173, 202
Islwyn 20–1, 135, 137, 150, 164,
    206–8, 224

James, Christine 119, 274–5, 278, 309
Johnston, Dafydd 34, 64–9
Jones, Bobi 81–2, 86, 88–90, 92–3, 96–102, 105–6, 110–13, 115, 119, 203, 265, 305
Jones, Dafydd Glyn 138, 140, 146
Jones, Dic 46–8, 51, 63–70, 79
Jones, John Gwilym 28, 34, 55, 56, 222, 229, 230
Jones, R. Gerallt 24, 33, 128–9, 136, 138–44, 146–7, 153, 164, 237, 239, 240, 320
Jones, T. Gwynn 24, 155–6, 164, 234, 295

Kant, Immanuel 42, 307
Kierkegaard, Soren 84–7, 127, 170–1, 211, 237, 240, 264, 275, 285–6, 307, 311

Larkin, Philip 62, 113, 218–9, 224–6, 244–5, 262, 297
Lenin 267
Lewis, H. D. 310
Lewis, Saunders 21, 26, 31, 112–4, 120, 166–71, 174, 186, 241–3, 245–6, 249–50, 252–3, 275, 309, 318, 325–7, 333
Lloyd, D. Tecwyn 23, 33
Locke, John 16, 131
Lwcretiws 163, 313–4

Llwyd, Alan 33, 279, 310, 333, 345
Llywelyn-Williams, Alun 138, 146

Macherey, Pierre 294
Marx, Karl 97, 109, 267, 277, 302, 308, 337
Merchan, Moelwyn 191, 203
Meredith, J. E. 265–6, 269, 272–4, 276, 309
Mill, John Stuart 75
Morgan, Derec Llwyd 287–9, 311
Morgan, Dyfnallt 138–40, 146, 263, 328, 333
Morris-Jones, John 20, 22, 24, 27, 33

Nicholas, James 256
Niebuhr, Reinhold 184
Nietzsche, Friedrich 95, 170–1

Owen, Gerallt Lloyd 64–7, 69–70

Parry, Gwenlyn 6, 18–9, 23, 165
Parry, R. Williams 21, 28, 38, 44, 48, 56, 144, 209, 211, 219, 224–5, 228, 272, 315, 320–2, 333, 335–6, 338, 343, 345
Parry, Thomas 22, 24–6, 34, 51, 80, 146–7, 271
Parry-Williams, T. H. 11, 22, 24–5, 28, 33–4, 38, 44, 48–9, 51, 124, 128–31, 133–53, 159, 164, 206, 208, 210–11, 220–6, 228–40, 243–5, 247, 270–2, 283, 290, 295, 311, 316–8, 320
Phillips, Aled 12
Phillips, D. Z. 34, 80, 119–21, 147, 225, 240, 262, 309–12, 345
Phillips, E. Cadfan 12
Phillips, Elin 12, 177
Phillips, Steffan 12
Plantinga, Alvin 87–8, 92, 109, 119–20

Platon 57, 149, 211, 264, 337–8

Rhees, Rush 76, 80, 83, 87, 100,
    108, 120, 218, 225, 238,
    240, 311, 339, 342, 343–5
Rhys, Robert 34, 50, 263, 333–4
Roberts, Kate 11, 166–75, 183–6,
    193, 202–3, 205, 315
Robinson, Ian 251, 262
Rowlands, Dafydd 233–6, 239,
    240, 318
Rowlands, John 35, 37–8, 41–3,
    50–1, 53–61, 66, 78–80,
    138, 146, 276–81, 284, 290,
    310

Sims, David 56
Socrates 18, 29, 71, 75, 211–12,
    331, 335, 338, 343, 345
Stevens, Wallace 206–8, 217,
    224–5, 245, 262

'Trefor' 241, 243, 253, 256, 261
Tennyson, Alfred 206, 224, 246,
    283
Thomas, Dylan 12, 203, 210–11,
    214–5, 217, 225
Thompson, Caleb 121
Tolstoy, Leo 20, 242–3, 261
Trilling, Lionel 31, 34

Van Til, Cornelius 88, 106–8, 114,
    117, 120, 265, 305

Wilde, Oscar 29
Williams, Cynwil 12, 173, 202
Williams, Ioan M. 309
Williams, J. E. Caerwyn 33–4, 78,
    80, 136, 143–4, 146–7, 225,
    226, 239
Williams, Rowan 104, 276, 298,

305, 309–10, 312
Winch, Peter 49, 51, 55, 79, 239,
    311
Wittgenstein, Ludwig 6, 29, 53,
    55, 61, 72, 76, 79–80, 83–7,
    89–92, 94, 104, 108–9,
    119–21, 127–8, 132, 155,
    239, 264, 297, 337, 341–5
Wolterstorff, Nicholas 88, 95,
    108–9, 116–7, 119–21
Wordsworth, William 255, 344

Yeats, W. B. 269

Hefyd o'r Lolfa:

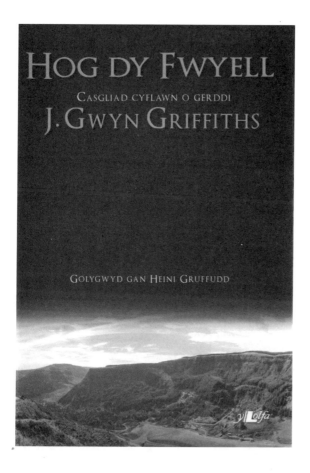

Holl gerddi J. Gwyn Griffiths – ysgolhaig, llenor, gwleidydd
a bardd amlwg yng Nghymru'r ugeinfed ganrif. Yn cynnwys
nodiadau llawn er mwyn helpu cenhedlaeth newydd i
werthfawrogi un o feirdd mwyaf gwreiddiol ei gyfnod.

£19.95
ISBN 13 978 0 86243 998 9

Am restr gyflawn o lyfrau'r wasg,
mynnwch gopi o'n Catalog newydd, rhad
– neu hwyliwch i mewn i'n gwefan

www.ylolfa.com

i chwilio ac archebu ar-lein.

TALYBONT CEREDIGION CYMRU SY24 5AP
e-bost ylolfa@ylolfa.com
gwefan www.ylolfa.com
ffôn (01970) 832 304
ffacs 832 782